海南省社会科学联合会课题（一般项目）项目名称：《海南社会治理体系和治理能力现代化研究》，项目编号（HNSK（YB）15—75）

|光明学术文库|政治与哲学书系|

社会治理体系和治理能力现代化研究
——以海南为例

贺尧夫 | 著

光明日报出版社

图书在版编目（CIP）数据

社会治理体系和治理能力现代化研究：以海南为例 / 贺尧夫著 . -- 北京：光明日报出版社，2021.9
ISBN 978-7-5194-6297-0

Ⅰ.①社… Ⅱ.①贺… Ⅲ.①社会管理—现代化管理—研究—中国 Ⅳ.①D63

中国版本图书馆 CIP 数据核字（2021）第 178373 号

社会治理体系和治理能力现代化研究：以海南为例
SHEHUI ZHILI TIXI HE ZHILI NENGLI XIANDAIHUA YANJIU：YI HAINAN WEILI

著　　者：贺尧夫	
责任编辑：许　怡	责任校对：郭嘉欣
封面设计：中联华文	责任印制：曹　净

出版发行：光明日报出版社
地　　址：北京市西城区永安路 106 号，100050
电　　话：010-63169890（咨询），010-63131930（邮购）
传　　真：010-63131930
网　　址：http://book.gmw.cn
E - mail：gmrbcbs@gmw.cn
法律顾问：北京市兰台律师事务所龚柳方律师
印　　刷：三河市华东印刷有限公司
装　　订：三河市华东印刷有限公司
本书如有破损、缺页、装订错误，请与本社联系调换，电话：010-63131930

开　　本：170mm×240mm	
字　　数：430 千字	印　　张：24
版　　次：2023 年 1 月第 1 版	印　　次：2023 年 1 月第 1 次印刷
书　　号：ISBN 978-7-5194-6297-0	

定　　价：99.00 元

版权所有　　翻印必究

序

现代英文中的"治理"（Governance）概念，来源于古典拉丁文和古希腊语中的"掌舵"一词，原意是指控制、引导和操纵的行动或方式。[①] 20世纪90年代，西方学者赋予"治理"以新的含义，使之与"统治"的概念区分开来，"治理"一词成了西方社会科学的流行术语（1992年成立的联合国全球治理委员会，正是这一氛围推动下的产物），并在此基础上形成了西方治理理论。

进入20世纪，西方国家推崇的市场经济和福利国家政策相继失灵，为此，西方社会开始强调政府改革、私有化、下放权力、向社会授权等主张，探寻新的社会管理模式，在这一时期西方理论界纷纷尝试用"治理"概念来区别传统的政府行为。

西方社会学家从"国家—社会"间的关系出发探讨适应多元社会的治理思路，提出"多元主义""国家主义"与"法团主义"三种模式。其中，"多元主义"是指民间专业组织作为社会事务的主导力量，政府及其所雇佣的专业人士则作为辅助；"国家主义"是指由国家直接雇佣专业人士提供相应的公共服务，社会组织受到较多的限制；"法团主义"介于两者之间，通过法团来协调公共与私人利益，并成为国家与个人间的中介组织，从而避免冲突，实现国家与社会的统一。

西方社会不仅从理论和学术上对此进行了多维多向研究，成果丰硕，而且在政治生活中进行积极的、富有成效的实践，不断地形成各具特色的政府治理模式，这是西方社会寻求变革和现代化发展的一大特征。据格

[①] 何兴贵，刘宏煊. 西方治理理论述评[J]. 海军工程大学学报（综合版），2011（1）：93-96.

里·斯托克介绍，英国对近十年来地方政府实施的政策措施进行了三项最主要的改革：地方领导体制改革、地方公共服务改善计划和倡导伙伴关系。以"大伦敦政府"为例，它是英国伦敦的地方政府，由一个直选产生的市长领导，并设立一个25人的伦敦议会进行监督，具体负责大伦敦地区的规划和管理，与其他32个伦敦自治市的委员会和伦敦市法团分享地方行政权力，协调共治。新加坡的"三社联动"社会管理模式也是典型代表——围绕"以人民为中心""建立互信""一体的公共服务"三大主题进行改革，使公共服务部门实现了从"资源提供者、政策监督者、最终决策者"到"资源整合者、对话协调者、活动召集者"的转变，政府除直接负责国家和社会管理职能外，非常注意调动全社会的积极性，发挥社区和国民自我管理机制的作用，逐渐构建起政府、基层组织、公民共同管理国家的良好机制，从此迈入了一个新的治理模式时代。日本的"公民社会+地方自治"也是一种较为成熟的模式：一方面，"非营利组织"（NPO）、民间组织等大量成立，特别是1998年颁布的《特定NPO法案》，降低了公民社团的注册准入门槛，推行税收优惠，加大政府信息公开，提高司法系统的地位，成为日本政府向公民社会开放更多社会空间的重要标志；另一方面，日本依据《地方自治法》实行地方自治，社会团体可根据地方居民的意志在其责权范围内行使管理地方行政的职权（日本地方政府在法律上被称为地方自治体），日本地方自治在以宪法为主的国家法律体系中得到明确承认，因此，日本地方治理突出"地方分权"或"地方主权"的特色。

西方社会关于"治理"的理论或实践体现了以下三个主要转变：一是社会治理主体由单中心向以政府为主导的多中心转变，其社会治理主体包括政府、社会非营利组织、市场化组织等；二是社会治理的手段由平面化向网络化转变，共治、共享、共识是网络化管理的明显特征。市场原则、公共利益、社会认同之上的政治国家与社会的合作、政府与非政府组织的合作、公共机构与私人机构的合作、强制与自愿的结合等广泛的合作和协商民主，是网络化管理运作的基本路径；三是社会治理目的由工具化向价值化转变，表现为在效率实现的基础上体现社会公正、保障和实现公民的基本权利、追求人的全面发展。

在中国，"治理"一词首先被经济学家引入，"公司治理"或"公司治理结构"等术语曾被广泛使用，随后相继被政治学家和社会学家采用，分别指政府治理或公共治理，21世纪以来逐渐成为中国学界的重要话语。中国学者对此进行了大量的研究，出现了许多具有代表性的成果，如许耀桐、刘祺在《当代中国国家治理体系分析》一文中比较系统地研究了"中国国家治理体系"的状态演变、体系构成、建设原则和目标，提出我国的国家治理必须立足中国国情、按照四个原则和五条路径、突出中国特色，即政府要在国家治理中起主导作用或有效的作用，以创新社会治理体制作为治理重点，从四个方面着手进行体系构建；包心鉴在《以制度现代化推进国家治理现代化》一文中从三个方面提出国家治理体系和治理能力现代化的主要任务，并强调了"制度现代化"的核心地位；殷昭举在《创新社会治理机制》一书中，从三大范畴、九个方面比较全面地介绍了"地方治理"的基本内涵、理论源流、社会治理机制创新，并结合一些实例提出"地方治理"体系的建设途径和具体办法；等等。此外，还有一些学者从地方实情出发，提出了若干有针对性的地方治理理论和建设思路，如燕继荣的《社区治理与社会资本投资——中国社区治理创新的理论解释》、王雍君的《当前县域治理面临三大挑战》、金桥和罗敏闻的《探索特大城市社会综合治理体系》、吴锦良的《浙江深化社会治理体制改革的思考和建议》、朱晓红和陈吉的《北京市政府购买社会组织服务的组团模式解读》等。国内学者的研究突出了以下特点：一是理论性或学理性较强，主要体现为理论分析、论证和政策解读为主；二是比较全面地论述了社会治理体系内容及相关应对策略，如对治理体系和能力的解释，治理主体及角色定位，治理结构和层次、治理原则和特征、社会治理途径分析等；三是对"国家治理"或"政府治理"进行较为集中的研究，表现在对观念、现状、体系、能力、困境、出路等的分析和论证方面。

党的十八届三中全会审议通过的《中共中央关于全面深化改革若干重大问题的决定》（以下简称《决定》）提出，"全面深化改革的总目标是完善和发展中国特色社会主义制度，推进国家治理体系和治理能力现代化"，首次把创新社会治理体制作为推进国家治理体系和治理能力现代化的重要内容，并指出"社会治理"是以实现和维护群众权利为核心，发挥多元治理主体的作用，针对国家治理中的社会问题，完善社会福利，保障和改善民生，化解社会矛盾，促进社会公平，推动社会有序和谐发展的过程；《决定》提出"到2020年，在重要领域和关键环节改革上取得决定性成果""加快形成科学有效的社会治理体制，确保社会既充满活力又和谐有序"的目标要求，表明中国的改革已进入通过建立健全系统完备、科学规范、运行有效的制度体系，使各方面制度更加成熟更加定型，从而达到国家有效治理的新阶段，这就提示我们，如何把包括地方治理在内的治理理论、治理模式和实际情况相结合，构建具有鲜明特色的治理体系，推进治理能力现代化，是摆在当前的一个崭新课题。

十九大报告提出："打造共建共治共享的社会治理格局。加强社会治理制度建设，完善党委领导、政府负责、社会协同、公众参与、法治保障的社会治理体制，提高社会治理社会化、法治化、智能化、专业化水平。加强预防和化解社会矛盾机制建设，正确处理人民内部矛盾。树立安全发展理念，弘扬生命至上、安全第一的思想，健全公共安全体系，完善安全生产责任制，坚决遏制重特大安全事故，提升防灾减灾救灾能力。加快社会治安防控体系建设，依法打击和惩治黄赌毒黑拐骗等违法犯罪活动，保护人民人身权、财产权、人格权。加强社会心理服务体系建设，培育自尊自信、理性平和、积极向上的社会心态。加强社区治理体系建设，推动社会治理重心向基层下移，发挥社会组织作用，实现政府治理和社会调节、居民自治良性互动。"[①]

十九大"共建共治共享社会治理格局"的表述，是对以往"完善党委领导、政府负责、社会协同、公众参与、法治保障的社会治理体制"认识的拓展和理念的进一步升华，凝聚了十八大以来党和全国人民社会治理探索的集体智慧，既是对过去5年我国社会治理实践探索的总结，也是对未来社会治理的发展和创新提出的新目标和新要求，从根本上体现了以人民为中心的主体定位，包含着对全体人民意志的遵从，对全体人民参与权利的肯定，对全体人民利益的敬畏。

"共建"即共同参与社会建设，即无论是城镇、街道、社区，还是乡

[①] 习近平. 决胜全面建成小康社会 夺取新时代中国特色社会主义伟大胜利：在中国共产党第十九次全国代表大会上的报告［J］. 理论学习，2017（12）：4-25.

镇、村庄等社会成员共同参与建设和治理——就发展社会事业而言，在教育、医疗、卫生、就业、社保以及社会服务等相关领域，应本着政府主导和政社合作原则，通过一系列政策安排，为市场主体和各种社会力量创造更多发挥作用的机会；就完善社会福利而言，人民的获得感、幸福感和安全感，需要得到制度保护。因此，在公共财政制度、收入分配制度、社会保障制度的构建工程中，党在发挥领导作用的同时，也必须为社会各界和广大人民的有序参与制度建设落实机制；就社会发展而言，要充分认识社会组织在新时代的社会意义，它们是国家治理现代化中的重要角色，是市场经济进一步发展的增长点，是社会管理和公共服务的合作者，是社会和谐与秩序稳定的影响者，是社会公益慈善文化的引领者，应促进社会组织健康发展，激发社会力量参与社会建设的能力和活力。

"共治"即共同参与社会治理——参与权是人民群众的一项重要权利，也是人性需求的组成部分，无论是城镇、街道、社区，还是乡镇、村庄等社会成员共同参与建设和治理，其一切管理行为遵循共同体全体成员的意志，因此，党和政府要为人民群众参与治理创造条件。

"共享"即共同享有治理成果——改革开放以来，我国经济发展突飞猛进，然而城乡之间、地域之间、群体之间存在一定差距。习近平总书记强调，我们追求的发展是造福人民的发展，我们追求的富裕是全体人民共同富裕。改革发展搞得成功不成功，最终的判断标准是人民有没有共同享受到改革发展成果。因此，共享治理成果，一是靠党保障民生的决心；二是靠政府有改善民生的思路，按照"守住底线、突出重点"要求，保障低收入群体和弱势群体的基本生活；三是国家有共享的制度保障。①

打造"共建共治共享的社会治理格局"是一项系统工程，意味着在党委领导下，政府、社会、企业和公民等多元主体参与到社会治理之中，各自发挥相应的作用。我们必须加强社区治理体系建设，实现政府治理和社会调节、居民自治良性互动。姜明安认为，社区治理是社会治理的基层环节，也是政府治理的基层环节；社会治理与政府治理不是从属关系，而是一种既有分工、又有合作的相互配合、相互协作的关系，同时还有一定相

---

① 马庆钰，单苗苗．准确理解共建共治共享的内涵［N/OL］．学习时报网站，2017-11-08．

互制约、相互监督的关系;社区治理具有自治的性质,社区制定自治规则、建立自治组织,对社区居民实施自治管理,政府可进行必要的指导和适当的监督,不得干预社区自治事项,但其行政管理权自然要进入社区,无论是治安管理、卫生管理、税收管理、工商管理等,还是社会保险、社会救济等各种行政给付,都必须和必然进入社区。社区对政府的行政管理行为,有义务服从和配合,社区组织和社区居民应协助政府有关部门履行好社区公共管理和公共服务的职责。同时,社区组织和社区居民对政府的公共管理和公共服务行为也有依法监督的权利。政府和社区如果均能既各尽其责,又相互尊重、配合、协作,并相互监督、制约,就可以形成一种良性互动的社会治理和政府治理格局,为社区居民提供最优质的"公共物品"(包括行为规则、公共设施、公共服务、社会秩序等)。另外,杨建顺提出,打造"共建共治共享的社会治理格局",必须加强社会心理服务体系建设,让基层组织和公民更具自立、自强、自爱的心理素质,培育自尊自信、理性平和、积极向上的社会心态,有助于推进社会调节、居民自治发挥作用,从而确保共建共治共享的社会治理格局健康可持续发展。

1988年4月海南建省以来,在社会管理体制方面提出了一些创新性的思路,也在实际生活中进行过实践探索,积累了一些经验,如建省初期的"小政府、大社会"、2011年的"海岛型"防控机制、2014年的"统一电子政务服务平台"等,但受政策大环境的影响,不可避免地带有"社会管控"或"社会管理"的色彩,给海南社会发展带来了一系列问题,如社会治理价值理性迷失、党政包揽替代多元协同导致的社会治理新格局难以形成、风险控制重于社会建设导致的社会治理的路径依赖本末倒置、"碎片化"举措多于制度规范导致的社会治理体制的法治保障不足等弊病,也就是说,传统的管理体制、制度、措施等已经不能适应海南社会现代化发展的客观要求,按照民主法治、公平正义、包容活力、安定有序、和谐幸福的原则,推进海南社会治理体系和治理能力现代化转型,对于处在"十三五"全面建成小康社会决胜期与建设"自由贸易试验区和中国特色自由贸易港"新使命新战略的海南来说,创建和形成具有海南地方特色的社会治理模式或方法,对于加快科学发展、绿色崛起,实现美丽海南、平安海南、法治海南具有重要的理论意义和实践意义。

目 录
CONTENTS

上篇　理论探源篇 ………………………………………………………… 1

第一章　社会治理的基本内涵 ……………………………………………… 3

第二章　社会治理理论的历史溯源 ………………………………………… 11

　　第一节　中国古代社会治理考证 ……………………………………… 11

　　第二节　中国近代社会治理 …………………………………………… 25

　　第三节　中国乡村自治理论与实践 …………………………………… 31

　　第四节　西方"国家与社会关系"的理论及社会治理实践 ………… 59

第三章　社会变革与社会治理理论、实践 ………………………………… 89

　　第一节　我国社会治理理论溯源 ……………………………………… 89

　　第二节　我国社会管（治）理模式和体制 …………………………… 105

中篇　现状探究篇 ………………………………………………………… 119

第四章　海南社会治理体制的历史演进 …………………………………… 121

　　第一节　新中国成立以来——建省之前海南社会治理体制的演变 … 121

　　第二节　十八大以来海南社会治理建设 ……………………………… 156

第五章　海南发展新战略与海南社会治理 ………………………………… 198

　　第一节　自由贸易试验区战略与海南社会治理 ……………………… 198

　　第二节　国际旅游环境与海南社会治理 ……………………………… 209

下篇　策略探索篇 ·· 225

第六章　社区社会治理 ··· 227
第一节　社区社会治理的研究背景与理论依据 ············ 227
第二节　社区社会治理发展现状及其问题 ·················· 233
第三节　中国社区社会治理组织新模式 ····················· 235
第四节　加强和创新社区社会治理的几大着力点 ········· 240

第七章　农村社会治理组织与党建 ··························· 244
第一节　海南农村社会（自治）组织的发展演变 ········· 244
第二节　农村社会治理组织新模式构建与运作 ············ 249
第三节　积极推进海南农村党建工作 ······················· 253

第八章　"公共政府"与"服务购买"的新机制 ············ 259
第一节　"公共政府"的基本含义 ··························· 259
第二节　政府购买服务的政策主张与途径 ·················· 275
第三节　海南推进公共服务购买政策的策略 ··············· 296

第九章　海南社会治理的和谐保障机制 ····················· 309
第一节　社会组织及其发展 ··································· 309
第二节　社团的治理与创新 ··································· 330
第三节　民办非企业单位和基金会 ··························· 353

主要参考文献 ··· 367
后　记 ··· 370

上篇 01

理论探源篇

第一章

社会治理的基本内涵

一、"治理"的含义和特征

（一）含义

1. 西方社会的表述

什么是治理？不同语境和不同学科赋予了不同的含义，因此至今仍无统一的或确切的概念，下列三大机构的表述具有一定的代表性。

【联合国全球治理委员会】1995年在其著名报告《我们的全球伙伴关系》（又译为《天涯若比邻》）中的表述："治理是各种公共的或私人的个人和机构管理其共同事务的诸多方式的总和。它是使相互冲突或不同的利益得以调和并且采取联合行动的持续的过程。它包括有权迫使人们服从的正式机构和规章制度，以及种种非正式安排，而凡此种种均由人民和机构或者同意，或者认为符合他们的利益而授予其权力。"①

【联合国发展计划署】1990年国际发展委员会主席勃兰特在德国首次提出了"全球治理"理论，在他看来，"治理是基于法律规则和正义、平等的高效系统的公共管理框架，贯穿于管理和被管理的整个过程，它要求建立可持续的体系，赋权于人民，使其成为整个过程的支配者……"②

【世界银行】在1989年概括当时非洲的情形，首次使用了"治理危机"概念，表示操控和引导，自此政治发展研究便广泛使用"治理"一词。1992年世界银行发表年度报告《治理与发展》，并于1999年推出受到广泛引用的全球治

---

① The UN Commission on Global Governance. Our Global Neighborhood. [M]. Oxford and New York: Oxford University Press, 1995.
② 杜飞进. 中国现代化的一个全新维度：论国家治理体系和治理能力现代化 [J]. 社会科学研究, 2014 (5): 37-53.

理测度KKZ指标体系①，不仅在美国等发达国家被充分关注，发展中国家也给予了相当的关注并进行了报道，其受到关注的原因在于：各国更加关注治理，都认识到良政治理可以给发展中国家人民带来生活水平的显著改善，利用更准确更权威的国家治理指标了解各国的治理水平，可作为国际上各种援助和投资的参考。尽管KKZ指标是构建得最精细和使用最广泛的治理指标之一，但仍然不完美，需要不断完善。

詹姆斯·N.罗西瑙被认为是"治理"理论主要创始人，他在《没有政府的治理》一书中首次提出了全球治理的思想，他认为"治理"是通行于规制空隙之间的那些制度安排，或许更重要的是当两个或更多规制出现重叠、冲突时，或者在相互竞争的利益之间需要调解时才发挥作用的原则、规范、规则和决策程序②，侧重于从全球范围探讨全球治理和全球秩序之间的关联。罗西瑙比较了当代"治理"与"统治"两个概念的区别，认为治理指的是一种由共同目标支持的活动，这些管理活动的主体未必是政府，也无须依靠国家的强制力量来实现；与统治相比，治理是一种内涵更为丰富的现象，它既包括政府机制，同时也包含非正式、非政府的机制，随着治理范围的扩大，各色人等和各类组织得以借助这些机制满足各自的需要，并实现各自的愿望，治理是只有被多数人接受（或者至少被它所影响的那些最有权势的人接受）才会生效的规则体系。与此类似的观点是，塞纳克伦斯认为治理是"各国政府并不完全垄断一切合法的权力，政府以外，社会上还有一些其他机构和单位负责维持秩序，参加经济和社会调节"③。当代最负盛名的地方治理研究专家之一、英国曼彻斯特大学教授格里·斯托克指出，"治理的本质在于，它所偏重的统治机制并不依靠政府的权威和制裁。'治理的概念是，它所要创造的结构和秩序不能从外部强加；它之所以发挥作用，是要依靠多种进行统治的以及互相发生影响的行为者的互动'"④，主要从地方政府、多元治理、伙伴制、城市治理、公民参与等治理体系进行全方位的研究。

此外，美国学者登哈特"新公共服务理论"、道格拉斯·C.诺思"新制度

---

① 吴敬，聂丽萍.治理测度及其在中国应用的启示：以世界银行治理指标体系为例［J］.西安财经学院学报，2009，22（3）：17-21.
② 罗西瑙.全球化的复杂性与矛盾［M］//王列，杨雪冬.全球化与世界.北京：中央编译出版社，1998.
③ 塞纳克伦斯，冯炳昆.治理与国际调节机制的危机［J］.国际社会科学杂志（中文版），1999（1）：91-103.
④ 斯托克.作为理论的治理：五个论点［M］//俞可平.治理与善治.北京：社会科学文献出版社，2000.

经济学"、罗纳德·科斯"科斯定理"、布坎南"公共选择理论"、威廉姆森"契约关系"等，共同体现了以下特征：治理不是一套规则条例，也不是一种活动，而是一个过程；治理的建立不以支配为基础，而以调和为基础；治理同时涉及公、私部门；治理并不意味着一种正式制度，而确实有赖于持续的相互作用。

2. 国内学者的表述

有学者指出，治理具有控制、指导和操纵等含义，它作为政治学概念，主要是指统治者或管理者通过公共权力的配置和运作，管理公共事务，以支配、影响和调控社会，是公共权力对基层社会公共事务的管理。徐勇教授指出，治理可分为控制型治理和自治型治理，前者是一种自上而下的单向度的政治统治方式，就其权力关系而言，是一种科层体制（韦伯），其本质的意义在于"命令—服从"互动关系的确立；后者是以一定社区或群体为对象而相对独立地组织起来的公共权力管理方式，是在特定的政治框架下形成并限制着个人可利用的机会，在这个框架范围内，个人应该享有平等的权利，因而承担同等的义务。

"治理"和"管理"（或"管制"）不同：一方面，后者行政的权威主要来自政府，而前者虽然需要权威，但这个权威并不为政府所垄断，而是体现为政治国家与公民社会的合作、政府与非政府组织的合作、公共机构与私人机构的合作、强制与自愿的合作。另一方面，后者的权力运行是自上而下对公共事务实行单一向度的管理，主要运用地方政府的政治权威，通过发号施令、制定和实施政策，而前者则是一个上下互动的过程，政府、非政府组织以及各种私人机构主要通过合作、协商、伙伴关系，通过共同目标处理公共事务，其权力向度是多元的，随着社会力量在治理中的作用日益增强，可以通过正常途径自下而上地对政府施加影响。

许耀桐和刘祺认为，治理是面向社会问题与公共事务的一个行动过程，参与者包括公共部门、私人部门和公民在内的多个主体，通过正式制度或非正式制度进行协调及持续互动。① 按照殷昭举的理解，治理由"立足于一定社会基础之上的社会管理和社会自治共同构成，包括自上而下的管理，又包括自下而上的自治，即政府与公民对公共生活的合作管理"②。

俞可平认为，好的治理意味着追求公共利益最大化的社会管理过程，是政府与公民对公共生活的合作管理，是政治国家与公民社会的一种新颖关系，是

---

① 许耀桐，刘祺. 当代中国国家治理体系分析［J］. 理论探索，2014（1）：10-14, 19.
② 殷昭举. 创新社会治理机制［M］. 广州：广东人民出版社，2011.

两者的最佳状态，是国家的权力向社会的回归；其过程就是通过国家与社会或者说政府与公民之间的良好合作，实现还政于民的过程。治理的目的是在各种不同的制度关系中引导、控制和规范公民的各种活动，以期最大限度地增进公共利益。综合看来，治理具有几个基本的要素：多元主体、参与主义及自主的网络结构。简言之，治理理论的基本内容主要有①：

（1）从治理主体看，它意味着一系列来自政府但又不限于政府的社会公共机构和行为者。治理理论对传统的国家和政府权威提出挑战，它认为政府并不是国家唯一的权力中心，各种公共的和私人的机构只要其行使的权力得到了公众的认可，就都可能成为在各个不同层面上的权力中心。从治理方式看，它意味着在为社会和经济问题寻求解决方案的过程中，存在着界线和责任方面的模糊性，它表明在现代社会，国家正在把原先由其独自承担的责任转移给公民社会，即各种私人部门和公民自愿性团体，后者正在承担越来越多的原先由国家承担的责任。

（2）从治理主体间的关系看，它明确肯定了在涉及集体行为的各个社会公共机构之间存在着权力依赖。进一步说，致力于集体行动的组织必须依靠其他组织，为达到目的，各个组织必须交换资源、协商共同的目标，交换的结果不仅取决于各参与者的资源，而且也取决于游戏规则以及进行交换的环境；多元主体之间的权力依赖与合作伙伴关系表现在运行机制上，最终必然形成一种自主自治的网络，这一网络要求各种治理主体，都要放弃自己的部分权利，依靠各自的优势和资源，通过对话来增进理解，确立共同目标并相互信任，相互鼓励，共同承担风险，最终建立一种公共事务的管理联合体。

（3）从治理的结果看，它意味着办好事情的能力并不限于政府的权力，不限于政府的发号施令或权威运用。在公共事务管理中，还存在着其他的管理方法和技术，政府有责任运用这些新的方法和技术对公共事务进行更好的控制和引导。

（二）特征

治理的终极目标是"善治"。所谓"善治"，就是通过政府、公民、非政府组织等对社会事务的合作治理，促使公共利益最大化的社会管理过程，正如俞可平所指出的，"善治的本质特征就在于它是政府与公民对公共生活的合作管理，是政治国家与公民社会的一种新颖关系"②，其目的是通过改善政府管理和

---

① 俞可平. 治理与善治 [M]. 北京：社会科学文献出版社，2000.
② 俞可平. 善政是通向善治的关键 [DB/OL]. 学习时报，2014-11-03.

倡导社会参与，推动经济发展和社会进步。援引英国学者的观点，善治主要具有8个特征，即参与性、协商性、责任性、透明性、回应性、有效性、公正性与包容性以及法治精神，归纳起来说，社会治理蕴含了有限政府、法治政府、公众参与、民主、社会公正等核心理念。社会治理以共同治理为本，谋求政府公共部门、私营部门、公民社会等多种社会管理主体之间进行广泛沟通与交流，通过共同参与、协同解决、公共责任机制，在社会公正的基础上提高社会管理的效率和质量。①

二、社会治理

根据不同主体、领域、层面、治理方式与内容等，可以把治理划分为国家治理、政府治理、社会治理、公司治理、社区治理、法人治理等。所谓社会治理，是指政府、社会组织、企事业单位、社区以及个人等诸行为者，通过平等的合作型伙伴关系，依法对社会事务、社会组织和社会生活进行规范和管理，最终实现公共利益最大化的过程②，换言之，即是在各级党委和政府的统一领导下，组织和依靠各部门、各单位的人民群众的力量，运用政治的、经济的、行政的、法律的、文化的、教育的等多种手段，通过加强打击、防范、教育、管理、建设、改造等方面的工作，解决社会治安问题，实现从根本上预防和打击违法犯罪，维护治安秩序，保障社会稳定的社会系统工程。

因此，社会治理体系就是依据现行的法律政策，有效治理社会事务的制度体系，应该包括规划和决策体系、支持体系、评估体系、监督体系四个方面。③社会治理能力是指运用国家制度管理社会事务、管理地方经济和文化事业的能力，也就是制度执行力，反映社会治理的水平和质量，关键是人的素质，特别是干部素质，在提高人民思想道德素质和科学文化素质的同时，必须建设一支适应现代化要求的高素质干部队伍。

简单来说，社会治理就是指政府、社会组织、企事业单位、社区以及个人等，通过平等的合作型伙伴关系，依法对社会事务、社会组织和社会生活进行规范和管理，最终实现公共利益最大化的过程。

---

① 孙晓莉. 西方国家政府社会治理的理念及其启示 [J]. 社会科学研究, 2005 (2): 7-11.
② 梅华. 创新社会治理的难点和对策研究 [J]. 湖北广播电视大学学报, 2014, 34 (4): 5-7.
③ 戴长征. 中国国家治理体系与治理能力建设初探 [J]. 中国行政管理, 2014 (1): 10-11.

三、社会自治

什么是自治?《辞海》解释为:"自治是自己处理自己的事务。"《现代汉语词典》解释为:"民族、团体、地区除了受所隶属的国家、政府或上级单位领导外,对自己的事务行使一定的权力。"《百科大词典》解释为:"某一地区人民,在主权国家或宗主国家的授权与监督下,自己订立规章制度,自己组织机关,以管理地方公共事务的行为。"尽管定义不完全相同,但基本内涵是一致的,即自治是在一定区域的某一社会组织内,其成员或管理机关可以在一定范围内拥有自己内部事务的决定权。任何国家的自治都是在法律规定范围内的自治。自治组织的自治权,每个国家的宪法或法律都做了比较明确的规定和限制,如果自治不受限制,就会导致自由主义和无政府主义。

"自治"一词的起源久远、使用宽泛,但是,独立使用并诠释"自治"概念,却是近代之后的事情,只有在人权、宪政的法律意义下才得以科学阐述。两种主要解释:一是英美法系国家认为,自治权是人权的一部分,是与生俱有的天赋人权,自治相对于国家权力而言,国家权力是后来的、派生的;二是成文法大陆法系国家认为,自治权是国家与法律赋予的,自治与官治一起,共同组成了国家的管理制度。

在国家状态下,自治意味着自决和免受干预的自由状态。就一个共同体而言,它意味着一个地方、一个社区、一个村落和一个组织通过其代表决定共同体的经济、社会和政治事务,控制共同体的资源和社会政策的状态。自治也被认为是国家政治的相对物,在国家最高公共权力涉足不到或者不去涉足的地方,自治的概念便产生了,因此,合理的自治也是国家善治的必要条件和基本要素。因此,考察社会自治的发展历来是政治学家观察一国政治发展状况的重要方面。社会自治的程度反映着社会成员自由、自主、自觉、自律的水平,也显示了一个社会个人幸福和社会繁荣的程度,因此,从根本上说,显示了一个社会的治理水平。自治具有三层内涵:第一,在制度层面上,管理机构的成员由该共同体内部的人员担任,而非外来者;第二,公共行动建立在社会意志上,管理机构仅是这种意志的执行者;第三,共同体以整体的福利为导向。也就是说,考察自治程度可以有三个维度:第一,政治输入过程是否是民主的,并且能否代表大多数人的意志;第二,决策过程是否有个体、组织、管理机构的广泛协商、博弈,决策过程能否代表社会意志;第三,决策结果是否代表社会的整体利益。[①]

---

① 燕继荣. 中国的社会自治[J]. 中国治理评论, 2012(1): 79-112.

自治有各种各样的形式，如民主选举、陪审制度、私有制公司、合作社等。从世界范围看，主要有三种自治形式，即地方自治、个人自治和团体自治。

地方自治即在一个国家里，某些地方政府实行自治：重大的和整体性的利益由全国政府管理，地方性的和特别的利益由地方政府管理。在省（州）一级一般通过国家宪法规定自治性质，它意味着省（州）权源于宪法赋予，全国政府不能通过任何形式侵犯、剥夺，除非通过宪法修正案予以调整。地方政府拥有除国防、外交之外的一切权力。每个省（州）有自己的宪法，和国家宪法一样它既是政府的工具又是对政府的限制。地方政府拥有完整的管理机构，即立法、行政和司法机构。在民主政治成熟的国家，省（州）以下也有通过省（州）宪法或议会立法确定城市或县自治，使社会自治延伸到基层。乡镇自治是地方自治的基本单位，"自己的事情自己管"，每位乡镇公民直接参与乡镇事务的管理。托克维尔对乡镇自治评述道："乡镇会议之于自由，犹如小学之于授课，乡镇会议将自由带给人民，教导人民安享自由和学会自由为他们服务"。地方自治每一级政府（省、市、县、镇）官员都通过民主选举产生，当选官员只对选民负责，而不听命于上级。地方自治的目的，一是制约防止全国政府滥用权力，维护公民的权利，它是预防专制独裁的重要手段；二是由于全国政府没有能力有效管理错综复杂、情况各异的地方事务，并且地方自治有利于改革试验。如果失败，损失较小，成功则可推及全国其他地方；三是解决民族矛盾的途径，当一个国家民族矛盾无法克服而又不能分开时，民族区域自治就是解决这种矛盾的手段。①

俞可平认为，社会自治是人民群众对基层公共事务的自我管理，其管理主体是社会组织或民间组织，它是一种非政府行为，是基层民主的重要实现形式。社会自治直接关系到我国的政治发展和政治进步，关系到中华民族的兴旺发达，是人民群众当家作主的最直接形式，是社会主义民主政治的基础和重要特征，是还政于民的现实途径。

社会自治组织，它指一定范围内的自治体全体成员在自由、平等的基础上依法对自治体公共事务实行自我管理的不具有强制性的组织形态，既包括政治意义上的社会自治组织，如我国的村民委员会、街道居委会及其他政治性社团，也包括经济意义上的社会自治组织，如各种经济性协会、中介性组织等。社会自治组织具有其他组织所不具有的特征：第一，组织性。它们有较固定的组织形态，不是临时性的集合体。第二，志愿性。组织的成员具有较高觉悟，活动

---

① 袁传旭. 论社会自治［J］. 书屋，2010（1）：8-11.

是建立在志愿基础上的。第三，非营利性。它们的活动是为了公益，而不是营利。第四，民间性。它们属非政府和非官方性质的。第五，非政治性。它们的活动为社会和公益服务。第六，自治性。它们既不受制于政府，也不受制于生产、流通企业和事业单位，也不受制于其他社会自治组织。

《中华人民共和国宪法》规定：城市和农村按照居民居住地区设立的居民委员会和村民委员会是基层群众性的自治组织。党的十七大第一次把"基层群众自治制度"作为一项政治制度，与人民代表大会制度、中国共产党领导的多党合作和政治协商制度、民族区域自治制度共同构成我国的基本政治制度，我国现在主要实行民族区域自治和基层群众自治。就基层群众自治而言，在农村是村民自治，在城市是居民自治，有三个特点：第一，全体性，也就是说居住在社区里的居民都要参与到居民自治里面，面向的是全体居民，因此具有全体性。第二，开放性，除了生活在社区的居民，还包括社区的各级组织、各类组织，也就是社区单位。第三，非经济性，这是我们国家特别是城市社区的一个特点，它不具有经济性的功能。从全社区的层面看，居民自治的主要表现形式包含民主选举、民主决策、民主管理、民主监督四个方面；如果从居民直接参与的角度来看，包括自我管理、自我教育、自我服务，即我们经常谈的"三自我"；如果从自治的内容来看，包括人事自治、财务自治、服务自治、管理自治、教育自治等。

社区居民自治的含义也就是说，社区成员除了所隶属的国家、政府或上级单位的领导外对自己的事务管理行使一定的权利。在我们国家，社区成员除了所隶属的国家、政府和上级单位的领导以外，另外还有一部分职能是由社区居民自己来管理的。有些属于政府主导类型的社区居民自治，社区居民自治权利依法行使是由社区居民委员会组织实施的。在我们国家居民委员会组织法里明确规定了居民委员会的自治职能，居委会组织法的第二条主要包含两款内容：第一款是"居民委员会"是居民自我管理、自我教育、自我服务的基层群众性自治组织，这就是上面提到的"三自我"，而且特别强调落脚点是群众，是群众性的自治组织；第二款是不设区的市、市辖区的人民政府或者它的派出机关对居民委员会的工作给予指导、支持和帮助，居民委员会协助不设区的市、市辖区的人民政府或它的派出机关开展工作，也可以说，这条谈到了居委会的性质，也就是基层群众性自治组织。可以明显看到，居委会和街道的关系是一种指导和被指导的关系，而不是像我们实际工作里边所看到的，是一种领导和被领导的关系。

第二章

社会治理理论的历史溯源

第一节 中国古代社会治理考证

一、理论溯源

自国家产生以来,人们一直没有停止过对国家和社会之间关系的思考,即在一定的社会关系中,如何按照自己的利益和意志,有意识地利用这种社会关系或创设新的社会关系以实现对人和物加以调控、配置、组织和规范,从而促进社会系统协调运转,以及对社会系统的组成部分、社会生活的不同领域以及社会发展的各个环节进行组织、协调、指导、规范、监督和纠正社会失灵等。

马克思说:"人是最名副其实的社会动物,不仅是一种合群的动物,而且是只有在社会中才能独立的动物。"① 人们在集体从事生产活动和社会活动过程中,逐渐萌生了管理观念、思想和实践,可以说,管理水平是随着社会生产力发展而不断提升的,但在不同历史阶段都曾出现过灿烂的思想和文明,如古代时期世界上迄今保存较为完整的最早的一部成文法典《汉谟拉比法典》、人类首部具有民主思想的《梭伦法典》、中国的《论语》《老子》等。

中国古代的管理思想基于如下五个社会特点:一是以农业经济为主导;二是政治组织发达,较早形成了系统的社会等级秩序;三是国家政权在强制和主宰社会秩序的同时,非常注重思想改造;四是强调政教分离,严禁宗教干政;五是以"家长制"为基础的家族管理制度成为基层社会自治的基础。此外,一些西方学者认为中国人较为缺乏公共精神,这是中国社会公共道德层面的一个

---

① 马克思恩格斯选集:第2卷 [M]. 北京:人民出版社,1966:87.

重要特征。

在中国封建社会中，受传统的封建文化思想影响，管理者在社会治理中奉行的是以"管理"为基本理念的服务形态，"官本位"思想严重，统治者习惯把自己当作百姓的主人，以"官员"的身份自居，替民作主，其行为的根本出发点不是百姓的利益，而是维护封建君主的专制统治。

通过梳理从先秦到前清中国古代社会管理思想，我们可以看到中国古代的社会管理思想，是在几千年的历史中逐步发展起来的，但以先秦时期的社会管理思想主张为主要代表，主要思想可概括为：第一，宗教、神学控制论；第二，道德约束观；第三，礼乐治国体系；第四，无为而治的主张；其五，法家的社会控制思想。先秦之后近两千年的封建社会中，虽然也有人提出了社会管理的一些具体新举措，但是在大的社会治理和控制方式的主张上，并没有变化，历朝历代社会治理的具体思想虽有差异，但基本上都是在上述五种思想的基础上发展而来的，而其中，儒家和法家思想的合流、儒家的伦理规范和法家的法律治理并行，成为主导的社会治理方式。占统治地位的儒家思想特别重视社会稳定，并且为了保持社会稳定特别强调社会秩序，而法家、道家、墨家乃至中国的佛家，也都非常重视社会秩序，追求既定秩序下的社会稳定则是中国历代社会思想的特点所在。

在华夏五千年的文明史中，儒家思想和道家思想长时间内占据了核心的地位。儒家思想强调"官"要学会治理社会和驯化群众，"官"是社会的主宰，认为没有"官"的管理，民众们就不知道自己应该做什么，就如航船失去了舵手。因此，要用德教和礼教去规范和约束人们的行为，"礼"用来规范人的外部行为，"德"用来规范人的内部思维。民众是无知的，因此必须对他们进行管理，就像幼儿园的老师管教孩子那样，所以孔子说，"民可使由之，不可使知之"。孟子认为，"民"的思维是很有限的，普通民众做事情往往不明就里，每日重复做着许许多多的事，却不知缘由，因此对于这些民众必须由"智者"也就是"官员"来管理，民众只需依规矩办事即可。"民"多被认为是没有地位的人，是被管理和教育的对象，之所以会有这样的区分，是与他们的"知"相对应的。在封建社会，"学问"往往被人们看作君子的象征，而没有学问的人，则被归类为"草民"[①]。

（一）先秦时期的社会管理思想

在我国，从人类生产活动开始到公元前 221 年秦始皇统一六国的历史时期，

---

① 肖振猛. 中国社会管理理论与实践研究 [D]. 武汉：武汉理工大学，2013：60.

是中国古代管理思想的初步形成和奠基阶段，经历了夏、商、西周以及春秋战国等历史阶段。在这一时期中，自由开放的文化氛围形成了百家争鸣的学术局面，诸子百家开创了中国历史上第一次文化的繁荣，诸子百家的思想就是先秦时期社会管理思想的集中体现。从早期的《尧典》里记载的尧、舜、禹禅让的故事，到《周易》中的权变思想，以及后来产生的儒家的"以人为本"，墨家提倡的"兼爱互利"，兵家的"物竞天择，适者生存"，法家重视的法制，道家产生的管理最高境界"无为而治"，这些都反映了我国古人的高超智慧，形成了我国管理思想的一个基本框架①，主要包含了"天道""王道""霸道"三大理论谱系②：

第一，"天道"理论谱系。主要来源于道家思想，强调天是自然的状态，自然界没有自由意志，故天道无为。道家倡导"无为而治"的自然管理观，"道生一，一生二，二生三，三生万物"，"道"是其管理思想的核心理念，也是其主张的社会管理的根本，只有遵循"道法自然、天人合一"的管理思想，社会才能长治久安。在国家和个人的关系上，"天道"强调"贵己""重生"的思想，重视"个人利益"和"个人自由"，主张"小国寡民"甚至是"极小政府""无政府"。

第二，"王道"理论谱系。主要来源于儒家思想，重视"自上而下"（君为臣纲）的管理与"自下而上"（格物、致知、诚意、正心、修身、齐家、治国、平天下）的管理相结合。儒家主张"为政以德""以和为贵"，"仁政"是其治国方略的核心，"天下归仁"是其管理的最高目标，具体到社会管理的实践中，认为只有采用"克己复礼"的方法，才能实现"和而不同，井然有序"的社会秩序。

第三，"霸道"理论谱系。主要来源于法家思想，认为人存在自私本性及利己主义动机，主张"以法治国"，反对礼治，认为只有以法为本，才能实现富国强兵的统治目的，同时，他们提出了"因时变法"，主张用发展的眼光看待社会管理，社会管理不是一成不变的，是随着世道的变化而变化的。在国家和个人的关系上，忽视甚至是蔑视"个人利益"和"个人自由"，强调"集权统治""威权政府"。

此外，墨家提出"兼爱""非攻"的管理思想，强调要实现政治管理的最高境界，就必须统一思想、保证上下"相通"等，也展现了古代智慧的光芒。

---

① 张辛. 浅谈中国古代管理思想的继承与发展 [J]. 管理世界, 2013 (10): 107-108.
② 殷昭举. 创新社会治理机制 [M]. 广州: 广东人民出版社, 2011: 21-22.

（二）秦汉时期的社会管理思想

自公元前221年秦始皇统一中国至东汉王朝的末年，此阶段是中国古代思想发展的重要阶段，表现为管理思想的实践化、理论化以及管理模式的多样化。

秦始皇实现大一统之后，建立了中国历史上第一个高度集中的封建专制政权，无论是在政治上还是经济上都采取集权管理的模式，以建立专制主义中央集权体制为目标的社会管理思想日臻完善，如为了适应政治集权的需要，秦朝对社会领域实行严格的集权管理，"书同文，车同轨"便是这一管理思想的具体体现。

汉承秦制。汉高祖刘邦崇尚道家的无为而治，采取"轻徭薄赋""与民休息"的社会管理方式来推动社会经济、政治的全面发展；汉武帝时期，采取了"罢黜百家、独尊儒术"的治国方针和国家干涉的管理模式，社会管理再次向集权管理方向发展，先秦时期奠定的古代管理模式的框架在这一时期也被填充内容并得到了实践。

（三）魏、晋、南北朝、隋唐、五代时期的管理思想

两晋南北朝是中国自秦汉统一之后的第一个长久分裂期。这一时期，战争频繁，社会混乱，儒学一再衰退，道家思想以及佛学得到了发展空间，形成了管理思想多元化发展的局面。因此，在社会管理领域强调"礼法相济"、审时度势，主张根据不同的社会环境进行不同的社会管理，以争取早日再次实现大一统，保持社会的稳定发展。

隋唐时期，经济的繁荣为社会管理的不断创新提供了相应的物质基础，社会的各个方面都出现了空前的繁荣和兴盛。隋文帝吸取前人教训，主张进行廉政建设，并对法律、军事、政治等多项管理制度进行改革；唐朝的统治者重新构建的管理体系，形成了儒、释、道三家杂权的管理体系。到了盛唐，社会领域"依法管理"的思想开始盛行，从"贞观之治"到"开元盛世"，整个中国社会进入了前所未有的辉煌时期，这一阶段的管理思想主要表现在加强对经济的控制，提倡用法制、经济、行政的手段加强对国家的管理。

（四）宋、元、明、清时期的管理思想

公元960—1840年是封建社会发展由繁荣昌盛逐渐转入衰落的时期，出现了资本主义的萌芽。在这个阶段，各种矛盾日益尖锐，封建王朝的统治也受到了威胁。此阶段的社会管理模式基本是与封建集权相适应的高度集权制度，不排除后期有些思想家提出应当吸取和借鉴的某些经济放任思想。

宋明理学的兴起，至南宋朱熹达到顶峰，形成了以"理"为最高范畴的社

会管理思想体系。"存天理，灭人欲"，主张通过去除人的私欲、明理见性来解决社会中广泛存在的信仰危机和道德危机。

元朝推行的行省制度不仅是我国政治制度和地方行政区域划分制度的一次重大革新，同时也对我国社会管理领域产生了重大影响，它使得以郡县为基础的地方社会管理向以行省为基础的地方社会管理转变，开启了中国地方社会管理的新篇章。

随着社会经济的不断发展，"康乾盛世"迫使我国首次面临人口膨胀的危机。洪亮吉提出"天地调剂"之法，主张以"移种民以居之"的方法来缓和人口大量增长和社会生产资料不足之间的矛盾。①

二、中国古代社会管理智慧

任何一个社会群体要持续发展，必须解决人口的不断增长与资源相对短缺的矛盾。事实表明，从东周到清朝，困扰中国社会的一直都是如何缓解土地兼并、避免割据与混战局面而达成全社会的和谐与稳定，即如何实现长治久安的问题，可以说，整个中国古代史，就是土地的兼并引发战争进行强制的调节与缓和，然后再兼并再调节的不断循环的过程。因此，如何避免区域性经济所带来的矛盾与冲突，保持社会的和谐与稳定，是中国传统文化及社会管理始终需要面对的根本性问题。

秦朝建立以后，秦王嬴政，取"三皇"中的"皇"，摘"五帝"中的"帝"，议定"皇帝"称号，从此，中国社会就开启了皇权帝制统治时代，并确定了至高无上的皇权，中国社会也因此进入了皇权时代的社会管理阶段。秦朝社会管理分为中央、地方和基层三个层级，中央实行宰相制度，地方实行郡县制度，县级以下实行"乡亭制度"，逐级进行管理，从而形成一个"金字塔式"的管理体系。皇帝独揽一切大权，所有的官吏或管理人员都可算作皇帝的"雇员"，正所谓"天下之事无大小，皆决于上"（《史记·秦始皇本纪》），这样，秦朝就建立起一种自上而下的高度集中的社会管理体制，标志着皇帝直接管理或统治的皇权时代社会管理的正式开启，同时也宣告原先间接管理或统治的王权时代社会管理的基本结束。在此之后，中国两千多年的皇权统治当中一直都是沿用这一社会管理体制，直至辛亥革命以后才被推翻。虽然各个朝代都对这一社会管理体制进行过不同程度的改革和完善，但在根本上都是由秦朝演化而来。就中央管理体制而言，汉朝的"三公九卿制度"发展到了隋唐的"三省六

---

① 张辛. 浅谈中国古代管理思想的继承与发展[J]. 管理世界，2013（10）：107-108.

部制度"，继而变为宋朝的"二府制度"，元朝的"一省一院一台制度"，还有明朝的直接对皇帝负责的"内阁制度"，以及清朝的"军机处制"等，基本都是由秦朝的宰相制度演化而来，只是宰相制度的不同表现形式而已，地方和基层的社会管理制度更是如此。由此可见，秦朝至清朝这一时期社会管理体制的一个突出特点就是皇权之下建立以宰相制度为核心的中央职官体系，并对社会进行高度集中的管理。皇权时代，皇帝几乎独揽一切大权，不过，皇权的行使，必须通过一定的人员和机构，并且按照一定的程序和方式才能进行，于是，宰相制度作为中央官制在中国历史上被确定下来。宰相制度建立以后，一来可由直接听命皇帝的宰相分管全国政务，有效加强皇帝对地方的控制，二来可以减少皇帝的负担，弥补皇帝的才干不足，所以，皇权时代宰相制度的建立，无疑从根本上加强了高度集中的专制主义中央集权的社会管理。[①]

传统社会管理服务形态的特点：

首先，中央集权与民间自治相结合。早在封建制度形成初期，地主阶级为了维护既得利益抵制奴隶主贵族的反抗，于是就有了加强中央集权的思想。春秋战国时期，韩非子提出，要建立中央集权的封建君主专制国家；时至商鞅，废分封、颁秦律、行郡县，中央集权制度初步确立。秦始皇推行了一系列的加强中央集权的措施，顺应了历史潮流，皇权得到了巩固。西汉时期，武帝采纳董仲舒"罢黜百家，独尊儒术"的建议，将儒家思想渗透到各个社会阶层，实现了思想上的大一统，加强了中央对地方的统治。然而，尽管皇权是至高无上的，国家的权力也是毋庸置疑的，但是广袤的疆域和有限的行政能力导致国家行政机关的设置不可能涉及每一片国土，为了实现国家对民众的控制，间接管理方式甚至比直接管理方式更有效。所谓的间接管理方式也就是对基层社会的管理以自治为主，官方间接进行控制。"国权不下县"，国家的机关设置一般只到县一级，县以下的基层社会主要靠自治。

其次，"官民相得"。在很多人的眼中，"官"和"民"总是相对立的两个阶层，然而却很少有人注意到，在整个封建社会的治理中，他们各自发挥着重要的作用，而且相互配合，共同保证了封建社会安定有序的发展，即所谓的"官民相得"也。在中国的传统社会中，并不是只存在"统治阶级"和"被统治阶级"，这种将社会分为二元结构的说法是站不住脚的，中国传统社会的构成应该是多元的，也就是说官和民之间除了统治和被统治之外，还有相互融合相

[①] 李强，胡宝荣. 去乱求治：我国历代社会管理的共同使命 [J]. 甘肃社会科学，2012 (6)：9-15.

互渗透的成分，外在的组织形式也就是民间自治组织。在这种情况下，整个社会力量也就被分为了三个部分：精英阶层（官府）、普通民众以及各类社会管理组织。在乡村内部，很多公共设施的建设以及秩序的维持都是由民间组织自己来完成的，他们靠民间文化做支撑，具有很强的稳定性。中国社会本身就是一个熟人社会，是一个关系本位的社会，它的这一特点决定了人与人之间的交往本身就存在着强有力的约束。

最后，求安祈稳。中国传统社会有着很强的秩序性。秩序是稳定的前提，中国封建传统制度之所以能长时间内保持稳定，很重要的一方面原因就是有一个良好的秩序，而良好的秩序来源于共同的价值追求——君王希望天下太平，稳坐江山；民众们希望生活安定、富足，于是他们都各自扮演着自己在这个社会中的角色。大到国家，小到各个社会团体、家庭，都需要有职责分工，即使是《水浒传》中的梁山好汉，他们也推崇排座次的做法。受封建传统文化的影响，民众把自己对政府的服膺认为是一种理所当然，这也是一定范围内社会秩序得以稳定的重要原因。①

在中国古代相当长的时间里，要避免纷争维持社会稳定，必须用多种强制性的手段来控制、严惩、威吓那些胆敢打破平衡秩序的人，主要表现在以下几个方面。②

（一）封建王朝的基本国策——重农抑商

"重农抑商"是中国古代封建社会的传统，这是由"农""商"对封建国家"利""害"属性所决定的——从政治经济方面讲，私人工商业对以小农经济为基础的封建社会结构的稳定有着经常性的危害，它常导致小农经济瓦解；从伦理方面讲，私人工商业是对封建等级秩序、"均平"秩序、俭朴秩序的经常性破坏因素，它易导致社会尊卑贵贱紊乱；从传统观念或精神文化方面讲，农为国家之大利，故亦为国家之大义，商为私人之利，为国家之害。孔子曰"君子喻于义，小人喻于利"，从此，"重义轻利"成了中国两千多年传统社会思想的铁则。③

事实上，中国商品经济的萌芽，远在春秋时期就开始出现，但尚未来得及从根本上触动封建制度就遭到了强烈的抵制。由于它威胁到社会的平衡与稳定，

---

① 肖振猛. 中国社会管理理论与实践研究［D］. 武汉：武汉理工大学，2013：60.
② 王亚立，白全礼. 中国古代社会管理模式剖析［J］. 郑州航空工业管理学院学报（社会科学版），1999（1）：41-45.
③ 范忠信，秦惠民，赵晓耕. 论中国古代法中"重农抑商"传统的成因［J］. 中国人民大学学报，1996，10（5）：60-65.

故重农抑商是历代封建王朝的基本经济政策。抑商政策主要表现为：①土贡制度，即不借助于市场而以纳贡形式获得各地的土特产，减弱对市场的依赖；②官工业制度，即对盐、铁等重要商品实行国家垄断，禁止私人投资，阻断商品经济进一步发展的空间；③禁榷制度，即由政府垄断重要商品的买卖，这是最具杀伤力的。西汉中叶桑弘羊在汉武帝的支持下大力推广官工业制度及禁榷制度，其直接原因是抗击匈奴的军备及财政支出的需要，同时也是为了从经济上扼制地方割据、缓和土地兼并态势。西汉抑商的成功，为历代王朝提供了一个缓和矛盾并大肆敛财的样板，后代君主不仅仿效而且还不断加大抑商的力度和范围。但官工业制度和禁榷制度的实施，极大地限制了商品经济的生存空间，致使大量积聚起来的财富只能投资于土地或放高利贷以求增值，导致土地兼并及阶级矛盾加剧，这造成缓和土地兼并要抑商、而越抑商土地兼并愈烈的恶性循环。①

由上可知，抑商政策及对农民的高度盘剥，使得萌芽于春秋时代、并在西汉中叶以前蓬勃发展的商品经济，在西汉中叶以后处于奄奄一息的疲弱状态，即使到了唐、宋、明、清也只能是缓慢地发展，而且一直没有能够超越其萌芽的状态。可见，封建王朝不仅成功地遏制了商品经济成分对封建制度的冲击，稳定了社会秩序，而且使之成为敛财的有效手段。

（二）封建社会基层管理——宗法制度

宗法制度是由氏族社会父系家长制演变而来的，是王族贵族按血缘关系分配国家权力，以便建立世袭统治的一种制度，其特点是宗族组织和国家组织合二为一，宗法等级和政治等级完全一致，这种制度确立于夏朝，发展于商朝，完备于周朝，影响于后来的各封建王朝。

按照周朝的宗法制度，宗族中分为大宗和小宗。周王自称天子，称为天下的大宗，除嫡长子以外的天子的其他儿子被封为诸侯，诸侯对天子而言是小宗，但在他的封国内却是大宗。以此类推，诸侯的其他儿子被分封为卿大夫，卿大夫对诸侯而言是小宗，但在他的采邑内却是大宗，从卿大夫到士也是如此，因此贵族的嫡长子总是不同等级的大宗（宗子）。大宗不仅享有对宗族成员的统治权，而且享有政治上的特权。后来，各王朝的统治者对宗法制度加以改造，逐渐建立了由政权、族权、神权、夫权组成的封建宗法制。

宗法制的目的在于保持奴隶主贵族的政治特权、爵位和财产权不致分散或

---

① 王亚立，白全礼．中国古代社会管理模式剖析［J］．郑州航空工业管理学院学报（社会科学版），1999（1）：41-45.

受到削弱，同时也有利于维系统治阶级内部的秩序，加强对奴隶和平民的统治。宗法制对后世产生了极大的影响，核心是嫡长子继承制，即正妻所生的长子为法定的王位继承人，西周一开始就确立了"传嫡不传庶，传长不传贤""立嫡以长不以贤，立子以贵不以长"的嫡长子继承制，以及"小宗服从大宗，诸弟服从长兄"的宗法制，周王为天下之大宗，诸侯相对周王为小宗，而又是诸侯国内之大宗，卿大夫、士亦同上。《颜氏家训·风操》对此有所表述："凡宗亲世数，有从父、有从祖、有族祖。江南风俗，自兹已往，高秩者通呼为尊，同昭穆者虽百世犹称兄弟，若对他人称之，皆云族人。河北士人，虽三二十世，犹呼为从伯从叔。"①

自秦以来推行郡县制，在封建制度贫富分化的过程中，形成"富者田连阡陌，穷者无立锥之地"的现象，于是"无立锥之地"的贫农不得不租种富有的同姓地主的土地，这便形成了宗法上的依附关系，至魏晋南北朝时期，宗族拥有了独立的政治、经济、军事力量并成为能与中央权力相抗衡的独立社会力量，这一方面造成了魏晋南北朝时期的割据局面，而另一方面也为抵御蛮夷的入侵、维护地方社会秩序和保存延续中国传统文化起到了积极作用。

宗族的发展也促成了族规的产生，族规可视之为适用于家族内部的法律。据考据，最早的家规是三国时期魏人田畴为其家族制定的。"畴乃为约束相杀伤、犯盗、争讼之法，法重者致死，其次抵罪，二十余条。又制为婚姻嫁娶之礼，兴举学校讲授之业，班行其众，众皆便之，致道不拾遗。"在唐朝以前族规的主要内容是劝诫子孙"务本业、力农田、四业必精其一"，教养子孙礼仪与规矩的规定，严禁子孙游手好闲。宋朝之后，族规才成为专门约束家庭成员的规章。宗族制使中国社会呈现"家国同构"的特征，其表现为"家是小国，国是大家"。族规有了类似于法律的效力，宗族制度得到统治者的支持，家法、族规也成为封建法的重要补充，族权遍布于乡村各个宗族之中，成为仅次于政权的权力体系，并与政权相互补充，共同维持封建社会秩序的稳定，这便是乡土中国传统意义上的"村自治"，实质上体现的依然是族权、父权。②

宗法制度的首要特点是以家族为社会管理的基本单位，实行不充分的私有制，即只有家族所有制而无个人所有制，作为个体的人没有任何可以独立行使的权利，表现为：①个人没有独立的生存权，即"君叫臣死，臣不得不死；父

---

① 马晓雯. 民国时期宗族传统与乡村自治的冲突与妥协［D］. 济南：山东师范大学，2014：9.
② 马晓雯. 民国时期宗族传统与乡村自治的冲突与妥协［D］. 济南：山东师范大学，2014：9-10.

叫子亡，子不得不亡"；②只有刑法而没有民法，从未有明确的个人财产权的概念。在家庭中个人没有私产，全部收入要上交给家长，而家长也不过是家庭财产的代管人，死后财产要均分给子孙。在国家，皇帝可以随意抄没臣子的家产，诛其全族，甚至于皇帝本人，也不过是"天"的代言人和财产的代管人，一旦被认为是无道昏君，则人人可以取而代之，以"替天行道"；③没有任何保护个体民主权利的法规，权利等于权力，只有在不同的等级中才可享有不同的权利，甚至各等级的服饰、言谈举止都不能相同，这使得个体被极度缩小，而等级职位被无限放大；④个人犯罪家族株连，抄家、灭门、诛九族、诛十族，甚至诛一村，这无疑加大了叛逆行为的代价并能启动家族内部的自我约束机制，驯养绝对服从与效忠的臣民。宗法制度的另一特点是，以法律手段强制推行礼制秩序，详细而广泛地规定各种道德义务，严惩被认为是不忠不孝之人，如《孝经·五刑章》载，"五刑之属三千，罪莫大于不孝"；《历代刑法志》载，凡告父母者，不论其控告属实与否，均判以极刑；汉律中有大不敬罪，触讳为大不敬，议论死去的皇帝也是大不敬；等等。其他朝代的法律大抵如此，根本不能体现人格、权利的平等，只反映出道德的法律化和强制化。①

"家国同构"是宗法社会最鲜明的结构特征。家庭或家族与国家在组织结构方面具有共同性，也就是说不论国家或家族、家庭，它们的组织系统和权力结构都是严格的父权家长制。家国同构的共同性具体表现为"家是小国，国是大家"。在家庭或家族内，父亲地位尊，权力最大；在国内，君主的地位至尊，权力至大，所以，家长在家庭中就像君主一样，即"家人有严君焉，父母之谓也"，而君主就是全国指名的严父，各级行政长官也被百姓视为父母，所谓"夫君者，民众父母也"。家国同构可以看作父亲为一家之君，君为国父，君与父互为表里，国与家是彼此沟通的，因此，中国古语有"欲治其国，必先齐其家"的说法。这种结构表明宗法关系渗透到社会各个方面，它掩盖了阶级关系、等级关系，家国同构直接导致了家庭或家庭成员和国家子民品质的统一，这就是忠、孝同义，也即"求忠臣于孝子之门"之说，忠的内容和孝一样都是对权力的绝对顺从，所不同的仅仅在于它们所顺从的对象不一样。中国古代《孝经》称，"君子之事亲孝，故忠可移于君"，忠和孝成为中国的道德本位和伦理本位。

这种以种群为区分的缺乏自我存在意识的原始组织结构及由此产生的制度，道德干预的效率往往大于法律制约，"乡民不必依靠强力性的外来王法来维系彼

---

① 王亚立，白全礼. 中国古代社会管理模式剖析［J］. 郑州航空工业管理学院学报（社会科学版），1999（1）：41-45.

此之间的关系,他们完全可以凭借相互间的千丝万缕的联系和对相对长久的利害关系的考虑,通过涵盖社会生活的方方面面的礼俗来调整公共生活中发生的冲突,维护家族或乡村共同体内部的秩序"①,因此在保持族内安稳、稳定乡村秩序、调解族人纷争以及乡村救济保障和促进文化教育方面无疑发挥了巨大的作用,但是同时,它也产生了一些阻碍近代化乡村自治的副作用,正如梁治平先生分析的那样:"中国当代法律基本制度源于西方,并不是土生土长的东西,而制度后面的那套思想观念、行为却是千百年来民族文化的一部分,有其深厚的根基,绝不是一种政治或社会力量在短时间内可以改变或者清除的。尽管中国人引进西方法律制度已有近百年的历史,但是通过他们的言谈举止不难察觉,实际上存在着另外一套独特的行为准则。"② 也正是这一独特的宗族传统,深深影响了中国人数千年的伦理观,至今还影响着现代中国包括社会、政治、文化等诸多层面,因此,如何摒弃其中的伦理糟粕、加强监督和管理、做好梳理和引导,是一个值得思考和研究的课题。③

(三) 封建统治稳固的重要基础——思想管制

中国古代封建统治者为了稳固自己的统治,不仅在政治经济上,而且在思想上对老百姓加以严格的管制,以杜绝任何潜在的隐患。

古代思想管制可分为三个阶段:①隋朝以前主要以官方的奖励与惩治为手段,如"焚书坑儒""罢黜百家,独尊儒术"等;②隋朝以后开始把思想管制制度化,即开始了科举制。由于务农、经商均无出路,只有考科举去做官才有出人头地的一线希望;而科举制以"四书"作为万世不变的考试内容,迫使要出人头地者"一心只读圣贤书",不敢也不愿去学习、研究"异端邪说",可以说,科举制度成功地扼杀和掏空了读书人的灵性,使之由思想上最活跃的群体,变成统治者最有力的帮凶——文官阶层;③明清时期,随着商品经济的发展和市民阶层的出现,科举制已难以控制人们的创造欲望与灵性,统治者就开始了残酷的思想迫害活动。如明朝李贽提出天赋平等、个人财产权等问题,反对宗法等级秩序,结果被罗织罪名入狱而自杀;清朝的文字狱更是骇人听闻;等等。虽然思想管制成功地实现了舆论的一律,暂时消除了社会动荡的隐患,但也极

---

① 贾德裕,朱兴农,郗同福. 现代化进程中的中国农民 [M]. 南京:南京大学出版社,1998:77.
② 梁治平,齐海滨,石泰峰,等. 新波斯人信札:变化中的法观念 [M]. 贵阳:贵州人民出版社,1988:15-16.
③ 马晓雯. 民国时期宗族传统与乡村自治的冲突与妥协 [D]. 济南:山东师范大学,2014:9-10.

大地限制了中国人的创造性与灵性。①

三、中国古代社会管理经验②

在连续数千年的不间断统治中，中国的先人们累积了自己独特的社会管理成就和经验。

第一，统一的社会信念和中央政权的统一与强大，是整个社会安定的前提和关键。自秦建立统一的中央王权以来，大一统的理念深入人心，"王权至上、国家统一、一统天下"等理念，成为中国社会的主流思潮。中国历史上，在中央王权被削弱的时候，整个社会通常也会陷入动荡，甚至是军阀割据。社会安危与中央的政治清明和统治力之间存在着密切关联，整个国家的安危系于王权，这是中国社会治理的一个显著特征和经验。

第二，注重社会秩序与社会控制而非自由与权利。这点与近代西方注重个人自由和权利保护的特点有很大不同，表现在：①维护等级秩序；②注重维护社会整体利益；③强调道德教化。

第三，国家力量与社会力量相结合，共同治理社会。在中国古代社会，国家对社会控制的范围实际十分有限。中央政权主要局限于意识形态宣传、平乱、维持国防、为支撑自身的税收、选择继位者、新建公共工程，但是缺乏鼓励经济发展、应对社会变革、提供基本福利，也缺乏对教育和现代政府建立的有效组织。在基层社会，国家既注重通过对乡村社会的控制与国家政权的紧密结合实现对乡村的控制，同时又注重利用乡村精英来治理乡村社会。风俗、习惯、乡绅和地方的德高望重者、宗族组织、基层社会的精英等，在村落经济、礼仪活动等地方日常治理中，都扮演着非常重要的角色。

第四，综合为治，国家法与民间法等大小传统共同成为维持社会秩序的规范。①与其他多数国家的古代社会一样，在传统中国，风俗、宗教、迷信、习惯、武力、道德、法律等多元方式共同规范着社会行为；②国家统治社会的手段，概括起来不外乎是道德、宗教和法律三种手段，"礼、德、刑"构成了国家统治社会的主要规范，并在长达数千年的过程中，共同发挥着凝聚社会的积极作用；③从意识形态层面来看，国家法在社会治理中扮演着重要的甚至是主导作用，但是，由于中国传统的法律主要目的是社会控制，而不是为了推动经济

---

① 王亚立，白全礼. 中国古代社会管理模式剖析 [J]. 郑州航空工业管理学院学报（社会科学版），1999（1）：41-45.

② 杨宗科. 中国古代社会管理的基本经验 [J]. 政法论丛，2013（4）：57-65.

社会的发展，因此，虽然法律制度在社会控制中的地位和作用较为突出，但是，应对大规模社会危机的基本法律制度则十分匮乏；④中国传统的乡土社会虽然被有的学者视为一个无"法"的社会，但是无国家之"法"，并不等于社会没有秩序，因为乡土社会是一个人口流动很小的社会，是一个"礼治"社会，是一个主要依靠社会成员自我规范约束和主动服从秩序的社会，人们的行为主要靠传统的礼管束着。

此外，被统治者合理借鉴的宗教中的劝善、因果报应等思想，在社会控制中，有时也会发挥积极的作用。

中国古代的社会管理思想、特征，是由中国古代社会的一系列基本特征决定的。宗教神学控制论、道德约束观、礼乐治国论、无为而治以及法家的社会控制思想，是中国古代社会主要的社会管理思想。统一的社会信念和中央政权的强大、注重社会秩序与社会控制、国家力量与社会力量相结合共同治理社会、综合为治，是中国古代社会的主要治理经验。

四、中国古代社会管理思想在现代的应用

恩格斯曾经提到过"劳动创造了人类"，在劳动创造人类的同时也需要组织和协调人类的行为，管理也就产生了。

（一）以人为本的管理思想

以人为本的思想是在春秋时期由齐国的管仲提出来的。西汉刘向编定的《管子》"霸言"篇记述了管仲对齐桓公陈述霸王之业的言论，管仲说"夫霸王之所始也，以人为本。本治则国固，本乱则国危"，意为霸王的事业之所以有良好的开端，是以人民为根本的，这个本理顺了国家才能巩固，这个本搞乱了国家势必危亡。与《诗经》齐名的《书经》则说"民惟邦本，本固邦宁"，应该说，以人为本与以民为本，意思完全相同。孟子强调"民为贵，君为轻"，《孟子·尽心》又强调"诸侯之宝三，土地、人民、政事"，可见孟子说的也是以人为本之意。

以人为本，不仅主张人是发展的根本目的，回答了为什么发展、发展"为了谁"的问题，而且主张人是发展的根本动力，回答了怎样发展、发展"依靠谁"的问题。人是发展的根本目的，也是发展的根本动力，一切为了人，一切依靠人，二者的统一构成以人为本的完整内容。毛泽东同志指出，人民群众是历史的主人；胡锦涛同志说，相信谁、依靠谁、为了谁，是否始终站在最广大人民的立场上，是区分历史唯物主义和历史唯心主义的分水岭，也是判断马克思主义执政党的试金石。

(二) 中国古代的经权观（思想）

经权观是儒家管理哲学的管理方法论，但是这一思想早在《周易》中就有所体现。"经权"中的"经"就是指《周易》中的"不易"，就是管理普遍的、稳定的原则；"权"指的是《周易》中的"变易"，即根据时空和事态的变化而不断改变着的方法策略。中国古代的"经权观"被认为是现代企业管理中权变理论的重要思想渊源。如今的权变理论的核心概念就是指世界上没有一成不变的管理模式，一位管理者在坚持固有的原则的同时也要因人制宜、因地制宜、因时制宜，要灵活地改变领导方式，一位好的管理者应该是善变的。在发展如此之快的今天，要想不被淘汰就一定要跟得上时代的发展，也要对管理的模式进行改变。①

(三) 无为而治的思想

"无为而治"出自《道德经》，是道家的治国理念。老子认为，我无为，而民自化；我好静，而民自正；我无事，而民自富；我无欲，而民自朴。他强调"无为而无不为"，告诫君王要"无为而治"，不与民争。

无为而治本意并不是不为，而是要求统治者清心洞察、知人善任，不必事必躬亲，进行过多的干预，以充分发挥民众的自我能动性。

杨朱提出"人人不损一毫，人人不利天下，天下治矣"的观点，主张个人本位论。《说苑·政理》记载："杨朱见梁王，言治天下如运诸掌然。梁王曰：'……何以？'杨朱曰：'臣有之。君不见夫牧羊乎？百羊而群，使五尺童子荷杖而随之，欲东而东，欲西而西。君且使尧率一羊，舜荷杖而随之，则乱之始也……将治大者不治小，成大功者不小苛。此之谓也'。"在这个"童子牧羊"的比喻中，羊群"欲东而东，欲西而西"，享有充分的自由；而象征统治者、管理者的"童子"只是"荷杖随之"，并不乱加干涉，这不禁使我们想起了亚当·斯密关于"看不见的手"的比喻以及关于国家只应起"守夜人"作用而不乱干涉经济活动的观点。虽然与亚当·斯密的近代经济自由主义理论相比，杨朱的观点只能称之为古代朴素的自由主义政治理论，但其历史地位则是不应低估的。

道家"无为而治"思想作为一种治国之术，对后世安邦治国影响很大。如田齐的黄老之学和汉初的黄老政治都是官学、显学，用来治理国家，并成就了

---

① 柯卫，马作武. 杨朱思想的法学解读 [J]. 法学评论，2009，27（3）：150-153.

齐国霸业和文景盛世；唐初把道教定为国教，推行垂拱而治，出现了"贞观之治"；明初力推"休养生息"政策，出现了"仁宣之治"；清初推行轻税减赋政策，成就了"康乾盛世"。由此可见，中国历史上的五大太平盛世，都直接或间接是在道家理论指导下取得的。

五、中国古代社会管理的历史教训

一种社会秩序的建立，离不开四个基本要素：信奉和遵从共同的规范和价值，社会结构稳定，社会关系协调，无序与社会冲突得到控制。纵观中国古代历朝历代，中国的王朝兴衰成败呈现出了一定的周期规律，其中，导致社会衰败、失控的共性表征和原因主要有四方面。[1]

其一，中央政府的软弱无能以及政治黑暗、吏治腐败，自然灾害频发、边疆地区的地方暴动，社会危机引发的社会动荡，以及意识形态消沉等，多是导致政权统治灭亡的主因。

其二，因社会矛盾和冲突而引发的农民起义，往往会导致政权灭亡。

其三，对重大灾荒事件的应对不力，是很多统治政权灭亡的直接导火索。中国古代的社会管理问题，总体上没有被有效纳入统治者的视野，国家的治理，主要是对政府机关自身的管理。

其四，人治而非法治的国家和社会治理模式，是历代封建王朝统治难以持久的重要原因。

第二节　中国近代社会治理

一、近代中国社会管理

传统中国的治理结构有两个不同部分：上层是官治系统，由皇权控制；基层则是地方管治系统，由族长或乡绅控制，这种治理的基本特点，是把两种情况结合起来，通过科举巩固的文化及意识形态统一，以及基层社会的分治体系。分治体系是指，由分散于社会基层的多个权力中心实施治理。乡绅生活在基层自己所属的族群中间，他们拥有土地资产和人际声望，在局部地方承担司法、执法和伦理教化角色；乡绅或族长不具有官方身份，但重视在官朝中"有人"，

---

[1] 浅谈中国古代社会管理 [DB/OL]. 百度文库，2013-12-20.

皇权总是通过绅权、即地方权威，而不是企图取代他们治理地方社会。这意味着传统中国事实上有着两个互不干扰的治理领域，对于基层社会而言，皇权仅具有文化象征意义，地方绅权则具有实际的管辖意义。虽然正式官制制度并没有承认这种分治局面，但事实是，分治的迹象"随处可见"（费孝通）。只要取得了地方的象征性承认，国家从未谋求对地方社会真正的、具有挑战意味的管辖权，甚至在治理的细节方面，国家也未能实际推行统一的治理规则，而任由地方根据惯例评断。在这种情况下，对国家抽象原则的"因地制宜"改造，使其适合本地实际情况，一向是正当的、获得各方面认同的做法。然而，这种情况在近代发生了变化，不断出现的局部战乱，迫使国家扩大征兵，设法增加农业税收，对基层资源的动员及组织重视增强，地方社会治理逐渐纳入了"官治"的范围。进入近代以来，国家试图通过一系列机构设置和委任，变地方权威为国家设在基层的政权分支，地方权威逐渐转为服务于国家目标——征兵、收税、进赋——的组织机构，这一地方权威的"官僚化"进程[1]，触及了原有社会治理的基础框架：基层治理者的授权来源转移至官府系统，其与地方社会的互赖关联逐渐瓦解。[2]

社会管理的方式产生于社会自身，是特定社会经济发展阶段和特定文化背景下的产物。不同的国家和不同的时期，社会管理并没有统一的模式，它总是与一定时期的社会环境和制度相适应的，正如任何事物都存在继承与发展、遵循与变革的演进过程一样，社会管理模式和社会管理活动也随着社会的变化而不断演进。

近代以来，随着国门的打开和西方民主思想的侵入，有识之士提出"师夷变法"的主张，他们从中西方物质文明和精神文明的差距中，初步意识到西方的民主与法治对于富国强民的价值，原本稳固的封建传统理念受到了强烈的冲击，经济基础、文化结构乃至政治制度都在潜移默化地进行着变革，社会治理的形态也由此经历了从管理形态向服务形态的嬗变。

晚清时期，尽管西方帝国主义的入侵给中国人民带来了重重灾难，但是西方的进步文明和先进技术却让中国人眼界大开。很多具有改革热情的中国人从西方人较聚集的沿海口岸获得了管理模式上的启示。康有为就发出了"乃知西人治国有法度，不得以古旧之夷狄视之"。以魏源、龚自珍等为代表的早期改革

---

[1] 张仲礼. 中国绅士：关于其在十九世纪中国社会中作用的研究[M]. 李荣昌，译. 上海：上海社会科学院出版社，1991.
[2] 张静. 中国社会治理：演变与危机[N/OL]. 英国《金融时报》中文网，2015（10）.

思想家对封建专制统治进行了无情的批判,引入了西方的社会科技知识,给了国人以灵魂上的洗涤,并由此播下了"民主思想"的种子。中国社会在由管理形态向服务形态的转变过程中,民主思想和人权观念的萌生起到了强有力的促进作用。

20 世纪初期,随着资本主义经济的发展,一部分资产阶级已经作为一股重要的社会力量登上了历史舞台。随着资产阶级民主革命的胜利和清王朝的灭亡,民主和人权的思想逐步得到确立,以儒家学说为代表的封建思想渐渐失去了统治地位。①

从原始社会开始一直到鸦片战争,中国在世界上一直处于相对独立的状态,它曾经创造过举世瞩目的光辉灿烂文化,有着广阔的地域和丰富的资源,长期处于领先的地位。1840 年鸦片战争后,西方资本主义列强的侵入一改昔日中国固有的社会格局,自给自足的封建经济逐渐解体,中国面临内忧外患,传统社会无论从它的经济基础还是政治制度以及文化结构上均已不能再适应近代社会发展的需要了,各方面的变革也对社会管理的方式提出了新的要求。但是,由于中国封建文化已有两千余年的历史,封建制度已经高度成熟和稳固,外部的侵入和内部的矛盾对社会管理的影响在一定时期内只可能是局部的,不能使这个时期的社会管理发生彻底的变革,而且此阶段的社会管理仍将以先前早已成型的模式为主。因此,尽管鸦片战争之后中国的主流社会思想产生了巨大的变化,但是传统封建思想仍然占据着重要的地位。在传统社会思想与西方近代物质文明相互融合的作用下,旧民主主义革命时期的制度改革以及社会组织建设等方面都强烈地充斥着封建约束的色彩。

第一,封建约束在制度改革中的体现。鸦片战争之后,中国传统农业和手工业遭到严重摧残,在此深刻的经济危机和社会危机之下,晚清统治集团的部分官员开始不断寻求应变方式,探索救亡图存的道路。以洋务运动为例,洋务运动主张兴办军事工业,但无论是军事工业还是民用工业,都强烈地遭受封建传统的制约,促成了洋务运动失败的命运。由于封建经济和传统文化思想的重重束缚,改良运动最终都以失败而告终。

第二,封建约束在社会组织中的体现。商会是商品经济发展到一定阶段的必然产物,是社会进步的体现。清末的商会还在很大程度上充当了社会管理者的角色,既可以抵御来自洋商的竞争和欺压,还可以受理经济诉讼,及时调解经济纠纷。然而,当时应运而生的商会,必然带有浓重的封建色彩,受封建制

---

① 肖振猛. 中国社会管理理论与实践研究 [D]. 武汉:武汉理工大学,2013:60.

度的约束。一方面,商会在发挥职能的过程中必然会影响到封建官府的权力,商会的权限增加一分,官府的实际统治能力就削弱一分,因此商会被许多官府视为眼中钉;另一方面,商会本身的权力是极其有限的,它的权威来自官府的支持和授权。

第三,封建约束在科举中的体现。当中国的领土不断地遭受利炮攻击之后,中国人不得不承认西方科学技术发达的事实,于是中国政府开始派遣留学生去西方学习。在中国这个拥有坚实的封建传统的大国里,功名是衡量一个人的社会地位的重要指标,而且从封建传统体制上说,功名只能通过科举取得。为了弥补这一不足,于是清政府颁布章程为留学生专开考试,优秀者授以翰林、进士、举人等称号并授予职务,于是出现了令人称奇的工科进士、法科进士、医科进士等分类,可见,封建的帽子依然束缚着社会的进步,"官本位"的思想甚至在时下的社会管理中依旧占据着主导地位。①

此外,根据剑桥中国史的观点,中国古代社会有两大特征,即等级化的身份特征和"集体责任"——"集体对成员的犯罪负有不可分割的责任"。中国社会是一个在儒家文化基础上建立起来的关系社会,它既不强调个人本位,也不强调社会本位,而是强调关系本位。费孝通先生认为,中国是一个以人为中心的社会关系网络,中国的关系格局是"好像把一块石头丢在水面上所产生的一圈圈推出去的波纹。每个人都是他所推出的圈子的中心,被圈子的波纹所触及就发生联系"②。中国社会和西方社会最大的不同在于中国社会是一个熟人社会,社会秩序的生成依托的是人与人之间的关系和情谊,而对于陌生人社会来说,社会治理靠的是法律和契约。在中国传统社会里,血缘关系和地缘关系占有重要的地位,尤其是在基层,社会的运转以这两种关系为基础,财产的占有和继承多是以血缘关系为主,生产和消费也多是以家庭为单位来进行的,以地缘关系为基础的邻里之间的交流与合作也是传统社会活动的重要方面,在早期社会乃至民国时期,政府的控制能力相对而言比较低,因此在这种"小政府大社会"的格局下,对社会管理采用连带负责模式,有利于国家的统一和社会的稳定。对社会的管理根据主体和对象的不同可以分为三种:民间自我管理、官方自我管理以及官方对民间的管理。明清时期,虽然中央集权不断加强,但是民间社会依然有着一定的自我运行的空间。在当时的社会管理中,既有官、民共同发挥作用的领域,也有官、民各自发挥作用的领域,即官方自域和民间自

---

① 肖振猛. 中国社会管理理论与实践研究 [D]. 武汉:武汉理工大学,2013:60.
② 费孝通. 乡土中国 生育制度 [M]. 北京:北京大学出版社,1998:36.

域。官方自域的对象主要是官吏，比如，《明史》中记载："任官之事，文归吏部，武归兵部。"在中国传统社会，官方和民间都有一定的独立性，庶民往往不直接和官府打交道，而官府的控制能力又相当有限，并不能完全地渗透到社会当中，因此，官府要扩展其对民间的控制，最好的方式就是间接控制，即把官府的意愿交由民间自己来执行，最突出的间接控制方式便是连带责任模式。

晚清末期的连坐制度和保甲制度作为古代社会治理的两种模式，都曾发挥过重要的作用，然而近代以来随着社会的转型，这两种模式却有着不同的命运。连坐制度始于商朝，它通过重刑主义使得犯罪行为在一定程度内得到了有效的控制，然而随着时代的变迁，残暴的惩罚手段终将被淘汰，清朝末年，慈禧太后下令修律，连坐制度也走到了尽头。然而连带责任模式的另一种制度——保甲制度，却仍然有着一定的存续空间，并在晚清社会治理中发挥了重要的作用。为了保证政府对基层社会信息的获取以及强化对基层社会的控制，保甲制度成为有效的社会治理手段。清代保甲制度是"一州一县城关各若干户，四乡村落各若干户……十户立一牌头，十牌立一甲头，十甲立一保长。月底令保长出示无事甘结，报官备查，违者罪之"[①]。保甲的最重要功效在于能够使邻里之间相互监督，强调的是"制一人足以制一家，制一家足以制一乡一邑"，是一种由点及面、由面到体的战略。中国社会进入近代以后，随着西方列强的步步入侵，原有的社会结构出现了紊乱，保甲制度也发生了相应的变化，最突出的表现就是衍生出了"团练"这一形态，即先清保甲、次抽壮丁、团之以民、申之以练，团练和保甲非常相似，团练更多地考虑到了地缘和血缘的关系。[②]

二、民国时期社会管理

辛亥革命宣告封建君主专制制度的瓦解，五四运动使民主思想得到广泛的传播，但两千多年的中国封建文化在中华民族的历史长河中却从未隐匿过它的足迹，尽管清朝已经覆亡，封建君主专制制度已离我们而去，但封建专制势力和思想在相当长的一段时期内会继续存在，积淀在民族文化深层结构中的封建糟粕并没有彻底荡涤。新民主主义革命时期的中国传统封建文化思想的束缚渗透在社会管理的各个领域。

1912年，中华民国成立，也标志着中国两千多年皇权时代的社会管理体制正式宣告终结，取而代之的是一种具有资产阶级政权性质的社会管理体制。4

---

① 张廷玉，等. 清朝文献通考 [M]. 杭州：浙江古籍出版社，2000：386.
② 肖振猛. 中国社会管理理论与实践研究 [D]. 武汉：武汉理工大学，2013：60.

月，袁世凯将临时政府自南京迁至北京，标志着北洋军阀统治的北洋政府开端，但只经历了17年即告灭亡。中华民国建立以后，废除皇权制度，实行总统制度，这是一种具有资产阶级民主性质的政权组织形式。仓促建立起来的民主共和制仍然有不可磨灭的封建传统因素，而且在北洋政府时期表现尤甚。北洋政府时期经历了民主共和制、帝制复辟、"伪"共和制以及后来的政府独裁制，国家元首则时而称为总统，时而称为皇帝，时而又称为大元帅。这时期是中国社会处于从古代向近代过渡的转折阶段，社会结构和社会管理方式发生了广泛而深刻的变化。北洋政府时期，政局动荡，政府的统治软弱无力，社会自身为了适应这一变化，萌生了大量的社会自治组织，地方精英们通过掌管这些自治组织，实现对基层社会的管理。

民国政府为了加强基层社会管理，国家权力开始不断下渗，推行权力下乡，其中最为典型的就是全面推行"保甲制度"，从而导致社会力量严重萎缩，基层社会失去活力，社会发展长期处于停滞状态，这种按照资产阶级的分权理论建立起来的"三权分立"的社会管理体制，也只是昙花一现，仅仅存在了三个月，就被北洋军阀篡夺。北洋军阀结束以后，代之而起的国民政府，虽然倡导资产阶级民主管理，但实际上依然实行独裁统治，进行集权管理，所以最终还是未能走出失败的命运。

1927年建立的南京国民政府，在社会管理方面采取了一些改革措施，与军阀混战的北洋政府时期相比有了明显的进步，但是由于封建传统的约束以及政府行政效能的低下，导致南京国民政府时期的社会管理仍然有非常大的局限性。首先，政府在社会管理上体现出集权化的特性。在社会管理的主体上，地方政府是主要角色，享有高度的自治权。其次，在中国传统的社会管理当中，家族观念是统治者管理社会的基础，它与现代社会的以个人为基本单位的管理方式不同。国民党政府受当时封建传统思想和社会环境的制约，沿袭明清以来的保甲制度作为对社会控制的工具，并没有建立起一套被社会认可的社会整合机制。

不可否认，民国时期的社会管理制度确实不乏一些资产阶级民主的成分，有些方面还呈现出较为完整的体系，较之封建君主专制制度无疑是一种历史进步。但是，专制制度、官僚政治及"人治""礼治"模式一直是中国近代政治、法治进程中一个难以消逝的幽灵[1]，特别是民国政府实行的政治专制、军事独裁、经济垄断，使得具有资产阶级政权性质的民主社会管理也就只是徒有虚名

---

[1] 河浚. 中国社会治理方式的历史考察与现实选择 [J]. 山西财经大学学报，2002，22（5）：108-112.

罢了。总的来说,民国时期社会管理的一个显著特点就是,社会管理体制具有明显的过渡性质,处于从君主专制主义的中央集权管理向人民民主专政的社会主义管理的过渡阶段,缺乏比较成型的社会管理制度。原因在于:一方面,民国时期虽然建立了资产阶级民主社会管理制度,但是这一制度主要还是借鉴西方、模仿西方,缺乏社会根基,因此实践当中总会遇到各种阻力,难以真正贯彻落实下去;另一方面,中国两千多年的帝制统治,虽被辛亥革命推翻,但是根深蒂固的君主专制主义思想并未彻底消除,而是深深地扎根在人们头脑之中,所以民国时期的社会管理制度依然存在明显的君主专制主义思想的残留。①

第三节 中国乡村自治理论与实践

一、地方自治理论溯源

(一) 概念解析

从词源的角度说,"自治"(autonomy)一词来源于希腊语,"auto 意即自我(self)、nomy 意即规则(law),因此,自治意味着自我管理"。"地方性自治作为一种群体保护的方式仅仅适用于下述情况,即被保护的群体生活在一个地理上孤立、界限明确的地域范围内,并构成了当地居民中的多数。"②

"地方自治"是指地方政府的组织和地方事务的管理由地方人民和地方政府自己规定,不由州和中央政府规定。

自近代地方自治(local self-government or local autonomy)观念萌生至今,世界各国并没有形成一个统一的、具有权威性的概念,其称谓及含义在各国不尽相同,或称地方政府、地方行政、地方自治、地方自治团体等,与此相应,定义有几十种之多。《简明不列颠百科全书》这样定义地方自治:"由中央或地方政府授予其下级政治单位的有限自主权或自治权。多民族帝国或国家所具有的一种普遍特点,对地方的活动予以一定的承认,并给予相当的自治权,但要

---

① 李强,胡宝荣. 去乱求治:我国历代社会管理的共同使命[J]. 甘肃社会科学,2012(6):9-15.
② 海因茨. 佃际法上的自治[M]//王铁志,沙伯力. 国际视野中的民族区域自治. 北京:民族出版社,2002:210.

求地方居民在政治上必须效忠于中央政府。"① 19世纪德国学者格莱斯特定义为"地方自治就是根据国家的法律,以地方税收负担经费,而以名誉职之职员办理的地方行政事务","遵国家之法律,以地方税支付费用,而以名誉职员办理地方之行政"。日本学者提出"无论对任何一种宪法体制来说,都需要把地方自治和地方分权问题作为民主国家不可或缺的内容,予以明确定位"②。日本法学博士织田万称地方自治为"被治者自为政治之意","不烦政府之官吏,由人民代表出而执行一切公务,即所谓人民自治之观念"。美国学者认为"自治,其字面意思为'自己管理自己',或'自己治理自己'"③。中文中的"地方自治"一词是在清末由日本转译而来,定义也是颇为繁杂,如民国二十年(1931),林众可在《地方自治概论》中列举了七种定义。20世纪70年代,台湾地区学者沈怀玉称"地方自治就是一个国家内部的施政,在一定区域以内,由人民自行制定法规,选举自治人员,组织自治团体,因地制宜发展该地区的自治事业"。《中国大百科全书》1992年初版的《政治学》分卷是这样定义的:"在一定的领土单位之内,全体居民组成法人团体(地方自治团体),在宪法和法律规定的范围内,并在国家监督之下,按照自己的意志组织地方自治机关,利用本地区的财力,处理本区域内公共事务的一种地方政治制度。"这些认识上的差别,当然是受不同国家、不同历史时期的各种因素的影响,尽管人们的理解、旨趣以及语言表达存在一定的差别,但对地方自治的本质、基本要素的理解则随时代、社会的演进而渐趋一致。

地方自治,最通俗、简练的表述是:本地方的人,用本地方的钱,办本地方的事,其实质就是一定区域内的住民对该区域内的公共事务拥有自主权,其精髓就是民主的精神。地方自治的要素主要有:第一,地方自治团体应具有法人的资格,也即在法律上具有独立的人格,这是地方自治团体与地方官署的根本区别;第二,地方自治团体具有地域性特点,其权利义务关系受地域的限制,这是它与职业、学术、慈善等团体的区别所在;第三,自治经费由本地方负担,以地方税收办理本地方之公共事务;第四,遵循国家法律,受政府之监督,不能离开国家而独立存在;第五,地方自治团体为地方自治的主体,自行处理其事务。在地方自治运动的前期(约20世纪以前),受英国地方自治观念和实践

---

① 郑贤君.地方自治学说评析[J].首都师范大学学报(社会科学版),2001(2):53-59.
② 杉原泰雄.宪法的历史:比较宪法学新论[M].吕昶,渠涛,译.北京:社会科学文献出版社,2000:187.
③ 萨托利.民主新论[M].冯克利,阎克文,译.北京:东方出版社,1998:73.

的影响，各国论者多将自治职员（为名誉职或义务职）列为地方自治的一要素，后随着时代的演进、地方自治事业的发展，这一颇具理想色彩的主张、制度日渐脱离实际，渐渐退化，不再为人们所采用。①

为了进一步理解自治，我们还必须区分两组概念。一是自治与自主的关系。自治是在国家法律的框架内行使自治权，其权力由国家法律授予并受国家法律的监督。自主是以自己的法律为存在依据，其自主权为自己所固有，不受其他法律的约束与监督，含有主权之义。二是自治与分治的关系。分治是分权的意思，是对集权而言的，分治是指中央与地方的分权，分权亦可以是官治，因此，自治必然是分治，但分治不一定是自治。

地方自治是近代宪政的有机组成部分，最早起源于罗马的自治城市，后成为资产阶级反对封建专制，实现参与和保障人权的表现形式。各国在长期的历史流变过程中，结合本国情况，发展了不同的地方自治理论，大体有：保护说、钦定说、传来说、固有权说、制度性保障说、人民主权说、人权保障说、法人说、地方政府论、权力分立制衡说。地方自治被认为是对全国性政府过度集权的一种制衡力量，其理论有一些共同之处，即以中央地方利益上的对立作为解决中央地方关系的观念前提，发展和确保地方自治权力的实现，在坚持国家主权和国家统一原则的前提下，尊重地方居民的意愿，满足他们的参与愿望，实现生动、活泼的地方生活。②

综合上述看法，地方自治可定义为：国家特定区域的人民，由国家授权或依据国家法令，在国家监督下自行组织法人团体，用地方的人力、财力、物力自行处理自己事务的政治制度。

自由民主是近现代西方社会的价值基石，现代民主政治国家无一不是建立在以自由、民主价值为核心的宪政制度的架构内。在宪政范畴内，自由所蕴含的自主、尊重理性、宽容的精神与"自治"所体现的个体与生俱来的人格独立和自主、自律的理念相契合。地方自治制度的宪政价值在于，它赋予公民充分的自由权利并保障公民以一定的公共精神参与和自身利益相关的社会生活、社会组织的管理和决策，由公民自己治理本地区的公共事务，这不仅有助于提高国家在处理越来越复杂和多元化的公共事务时的管理成效，而且有助于公民民主素养和政治能力的提升，也将自由、平等精神融入国家与社会的良性互动

---

① 陈绍方.地方自治的概念、流派与体系［J］.求索，2005（7）：45-47.
② 郑贤君.地方自治学说评析［J］.首都师范大学学报（社会科学版），2001（2）：53-59.

之中。

地方自治是宪政的基石，我们亦可从学理上对地方自治的功用进行分析而得之。地方自治对宪政的基础性作用有这三个方面。①

一是地方自治拓宽了政治参与的渠道和广度，有助于人民广泛的政治参与。宪政的核心价值之一是人民主权，人民积极主动地参与政治生活。地方自治是"自己管理自己的事务"，就是让广大人民积极主动地参与政治活动，从一乡镇至一县、一省乃至一国。孙中山先生设计的以地方自治为中心的"训政"建国程序，就是要广大人民参与政治生活，夯实民治的政治基础。

二是有助于培养公民意识和宪政观念以及人民的政治参与能力和习惯。民主宪政是一种生活方式，人民如果没有养成宪政的生活方式，宪政则徒有其表而已，西方的地方自治传统，养成了人民的民主宪政的能力和习惯，从而造就了宪政。我国宪政是"后发外生型""故地方自治，实人民参政最好之练习场，而宪政基础之第一级也"，也有格言为证："民治制度最好的学校及其成功的最好保证，就是实行地方自治。"孙中山先生的"训政"，亦是为了培养人民行使"四权"的观念和能力，以达到宪政的民权基础。

三是保障了国家权力与社会权力的平衡，有利于监督政府，防止国家专制。"一切有权力的人都容易滥用权力，这是万古不易的一条经验。有权力的人们使用权力一直到遇有界限的地方才休止。要防止滥用权力，就必须以权力约束权力"②，这是宪政的核心内容。人民正是通过地方自治结为团体组织，对国家权力进行监督，实现社会对国家的制衡，从而防止国家专制，达到限制国家权力、保障人权的宪政目的，因此，可以说地方自治与宪政相依相生、相辅相成。

（二）地方自治要素说

地方自治之要素（构成要件），除了"区域、居民和自治权"三要素说之外，比较有代表性的是四要素说③：

1. 自治团体

地方自治团体是在法律上具有独立人格的法人组织，其构成有区域、人民、组织、自治权。

（1）区域。地方自治团体行使其自治权必在一国之一定区域内进行，这是

---

① 曾绍东. 南京国民政府地方自治研究：以赣南（1939—1949）为中心的考察 [D]. 重庆：西南政法大学，2011：34.
② 孟德斯鸠. 论法的精神（上卷）[M]. 许明龙，译. 北京：商务印书馆，2012：101.
③ 陈绍方. 地方自治的概念、流派与体系 [J]. 求索，2005（7）：45-47.

地方自治的最基本要求和显著特点,也是它与社团法人、财团法人的区别所在。地方自治的区域,各国一般都沿用历史上已形成的行政区划,但也有为了地方自治的便利重新划定区域的。该区域具有独立性,每一地方自治团体行使其自治权,只能及于本区域,而不能施之于其他区域。

(2) 人民。居住在一定区域内的住民,在地方自治中享有权利、承担义务。由于各住民之主、客观条件(如年龄、身体状况等)不同,其权利义务亦有差别。

(3) 组织。主要是议决机关和执行机关——议决机关是商议、决策自治事务的机关,执行机关是执行议决机关决策的机构。议决、执行机关的人员多由该地区人民选举产生,但在自治事业的初期常由上级机关指派和委任。

(4) 自治权。包括立法权、执行权(组织权、人事权、计划权)、财政权,是自治团体的核心要素。在自治权的来源上,英美学派与大陆学派观点迥异。英美学派受古典自然法思想影响,认为自治权是天赋的,是人民所固有的,且先于国家而存在,国家出现后,这种固有的自治权依然存在,国家不但不能干涉,还要加以保护,因此英美学派的这一理论又称为"固有权利说"和"保护主义"。大陆学派奉行国家至上主义,认为地方自治的权利不是天赋的而是由主权国家所赋予的,国家可随时收回这种权利,因此大陆学派的这一理论又称作"国权授予说"和"钦定主义",其所主张之自治权具有委托性质,中央政府对于自治事务拥有最终决定权。

2. 自治事务

可分为固有事务与委任事务两大类:固有事务是地方自治团体为实现自身目的而施行的事务,大致包括地方财政、保安、教育、卫生、救济、实业、工程七类事务,这是地方自治事务的主体;委任事务是受中央政府或上级机关委托办理的事项,如代征税收、办理上级机关的选举、调查统计等。地方自治事务随着自治能力的提高、自治事业的发展,有由简趋繁的趋势和特性。

3. 自治经费

由本地方负担,以地方税收办理本地方之公共事务。①

4. 自治监督

地方自治是一种垂直型的分权设计,意味着地方行政从国家行政(中央行政)领域中分离出来自成格局,有相当程度的独立性和自主性。由于历史传统和现实环境的不同,各国在地方自治的监督方式、内容上并不相同,大致分为

---

① 任鸿浩. 清末地方自治述论 [D]. 苏州:苏州大学,2013:3.

三类：立法监督、行政监督和司法监督。

（1）立法监督。上级立法机关对有关地方自治的法律、法规进行审核、批准，从法律的制定上来对地方自治进行监督。

（2）行政监督。中央或上级地方自治团体对（下级）地方自治团体在实施地方自治过程中的具体行政行为是否合法适当进行审查监督。行政监督可分两种，即对地方自治团体之固有事务的监督和对地方自治团体之委任事务的监督，前者称为合法监督，后者称为适当监督。

（3）司法监督。所谓司法监督就是国家司法机关对地方自治团体及其自治职员行使自治权、实施具体的自治行为过程中，因违反刑事法规、民事法规、行政法规等而被指控，对之进行审理、裁判的活动，司法监督是对地方自治活动进行监督的最后一道防线，各国都有采用。

二、近代以来中国乡村自治的实践

（一）清末民初乡村自治

1. 康有为和梁启超的地方自治主张

鸦片战争后，由于社会政治经济发生巨大变化，封建政治机构包括基层乡里制度越来越不适应世界和中国发展的需要，如何改革旧的国家政治体制，建立新的政治制度，成为当时中国面临的亟待解决的问题。

19世纪末20世纪初，康有为、梁启超等维新志士总结戊戌变法失败的惨痛教训，分别撰述大量政论文章，继续探索中国政治改革方案。1902年康有为作《公民自治篇》，通过比较中西各国政治制度之异同，主张中国建立公民制度，以达到挽救民族危亡、实现国家富强的目的，该文献是20世纪初关于公民制度和地方自治问题最为系统而深刻的表述，是康有为官制思想和宪政思想的重要组成部分，符合近代中国政治改革的现实需求。

《公民自治篇》主要包括三个方面内容：一是"立公民"。"公民者，担荷一国之责任，共其利害，谋其公益，任其国税之事，以共维持其国者也"，"今变法第一，当令省、府、州、县、乡、市遍举公民，选举议员而公议论之"。二是"地方自治"。康有为把地方自治作为公民制度的政治基础，"为人代谋者之不如自为谋也，人治之者之不如自为治也，此天下之公理矣""今吾中国地方之大，病在于官代民治，而不听民自治也，救亡之道，听地方自治而已"。需要指出的是，康有为提出的地方自治制度并非欧美、日本各国所新创，实是中国上古三代、汉、晋、六朝古制的另类表述。三是各省、府、州、县、乡、村建立不同级别的议会。康有为认为，以中国传统乡官之制为基础，由国家制定法律规则，地方自治可顺利施行。另外，他参酌欧美、日本各国地方自治制度，还具体设计了中国实行地方自治的方案，主张以万人以上、地方十里者为一局，或名邑，人数不得过多，地方不得过阔。每局立局长一人，总任局事，兼理学校；设判官一人，审讼狱；警察官一人，巡捕奸宄盗贼非常；税官一人，收赋税管户籍；邮官一人，主通信兼印花；皆由议员中公举。设议事会，由五官组成，而长官为议长决焉。下为议例会，众议员聚议决一乡之政制、赋税大事，上以应国事、下以增公益为义务。其议员视其地之大小、民之众寡，以三四百人举一人，由公民公举之。而议之决否，以议员人数多少为定，如是则劣绅不能武断矣。每都市邑局之中，分各村各约，以千数百人为度，立正副二人，董任其事。简言之，康有为托古改制，主张仿照汉代的办法，在乡镇以下公举三老担任乡官，会同地方士绅公议新政。①

可以看出，康有为《公民自治篇》的核心话语有二："公民"和"自治"，集中反映了中国救亡图强的社会历史需求，对于近代中国政治文明建设具有理论先导意义，但把地方自治寄托于封建绅权的延伸和扩大，试图在传统的政治体系与伦理规范之内部分地"减杀君权"，充其量只能达到"官绅合治"的层次，不仅削弱了地方自治之民主意义，而且决定了清末地方自治运动的困厄和艰难，无法真正实现资产阶级的宪政目标。

梁启超的地方自治思想大体与康有为相近，如地方自治的作用以及做法等，但对公民的独立地位则有自己独到的看法："公民者，自立者也，非立于人者一也。苟立于人，必非真公民。"梁启超在《新民说》中强调了"自治"的重要性，由"求一身之自治"发展到"求一群的自治"，赋予了"自治"以丰富的内涵，将地方自治誉为民众参政的试验场，是"宪政之基"，"先举吾身而自治焉，试合身与身为一小群而自治焉；更合群与群为一大群而自治焉；更合大群与大群为一更大之群而自治焉，则一完全高尚自由国、平等国、独立国、自主国出焉矣"。自治精神成为梁启超地方政制观的指导思想，"国有宪法，国民之自治也；州郡乡市有议会，地方之自治也，凡善良之政体，未有不从自治来也"。梁启超主张兴乡权、设学会，进而反对封建专制集权，剔除地方腐败吏治，建立君主立宪国家，鼓励地方"公民"参与地方政事，通过地方自治制度划分中央地方权限，按三权分立原则设置地方政权组织，选举地方官员，以发

---

① 马小泉. 公民自治：一个百年未尽的话题——读康有为《公民自治篇》(1902 年) [J]. 学术研究，2003 (10)：99-103.

挥地方活力,这就是辛亥革命前梁启超地方政制观内容的发展过程。①

不管是康有为的托古改制,还是梁启超提出的"秉西法,重乡权"和建立"地方自治政体"的援西改革主张,都是中国曲折地进入近代历史的思想反映,因此,康梁两人关于乡村自治的思想是启发我国乡村自治历史过程开始的思想前驱。

清朝末年,由于西方列强的入侵,中国处于内忧外患的深重灾难之中,特别是1895年甲午战争的惨败,极大震动了国家和社会各个阶层,一些维新之士也意识到要摆脱日益严峻的民族危机、实现国家振兴,就必须摒弃洋务派"中体西用"的肤浅观念,必须把重心从学习西方先进的器物文明转移到移植西方先进的制度文明上来,从制度上探寻政治变革的道路,于是兴起了一场轰轰烈烈的地方自治运动;同时,在社会各界和民间舆论的强烈呼吁和推动下,清政府为了挽救其摇摇欲坠的政权,不得不仿学宪政,派遣大臣出国考察,着手实行变法,地方自治是其中最重要的内容之一。清政府在变法修律的同时颁布了一系列的地方自治章程,并在全国各地加以实施。1908年,清政府颁布了城镇乡地方自治章程及选举章程,次年又颁布厅州县自治章程及选举章程,通过这一系列的措施,形成了地方自治的初步架构,但由于保守派的阻挠,清末地方自治的权力极为有限,基本上仍然以维护皇权统治为其主要目的。辛亥革命后,北洋军阀政府为争夺其合法性地位,不得不竞相打着地方自治的旗号,采取了一些地方自治的措施,其间虽然遭到袁世凯政府的阻挠,但地方自治的步伐并没有停止。

(1) 地方自治的推行

1908年(光绪三十四年)8月24日,清政府参照欧美、日本等国的地方自治制度,制定和颁布了府州县以下的城镇市乡自治章程,共9章112条,实行所谓政府推进、制度改造、精英担纲、送法下乡,这是中国历史上首次由统治者提出和推进的乡镇自治,也是第一次由统治阶级提出"自治"概念。根据规定,地方自治"专办地方公益之事,辅佐官治为主",由地方公选所谓的"合格绅民",担任自治团体负责人,在地方官监督下办理地方事宜。

清末的地方自治活动约可分为两个阶段:1908年以前,为部分地区在政治变革潮流和地方自治思潮的影响下,由绅商自发倡办或由官府督导试办的阶段;1909年以后,是在清政府的统筹规划之下,作为预备立宪的基础工作,全面推

---

① 丁旭光. 略论多变的梁启超地方政制观 [J]. 开放时代, 1987 (6):48-52.

行的阶段。①

①绅商主导的地方自治

这一阶段的地方自治，以新式绅商为主体，其中以中国最早的具有近代意义的地方自治组织——"南学会"与"保卫局"最具代表性。前者创立于1898年2月，多以本地绅士和"好义爱国"之士为会友，欲"激发保教爱国之热心、养成地方自治之气力"，是培养绅商议政和参与地方事务能力的讲学与议事功能兼具的维新团体，在南学会的倡导和影响下，湖南各州县相继成立了十几个类似的学会，均具学术与政治双重意义，对推动湖南新政、训练绅商参政议政，发挥了积极的作用；后者同样成立于1898年2月，系由湖南官绅仿照西方各国普查制度及天津、上海租界巡捕成例而设，"此局名为保卫局，实为官、绅、商合办之局"，这种合办的做法显然具有地方自治的性质。"警察一局，为万政万事根本。诚使官民合力，听民之筹费，许民之襄办，则地方自治之规模，隐寓于其中，而民智从此而开，民权亦从此而伸。"比较著名的地方自治组织还有1904年8月创办的东三省保卫公所、1905年在上海成立的城厢内外总工程局、1907年广东的粤商自治会、1909年6月上海的自治公所、1910年苏州的市民公社等。

②政府主导的地方自治

清政府通过在制度和程序上的规范，加强对地方自治的控制与引导，使之在可控范围内有序地发展。1906年，政务处提出由奉天、直隶两省先行试办地方自治，7月天津府设立自治局，由天津知府凌福彭、翰林院检讨金邦平等会同筹办。1908年，宪政编查馆拟定预备立宪《九年预备立宪逐年筹备事宜清单》，对地方自治的实施步骤做了统筹规划："第一年（1908）颁布城镇乡地方自治章程；第二年筹办城镇乡地方自治、设立自治研究所、颁布厅州县地方自治章程；第三年至第五年，筹办、续办城镇乡地方自治和厅州县地方自治；第六年城镇乡地方自治一律成立；第七年厅州县地方自治一律成立，推行地方自治是清廷预备立宪方案的重要组成部分。"② 1909年1月，清政府正式颁布由民政部拟定、宪政编查馆核议的《城镇乡地方自治章程》和《城镇乡地方自治选举章程》，谕令谘议局筹办处兼理地方自治筹办事宜。1910年2月3日，又颁布了《京师地方自治章程》及其选举章程。1910年2月6日再颁布《府厅州县地方自治章程》《府厅州县议事会议员选举章程》，至此，各级地方自治的规范章程

---

① 任鸿浩. 清末地方自治述论 [D]. 苏州：苏州大学. 2013：17.
② 清政府1908年8月27日明谕核准颁布《九年预备立宪逐年筹备事宜清单》。

基本完成，地方自治的制度设计已具体系，为普遍开展地方自治提供了法律保障。

为了使地方自治不流于形式，清政府先在风气开化较早、文化程度较高的直隶天津和江苏江宁两地先行试点，到1910年12月底，全国共设各级自治筹备会81个，自治研究所128个，其中开办最好的是四川，其次是江西、湖北、陕西等省。这些省份的不少府（厅）州县还开办了自治培训班，对地方绅员进行培训，聘请和选派通晓西方国家政治、法律、制度的留学生和学堂毕业生讲授《钦定宪法大纲》《城镇乡地方自治章程》、地方自治筹备办法，不少省份在筹备地方自治期间，还创办白话官报、白话告示、自治浅说，用通俗流畅的白话文体宣传宪政、法制、地方自治推行的办法和好处。同时，各省为成立城镇市乡参事会、董事会，选举议员、董事，对各地的人口（包括男女性别、籍贯、职业、财产、文化程度）进行了调查，这是我国有史以来第一次大规模的人口普查。上述举措对改变农村愚昧落后状况、开发民智、促进文明开化具有积极意义，但由于体制、机制、官吏、社会管理等弊端，最后弄得怨声载道、流弊无穷，以至于本属利国益民之事反成了害国病民之举，引起人民普遍的不满。

（2）地方自治立法的内容及特点

①自治的级别

《城镇乡地方自治章程》和《府厅州县地方自治章程》规定：城镇乡为下级自治、府厅州县为上级自治，京师为特别自治区域。《城镇乡地方自治章程》规定："凡府厅州县城厢地方为城，其余市镇村庄屯集等各地方，人口满五万以上者为镇，人口不满五万者为乡"，"镇乡地方嗣后若因人口之增减，镇有人口不足四万五千，乡有多至五万五千者，由该镇董事会或乡董事会承由地方官申请督抚分别改为乡镇"。通过地域划分，自治组织可以调和辖区内的不同地方的利益冲突、整合区域资源集中力量进行地方公益事业建设，另外，也反映出当权者对国人自治能力有不同认定，普遍认为乡镇民众文化素质不高、缺乏自治能力，从而采取上述分别制定自治法律，推行地方自治的做法。

②自治的机构

《城镇乡地方自治章程》规定："所有城镇设城镇议事会、董事会，乡设乡议事会、乡董。城镇乡议事会设正、副议长各一名，乡镇董事会各设总董一名，董事一至三名，名誉董事若干名。各乡设乡董一名、乡佐一名。所有城镇乡正、副议长、总董、董事、乡董均由所在城镇乡绅民选举产生，最后呈报该管地方官核准任用。""城镇设议事会议员，以二十名为定额"，"至多以六十名为限"。"议员以二年为任期，每年改选半数"，"议长、副议长以二年为任，任期满改选"。同时对于改选和议员议长出缺事宜做了细致的规定,以防止专权的现象出现,并规定"议员及议长、副议长均为名誉职,不支薪水"。城镇乡议事会议员与董事会总董、董事或乡董不准同时兼任,以防止互相勾结。城镇乡议事会议员"若有父子兄弟现为城镇乡董事会总董或乡董乡佐者,不得为该议事会议员";"董事会职员,不得同时兼任该议事会议员,若有由议员当选者,应辞议员之职"。议事会有决策权,董事会负责执行,两会成员不得兼任,以便互相监督,防止专权,既体现了西方分权制衡的理念,也是确保民主的制度设计。

《府厅州县地方自治章程》第四条规定自治机构由议事会、参事会和长官组成。"府厅州县议事会及参事会,掌议决自治事宜";"府厅州县长官,掌执行自治事宜"。由此可见,议事会和参事会为议决机关,州县长官为执行机关。议事会职权为议决本府厅州县自治经费岁出入的预决算、筹集方法、使用方法,以及城镇议事会应议决而不能议决的事件或依法属议事会权限内的事件;参事会主要是辅助议事会的日常工作,其职权范围主要包括:一是议决议事会议决事件的执行方法及次序、议事会委托代议事件、长官交参事会代议事会议决的事件,二是审查长官提交议事会的议案,三是议决区域内全体诉讼及和解事件;四是公断和解城镇乡自治权限争议事件。府厅州县长官作为执行机构,负责执行本级议事会或参事会议决的事件、提交议案、掌管公牍文件。以上决策机关和执行机关分立的制度设计避免了中国一直以来地方乡规民约自治方式中存在的随意性、专断性情形,同样体现了决议和执行机构之间分工、分权、监督、制衡的精神,不但有预防专权的作用,也有反映民意并将反映民意的决策付诸实践的意义。①

③选民的资格

章程规定选民有一定的资格限制,规定有下列之一者不得为选民:"一、品行悖谬,营私武断,确有实据者;二、曾处监禁以上之刑者;三、营业不正者,其范围以规约定之;四、失财产上之信用,被人控实尚未清结者;五、吸食鸦片者;六、有心疾者;七、不识文字者。"此外,议员亦有亲属回避等限制:父子兄弟不得同时任为议员,若同时当选,当以子避父、弟避兄。若父子兄弟为城镇董事会总董或乡董、乡佐,则不得同时任为议事会议员。乡董、乡佐不得同时兼任该乡议事议员,父子兄弟不得同时为乡董、乡佐。城镇乡须择定本地公产房屋或寺庙为自治公所,作为议事会、董事会和乡董的日常办公机构。城镇乡自治公所直接受该管地方官监督,地方官有权请求督抚解散城镇乡议事会、

---

① 任鸿浩.清末地方自治述论[D].苏州:苏州大学.2013:17.

董事会及撤销和罢免各级自治团体与职员。①

以上对选民资格的限制：一方面，城镇议事会议员由本城镇乡选民直接互选产生，但立法也限定了选民资格并规定剥夺选民资格的情形以及被选举人主体资格的禁止情形；同时，对选民资格做了文化程度和财产（纳税）上的限制。此外，《城镇乡地方自治选举章程》还以年纳正税或公益捐赠额，把选民分甲乙两级，这就使贫民和不识字者以及绝大多数妇女不能成为选民，而选民等级的划分更使得议事会基本上为富人所控制，这种"限制民主"的选举原则，显然是与西方宪政思想中人民主权原则相悖的，也反映了当时统治者以及地方自治拥护者对底层民众自治能力的怀疑态度，是清末地方自治立法的局限所在，反映了那个时代的特征，不宜苛求。

④自治的事务

以《城镇乡地方自治章程》为例，自治事务涵盖了城镇乡学务、卫生、道路工程、工商务、善举、公共营业、办理事项、地方习惯等方面，涉及居民社会生活的各个方面。值得注意的是，它把自筹地方事业经费作为自治范围的一部分，使各项事业得以自主进行，不必依赖于政府财政；自治范围中规定的"恤寡""施衣""放粥""义仓积谷""救生会""救荒""义棺义冢"等公益事业，既传承了历史上的"义举"风尚，同时也顾及了当时社会普遍贫困的实际需要，既有助于动员社会力量帮助贫苦大众掌握谋生手段，也促使传统的慈善事业由重视"养"过渡到"养教并重"，使得传统的慈善事业发展为近代意义的慈善公益事业。此外，某些原属地方政府的行政管理事项，如文化教育、公用事业、公共建筑和工商实业等，也已部分归属民间。其好处是显而易见的：一方面避免了地方官员和自治组织之间争权夺利、相互推诿的现象，另一方面由地方自治团体负责区域内公共事务，不但减轻地方财政的压力，同时在自治活动中能够集思广益，使民众的意愿得到应有的尊重和满足。

⑤自治的监管

地方自治章程的核心是自治辅助官治，不能完全脱离官治而自立。《城镇乡地方自治章程》第一节第一条即开宗明义规定："地方自治以专办地方公益事宜、辅佐官治为主。按照定章，由地方公选合格绅民，受地方官监督办理。"

地方官监督各自治机关处理地方事务，议事会所议自治事件，须得到地方官的允许才能办理，"议事会决议事件，由议长副议长呈报地方官查核后，移交城镇董事会或乡董，按章执行"，"议事会与地方行政与自治有关事宜各件，得

---

① 王圣育. 近代乡村自治研究[D]. 北京：中国政法大学，2005：20.

条陈所见，呈候地方官核办"；对于城镇董事会总董、董事和乡董、乡佐人员的任用，也须经地方官或更上一级官员核准，更有甚者，地方官可以申请督抚"解散城镇乡议事会、城镇董事会及撤销自治职员之职"。另外，章程对自治职员以自治之名干预自治以外的事务，也有处罚的规定，这些规定反映了地方自治组织受地方政府的监督，从而使地方自治活动纳入国家控制的范围。

2. 民初政府之地方自治（1928年之前）①

民初以来，地方自治因具有民治因素并未随清朝的消亡而停止，而是在原有基础上继续办理。"所有各级自治会均相继成立"，"各县纷纷设立民选的县议会，作为地方民意机关、立法机关和自治组织"。袁世凯以地方自治机关把持税捐、干涉词讼、妨碍行政为由，于1914年2月下令停止地方自治，但由于地方自治已成为检验政府合法性的标尺，停止地方自治已危及袁世凯及其政府的合法性，袁遂于同年12月颁布《地方自治试行条例》及1915年4月颁布《地方自治试行条例施行细则》。相对清末地方自治立法，这两部法律明显倒退：自治团体下降到区一级，而且须经三个时期（第一期，自治事宜之调查；第二期，自治事宜之整理及提倡；第三期，自治事宜之实行）而不能立即举办，实际上是实行拖延战术；所定住民以男子为限，剥夺了广大女性的选举，这明显与男女平等的民主宪政理念相悖；选民财产上的限制比清末自治章程更为严正，如冷隽所说，"袁世凯地方自治试行条例的颁布，查其内容，不过籍自治之名而和袁氏复辟帝制的权格行官治之实，毫无自治价值可言"②。由于"各地方官多意存延宕"覆灭，这两部法律"亦迄未施行"。

20世纪20年代初，为解决政府的合法性问题，地方自治遂又重提，先后由国会颁布了《县自治法》《县自治法实施细则》《市自治法》和《市自治法实施细则》。鉴于本文是以县以下地方自治为研究对象，故只对《县自治法》《县自治法实施细则》进行说明。

这两部法分别于1919年9月和1921年6月颁布，在立法上表现为激进主义倾向：立法上，不仅明显优于袁世凯时期的两部法律，而且比清末地方自治章程也更进一步。主要体现在两个方面：一是住民与选民范围的扩大，也可以说是选举权的扩大。法律规定，凡居住县内者，不分男、女、本国人、外国人、原籍、寄籍或寄留，均为县住民，这比章程规定范围为宽。选举权、被选举权

---

① 曾绍东. 南京国民政府地方自治研究：以赣南（1939—1949）为中心的考察［D］. 重庆：西南政法大学，2011：47-49.

② 冷隽. 地方自治述要［M］. 3版. 南京：正中书局，1935：77.

在年龄、财产限制上都比章程和条例更为降低，在消极限制上，也较章程与条例的规定更为完善和严密。二是自治事务和权限的扩大。县自治团体为公法人。自治事务虽采用列举主义，但比清末地方自治章程规定更为概括，表现为自治事务的扩大。县议会为立法机关和议决机关，不仅可议决自治事项，而且可以选举参事会之半数参事；监督官署或参事会咨询之事件；对于县参事会所定规则及执行事务，视为越权违法，或妨害公益时，得请监督官停止其进行。

值得一提的是，在地方分立，要求省自治或联省自治以及政府遭受严重的合法性危机的背景下，1923年4月颁布了《中华民国宪法》，这部宪法首次明确了中央与地方的关系，省、县均为地方自治团体。宪法规定，县设议会，为地方自治的立法机关，县长为执行机关，县议会议员、县长由选民直选。

但由于当时政治生态环境恶劣，地方分立主义严重，政权迭更，并出现了贿选的丑剧，国会亦被称为"猪仔国会"，合法性受到质疑，制定的宪法和法律也遭遇合法性危机，加上立法上的激进主义，脱离中国当时的政治文化条件，"这些法律、包括宪法对提高地方自治质素，并没有发生实际性影响"。

其实早在19世纪末期开始，主张政治改革的中国近代精英人士就以批判腐败的官僚制度为出发点，提出了由士绅"自治之身，自治其乡，再由一乡推之一县一府一省，可以成共和之郅邦，臻大同之盛规"的设想，但由于中国社会政治条件等原因，真正宪政意义上的地方自治并未实现。

3. 孙中山地方自治思想与实践

孙中山是中国近代地方自治的思想先驱和设计者，其地方自治思想初步形成于清末辛亥革命前，这期间经历了民国的建立、护国战争和国民党的改组，到1923年1月在中国国民党宣言中阐发新三民主义思想时趋于成熟。与较为保守、传统并易妥协的梁启超、康有为、章太炎等人相比，孙中山的地方自治理论学说及实践有着极为坚定的特色，并能够与中国的具体实践相结合。

1902年孙中山初步提出了革命程序论，将地方自治列为其中的一项重要内容，基本构想是地方自治应以县为单位，以实行民权、民生两主义为目的，"无分县自治，则人民无所凭借，所谓全民政治，必无由实现，无全民政治，则虽有五权分立、国民大会，亦终未由举主权在民之实也。以是之故，吾夙定革命方略，以为建设之事，当始于一县，县与县联，以成一国，如此，则建设之基础，在于人民，非官僚所得而窃，非军阀所得而夺"①。1912年的《中华民国临时约法》对乡村制度采取明确的"自治"取向，全国各地不仅出现"县自治"

---

① 陈旭麓，郝盛潮. 孙中山集外集[M]. 上海：上海人民出版社，1992：35-36.

"乡自治"，还出现"村自治"组织。孙中山认为实行地方自治，应采取渐进方式，即当军政时期结束、训政时期开始后，地方自治以清户口、立机关、定地价、修道路、垦荒地、设学校为要务，在这些基本建设完成以后，进一步将自治业务扩展为建立农业、工业、商业、金融、保险等方面的合作社；当进入宪政时期，地方自治实行直接民权，即一县之内，公民有选举及罢免县级官吏之权，有创制及复决法律之权。孙中山强调实行以县为单位的自治，须以民权主义与民生主义为目的，也是基本的手段，通过施行选举权，由人民选举职员，以组织立法、执行机关等。费正清（美）认为，"孙逸仙显然早在1912年就奉信地方自治的思想。他认为，地方自治是一个强盛、统一的国家的当然基础"[①]。

根据学者洪英的观点，孙中山的地方自治思想主要体现在以下三个方面。

（1）分阶段自治思想——孙中山地方自治理论的基础

从武力统一的所谓军政时期到中国国民党执政的训政时期，实行以党治国，推行地方自治，分三阶段实施，即自治扶植阶段、自治开始阶段、自治完成阶段。

自治扶植阶段——主要任务包括调查各地人口、测置土地、办理警卫、修筑道路、训练人民使用四权（即选举权、罢免权、创制权和复决权）等。

自治开始阶段——主要任务包括清理户口、设立自治机关、定地价、修道路、量荒地、设立学校等。

自治完成阶段——待条件具备后，设立自治机关，选举议员和县官，执行一县政事，到这个时候，一县才会成为完全自治之县。

当进入"一省全数之县皆达完全自治"的所谓宪政时期，"宪政时期，将颁布宪法，并将党所掌握之统治权交还给国民实行完全的民主制度"，省长由全省人民通过"国民代表会"选举产生，为本省自治之监督。在孙中山看来，地方自治首先是立宪政治之基础，只有当地方自治达到一定的程度，才可实行宪政。

（2）"县自治"——孙中山地方理论的核心内容

孙中山主张以县作为最基本的自治单位，《国民政府建国大纲》中也规定"县为自治的单位"，"中华民国之建设，必当以人民为基础，而欲以人民为基础，必当先行分县自治"。他主张必须强调县的地位，以县为自治单位，县长民选，县民意机关制定地方法规。在一省内，县自治达到一定范围和程度，省亦

---

① 费正清. 剑桥中国晚清史（上下卷）[M]. 中国社会科学院历史研究所编译室，译. 北京：中国社会科学出版社，2006：382.

可自定宪法，但不能与国宪相抵触。孙中山认为以一县为自治单位的原因在于"事之最切于人民者，莫如一县以内之事，县自治尚未经训练，对于中央及省，何怪其茫昧不知津涯"。从国民政府之后县的设置上，的确体现了孙中山关于县作为自治单位的思想，1924年1月的国民党一大，以宣言形式对县自治进行了确认。同时通过的《国民政府建国大纲》第八条至十四条，都是有关县自治的规定。究其原因，孙中山在地方制度问题上，走过了最初对美国联邦制的机械模仿到主张联省到最后明确反对联省自治、主张建立单一制的国家体制这一过程，并开始深刻思考中国国情与西方制度学说的正确结合问题。那么怎样才能使中央与各省之关系得到合理的调剂与处理呢？孙中山认为中国应采取不偏于中央集权或地方分权的均权制度，这是解决中国地方制度问题的最合理、最适当的办法。①

（3）"直接民权"——孙中山地方自治理论的实质精神

孙中山在论地方自治的时候，他很明确地提出地方自治必须以真正的"民治"作为它的主要内容。他认为"主权在民"能否实现，关键不在于权力如何分配，而在于"权力之所在"，即"权在于官不在民就是官治，权在于民不在官则是民治"，如果舍弃这一点去空谈地方自治，就等于回到过去的"官办自治"。孙中山之所以一直以来推崇美国、瑞士的地方自治制度，也就是因为这些国家的地方自治制度能够直接体现民权。借鉴瑞士宪法关于国民有选举权、复决权、创制权和罢免权的规定，认为要使人民能够直接管理政府，就要使人民能够实行这四个民权（即选举权、罢免权、创制权和复决权），才能由人民任用官吏、役使官吏、驾驭官吏、防范官吏，也才能由人民直接选举罢免民意机关（议会）和行政长官，并最终可能使人民成为一国之主人。

在地方自治理论基础与价值体系之上，孙中山先生对地方自治的实施方案进行了设计，其内容主要体现于《地方自治实行法》与《国民政府建国大纲》这两个文件，其基本立足点是以县为自治单位行使直接民权的地方自治方案。

孙中山先生确立以县为自治单位可以说是经过了一些反复，是从省自治、联省自治转变过来的，并对以县为自治单位进行了多方论述。"当知中华民国之建设，必当以人民为基础；而欲以人民为基础，必当先行分县自治，及今为之，犹可及也"，之所以要以县为自治单位，基于以下考虑。

一是省自治或联省自治下地方割据的现实教训。民国建立以来的"武人割据"局面，是联省自治酿下的苦酒。孙中山先生认为，联省自治是"伪托自治

---

① 洪英. 孙中山先生地方自治思想综述［J］. 当代法学，2003（8）：158-160.

之名，以行其割据之实者"。经过二次革命、护法运动，孙中山先生对联省自治的弊端有了更深刻的认识，民国的建立，必须以主权在民为基础，主权在民，则必须从基层做起，"积十一年来之乱离与痛苦为教训，当知中华民国之建设，必当以人民为基础；而欲以人民为基础，必当先行分县自治"。以县为基本单位，正是基于对联省自治的实质认识而提出的。

二是县的范围有利于行使直接民权。欧美的代议制，民主实被少数人所专有。针对代议制的弊端，孙中山先生认为直接民权才是真正的民权，即人民能够直接行使选举权、罢免权、创制权、复决权。而便于行使直接民权，则地域范围不能太大，应以全体人民易于参加政治大会为宜，平时集会可以朝至夕归，这已得到学者们的公认。

三是县亦与我国传统社会的基本单位相契合。"县为吾国行政机关之最初级，故史称知县为亲民之官。""天高皇帝远"，民众与政府打交道的词讼、赋税，无非是县，知县也就成了亲民之官，这也是孙中山先生选择县为自治单位的传统因素。应该说，孙中山先生确立以县为自治单位，既借鉴了欧美地方自治的成功经验，又契合于中国历史传统，也是政治现实使然。

具体方案上，在宪政之前，设计一个以地方自治为中心任务，以实行民权、民生两主义为目的的训政时期。在自治团体上，县为自治单位，为公法人，实行政治、经济，民权、民生并举。因此，地方自治团体，不只为一政治组织，亦并非为一经济组织；在自治权上，采用均权制，实行独立的自治财政。在训政时期，政府曾经派训练考试合格人员，到各县协助人民筹办自治，主要内容为清户口、立机关、定地价、修道路、垦荒地、设学校。当六事办理完竣，人民曾受四权之训练，得选举县官以执行一县之事，得选举议员以议立一县之法律，成为一完全自治之县，其国民直接行使四权，凡一省全数之县皆达完全自治者，则为宪政开始时期。

孙中山先生认为真正的地方自治，应该实行直接民权，使人民能够行使其主权，而地方自治在政治上的表现就是通过人民的选举产生自治机关，由人民行使立法权。孙中山主张一切重要官吏都应由人民选举，从本县市的官员（县市长）、议员到全国性的"国民大会"的代表，都须经人民直接选举，以真正体现国家政治生活的民主化，体现"主权在民"的原则。

近代地方自治是我国寻求全面社会政治改革的一部分，是中国试图摆脱贫穷、走向富强、寻找新出路的要求和欲望在地方制度上的尝试。在20世纪上半叶的中国，地方自治在不同具体时期得到了不同程度的试验，并从法律上确立了地方自治体制，虽然这一过程并未如预期的那样乐观，相反却充满艰辛，最后以失败而告终，但是地方自治的实施以及其所带来的经验教训给后人留下了宝贵的财富及启示，也对中国现代的社会改革及地方制度的探讨具有相当的参考价值。国民政府实行地方自治与孙中山的倡导是分不开的，国民政府政治制度的设计及发展的依据均源于孙中山政治思想，特别是孙中山的关于建国程序说及均权主义学说，对国民政府的地方自治的实践起到了指导性的作用。民国时期地方制度中的中央地方均权制度，以县为自治单位，设立省、县议会的做法，对于开启民智，训练国民的政治经验，提高公众的参政、议政能力都有积极的影响，同时，这些地方自治的实践也为新时期中国的地方制度提供了宝贵的资料和参考，积累了有益的经验。①

4. 袁世凯及北洋政府实践

清朝帝制推翻后，袁世凯为了巩固自己的统治地位，并没有停止地方自治的事务，于1914年12月颁布了《自治条例》。1915年8月，北洋政府公布了《户口编查规则》，规定县下编置区，区内住户编牌保。随着各地筹办地方自治活动的开展，北京政府于1919年9月颁布《地方自治条例》，1921年7月公布《乡自治制》等规则，将县以下组织一律变为市乡，并规定市乡均为具有法人性质的自治团体，且按西方近代政治制度模式设计了由选举产生的议决机关、执行机关和监督机关，其自治权主要为办理本地方的教育、卫生、交通、水利、农业、商务、慈善等事务，总体上来说，这一时期的地方自治出现了明显倒退。

（二）民国初年以来地方、民间乡村自治实验

1. 河北定县翟城村村治：中国乡村自治之肇端

河北定县"翟城的自治实为我国村治的最早者"②。早在1904年，受"清末新政"的影响，富有地方权威的翟城村乡绅米春明开始在家乡兴办新式教育，发展乡村经济，进行乡村建设，改良村风民俗，取得了良好的效果，并获得极高的社会声望。但由于合法性原因，"清末，翟城村始终没有揭橥自治"，直到1915年，在县长孙发绪的支持和援助下，"确立起具有近代地方自治意义的自治制度"。翟城村于1915年分别制定了《河北省定县翟城村村治组织大纲》《河北省定县翟城村村公所办事规则》《河北省定县翟城村村会议事规则》以及1925年制定的《河北省定县翟城村村治大纲》，这些村治章程开中国乡村自治章程之先河，其主要内容有：一是全村人民公举村长一人、村佐二人；全村划为八个自治区，各区公举区长一人。后在1925年的村治大纲中规定村长、村佐、校董

---

① 洪英. 孙中山先生地方自治思想综述[J]. 当代法学，2003（8）：158-160.
② 冷隽. 地方自治述要[M]. 3版. 南京：正中书局，1935：77.

等直接由县署遴委，或由本村甲牌长加倍推举，呈请县遴委，从而大大增强了县对村治的控制力，反映了由民治向官治的蜕变；二是村会为议决机关，以村公所组织之。村会以村长为议长，以村佐、各股股员及各区区长为会员。凡关于村治重要事件及村民之一切建议等项，均须由本会开会议决。后改为村长集办公人员及村中公正绅士会议，于不悖公道良俗范围，议决村规。村会每月开例会一次，凡本会议决事件，由村公所执行，这明显属于行政会议性质，也有一定的绅治色彩；三是村公所为执行机关，办理本村一切事务。村公所除雇用书记外，一切职员均为名誉职；四是一切自治基本经费，由本村人民担负。自治经费之预算决算，由村会议决，呈县备案核查。①

翟城村的村自治在民国时期具有很重要的地位，"谈乡村自治者，必自翟城村始"。翟城村自治有如下特点：第一，地方政府在村自治中扮演着重要角色。村自治是由当地乡绅米鉴三、米迪刚父子具体兴办，但却离不开官方倡议和推动，以当时河北定县知事孙发绪所起的作用最大。当时他依据袁世凯办理京兆"自治模范区"的命令精神，仿日本自治模式，在1915年10月，促成了翟城村自治公所的建立。第二，村自治职员由村民选举产生，即由村民议举村长佐、区长等自治职。第三，重视村民参与。除村自治公所外，还设有村民议决机构——丰寸会，凡村重要事项，及村民的一切建议，必须由村会议决，交村自治公所执行，实行议行合一制。此外，村内各种专门性的自治"会"也很健全，如乐贤会、教育会、防除害虫会、勤俭储蓄会、辑睦会、爱国会、德业实践会等，这些自治性组织，有效地扩大了村民的参与机会。实行自治后，以各种名义参加村务的人员涉及全村10个姓氏，共40余人，其中有资格参加村会进而影响村务决策的达10余人。第四，重视村民特别是村自治职员自治素质的提高。为了办好村自治，翟城村设男女学校，普及平民教育，该村三十岁上下的村民，甚少有不识字者，尤其重视对村自治职员的培训，翟城村成立村自治讲习所，向他们讲解自治知识特别是日本的自治经验。讲习所先后举办过两届，共培养自治骨干50余人。这些自治骨干在翟城村村自治中发挥了重要作用。某种意义上说，翟城村自治职员培训与当代村委会干部培训制度不能说毫无关系。②

从以上列举的内容可知，翟城村地方自治组织已初具雏形。1921年以后，成效显著，"全村人民都能生产，都有饭吃，教育更见普及，很少有不识字的"，

---

① 曾绍东. 南京国民政府地方自治研究：以赣南（1939—1949）为中心的考察［D］. 重庆：西南政法大学，2011：47-49.
② 干圣育. 近代乡村自治研究［D］. 北京：中国政法大学，2005：20.

尤其值得关注的是，在整个地方自治实践中，地方政府只提供了合法性与一定的财政支持，地方精英则是村治的提倡者和操作者。翟城村亦成为地方精英主导地方自治的范例，被时人誉为"模范村"，正如杨天竞所说，"真正出于地方人民自动，克举自治之实，而影响所被，足以动人耳目，辗转仿效者，亦惟河北定县翟城村耳"①。

2. 山西乡村自治改革（1917—1928）

1917—1928年间，山西进行了一场具有广泛政治意义和社会意义的村政改革和村治建设运动，史称"山西村治"。在此期间，山西全省各地普遍建立了各种乡村自治组织和制度，改变了清末民初以来山西乡村制度混乱的局面。作为一个由政府推动的乡村自治实践，山西村治改革坚持了高效动员的行政传统，并且首次创设区乡一级国家行政和具有自治与"官治"双重性质的行政建制村，这种政治建构后来也被我们继承和发展，产生了深远的意义。

"山西村治"运动是在山西省政府倡导的"村本政治"理念指导和规划下发展的。1918年4月，《用民政治》一文中提出具体推行"用民政治"的主张，制定"用民政治"大纲，主要包括"民德""民智"和"民财"三个方面，即希望通过启发民智、培养民德、发展民财来发展山西的实业，巩固自己的统治，"国无强弱，惟民是视；民无强弱，惟政是视；政举则民强，民强则国强，未有政不举而国能强者"。山西省政府认为，最合理的政治组织是村，"村者，人民聚集之所也，为政不达诸村，则政乃粉饰；自治不本于村，则治无根蒂，舍村而言政治，终非彻底之论也"，为此，主张通过构建村制来建立极其严密的统治网，把政治统治的根须扎在基层乡村社会，以村作为施政的基本单位来推行各项法令和政令。

"山西村治"经历了由官方主导整顿建立村制到广泛发动农民参与村治、完善落实各项村治措施的转变，即从"整顿村制"到"改进村治"的转变，大体可以分为两个阶段②：

第一阶段——整顿村制（1917—1922）。山西省公署颁布了一系列关于编制行政村的章程，并成立了专门的行政机构"行政人员训练所"，教导传授施政知识，培养村政人才，向人们传授村政训练知识。1917年，山西颁布了《村治通行简章》，规定以300户为准（后来修订为以100户为准）建立具有行政功能的编村（行政村），作为最基本的行政单位，在主村设置一村长，村副根据户数多

---

① 杨天竞. 乡村自治 [M]. 上海：大东书局，1931：202.
② 钟转朋. 论阎锡山的乡村治理思想（1917—1928）[D]. 湘潭：湘潭大学，2011：7.

少设置，不得超过4人。村长村副负责办理编村后的一切村行政事务和村日常自治事务。1917年10月山西省政府编写了《人民须知》，自上而下在全省推行"六政（水利、种树、蚕桑、禁烟、剪辫、天足）三事（种棉、造林、畜牧）"，整顿村制、发展农村经济和革除封建陋习等同步进行，对山西农村经济社会发展产生了一定的积极效果。1918年12月山西省公署拟定《县地方设区暂行条例》，规定在县与村之间设区，每县设区3至6个，置区公所，设区长。1919年1月，颁布《各县户口编查暂行条例》，将人口普查提上了议事日程；4月，省公署又颁布了《整理村界简章》，并在同年10月拟定了《村自治分期进行办法》；1921年2月，山西省公署制定了《整理村范规则》。1922年3月，省公署正式通电全省各县所属各村，推行偏关县吊子沟村经验办法，一律在闾下设邻，"每5户为1邻，设邻长"，接着拟定公布了《改进村治条例》，缩小村编制，使编村由原来的300户变成100户，同时在村内参照孙中山创立的"五权宪法"模式，按照事务性质设立村公所、村民会议、息讼会、村监察委员会等机构，废除昔日管理村财务的社首制。同年9月，又在省长公署内增设村政处，专门负责村政办理。此后，将山西全省划为12个考察区，平均每区统辖管理8至9个县，同时各县又将辖区各村按照距离远近和人口多寡划分为若干小段进行管理，这样，山西省建立了从省长到邻长这样自上而下的科层结构，使得山西村制更加完备，村级组织队伍更加扩充。

山西村制实行5年后，山西基层乡村社会在兴办教育、发展社会事业、编查人口等社会公益事业上作用凸显，政令、法令得以上下贯通，行政系统运转高效，兴利除弊等各项改革事业均在不同程度上得以贯彻落实，农村经济社会环境趋于好转，农业生产有所发展，社会风俗和社会治安明显改善，村民生活较其他省较为安定。

第二阶段——改进村治（1922—1928）。山西村治走上了由制度建构到贯彻落实的演进道路。1922年，在山西村制推行5年以后，根据"村本政治"的精神，山西全省各地普遍实施"村政"，这一时期的主要特征就是由着眼制度、组织机构建设到强调发挥民众的力量，参与整治乡村政治社会秩序，培养村民的自治意识和自主精神，为此，山西省公署制定了五条改进村治的办法，即整理村范、召开村民会议、制定村禁约、建立息讼会和设立村保卫团。

此后，山西全省便开始了大规模的"村自治"建设运动。1927年，山西各行政村基本都设立了村监察委员会。该年8月山西省公署系统修正了村制法规，同时颁布《改进村制条例》《修订乡村编制简章》《修订息讼会简章》和《村监委会简章》，完善了村民会议、村公所、息讼会、监察委员会等制度，自此，仿照孙中山"五权宪法"分权制衡模式的山西乡村自治制度和组织机构趋于完善，可以说，山西村制在制度建设方面开启了先河，后来南京国民政府颁布的《县组织法》中关于"乡村自治"的规定，多有借鉴山西村制之痕迹。

（三）南京国民政府时期民间乡村自治运动

1. 南京国民政府时期民间乡村自治的相关政策

乡村是中国社会的基础和主体，也是地方自治的根本和基石，无论从地方自治事业的开展还是现代民主政治能力和自治精神的培育，无不自下而上，从一村一落开始。正如梁漱溟所言"求中国国家之新生命必于其农村求之；必农村有新生命而后中国国家乃有新生命焉"，但近代以来，中国屡遭西方列强侵略以及兵祸、苛捐、杂税、天灾等灾害，造成了中国乡村经济的凋敝、破产，乡村到了崩溃的边缘，"中国近百年史即一部乡村破坏史"。因此，欲拯救中国，必先救济中国之乡村。

南京国民政府之地方自治制度，可追踪至西潮东进之清末预备立宪，"清季筹备立宪，实开吾国地方自治制度之端绪。民国成立，仍沿清制，继续进行"，既有政府的推动，也有社会名流、学者们的民间试验，代表人物有晏阳初、梁漱溟、黄炎培、陶行知、杨开道等，在南京国民政府大力推行而提供了合法性条件下，以及在翟城村治和山西村制等的示范作用下，积极进行乡村建设研究与实践，掀起了一股轰轰烈烈的乡村建设运动。据统计，20世纪20年代末30年代初，全国从事乡村建设工作的团体和机构有600多个，先后设立的各种实验区有1000多处。这些机构主要为各教育与学术团体和大中专院校，大多为非政府组织，其中平民教育会（以晏阳初为首）的定县实验与乡村建设派（以梁漱溟为首）的邹平实验最为著名，影响也最为深远。声势浩大的乡村建设运动引起了南京国民政府的关注，晏阳初、梁漱溟因其出色的乡村建设工作及其影响受到社会广泛关注。南京国民政府于1932年在河北、山东、江苏、安徽等省成立地方自治筹备委员会时，晏阳初、梁漱溟分别担任河北、山东地方自治指导员，以提供经验帮助。同年12月，南京召开第二次内政会议，晏阳初、梁漱溟、李景汉等应邀出席了会议，对《地方自治案》《县政改革案》的拟定，产生了重要影响。关于设立县政建设实验区和县政建设研究院，均采自晏阳初等人的建议或"定县经验"。在此基础上，南京国民政府在各省设立实验县，进行地方自治和县政改革，遂有定县、邹平、菏泽、江宁、兰溪"五个实验县"的成立。因此，如果说南京国民政府为民间的乡村建设提供了合法性支持的话，那么民间的乡村建设实践，则为南京国民政府地方自治提供了样板和经验支持，形成民间与政府双向互动的局面。①

南京国民政府成立以后，仿效山西，实行各种形式的乡村自治。1928年国民政府公布《县组织法》，明确县政府的法律地位及其和乡村的自治法律关系，规定实行县、区、村里、闾、邻五级制，由县政府负筹备监督全县自治之责，于县以下分区、村里、闾、邻自治组织，百户以上之乡村地方为村，不满百户者得联合数村编为一村，百户之市镇为一里，满二十里者为一区，区设区长，村设村长，里设里长，受县知事监督办理区村里自治事务。《县组织法》颁布后，为促进乡村自治等内政工作的全面展开，1928年10月25日，国民党中央执行委员会第179次常务会议将保甲运动列入了推行地方自治的六项纲领之中。1928年12月，相关部门召集江、浙、赣、闽、皖五省民政厅长及沪、宁两特别市的公安、社会、土地局等局长，在南京召开了第一期民政会议，会议审议通过了《详订地方自治条例并从速实行案》。第一期民政会议后，国民政府于1929年6月将《县组织法》酌加修改（改村里为乡镇）重新颁布，接着，又先后颁布《乡镇自治施行法》《乡镇闾邻选举暂行规则》《乡镇坊自治职员选举及罢免法》等，从而构筑了一个比较完整的乡村自治制度体系。然而不久，国民政府领导的农村自治便逐步融入了防共、反共、反民主的战时状态的"保甲"制度。1929年7月，国民政府公布了《县保卫团法》，规定每闾为一牌，以闾长为牌长；每乡或镇为一甲，以乡长或镇长为甲长；每区为一区团，以区长为区团长；县为总团，以县长为总团长。9月，国民政府公布《清乡条例》，据此，相关部门于10月、11月先后公布了《邻右连坐暂行办法》《清查户口暂行办法》，完成了保甲制度的雏形，中国农村在20世纪20年代末开始形成保甲制度与乡里制度并行的局面。②

1935年11月国民党第五次全国代表大会重新确认了地方自治政策。1936年5月，南京国民政府召开了全国地方高级行政人员会议，通过了关于融保甲于自治中的地方自治议案，3个月后，中央政治会议据此通过了厘定法规原则，正式决定"容纳保甲于自治之中，乡镇的编制为保甲"。新的地方自治原则通过后，相关部门将其已经通过的《县自治法》及《县自治法施行法》加以修正，并于1937年7月通过了《保甲条例》，作为《县自治法》的补充，但是，20世纪30年代中期南京国民政府紧锣密鼓地重新起草或修订的以上几种自治法规，

---

① 曾绍东. 南京国民政府地方自治研究——以赣南（1939—1949）为中心的考察[D]. 重庆：西南政法大学，2011：53-54.
② 王圣育. 近代乡村自治研究[D]. 北京：中国政法大学，2005：28-30.

均未明令颁行,原来的乡村自治制度体系也未明令废止,这种制度混杂的局面直至1939年才得到根本改变。1939年9月,国民政府公布了《县各级组织纲要》,同年12月,国民政府公布《县各级组织纲要实施办法》,规定各省无论敌后与前方,3年内一律完成,这就是以"自治"相标榜的新县制,至此,所谓农村自治被纳入国民党的专制统治体制中了。

南京国民政府时期乡村建设理论不一、模式多样,但也有一些共同特点:一是在乡村建设的理论上,强调中西文化"沟通调和"。乡村建设者认为,中国的乡村建设应该在尊重国情与中国乡村文化的基础上,吸收西方的先进文明,实现中西文化的"沟通调和";二是在乡村建设的途径上,主张教育、经济、政治、文化并举。面对中国当时广大乡村经济贫困、文盲众多、政治冷漠等实际情况,单靠政治一途是无济于事的,因而各地都由以教育为主转到经济建设、教育改善、政治改良、文化发展的系统工程上来;三是在乡村建设的主体上,突出乡民的主体地位,培育乡民主动精神。梁漱溟强调:"农民自觉,乡村自救,乡村的事情才有办法,所以我们说乡村建设顶要紧的第一点便是农民自觉。"[1]

2. 南京国民政府时期民间乡村自治实践

(1) 山西"村制"的具体做法:南京国民政府地方自治之张本[2]

1917年,山西推行"村制",包括两个阶段:

第一阶段(1917—1921)——村行政制度阶段。1918年10月30日颁布《修正各县村制简章》开始实行村制,主要内容有:一、实行行政编村。每编村人口不少于100户,少于100户者,即联合邻村编为一村。凡足100户者,应设村长1人,村副1人,其居民尤多者,得酌增村副,但至多不得过4人。二、村内居民,以2—5家为间,设间长1人,满50家者,设间长2人,间长受村副指挥,执行职务。三、村副资格及选任。村民年在30岁以上,确无不良嗜好,朴实公正,粗通文义者以及有不动产价值在1000元以上者,得选为村长;朴实公正,能识文字者以及有不动产价值在500元以上者,得选为村副。四、村副职务。承办行政官之委托,办理传布及进行事项;办理自治事项,报告及特别发生事项等。村副违抗职务内办理情形或藉端阻挠者,得由县知事呈报撤换本村民之公意,陈述其营私舞弊,查有确准其立时撤换,并呈请惩处。

---

[1] 梁漱溟. 梁漱溟全集:第1卷[M]. 济南:山东人民出版社,2005:618.
[2] 曾绍东. 南京国民政府地方自治研究——以赣南(1939—1949)为中心的考察[D]. 重庆:西南政法大学. 2011:51.

特点：政制革新仅限于村，且不设议决机关，村副及村行政受县知事的严密控制，是对传统保甲制度的继承，并不是真正的地方自治组织。但村副由村民选举，已经是对传统政制的突破，具有一定的民治色彩，同时又由县知事选任，表达了一种民治与官治的平衡，体现了传统制度与西方自治制度的融合，这在制度初创时是可以理解的。

第二阶段（1922年以后）——村行政制度向"民主主义的村本政治"转化阶段，1927年8月《改进村制条例》等章程的出台，山西正式开始实施地方自治的"村本政治"。

1927年8月先后颁布了《改进村制条例》《修订乡村编制简章》《修订村间邻长选任简章》《村公所简章》《村民会议简章》《村监察委员会简章》《修订息讼会简章》等地方自治章程，开始实行地方自治的"村本政治"，主要内容有：一、编村内设置村民会议、村公所、息讼会和村监察委员会。二、村民会议为乡村自治的议决机关。村内居民年满20岁以上者均得参与村民会议，如村中习惯以每户出一人亦可。村民会议议办事项为：选举村副及村监察员、村息讼会公断员，省县法令规定应议事项，行政官厅交议事项，村监察委员会提交事项，议订及修改村禁约及一切村规事项，村副请议事项，本村兴利除弊事项，村民20人以上提议事项。会议每年举行一次，开会时须有应当到会之村民过半数之到场，始得开议。三、成立村公所，为乡村自治之执行机关。村公所由村副闾长等至少7人组成，如不足7人，由村民选补之。村公所应办事项为：行政官厅委办事项，村民会议议决事项，其他一切应执行之村务，报告职务内办理情形及特别发生事件。四、设置村监察委员会。由村民会议在村民中选举5人或7人组成，职务为清查村财政和举发执行村务人员之弊端。五、成立息讼会。每编村设立息讼会一处，由村民会议在村民中选举公断员5人或7人组织之。息讼会调解讼事，除命案外，凡两造争执事件请求调处者，均得公断之，公断后如有不服者，听其自由起诉。

山西村制仍局限于乡村，县长与区长仍由上级任命，属于官治，但村制已经在制度上有所改进，具有自治特色，并兼顾了中国传统"户"的概念。值得一提的是息讼会的设立，是对中国传统的乡里调解的正式化、规范化和合法化，山西村制也就成为中国传统自治制度与西方近代自治制度融合的一次探索，在地方自治的制度层面迈出了一步，具有进步意义。但由于其强烈的行政主导推进色彩，民众对政治的冷漠态度，村民"只知村政为官厅之功令，不知与人民有切肤之痛痒，故稍一松手，成绩遽落"，加上经济的困顿，民众终日迫于生计，人才难得，时局的动荡和时间的短暂，不可能取得理想之效果。

具有地方自治意味的山西村制,因符合南京国民政府的政治理念,成为南京国民政府初期推行地方自治的仿行样本,如"民国十七年九月国民政府所公布的县组织法,不但乡镇叫村里——后来才改为乡镇,就是法规的内容也受了山西村制的影响。例如,山西的村制有村民会议,所以县组织法有乡镇民大会;因为山西的村制有村公所,所以县组织法有乡镇公所;因为山西的村制有息讼会,所以县组织法有乡镇调解委员会;因为山西的村制有监察委员会,所以县组织法有乡镇监察委员会",山西村制遂成为南京国民政府初期全国乡村自治制度的张本。

(2) 晏阳初"乡村建设"实践①

民国时期的"乡村建设"运动是一场全国性的社会政治思潮和社会改革运动,它是一批关注农村发展的知识分子以不同的方式从事的乡村建设工作,其中晏阳初的"乡建理论"和"定县模式"是典型的代表模式。

晏阳初进行的"乡村建设"运动,最终目的是通过"四大教育"(文艺教育、生计教育、卫生教育、公民教育)、"三大方式"(学校式教育、社会式教育、家庭式教育),把"愚、穷、弱、私"的农民改造成为具有现代科学知识与民主精神的"新民",使他们能够"知识力、生产力、团结力、强健力"四力具备,在乡间实现"民治"的基础之上继而实现整个民族的再造。

1924年11月,晏阳初领导的"中华平民教育促进会"在河北保定农村推广平民学校,开始把工作重点由城市转向农村。1926年,平教会在河北定县设立办事处,以翟城村为试点,开展以村为单位的平民教育实验,相继编写了《市民千字课》《农民千字课》《士兵千字课》作为文化教育的课本,推进文化教育工作,提倡将"学"与"做"结合起来,要求教育者走出书斋深入农村的实际生活中去,共同改造生活、创造生活,在改造生活的实践中启发民力、发扬民德,造就一批新农民,成为建设国家抵御外侮的凭依,晏阳初领导的平教工作实现了由识字教育向乡村建设的重大转变。为此,他们分别于1930年和1932年制订了"十年计划"和"六年计划",希望以民众教育和地方自治为主的试验推进至政治和思想领域。

在农村经济方面,定县实验区围绕如何改进农民的生活水准、复兴农村经济方面做了许多有益的探索,如在农业新品种推广方面取得了一些成就,同时注意到工业经济的发展对于"乡村建设"的重要意义等。经过近十年的努力,

---

① 郝宏桂. 晏阳初"乡村建设"理论与实践的历史启示 [J]. 民国档案,2006 (4):71-75.

定县实验区在扫盲教育、农技推广方面都取得了较为显著的成效，但在治穷方面却收效甚微，晏阳初试图通过综合的教育运动达到乡建之目标并没有取得预期的成果。

(3)"东乡自治模式"

同盟会员、浙江省议会议长沈定一认为，近代以来的地方自治"不过是石上的青苔，绝对不是民众本身的自治萌芽，这些青苔，一方面点缀了自治，欺骗民众，一方面更给土豪劣绅一个新的地位，加紧地压迫民众榨取民众"，所以他在1928年2月6日首先在衙前组织成立了衙前村自治筹备会，他指出，本村试办自治，不单是使一般民众得到实际的团结，并且要在自治的设施上"救济我们的穷困，振拨我们的愚鲁"。他特别强调党对自治的领导作用："试办衙前村自治，是遵照中山先生的遗教产生，在县党部核准之后举行，在区分部指导之下实施。"

根据《衙前村自治会章程》，村自治筹备会由农民协会、建筑工会、商民协会、妇女协会、农村学校等民众团体中各选一名代表组成，在国民党第一区分部的指导指挥之下工作，其自治事项包括：清查户口及财产；筹备乡村经济组织，测量土地估定价值；修筑道路及各种交通设备；垦殖荒山旷地；改良农田水利；保护森林；建设学校。该会由筹备员中互选3人组成执行委员会，执行村民大会及全体委员会的决议。执委会下设统计、建设、教育三股，股下设有局处。东乡自治实行乡村两级自治体系，以村自治会为基本组织，受区分部的指导监察，受乡自治会的指挥，乡自治会则受区党部的直接指挥指导。该《组织法》规定，村自治组织正式成立后，其权力机关为村民大会；村民大会闭幕后，为民众团体代表大会；代表大会闭幕后，为村自治会全体委员会及其执行委员会。乡自治组织完竣后，其权力机关依次为：①乡民大会，合各村之自治村民组成；②各村代表大会，由各村民众团体代表组成；③全体委员会，由各村自治会全体委员会选出代表组成；④执行委员会，由全体委员会互选执行委员3人组成；乡自治会筹备期为6个月，在筹备期内必须将各村自治会组织完备。

东乡衙前村自治模式整个过程完全由国民党党部包办，是在国民党党部的指导之下，由职业不同的民众团体构成的政治经济的密切组织。从东乡的自治制度看，它以自治会为未来政府的雏形，又以国民党为自治会的"保姆"，具有所谓"以党训政"的显著特点。

(4) 梁漱溟的乡村自治之道①

1927年第一次国共合作破裂后,中国共产党发动的土地革命,动摇着中国封建地主阶级的统治基础,在地主资产阶级"建设"农村、"复兴"农村的喊叫声中,梁漱溟、晏阳初等人在多地发起了乡村建设运动,为凋敝的农村寻求出路。其中最有代表性的当数山东邹平、河北定县、江苏无锡和昆山四地,尤以1931—1937年间梁漱溟主持的邹平实验最具影响,其出发点是改造农民的思想与道德素质,塑造新型农民,成为梁漱溟乡村建设实验的核心内容。从文化思想史来看,它继承了梁启超提出的"新民说"的济世观,抓住了问题的根本,具有当代借鉴意义。

有关数据表明,1924—1937年,占总农户3.11%的地主占有土地41.47%,而61.4%的贫雇农则只有20.77%的土地,土地的高度集中使农村经济日趋破产,农村社会动荡不安。乡村破坏的严重现实引起了梁漱溟等人的高度关注,对其原因的认识又使他采取改良的建设办法来拯救乡村,并希望通过乡村建设来拯救整个中国。

梁漱溟把散漫、各自谋生的农民组织起来,培养他们的团体精神("团体组织",即经济合作社),目的在于"利用合作形式来增加生产——建立一个资本由大家共同支配、享受和占有的经济制度",以克服过去一家一户的分散经营模式。有了合作社,就增强了抗风险的能力,减少了受损失的可能,因此很受群众的欢迎。为了支持发展生产合作社,邹平县还特别设立金融流通处,兼县金库,只要愿意,农民都可以到那里去存款,同时规定,借款必须是集体,也就是只有加入合作社,并以合作社的名义才能借,为了保证资金不流失,一般不借给个人。贷款合作的前提是资助集体引进和使用新式科学技术发展生产,这就使资金流向了扩大生产的领域。

在梁漱溟的主张影响下,邹平县的整个行政系统实行机关教育化,以教育力量代替行政力量,集中力量将实验计划推行于社会。梁漱溟将邹平县传统的7个行政区取消,按地理、习俗等,将全县划分为14个乡,乡以下为自然村庄。取消乡镇公所的自治组织,而变为乡学村学,培养训练乡村自治组织的能力。梁漱溟主张以乡为单位,成立董事会,由全乡中德高望重的长者出任学长,内设乡队部、户籍室、卫生室。村学组织与乡学差不多,乡学村学中的成员,涵括全乡全村。通过这种民间自发组织,体现伦理主义,在"这个团体里面的组

---

① 选自李红辉,梁生. 梁漱溟乡村建设的核心内容及意义[J]. 人民论坛,2010(29):212-213.

织构造,是采取个人尊重团体、团体尊重个人、少数人尊重多数人、多数人尊重少数人",其要点"就是尊重对方,仿佛没有自己",以此培养大家的团体意识和集体精神。

为了改进民风民俗,提倡新道德,在梁漱溟的提倡下,邹平农村还清除那些在个别村或乡颇为盛行的"落后而有害的习俗",如缠足、抽鸦片、吵架斗殴等,有些村庄的协会还把道德劝诫编成歌谣,对移风易俗很有意义。

梁漱溟借鉴西方现代化国家丹麦的农民合作运动的经验,并"采用中国古人的所谓乡约做法",即德业相劝、过失相规、礼俗相交、患难相恤,建设新文化,成立了"乡村改进会"和"忠义社"等群众性的道德组织,发挥传统伦理精神来培养农民。

由于梁漱溟在乡村建设中有明确的指导思想,加上形式与步骤均比较符合国情,因此梁漱溟在邹平的实验应该说取得了很大的成功,引起了当时海内外的关注,比如,20世纪六七十年代韩国新农村建设,以及日本的农村建设,均吸收了梁漱溟乡村建设理论中有价值的内容甚至某些具体设计,如合作组织的建立等。今天在中国特色社会主义进程中,还是可以从梁漱溟的乡村建设理论与实践中借鉴一些有用的东西,如《乡村建设理论》中说"经济建设要'从农业引发工业,更从工业推进农业;农业工业垒为推进,农业乃日进无疆'",其中明显可见"工业反哺农业"的思想。

第四节 西方"国家与社会关系"的理论及社会治理实践

一、理论及演进

(一)何谓"国家""社会"?

目前有关国家的定义多达150多种,所以要给国家下一个被绝大多数人广为接受的定义是十分困难的。[①] 一般来说,国家是指由土地、人民、主权三个根本要素组成的统一的政体。广义的国家是指拥有共同的语言、文化、种族、血统、领土、政府或者历史的社会群体,狭义的国家是一定范围内的人群所形成的共同体形式。

---

① 王建生. 西方国家与社会关系理论流变 [J]. 河南大学学报(社会科学版),2010,50(6):69-75.

中国古代典籍里使用的繁体字"國",体现了古代中国人对"国家"的理解,即国家必须具备四个条件:一是居民,以小"口"代表;二是土地,以"一"代表;三是武力,以"戈"代表;四是疆域,以大"囗"代表。《现代汉语词典》对"国家"的解释是:①阶级统治的工具,同时兼有社会管理的职能。国家是阶级矛盾不可调和的产物和表现,它随着阶级的产生而产生,也将随着阶级的消灭而自行灭亡。②指一个国家的整个区域。在现代欧洲各国的语言中,"国家"一词有大致相近的拼法,如 state(英)、Etat(法)、Staat(德)、estado(西)等,这些词都有一个共同的起源,它们来自拉丁语"status",从词源上看,国家一词反映了统治权威与土地所有权、财产、家庭出身、等级有密切的关系,但是词源学无法说明状况、条件、地位、身份等概念是怎样演变为国家概念的。①

西方学者对于国家的定义,一般倾向于政治社会学的解释。美国学者乔纳森·哈斯认为,国家是"一个分层社会,在这个社会中管理机构控制着基本生活资料的生产或谋取方式,从而必然对其余居民行使强权"②。安东尼·吉登斯认为,国家可以被界定为这样的政治组织:它的统治在地域上是有章可循的,而且还能动员暴力工具来维护这种统治。③ 恩格斯在《家庭、私有制和国家的起源》一书中说道,"国家是社会在一定发展阶段上的产物。国家是表示:这个社会陷入了不可解决的自我矛盾,分裂为不可调和的对立面而又无力摆脱这些对立面。为了使这些对立面、这些经济利益互相冲突的阶级不致在无谓的斗争中把自己和社会消灭,就需要有一种表面上凌驾于社会之上的力量,这种力量应当缓和冲突,把冲突控制在秩序的范围之内,这种从社会中产生但又自居于社会之上并且日益同社会相异化的力量,就是国家"④。列宁也对国家有过经典定义:"国家是阶级统治的机关,是一个阶级压迫另一个阶级的机关。"⑤

尽管有关国家的定义不尽相同,但其所包含的基本要素却是一致的,都包括共同体(即制度实体)、权力(即强制性权力)、目的(即社会秩序)、活动

---

① 谢剑南. 国家的概念与国家的生成[J]. 国际关系学院学报, 2011(1): 20-24.
② 哈斯. 史前国家的演进[M]. 罗林平, 罗海纲, 朱乐夫, 等译. 北京: 求实出版社, 1988: 155.
③ 吉登斯. 民族-国家与暴力[M]. 胡宗泽, 朱乐夫, 译. 北京: 生活·读书·新知三联书店, 1998: 21.
④ 中共中央马克思恩格斯列宁斯大林著作编译局. 马克思恩格斯选集(第4卷)[M]. 北京: 人民出版社, 1995: 170.
⑤ 中共中央马克思恩格斯列宁斯大林著作编译局. 列宁选集(第三卷)[M]. 北京: 人民出版社, 1972.

（即统治与管理）、范围（即一定地域的领土和一定民族的居民）、符号（即政策法律、文化价值、意识形态和宗教信仰）六个要素，因此，可以这么来理解国家，即国家是运用相关符号系统来解释其权威性的制度实体，它代表并规范各种社会利益与权力关系，通过行使合法性的政治权力来统治与管理一定领土范围内的居民，以维持特定历史时期内的社会秩序。①

关于国家的起源，历史上学说纷纭，莫衷一是，最具有代表性的有契约论、神权论、暴力论。

第一，契约论是资产阶级革命时期最有影响的国家学说，代表人物有格劳秀斯、霍布斯、洛克等，其中又以卢梭《社会契约论》最为典型："一切社会之中最古老的而又唯一自然的社会，就是家庭"②，各个家庭成员，一经成年脱离家庭依附关系后，为了维护各自生来具有的自由和平等，确保自身生存的利益，理智地于社会生活中发生一种互相约束。当社会发展需要人们共同协作，"以全部共同的力量来保障结合的人身和财富时"，"每个结合者及其自身的一切权利转让给整个集体"，原来的约束就转化成了"社会契约"。契约论对资产阶级革命和资产阶级国家的建立都产生过重要影响。

第二，神权论认为，国家是根据神的意志建立的，国家的权力来源于神（天、上帝），这种理论在东西方奴隶社会和封建社会都占有重要地位。如中国古代社会，普遍信奉"天道"，说国家的权力来自"天命"，把帝王称为天子；欧洲中世纪时基督教的势力支配了整个思想界，普遍宣扬"一切权力来自神""除上帝外，别无权力"的观点，集神权思想大成的欧洲中世纪经院哲学家托马斯·阿奎那是其代表。神权论从16世纪开始衰落，但至今在一些国家仍有影响。

第三，暴力论认为，国家起源于掠夺和征服，强调暴力是社会发展的决定性因素，政治上的奴役先于经济发展的过程，国家的产生不是社会内部发展的结果。德国哲学家欧根·卡尔·杜林、奥地利社会学家路德维希·龚普洛维奇和俄国理论家卡尔·考茨基都是暴力论者。

恩格斯指出，国家的出现是人类社会发展的必然结果。人类社会始终存在着两种生产，即物质资料、精神资料的生产（衣、食、住及生产工具的生产）和人类自身的生产（人种的繁衍及婚姻家庭形式的发展）。在物质资料生产水平

---

① 王建生. 西方国家与社会关系理论流变 [J]. 河南大学学报（社会科学版），2010，50（6）：67-75.
② 李新洛. 卢梭《社会契约论》中的"家庭"概念解析 [J]. 商，2015（3）：105.

低下时，以血缘关系为纽带的氏族制度，成为国家产生以前对社会进行管理的基本社会制度；随着物质资料生产的发展，人们在物质资料生产过程中结成的生产关系逐渐代替了血缘关系，使社会结构发生了根本变化，新的社会制度取代了由血缘关系决定的氏族制度，这就是具有公共权力的国家制度。恩格斯曾强调，国家是阶级矛盾不可调和的产物，指出原始社会制度瓦解是个逐渐的过程，物质资料生产的发展、家庭私有制的出现和奴隶阶级的形成是国家产生的前提。在原始社会，生产发展到社会第一次大分工（农业与畜牧业的分离）时，就已经有奴隶出现，而在第二次社会大分工（农业与手工业分离）时，奴隶已成为农业、手工业的主要劳动力，这时国家尚未出现，只有阶级形成，当两个对立阶级的矛盾达到不可调和时才出现国家，因此，国家是阶级矛盾不可调和的产物，是经济上占统治地位的阶级"获得了镇压和剥削被压迫阶级的新手段"，这是马克思主义同一切小资产阶级和资产阶级思想家关于国家起源理论的基本分歧点。

  国家分类：①在人类学意义上，可以把国家分为单一民族国家或多民族国家；②在政治学意义上，可以将国家分为君主制国家、君主立宪制国家、共和制国家、民主国家或专制国家；③在政治经济意义上，可以将国家分为自由主义国家或社会主义国家、干涉主义国家、保护主义国家（Etat Providence）；④在公法意义上，可将国家分为单一制国家 unitary state-Etat unitaire（中央集权或地方分权的）与联邦制国家 federal state-Etat fédéral（还有所谓的邦联制 confedercy of state，在这里，一个邦联不是一个国家，而是一个国家联盟，其中每一个都保留着它的主权权力）。

  国家职能是国家机器，这是为了实现国家的总任务和总目的的活动方向，或称国家活动的总方向、总作用。西方政治学者通常把国家职能叫作国家功能，或把国家每个组成部分的活动、具体任务和国家活动的形式，说成是国家的职能。例如，有人把国家职能说成是个别国家机关的功能，说国家有立法、司法、管理的功能。把国家职能说成是国家活动的具体目的，至少有3个目的：①保护国家免受其他国家的侵犯；②保护国内每个人免受他人的侵犯与压迫；③举办个人或少数人不应或不能举办的事情。还有人说，国家有4个目的——安全、法治、经济、文化，或5个目的——安全、秩序、公德、自由、福利。马克思主义认为，国家职能是国家本质的具体体现，是为解决该社会的基本矛盾服务的。

  什么是社会？至今没有一个太正式明确的定义，一般是指由自我繁殖的个体构建而成的群体，占据一定的空间，具有其独特的文化和风俗习惯，也可理解为"由许多个体汇集而成的有组织有规则或纪律的相互合作的生存关系的群体"。

由于社会一般被认为是人类所特有的，所以社会和人类社会一般具有相同的含义。人类社会是指人们以共同物质生产活动为基础，按照一定的行为规范相互联系而结成的有机整体。构成社会的基本要素是自然环境、人口和文化，通过生产关系派生出各种社会关系，构成社会并在一定的行为规范控制下从事活动，使社会得以正常运转和延续发展。人类社会是由低级向高级发展的，即由原始社会、奴隶社会、封建社会、资本主义社会、社会主义社会和共产主义社会的不断向前发展演变。

社会的主要功能：①交流功能。用语言进行交流是人类社会与其他动物相区别的重要特征。人类社会创造了语言、文字、符号等人类交往的工具，为人类交往提供了必要的场所，从而保持和发展了人们的相互关系。②整合功能。所谓整合主要包括文化整合、规范整合、意见整合和功能整合。社会将无数单个的个体组织起来，形成一股合力，调整矛盾、冲突与对立，并将其控制在一定范围内，维持统一的局面。③导向功能。社会有一整套行为规范，用以维持正常的社会秩序，调整个体之间的关系，规定和指导个体的思想、行为的方向。导向可以是有形的，也可以是无形的。④继承发展功能。个体的生命短暂，个体一代代更替频繁，而社会则是长存的。一个物种创造的物质和精神文化，通过社会而积累和发展。

（二）西方"国家与社会关系"的理论演进

在西方，国家与社会的关系问题自古以来就是社会政治思想的一个重要组成部分，但严格来说，现代意义上的国家和社会这两个概念是直到近代才出现的，主要是通过马基雅维利、布丹、霍布斯等人的著作而确定下来的。西方学者对不同历史时期国家与社会关系的探讨形成了不同时期的理论特征，可以归纳为前工业化时期国家与社会的"二元论"思想、工业化时期国家与社会的"对立性"和"同一性"并存的观点、后工业化时期国家与社会的多元化理论体系（既有"多元主义""回归学派"，也有国家限度理论、公民社会理论），特别是后工业时期国家与社会之间出现了分工、合作、监督、制衡的关系架构，逐渐形成了治理与善治的新型关系。

具体来说，国家与社会关系的理论探讨有一个逐步演进的历史过程，主要表现在①：

1. 前工业化时期（国家产生——工业革命）国家与社会关系：从"一元论"到"二元论"

在这一时期，社会生产力水平很低，产业结构以农业为主，工业化和城市化还处于低级阶段，所以整个社会的结构和分层相对比较简单，有关国家与社会关系的思想长期以"一元论"为主，直到中世纪才逐步形成国家与社会关系的"二元论"思想。

（1）古希腊时期国家与社会的"一元论"思想

古希腊时期国家与社会是重合的，这种状况反映在理论上就是"一元论"思想。在希腊人看来，城邦不仅是除家庭之外唯一的组织形式，而且是一种具有伦理价值和终极意义的组织形式，为了城邦的利益，家庭甚至都可以被取消；个人不存在不同于城邦的利益，城邦的事业就是个人的事业，它构成了每一个人除了维持生存的活动之外全部生活的内容。总体来说，古代希腊的城邦类似于一个大的家庭，每一个公民作为这个家庭的成员而分享它的一切，如何使这个家庭更为和睦、更为强大也就成为他们最为关注的问题。古代希腊人开始了对于社会政治问题的系统的探讨，他们研究过各种政体，以找寻一种最好的制度，但他们的目的不同于现代人，即不是为了让每一个公民的权益得到更好的保护，而是为了城邦作为一个整体的长治久安。

亚里士多德考察分析了150多个不同形式的城邦国家，从伦理和利益的角度研究了国家的基本理论，即国家的起源、性质、目的和任务；研究了国家政治制度划分的原则，并对各种政治制度进行了比较；研究了如何建立以及管理国家等问题，奠定了西方国家与社会关系研究的基础。亚里士多德说"人是政治（城邦）的动物"，这句话实际上高度地概括了古代希腊人关于人与国家以及社会与国家的最根本的观念，也就是说，作为一个人，他只有通过参与城邦的各种活动，分享城邦的思想和观念才可能实现自己的本质。

概括说，古希腊时期，国家以城邦（polis）的形式存在。在个人与城邦的关系上，希腊的思想家们普遍持一种整体主义的观念，即强调国家（城邦）是第一位的，个人则是第二位的，个人只有通过融入城邦的公共生活才能实现个人的价值，在这个意义上，可以说古希腊的国家与社会是重合或复合的。

---

① 王建生. 西方国家与社会关系理论流变［J］. 河南大学学报（社会科学版），2010，50(6)：67-75.

(2) 古罗马时期国家与社会开始一定程度的分离

在幅员辽阔、不同人种混杂居住的罗马帝国时代，个人在庞大的帝国内显得微不足道。个人与国家、国家与社会关系的疏远，表明在古希腊时期形成的建立在公民本位基础上部分与整体完全融合关系的整体主义开始出现转向，国家与社会开始了一定程度的分离，古希腊时期"广场政治""广场民主"式的直接民主的实际操作在技术上已不可行，包括罗马人在内的帝国公民已没有城邦时代公民那种对国家的忠诚和集体主义精神，更不用说被征服的异邦人了，人们普遍感到自己微不足道，因此必须找寻另一条途径来获得社会对个人的承认与肯定，从而由公共政治生活慢慢退回到个人私生活领域，关注个人精神世界的完善、纯洁和健康，追求一种优良的个人生活，并从中寻求自身的意义和自我价值的满足。尽管整体主义的思想倾向在古罗马时期趋于消解，个人生活与国家政治越行越远，但罗马的政治生活仍是以公民的共同体为基础，罗马的社会共同生活与政治生活并未被区分开。当时的大政治家西塞罗把国家定义为人民的事业，而且是"基于法的一致和利益的共同而结合起来的集合体"，主张共和与法治，宣称"官员是说话的法律，法律是不说话的官员"。

归纳起来：一是在个人与国家关系的处理上，人们更多的是持有一种个人主义而非集体主义的态度，更多强调的是国家对公民个人的保护而非公民为国家提供服务；二是在选择治理国家和规范个人行为的手段上，人们强调的是依法治理而不是更多地诉诸个人的道德完善；三是人们突破了城邦政治的局限，从而在古罗马的政治思想中，注入了一种世界主义的因素。

(3) 中世纪国家与社会的关系——"二元论"思想的形成

到了中世纪，国家与社会进一步分离，形成了国家与社会的"二元论"思想，主要原因：一是在中世纪尽管市民社会被神圣国家所吞没，但中世纪社会观念认为政治权力机构只是社会众多机构之一，而且教会是一个独立社会，这就进一步推动了社会与政治组织的分化；二是采邑关系的准契约观念构成了西方主体性权利观念的渊源，并在某种程度上根据权利与义务来界定社会；三是相对独立的自治市形成标准的政治结构，使得君主的统治是在得到社会各阶层断断续续的、不确定的支持下展开的，这就形成了国家与社会关系的纯粹的世俗二元论，从而将政治结构与社会结构勾连起来，同时并存。

教宗格里高利七世（1073—1085年在位）指出：上帝把管理人间一切事务的权力都交给了教会，教会经过深思熟虑，主动把治理国家或帝国的权力交给了某些人，而将管理精神事务的权力留给了自己掌管，因此，世俗统治者必须对教会恭顺虔敬。教皇卜尼法斯八世以《圣经》为依据，论证其"两剑论"的理论——耶稣让门徒准备两把剑，即精神权力和世俗权力，耶稣把这两把剑都交给了教会，通过加冕仪式，教皇把世俗权力交给了皇帝。尽管世俗权力与精神权力的关系在中世纪的各个阶段并不相同，但这两种权威在国家内部保持平衡和互相制约的观念，始终是基督教思想的关键性信条。

基督教将宗教生活与世俗生活相分离，将精神权力置于世俗权力之外的思想无疑为近代自由主义对政治权力的批判与限制提供了思想的资源。

但这里需要区分的是，西方15世纪以前的国家并不同于近代以后的国家（state），它缺乏现代国家最主要的特征，如主权及合法性。中世纪的国家仅仅是国王的领地，由若干附庸的领地构成，国王与附庸是私人的效忠关系。在层层分封的等级制度中，盛行着"我的附庸的附庸不是我的附庸"的原则，国王对自己的隔层附庸连要求其效忠的权力都没有。在这些国家里，没有现代国家所具有的公共权威，没有系统的行政管理，也没有国家的常备军队，从国王到平民，没有真正的国家概念。到了中世纪晚期，王权在与教权斗争中不断得到了加强，西欧才出现建立以王权为核心的民族国家的趋向。①

2. 工业化时期国家与社会的关系："对立性"与"同一性"并存

到了18世纪，发生在法国的启蒙运动和英国的工业革命很快波及欧美其他国家，西方社会掀起了思想解放、工业化和城市化的浪潮。工业和城市的崛起使得整个社会的社会主体多元化，社会结构和分层越来越复杂，许多学者运用辩证的思维，围绕国家主权和社会人权的本位关系展开了争论，形成了国家与社会关系的"对立性"和"同一性"并存的观点。

（1）社会先于国家的"社会本体论"

18世纪法国启蒙运动时期，国家与社会发生了分离，启蒙思想家清楚地认识到国家与社会是两种不同形式的组织，他们采用自然法的预设，按照社会契约论的理解建构了国家与社会的关系，提出国家与社会的"社会本体论"，即主权在民、天赋人权、分权制衡、法律至上；国家是人们自愿契约的结果，社会先于国家，高于国家，国家受社会的制约，这一时期，"civil society"（市民社会）成为近代意义上的概念。自由主义政治哲学家霍布斯、洛克和卢梭等人通过对自然状态的假说，主张凭天赋人权，经过订立契约而结成"市民社会"，当然，其含义依旧是指与自然状态相对的政治社会或国家，而不是指与国家相对的实体社会，从而赋予了社会前于或外于国家的身份或生命，这就意味着在自由主义思想家那里已经隐含了对市民社会与国家关系的某种认识，从而奠定了

---

① 马黎勇. 国家与社会理论［DB/OL］. 新浪爱问共享资料，2019（07）.

一种重要的市民社会理论架构。

近代自由主义的政治哲学家们的国家与社会理论建立在对自然状态的描述、对个人自由的强调、对市场经济的弘扬、对政治专制的批判的基础上。霍布斯、洛克等人通过对社会契约论的建构，论及了一个在国家之外的社会。霍布斯认为，在自然状态中，每个人都拥有自然权利——首先，他们是平等的，人们对同一事物都具有同等的权利；其次，每个人又都是自由的，人人都有运用自己的权利以求保全自己的本性，即保全生活的自由，但是在权利平等，人人又都只顾保全自己的情况下，当人们同时想占有某物而不能共有或分享时，则必然成为仇敌。利益上的竞争、对他人可能伤害自己的猜忌和对名誉的追求，致使自然状态成为"一切人反对一切人的战争"，人人都生活在死亡的恐惧中，为了摆脱这种不安全的自然状态，寻求和平与安全，于是人们之间共同约定，放弃自己的力量和权利，交给一个人或由一些人组成的会议来掌握，由此公共权力或国家便产生了。被授予权力的人或会议即是主权者，他（们）担当起被统治者的人格，在公共和平与安全的事务方面所做的一切都是大家同意的，这就是霍布斯的社会契约论。霍布斯还讨论了国家之外的社会的自由，他明确地把国家权力限制在政治活动的领域中，而把经济领域作为自治的领域留给了社会。

洛克批判了霍布斯带有专制主义色彩的国家理论，突出强调社会是先于国家而存在的。洛克在《政府论》中提出自然状态是一种完备无缺的自由状态，即自然状态"是一种完全自由的状态，人们在自然法的限度内，按照他们认为合适的方式，决定自己的行动和处理自己的财产和人身，而无须得到其他任何人的许可或依赖于其他任何人的意志"，同时，自然状态也是一种平等的状态，"一切权力和管辖都是相互的，任何人都不享有多于他人的权力"。在自然状态中，自然法即人类的理性约束任何人都不得侵犯他人的生命、自由和财产。但是，洛克认为自然状态也有许多不方便之处，如有些人由于利害关系而存偏私，或者由于对自然法缺乏认识而不遵守自然法，常常用强力去剥夺他人的自由，也就是说自然状态有许多缺陷：一是自然状态中缺少一种确立的、固定的、众所周知的法律，即裁决人们之间一切纠纷的共同尺度；二是自然状态中缺少一个有权依据确立的法律来裁判一切争执的知名而公正的裁判者；三是自然状态中往往缺少权力来支持正确的判决，使之难以得到正当的执行。因此，为了更好地保护自身的人身和财产安全，克服自然状态的缺陷，人们相互订立契约，自愿放弃自己惩罚他人的权利，把它们交给他们中间被指定的人，按照社会全体成员或他们授权的代表所一致同意的规定来行使，于是国家就成立了。当然，洛克并不认为国家是要取代自然状态，确切地说，国家只是社会的保护工具，其目的是要将自然状态所隐含的自由和平等予以具体的实现。如果国家违背契约，侵犯了人民的利益，那么人民凭借恢复其自然自由的权利而可以推翻其统治。因此，在洛克这里形成了外在于国家或政治的社会观，社会具有独立于国家而存在的生命或身份。上述有关国家与社会关系的思考与观点，初步奠定了西方政治法律制度的理论基础，后经戴雪、潘恩、杰斐逊、汉密尔顿等思想家的弘扬，进一步植入立足于市民社会权利和国家权力合理分界原则上的民主宪政和法制机制的建构之中。

（2）以黑格尔为代表的国家先于社会的"国家本体论"

18世纪末和19世纪初，以黑格尔为代表的思想家提出国家决定社会的国家本位主义的观点。黑格尔对国家与市民社会进行了严格的学理上的区分，他将市民社会作为与政治社会相对立的概念。国家首先和更重要的是一种"理念"上的实体，而市民社会更主要的是现存的经济、社会生活领域。在建构国家与社会的关系模式上，他既强调国家的绝对性和至高无上的地位，但同时也承认市民社会具有的特殊性。黑格尔等思想家的"国家本体论"的建构过程包括两个方面：其一是对市民社会的理性批判。他指出："市民社会是个人私利的战场，是一切人反对一切人的战场，同样，市民社会也是私人利益跟特殊公共事务冲突的舞台，并且是它们二者共同跟国家的最高观点和制度冲突的舞台。"①其二是对国家的褒扬。市民社会不可避免地具有一种自我削弱的趋势，如果要维持其"市民性"，那么它就必须诉诸一个外在的但却是最高的公共机构——国家。黑格尔认为，国家这种尘世的权力是世界精神的代表和化身，是存在于地上的神圣理念，在现实的社会政治生活领域，国家享有最高的权威，是一个社会中的最高价值所在："国家是地上的精神，这种精神在世界上有意识地使自身成为实在。"

黑格尔认为，"市民社会"是处于家庭与国家之间的地带，它是同时与自然社会（家庭）和政治社会（国家）相对的概念。家庭、市民社会和国家是人类伦理生活逻辑过程所经过的环节和阶段。家庭是自然的、直接的、感性的，是一个以家庭成员相互信任为基础的整体，构成了一个自在的目的，个体从中可以意识到自己具有实在性，因而家庭具有实体性的统一；市民社会是独立成员的结合体，其中私人利益作为第一原则，代表着区分和差别的环节，具体的道德在其中瓦解，而代之以自私自利和唯我主义，而只有到了国家层次才能使普

---

① 黑格尔. 法哲学原理[M]. 范扬，张启泰，译. 北京：商务印书馆，1961：309.

遍性占据绝对地位，从而真正完成伦理和道德的"重建"。市民社会之区别于政治社会或国家的，是关注特殊利益的非政治化的私域与关注普遍利益的政治化的公域的区别。

可以说，黑格尔在对国家与市民社会进行界定的基础上明确了"国家高于市民社会"的学理框架，这种框架实际上强调的是国家与市民社会相互依存但又处于不同层次，其中国家是绝对的，是目的，相对于支配市民社会的私人道德规范而言是一个更高的新阶段，国家体现的是公共的普遍利益，代表不断发展的理性的理想和文明的真正精神要素，而市民社会在伦理层面的不自足，因此要依赖于国家的干预或救济。黑格尔将国家笼罩在神圣的光环之下，他的国家理论虽不反对国家权力的制约、公民权利保障的法治思想，但这种"普遍国家"极易成为专制主义滋生的土壤。

(3) 马克思国家与社会的关系——"对立性"与"同一性"并存

到了19世纪中叶，在欧洲工人运动的推动下，马克思批判地吸收了以往优秀思想家的理论成果，运用历史唯物主义和辩证唯物主义，提出了国家与社会"对立性"和"同一性"并存的科学论断，这一思想既看到了国家与社会对抗性的一面，又看到了国家与社会一致性的一面：首先，他认为国家不是从来就有的，也不是从外部强加于社会的，而是社会在一定发展阶段的产物，是社会决定国家，而不是国家决定社会，"政治国家没有家庭的天然基础和市民社会的人为基础就不可能存在"。起初出于维护社会秩序和公共利益的需要，国家从社会中分离出来成为政治统治的工具，最后随着社会发展的成熟，国家重新回归社会，完成与社会的统一，这一过程的实质就是国家的自行消亡；其次，他强调国家对于社会又具有相对独立性，国家一经产生就成为一种外在于社会的力量而凌驾于社会之上，但这并不能成为国家驾驭社会的借口。在长期的历史发展过程中，也确实遮掩了专制者扭曲国家与社会关系的真实面目，养成了"国家拜物教"的社会心理，使一部分由社会推举出来的国家工作人员陷入了严重的认识误区，颠倒了"主人"与"仆人"的关系。在解决国家与社会的关系中，马克思也同西方启蒙思想家一样，主张通过加强社会力量和发展社会组织，使国家权力逐步向社会转移，以社会权力制约政治权力，实现国家与社会关系的均衡，但不同之处在于，马克思是从国家利益、公共利益的角度出发，强调限制国家权力的过度膨胀，以确保国家和政府权力的行使能够最大限度地实现全社会的公共利益，而西方学者则是从个人利益出发，认为限制政府权力的目的在于保护个人权利。

纵观马克思主义发展演进历程，我们发现，经典马克思主义的"国家—社会"关系理论在经历了一段时间的消沉之后，自20世纪二三十年代以后再次经历了三次大的"复兴"浪潮：一是20世纪二三十年代，以葛兰西（"国家领导权"思想）为代表的西方马克思主义者的"重新发现"；二是20世纪60年代后期，基于凯恩斯主义信奉的福利民族国家所遭遇的一系列社会瓶颈问题而被唤醒；三是"冷战"后，"新全球化"（"后资本主义"）进程中"民族国家"的重新崛起现象（实质是全球化与民族国家的关系问题）的再次勾连。总体而言，这三次"复兴"浪潮，在不同向度与不同程度上都大大提升了马克思主义"国家—社会"关系理论的解释力，拓宽了此理论的研究框架。①

3. 后工业化时期国家与社会之间的关系——"多元化"理论体系形成

进入20世纪，发达国家的工业化和城市化进入后期阶段，在市场经济高度发展的同时，出现了"市场失灵"和"政府失灵"问题，社会分层和社会结构更加复杂，国家与社会之间的关系也显得愈加扑朔迷离。学者们纷纷运用现代社会学、政治学和经济学理论对国家与社会的关系进行研究，形成了多元化的理论体系：一方面，形成"多元主义"和"回归国家学派"的理论，实际上是在重复或强调社会中心论和国家中心论的观点；另一方面，"公民社会理论"和"国家限度理论"介于两者之间，是对国家中心论和社会中心论引致的政府失灵、市场失灵、社会失灵的反思与批判，是一种综合国家理论与社会理论的第三种理论。

具体而言，多元主义的国家理论过分强调社会对于国家的作用，社会成了纯粹的主动者，国家成了纯粹的被动者；回归国家学派则以国家为中心，单纯强调国家的自主性，国家成为纯粹的主动态，社会变成了纯粹的被动态；公民社会理论寻求的是建设高度自我表达、自组织、自主型和动员型的公民社会，它在反对国家不适当干预社会生活的同时，承认国家的主动态地位，并提出了公民社会自我限制的问题；国家限度理论是在以国家为核心来分析国家与社会关系的过程中，既承认国家对社会的作用，又强调在社会力量作用下国家作用受到的限制，也就是强调国家作用的被动态意义。

（1）国家限度理论

国家限度理论主要包括国家权力限度、国家行动限度和国家权威限度三大方面。①国家权力限度，主要指对国家权力自主性的必要限制。适度的国家权力自主性对社会现代化和政治发展是必不可少的，但国家权力无限增长带来的

---

① 张明霞，范鑫涛. 经典马克思主义的"国家—社会"关系理论要义[J]. 人文杂志，2015（5）：22-25.

问题也会影响到现代化进程中的国家建设,因此,为了防止国家权力无限扩张,必须形成一套有限的权力制约机制:一是行政权力的自主不仅要受自主的立法权力的监督和制约,而且还要受司法独立原则的限制;二是宪政制度需要完善;三是社会对于国家的制约作用需要制度化。②国家行动限度,是对国家能力的必要限制。国家能力包括政治统治能力和政治管理能力,具体表现在以下几个方面:一是从社会上获得财政资源和人力资源的社会动员能力,二是对社会结构的规约和资源分配的社会规范能力,三是对社会秩序的控制能力,四是对环境挑战的容纳适应能力。适度的国家能力是维持国家正常运转的必备条件,但国家能力超过一定的范围,国家行动就有失败的危险。③国家权威限度,是指对国家权威的必要限制。国家权威限度取决于人民对国家权威认同的程度,在这种意义上,国家权威合法性就是社会对国家权威的限制。要建立现代国家合法性的运作机制,首先,要限制国家权威,确立与作为合法性基础的宪政制度相适应的法治主义,完善国家制度的程序和规则;其次,要通过有限国家行动保证其运作效率,避免因国家自身无限行动所激起的过高社会期望,避免因国家行动失效而带来的社会挫败进一步影响社会对于国家权威的信赖;再次,要选择灵活正确的权威解释方式。

(2) 公民社会理论

公民社会或市民社会(Civil Society)是指相对独立于国家,围绕共同的利益、目的和价值,有一定自主性或自治权上的非强制性的行为集体,它不属于政府的一部分,也不属于盈利的私营经济的一部分,换言之,它是处于"公"与"私"之间的一个领域。通常来说,它包括那些为了社会的特定需要,为了公众的利益而行动的组织,诸如慈善团体、非政府组织(NGO)、社区组织、专业协会、工会等。

"公民社会"最早出现在古希腊先哲亚里士多德的《政治学》中,指的是"城邦国家"或"自由和平等的公民在一个合法界定的法律体系之下结成的伦理—政治共同体"。公元前1世纪时,古罗马政治理论家西塞罗将其转译为拉丁文,"不仅指单个国家,而且指业已发达到出现城市的文明政治共同体的生活状况",在保留"政治社会"含义的同时,更多的带有"文明社会"的含义。此后,一直到近代之前,包括中世纪的奥古斯丁、托马斯·阿奎那等基督教神学家在内的西方思想家,都是在亚里士多德和西塞罗的意义上使用这一概念的。17—18世纪期间,适应近代资本主义生产方式发展的要求,洛克、孟德斯鸠、卢梭等资产阶级思想家提出了社会契约论以反对封建王权的君权神授思想,他们认为,人类最初是生活在无政府的自然状态之中的,但这种自然社会由于缺乏和平、安全、人身保障等，要通过权利让渡并订立社会契约的方式过渡到公民社会，于是"公民社会"获得了与自然状态相对应的含义，与"政治国家"是同义语，指的是人们生活在政府之下的一种法治的、和平的政治秩序。

20世纪以后，随着资本主义从自由竞争进入垄断阶段，公民社会观念也进入新的发展时期。20世纪70年代以来，"市民社会理论"在哈贝马斯的鼓励下在西方世界抬头。90年代后，市民社会理论开始从西方和苏东学术界扩散到世界其他地区，遂成为当代世界一股重要的社会政治思潮。但相对于以往研究中的"国家与社会"二分法和国家与社会零和博弈的关系而言，20世纪90年代以来关于二者关系的认识出现了新的发展，人们逐渐打破了这种二分的视角，运用托克威尔以来的融合途径来看待国家和社会的关系，其中，米格代尔（Joel S. Migdal）、埃文斯（Peter B. Evans）、奥斯特罗姆（Elinor Ostrom）等学者提出的"国家与社会共治、公与私合作伙伴关系"等理论就是比较典型的代表，他们认为国家与社会存在合作与互补的关系，二者是互相形塑的。被称为"后马克思主义者"的当代美国政治学家科亨和阿拉托，通过对20世纪资本主义和社会主义在发展过程所遇到的各种问题的深刻反思，提出了"重建公民社会"的理论主张，认为应该把经济领域从公民社会中分离出去，把社会组织和民间公共领域当作公民社会的主体，并系统提出政治社会—经济社会—公民社会三分的社会生活划分模式，从而完成了将公民社会指向社会文化领域的当代转型。

概括起来，公民社会理论阐释的公民社会的特征是：①个人主义。它主张个人是社会生活的主体，公民社会和国家都是为了保护和增进个人的权利和利益而存在的，因此，维护与发展人权是公民社会的首要原则。②多元主义。它要求个人生活方式的多样化、社团组织的多样性、思想文化的多元化，维系这种多元主义的制度环境需要宽容和妥协的文化氛围。③公开性和开放性。政务活动的公开化和公共领域的开放性，是公众在公共领域进行讨论和进行政治参与的前提条件，因此公民社会论者坚持公开性和开放性的原则。④参与性。强调公民参与社会政治生活和制约国家权力，是公民社会的一项重要内容，也是社会发展的不竭动力。⑤法治。公民社会强调要从法律上保障公民社会成为一个真正自主的领域，把国家的作用严格限制在宪法和法律规定的范围之内。⑥社会自治。公民社会最重要的特征就是它相对于国家的独立性和自主权，只有保持这种独立性和自主权，公民社会的上述结构特征和文化特性才能得以维持，因此，公民社会理论主张在社会领域实行广泛的自治。"自治所具有的自主选择、自我发展和自我负责的内在属性，使得个人成为一个政治、经济和人格独立的个体，成为自己的主人，在很大程度上避免了多数统治可能对个体正当权利、个体私域造成的侵害。"①

(三) 国家与社会关系理论流变的趋势

国家与社会的关系在几千年的历史变迁中，呈现出了多变的特征，但主流还是国家中心论或社会中心论，其他大都属于两者的分支或变异。其实不管是以国家为中心的政府还是以社会为中心的公民社会，在管理公共事务上都会失灵，极端的时候国家和公民社会可能同时失灵。因此，无论从国家的角度还是从公民社会的角度对二者关系做单向度的强调都是不恰当的。从当今欧美国家公域、私域所反映出的国家与社会关系的实际状况来看，国家与社会、公域与私域的界限已日益模糊，并不断朝交融与整合的方向演进，其突出体现在以治理与善治为主流的公共管理的理论与实践当中。

治理理论是 20 世纪 70 年代之后兴起的公共管理理论，它借鉴、融合众家之长，以其理论的综合性和实践的有效性日渐赢得政治家和选民的认同与支持，如今已成为主流的公共管理理论。与传统的统治概念不同，治理理论强调的是一种多行为主体的合作管理过程，这意味着市民社会中的私人机构、非政府机构能够同公共机构一样承担必要的公共管理职能，因而能够成为公共管理的行为主体，它是个人和机构、公家和私人治理共同事务的诸多方式的总和。与传统的统治理论相比，治理理论具有如下特征：一是治理主体的多元化或曰多元治理。在治理模式中，政府虽仍在整个社会中扮演非常重要的角色，特别是在合法使用暴力，决定重大公共资源的分配方向和维护公民基本权利，实现公平公正等方面，起着其他组织无法替代的作用，但是政府不再是实施社会管理的唯一权力主体，而是还包括非政府组织、非营利组织、社区组织、公民自助组织等在内的第三部门，它们同政府一道共同承担起公共事务的管理责任，其结果是公民社会及其组织的发展将成为一种主要的社会发展潮流，公民个人责任以及个人对自己的决定承担相应后果将成为社会运作过程中的主要法则，多元竞争将不断被引入公共物品和服务的生产过程之中，而政府管理职能和权限将不断地向地方政府转移，逐步形成了权力下放、地方自主管理的格局，社会事务的管理也更多地由社区组织承担起来。在治理模式下，"不再是中央集权，而是权力分散；不再是由国家进行再分配，而是根据市场原则进行管理和分配；不再是由国家'指导'，而是由国家和私营部门合作"。二是治理的权力运行向度是上下互动的。在治理模式里，治理主体主要通过合作、协商、确立认同和

---

① 王建生. 西方国家与社会关系理论流变［J］. 河南大学学报（社会科学版），2010，50（6）：67-75.

共同的目标等方式实施对公共事务的管理。治理的实质是建立在市场原则、公共利益和集体行动基础上的合作。它所拥有的管理机制主要不是依靠政府的权威，而是合作网络的权威，其权力向度是多元的，而不是单一的、自上而下的。三是对政府理性有限的预设。在治理理论看来，官员与市场上的交易者一样都是追求效用最大化的"经济人"。政府作为一个由人组成的群体，同样面临着"理性有限""信息悖论"等问题，换句话说，在不确定的环境下，政府也只能了解和获得特定的信息，而对另外一些信息同样处于无知的状态，如要获得所有全部的信息，必须付出极其高昂的成本。

在治理与善治的框架中，国家与社会之间趋向交融与整合，日渐步入分工、合作、监督、制衡的状态，成为一种新型的国家与社会关系。它结束了国家与社会关系的你死我活、非此即彼的由统治与被统治所引发的"零和博弈"状态，开启了合作互补、共生共存、相互依赖的双赢历程。首先，社会治理的实现离不开国家，更离不开市民社会；其次，通过社群的自发调节和国家机构的管理来解决市民社会各种组织之间的矛盾，从而在一定程度上克服了市民社会的自发性。只有国家与市民社会实现现实生活中的互动与合作，相互协调，相互促进，经济增长和社会发展的目标才可能实现，和谐社会才能够建成。

二、当代西方国家社会治理实践

（一）当代西方国家社会治理理念

20世纪80年代中期西方学界在对传统公共行政理论和新公共管理理论进行反思和批判的同时，新公共服务理论逐步兴起，20世纪90年代开始，"治理"（governance）概念成为西方社会科学的流行术语，并且从不同角度对其进行了界定。可以说，社会治理并不是单纯迎合某种理论潮流，或者是人为制造出来的一套新口号，而是各国政府对经济、政治以及意识形态变化而做出的一种理论和实践上的回应。概括而言，社会治理就是根据国际环境的发展和各国政府改革的效果，通过对社会管理过程中权力格局的分析与判断，对社会管理过程和模式进行的创新，"社会治理蕴含了有限政府、法治政府、公众参与、民主、社会公正等理念，以共同治理为本，谋求政府公共部门、私营部门、公民社会等多种社会管理主体之间进行广泛沟通与交流，通过共同参与、协同解决、公共责任机制，在社会公正的基础上提高社会管理的效率和质量"。

西方国家社会治理思潮的兴起，是与国际社会经济、政治、文化的深刻发展变化导致的各国政府面临多重严重的危机分不开的：一是凯恩斯主义以来，随着政府职能的不断膨胀，公共支出持续增长带来普遍的财政危机，加重了纳税人的负担，造成公众对政府的不满日益加深；二是政府过多包揽社会事务造成的信任危机。公共权力的集中和政府机构的不断扩大，导致国家权力部门化、部门权力个人化、个人权力利益化，不仅大大降低了行政效率，提高了管理成本和工作效率，还极易导致寻租和腐败的出现；三是社会公众要求参与社会管理的愿望越来越强烈。20世纪40—50年代兴起的全球性的"信息革命"，到了80年代已日趋成熟并广泛渗入国民经济和社会生活的各个领域，引起了从产业结构到劳动结构等多方位的深刻变化，推动了中间收入阶层人数的增加，推进了中产阶级力量的增强，影响政府政策走向、制约政府的能力和作用日益明显，与此同时，西方各国的公民社会已日益壮大起来，包括各种非政府组织、公民的自愿性社团、协会、社区组织、利益团体等"第三部门"，在社会中的地位日益重要，它们要求更多地参与社会管理过程，希望做出的各项公共政策能够代表或反映出它们的利益，它们企盼公共行政改革的过程是一个更大程度还政于民的过程。

20世纪90年代以来，国际上有多种关于治理的概念在流行，归纳起来，主要有以下几种观点：①

第一，强调治理主体多元化，主张建立多中心治理模式。

社会治理作为一种政治管理过程，自然也像政府对国家的统治一样，需要权威和权力，最终目的也是维护正常的社会秩序。但是，治理理论者强调提出，"治理从头起须区别于传统的政府统治概念（让·彼埃尔·戈丹）"，他们认为，治理与统治本质性的区别在于，治理虽然需要权威，但这个权威并非一定是政府，因为治理与统治是两个不同的概念，因而治理的主体也必然不同。治理理论的主要创始人之一罗西瑙对此指出。"与统治不同，治理指的是一种有共同的目标支持的活动，这些管理活动的主体未必是政府，也无须依靠国家的强制力量来实现"，因此，治理的主体既可以是政府、公共机构，也可以是私人机构，还可以是公共机构和私人机构的合作。治理理论者质疑政府作为单一中心治理者的合法性，认为公共机构的作用是有限的，主张建立一种多中心的社会治理模式，只要各种公共的和私人的机构行使的权力得到了公众的认可，就都可以成为在各个不同层面上的权力中心，他们指出，这种管理机制"虽未得到正式授权，却能有效发挥作用"。

---

① 关学增.当代西方国家的社会治理思潮［J］.河南师范大学学报（哲学社会科学版），2006，33（4）：48-52.

第二，强调改进社会责任的承担方式，主张推行国家与社会合作方式。

治理理论者在多中心主张的基础上，提出作为社会控制体系的治理，应该在政府与民间、公共部门与私人部门之间建立积极、有效的合作。他们之所以提出以治理代替统治，是因为他们在市场资源的配置中，既看到了市场的失效，也看到了国家的失效。市场固然有其积极的作用，但它在限制垄断、提供公共品、约束个人的极端自私行为、克服生产的无政府状态以及在统计成本等方面，明显存在着内在的局限，仅用市场手段无法达到经济学中的帕累托最优（Pareto optimum）。同样，尽管国家在推进社会发展中有许多无可替代的作用，但仅仅依靠国家的计划和命令等手段，也无法达到资源配置的最优化，最终不能促进和保障公民的政治利益和经济利益。正是在这种情况下，社会发展潮流的推动和各国政府长期解决社会和经济问题经验的驱动，都使各国正在把原先由国家独自承担的责任转移给公民社会，即各种私人部门和公民自愿性团体，后者正在承担越来越多原先由国家承担的责任。他们希望通过建立这样一种共同参与、协同解决的公共责任机制，改变单纯依靠由市场或国家协调的失效，弥补国家和市场在调控和资源配置过程中的某些不足，这种治理机制的特征"不再是监督，而是合同包工；不再是中央集权，而是权力分散；不再是由国家进行再分配，而是国家只负责管理；不再是国家'指导'，而是由国家和私营部门合作"，他们认为这种机制既有益于弥补公共部门作用的有限，更有益于改进公共管理和公共服务方式，从而能在更高的层次上提高社会治理的水平和成效，为此，他们特别提出，治理应是一种合作，是政治国家与公民社会的合作、政府与非政府的合作、公共机构与私人机构的合作、强制与自愿的合作。

第三，强调管理对象的全面参与，主张实现管理过程的上下互动。

治理理论者认为，治理的实质在于政府与社会建立在市场原则、公共利益和认同之上的合作，因此与传统的国家治理不同，管理过程中权力运行的向度应该是不一样的。政府统治的权力运行方向总是自上而下的，它运用政府的最高统治地位和政治权威，通过发号施令、制定政策和实施政策，对社会公共事务实行单一向度的管理，而治理则是一个上下互动的过程，主要通过合作、协商、伙伴关系、确立认同和共同的目标等方式，实施对公共事务的管理。治理所拥有的管理机制依靠的是合作网络的权威，其权力向度是多元的和相互的。治理要达到的目的是要在一个既定的范围内，运用社会各方合作的权威维持社会的秩序，在各种不同的制度关系中运用权力去引导、控制和规范公民的各种活动，以最大限度地增进公共利益，满足社会公众的需要，它有4个特征：治理不是一整套规则，也不是一种活动，而是一个过程；治理过程的基础不是控制，而是协调；治理既涉及公共部门，也包括私人部门；治理不是一种正式的制度，而是持续的互动。

第四，强调多样化管理方法和技术，主张改进政府的控制和引导方式。

治理理论者认为，以往的社会管理是以政府为权力中心实行的管治型或统治型管理，其方法主要采用政府的发号施令或运用权威。他们指出，这种做法不仅不能有效地建立良好的社会秩序，不能有效地满足社会公众多方面的需求，反而会使公民社会因为无法获取应有的权益，无法最大限度地实现其利益，而对政府不满和怨恨。他们为此指出："在公共管理的事务中，还存在着其他的管理方法和技术，政府有责任运用这些新的方法和技术来更好地对公共事务进行控制和引导。"他们主张运用新的管理方法和技术重塑和整合传统管理方式和流程，提高政府的办事效率和透明度，通过新方法、新技术与政府改革和社会服务的有效结合，使更多的社会组织和个人参与公共服务，促进公共服务的社会化。

治理理论为此提出了一系列使政府更好地对公共事务进行控制和引导的主张：放松规制，可以释放巨大的自由空间，保障公民权利；将一些政府职能通过向社会转移或委托代理等方式转移出政府，引入市场机制来更好地提供公共产品和服务；建立政府、市场和社会多元框架下公共领域的多中心治理模式，允许第三部门和私人主体从事某些公共部门活动；扩大公民直接参与公共事务管理的渠道，并实行一定程度的公民自治，以提高公共政策的效率；实行政府组织变革，建设简单、高度分化、扁平化结构的弹性化组织，使决策权与控制权充分下放。"工业社会造就的社会管理模式是政府集权化的、层级的和技术官僚的，而信息社会培育的是分权的、网络化的治理体系"，治理理论者认为，这样的组织设计可以较好地实现政府与社会的沟通和互动。

社会治理的目标追求就是建立一个和谐社会，即所谓"善治"（Good Governance），援引英国学者的观点来看，善治主要具有八个特征，即：参与性、协商性、责任性、透明性、回应性、有效性、公正性与包容性以及法治精神。第一，参与性。参与可以是直接的，也可以是通过合法的中介制度或者代议制，代议制民主并不意味着决策时社会弱势群体的利益能够得到充分表达。参与需要有信息的支持，同时也需要组织，这一方面意味着结社和表达的自由，另一方面意味着有组织的市民社会。第二，协商性。在任何一个社会中，都存在着多重的参与者，这些参与者之间的立场和观点都会有所不同，善治要求调和社会中不同的利益要求，在社会中尽可能地实现广泛的协商一致，满足最大多数人的利益需要，它还要求就如何实现人类可持续发展形成一种统一的意见，即只有在充分理解一个社会或者社群的历史、文化以及社会背景的情况下才有可能做到。第三，责任性。这一要素是善治的核心要素。政府公共部门、私营部门和公民社会都必须对公众以及其利害相关者负责，如果没有透明以及法治作为保障的话，是不可能产生负责精神的。第四，透明性。透明意味着决策以及决策的执行要遵行有关的制度规定，同时还意味着信息公开、充分以及易于理解，对那些受到决策以及决策执行影响的人来说，要保证他们能够获取有关信息。第五，回应性。善治要求设立相关的制度和程序，在一个合理的框架内保证所有利害相关人的权益得到维护。第六，有效性。指的是效能与效率。善治意味着程序和制度导致的结果能够满足社会的需要，同时充分利用已有的各项资源，善治中所指的效率同时还意味着可持续地利用自然资源，保护环境等。第七，公正性与包容性。社会的福利取决于保证所有成员感觉到他们与该社会相关，而且不感觉到他们被主流社会排除在外，这需要所有团体尤其是那些最弱势的团体都有机会来提高或者维持他们已有的福利。第八，法治精神。善治需要公正的法律框架，它还需要充分保障人权尤其是少数派的人权，公正的法律执行需要独立、公正和廉洁的司法体系。①

（二）当代西方国家社会治理实践

1. 美国社会治理模式②

美国联邦政府对社会治理的干预大体形成"弱干预理念+弱干预能力""强干预理念+弱干预能力""强干预理念+强干预能力""弱干预理念+强干预能力"的组合状态，在不同历史阶段对社会治理采取不同定位，实施不同的干预模式。弱干预理念（保守主义）与弱干预能力（小政府状态）导致联邦政府奉行"自由放任"策略，对社会治理不加干涉；强干预理念（国家干预）与弱干预能力（小政府状态）使得联邦政府陷入"心有余而力不足"的状态，联邦政府只能参与到社会事务之中，配合社会组织实施社会治理；强干预理念（国家干预）与强干预能力（大政府状态）促成联邦政府社会规制权力不断扩大，对社会治理施加越来越大的影响；弱干预理念（保守主义）与强干预能力（大政府状态）使得联邦政府改变对社会治理的直接干预，转而通过间接影响对社会治理进行统筹、协调与监督。

---

① 孙晓莉.西方国家政府社会治理的理念及其启示［J］.社会科学研究，2005（2）：7-11.
② 张骁虎.20世纪以来美国社会治理中联邦政府角色的演变［D］.长春：吉林大学，2017：31.

总体来说，20世纪以前，联邦政府充当社会治理的"旁观者"，并未过多介入社会治理；"进步主义时代"的联邦政府开始对部分社会事务加以干涉，成为社会治理的"参与者"；20世纪30—50年代，联邦政府对社会治理实现制度化干预，成为社会治理的"干预者"；20世纪60年代在构建福利国家背景下，联邦政府对社会治理施加全面干预，转变为社会治理的"主导者"；20世纪70年代以后，联邦政府逐渐修正"国家干预"理念，实施保守主义改革，弱化对社会治理的直接干预，转向监督和引导职能，成为社会治理的"监督者"。20世纪以来美国联邦政府在社会治理中经历"旁观者""参与者""干预者""主导者""监督者"的角色变化。

美国有着"小政府""大社会"的历史传统，其社会治理的最大特点是主要依靠社会自治而实现——通过以社会组织为代表的公民社会实施社会治理。美国社会对联邦政府权力和职能的扩张持抵制的态度，联邦政府被束缚在"有限政府"的原则中。同时美国宪法强调地方政府的自主性，联邦政府无权干涉地方事务，因而在"进步主义时代"以前，联邦政府在社会治理中的影响微弱，充当着"守夜人""旁观者"的角色。进入20世纪以后，随着美国从自由资本主义过渡到垄断资本主义，美国社会也发生转型，出现结构性的社会危机。越来越多的社会问题难以通过社会自治和地方政府解决，美国社会开始呼吁联邦政府承担起社会职能，参与到社会事务的处理中。在多种因素影响下，联邦政府突破"有限政府"原则的束缚，参与到"进步主义运动"中，对社会事务加以干预，从社会治理的"旁观者"向"参与者"转变。

具体来说可以分为以下几个阶段：

（1）在"进步主义时代"之前，美国社会组织长期发挥着社会治理的主体作用，为美国社会提供诸如救助贫苦、医疗卫生、教育服务、社会事务自治、维护弱势群体等公共产品，维持社会公平与正义，而美国联邦政府充当的是"守夜人""旁观者"的角色。

（2）"进步主义时代"联邦政府对社会治理的参与。随着19世纪后期美国成为资本主义强国，"自由放任"政策弊端逐渐显现，美国出现了严重的社会危机，在此情况下，美国民众呼吁政府承担社会职能，对社会进行管控，因此，美国联邦政府开始配合社会组织，参与到"进步主义运动"中，采取一些措施对部分社会事务进行干预，如实行经济管制、政治管制、社会管制和强化社会组织的作用，维持社会公平与正义，从坚持"小政府"转向要求联邦政府承担必要的社会职能，从而使联邦政府对社会治理干预实现了从"无"到"有"的转变。

(3) 20世纪30年代美国社会治理应对的是经济危机和战争导致的社会危机,而40年代美国社会治理面临的巨大挑战则是如何应对战后美国社会的转型。在治理理念上,联邦政府延续"国家干预"原则,继续强化联邦政府在社会治理中的作用,应对社会转型带来的新问题,正如联邦政府提出的"21点纲领"施政规划中,联邦政府对社会事务提出更加具体和细化的干预目标,"国家干预"作为联邦政府社会治理的基本原则被延续下来;从干预能力上看,联邦政府的规模与职能不断扩大,社会规制专业化程度持续提高,社会政策实施范围进一步扩大,社会事务更多领域被纳入联邦政府的管辖范畴。有关社会治理的法律体系得到进一步完善,提升联邦政府社会治理干预的法制化程度,联邦政府在社会治理中的"干预者"角色得到巩固与强化。

(4) 20世纪50年代联邦政府对社会治理的干预理念进行修正,尤其是共和党执政以来,联邦政府对社会治理的干预有所弱化。共和党政府推行一种介于"自由放任"与"国家干预"之间的"现代共和主义",消减联邦政府开支,部分减弱联邦政府对社会治理的干预。但是"国家干预"原则已经成为联邦政府与美国社会的共识,在具体社会实践中,联邦政府的社会政策实施范围有所扩大,进一步提升联邦政府对社会事务的干预,强化联邦政府在社会治理中的"干预者"角色。

(5) 20世纪60年代国际局势相对缓和为美国联邦政府集中精力解决国内事务提供可能。二战结束以来构建福利国家逐渐成为一种发展趋势,为联邦政府强化对社会治理干预提供外部参照。联邦政府也得到国内政治、经济、社会多方面的支持,获得充足资源以实施社会政策。肯尼迪、约翰逊等人锐意改革,提出"伟大社会"改革规划,推动联邦政府社会政策广泛实施。20世纪60年代联邦政府在干预理念与干预能力上达到顶峰,实现联邦政府对社会治理的全面干预。在构建福利国家背景下,联邦政府对美国社会进行整体规划,实施一系列范围广泛的社会政策及社会治理立法,将社会生活诸多领域纳入政府管辖范畴,主导着美国社会治理的发展方向,推动美国向福利国家发展,联邦政府从社会治理的"干预者"升级为"主导者"。

(6) 20世纪80年代以来尤其是冷战结束之后,西方国家纷纷开展政府改革,形成一场"新行政管理改革"运动,主要目标是弱化政府职能、促进国家自由发展,自由化的发展理念获得越来越多国家的支持,成为政府改革的主流,美国联邦政府也开始反思对社会治理的干预,实施一系列保守主义改革,纠正"国家干预"理念,重视市场与社会作用,逐渐向保守主义回归。总结来说,20世纪以来美国联邦政府在社会治理中经历"旁观者""参与者""干预者""主导者""监督者"的角色演变，经历从"缺失"到"参与"、从"被动应对"到"主动塑造"、从"直接干预"到"间接影响"的三次转型，实现联邦政府干预社会治理从无到有、从弱到强的变化。

2. 日本社会治理

"公民社会"与"地方自治"是日本社会治理的两大关键词，尤其是自20世纪90年代以来，随着日本集权的行政管理体制无法满足公民日益多样化、个性化的需要，以及社会福利方面的大幅支出加剧了财政负担等，因此，加强"公民社会"建设和推进地方分权改革逐渐成为日本社会各界的共识。

（1）日本的"公民社会"

"公民社会"对于日本是一个外来词，自欧美引入后日益具有日本本土特色，在一定程度上是传统意义上的生活共同体衰退后向民间的形式转移，日本政府和民众更愿意将"公民社会"理解为来自民间参与公共事务的社会组织，日本特色的"公民社会"具有以下几个特点①：

①以延伸政府职能为主。日本"公民社会"不同于西方对立于国家的公民社会，并不能在制衡和约束国家、补充政党功能和训练未来领导人等层面开展活动、发挥作用，主要是在政府和企业力不从心的治理领域，提供自己的人力、物力、财力和智力上的帮助，或者在其中发挥桥梁和中介作用。日本的民间组织从强调非政府性到强调非营利性，甚至经常将日本民间组织统称为"非营利组织"（NPO），也从一个侧面凸显了日本"公民社会"的这种职能特点。

②NPO立法创新与无奈监管。新的法律和制度环境为非营利组织的活动提供了新的资源和空间：1998年的《特定非营利活动促进法》（简称NPO法），辅之以一系列管理制度的配套跟进，开启了日本社会组织注册管理制度发展的新时期，但也令原先的非法组织容易获得法律上的合法地位；2001年税法修正案为公民社团的税收优惠政策奠定了法律基础；新信息自由法案的颁布，赋权公民了解政治过程，有利于权力和资源向公民社团和普通民众方向分散；司法系统地位的上升，有效制约传统的政府主导机制，法律动员逐渐成为公民组织的一种政治策略。尽管从特定非营利法人与政府部门具体的法律关系上看，NPO法对政府干预进行了严格的限制，但并没有建立起民间团体与政府之间的平等伙伴关系，政府与民间组织从总体上看仍然是一种民法体制下建立的垂直从属关系，政府的"法定干预"权力与"法外干预"势力仍然明显存在，暴露了日本社会中政府对干预民间组织活动潜在的传统意识。

---

① 陈承新. 日本社会治理管窥［J］. 国外社会科学，2012（2）：70-75.

③民间组织可支配的财政收入有限。民间组织的生存艰难，主要体现为财力的困难。以大阪志愿者协会为例，它主要通过多元化途径获取财源支持，包括会费、寄付金、民间助成金、行政补助金、自主营利收入、大阪NPO场馆管理、讲师派遣、大阪市委托及其他委托收入等，并专门成立财务基金运营委员会，同时注重与企业的合作、与政府的协作互动，但仍常常发生赤字，一些中小型组织的生存更为不易。对此，一些获得特定非营利活动法人资格的公民社会中间支援组织在民间组织发展中发挥了一定的支持和管理作用。

（2）日本地方自治①

日本地方自治是指不隶属于中央政府的团体根据地方居民的意志在其责权范围内行使管理地方行政的职权，日本地方政府在法律上被称为地方自治体。

日本地方自治在以宪法为主的国家法律体系中得到明确承认，《地方自治法》是地方—自治组织及其运行的法律核心。依此，日本地方自治的现有层级包括广域地方自治体的都、道、府、县和作为基础地方自治体的市、町、村，其职能涵盖了除外交、安全保障、审判和检察等中央政府事务之外的几乎所有国内事务。地方自治体的机构大致分为立法机构和行政机构两种，前者包括制定地方自治体的预算条例、决定其行政意志的各级议会，后者包括实际执行立法机构所决定政策的机构的各级行政委员会和具有独立于行政首长地位和权限、在专业领域行使职权的合议制行政委员会，其行政首长被称为都道府县知事或市町村长。

日本地方自治也相应历经从中央集权到地方分权改革直至目前的地区主权战略的变革进程，地方自治的广度和深度不断加强：①从中央集权到地方分权改革。为了提高地方自治体的自主性，自民党政府根据1999年7月制定的地方分权一揽子法对地方自治和其他相关法律进行修改，并于次年分两次开展地方分权改革：一是明确了中央与地方自治体的分工，与居民紧密相关的行政事务尽可能交由地方自治体负责；二是废止将地方自治体首长作为中央下级行政机构的机关事务委任制，限制中央行政部门对地方自治体的干预；三是成立中央与地方纠纷处理委员会，作为中央与地方自治体发生争执时的第三方审查机构。此外，通过修改个别法，将权限从中央政府向都道府县再至市町村逐级下放，创建特例市制度，取消自治体必须配备一定数量的公务员和行政机构的"必置规制"。②从地方分权到地区主权战略。虽然2000年地方分权改革取得了如上成果，基本实现了转变府际关系和提高地方自主性的改革目标，但有批评指出

---

① 陈承新. 日本社会治理管窥［J］. 国外社会科学，2012（2）：70-75.

它仅仅加强了地方自治中官官分权的团体自治而非居民自治。因此，2010年民主党政府提出地区主权战略，即地方自治体在宪法范围内，自主、综合、广泛地承担与居民切身相关的行政，实现地区居民在自主判断负责的基础上对地区事务开展工作。

3. 新西兰政府购买公共服务模式

20世纪七八十年代，西方国家的行政环境发生了巨大变化：一方面，二战以后出现的"行政国家"现象浪费了消费者大量的资源，造成政府的低效率和公众对政府的不满，另一方面，诸如公共选择、委托代理等经济学新理论的产生对公共行政的观念产生了影响，再者，私营部门特别是工商企业成功的管理模式为政府提供了良好的示范，于是，一场席卷全球的变革慢慢地从西方国家兴起。新西兰的改革是以民营化和私有化为特征的典型的公共管理改革，这一改革是基于对其国情的具体分析以及政府的正确决策之上做出的，推行这一改革需要政府具有很强的对内控制与对外协调能力。新西兰政府认为政府行政部门的设计应遵循代理成本和交易成本最小化原则，因此，可以由私营和非政府组织完成的事务就不应该由公共部门承担；公共部门的一切经营性的商务活动应该严格地按照私营企业的方式运作；各类政府组织应该目标明确，严格区分部门的决策功能和部门行政主管的执行功能，因此，新西兰政府在减轻财政支出的压力之下，广泛接受新公共管理运动中通过市场来提高效率的假设，在公共服务中引入合同外包制度，构建政府购买公共服务模式；强调在公共行政体系内引入市场机制，通过对公共部门实施较为彻底的改革，构建了新的政府购买公共服务模式，即公共部门以顾客（公民）和服务为导向，制定明确的绩效标准与衡量指标，更加重视对产出的控制，具体表现在①：

（1）以议行分离为目标的政府职能部门重构，提升了服务购买的质量

从1988年开始，为了规避传统上集政策制定与政策执行于一身的政府机构在提供公共服务过程中存在的"供应者俘获"等问题，新西兰引入新公共管理的重要思想——将政府"掌舵"与"划桨"的角色区分开来，公共部门改革的基本内容首先是"议行分离"，即政策建议机构与政策执行机构从机构设置和职责上相分离。在各部门内部，也严格区分部长的决策功能和部门行政主管的执行功能，各部门负责人主要的职责是制定绩效目标而不再直接介入部门管理，

---

① 彭婧. 新西兰政府构建购买公共服务模式的经验与启示［J］. 经济社会体制比较，2015（2）：134-142.

目标的达成则由部门的执行主管负责①；此外，新西兰政府还对原有公共部门的职能进行重大调整，对相同职能的部门进行合并，而对那些缺乏重心、易于隐瞒信息且难以管制的大型组织进行分解。由此，政府的角色由服务提供者转变为服务购买中的决策者、付费者和监督者，公共服务的出资、购买与供应实现了分离，服务供应者之间也形成了相互竞争。政府以合同的形式为公众购买医疗、教育、养老等服务，并约定服务的具体内容、方式、价格与期限等；政府职能部门的重构提高了行政效率，服务外包的方法成为解决政府失灵问题的一种自上而下的方案，凡可以由私营部门或非营利组织履行得更好的事务不再继续保留在公共部门。根据2014年6月的《新西兰人统计报告》，公民对公共部门的信任度、满意度持续保持在较高水平上，分别为77%和73%。

（2）经过民营化改革的公共事业机构，成为政府购买的服务提供者

从1986年开始，政府开始尝试"公司化"，将一部分公共事业机构改组为国有企业。这些企业按照私人企业的经营原则在市场上参与竞争，不再享受政策保护；如果政府要求国有企业完成商业利益以外的目标，则需通过相应的"合同"来购买，国有企业成为政府购买公共服务模式中的服务提供者之一，这一阶段的变革被认为是成功的，但新西兰政府很快就认识到政府本质上不善于管理商业风险，也不能充分满足国有企业为适应竞争而对资金、技术、管理和财务自由所提出的要求，因此启动了第二阶段即"民营化"改革阶段，这是对原有公司化改革的补充和深化。从1989年开始，新西兰政府以削减财政赤字和提高效率为目标，通过出售股份和资产的形式对部分国有企业实行民营化改造，股权从单一的国有性质转变为多种持股主体；新西兰还加强了对具有复杂的经济和社会目标的政府事业单位与自然垄断型企业的监督和管理，陆续开放了能源、金融、交通、电信等领域的国家垄断，降低了政府管理和经营国有资产的风险。从公共事业机构到国有企业，再到非国有性质的一般企业，一部分公共事业机构经过民营化改革后成为既不享受特殊"照顾"，又无额外"负担"的企业，它们在政府打破单一提供服务的垄断方式并构建了政府购买公共服务的模式后，通过与私营部门公平竞标而成为政府购买的服务提供者。

（3）采用绩效标准重塑公共部门管理机制，强化了政府购买的公共责任

1988年以后，新西兰选择把政府购买公共服务模式作为解决方案，将公共部门管理的重点由"投入"转向"产出"，设立绩效标准作为衡量政府业绩的

---

① 毛寿龙，李梅，陈幽泓. 西方政府的治道变革 [M]. 北京：中国人民大学出版社，1998.

唯一方式，绩效协议开始被广泛地应用于公共部门（绩效协议中采用了更为正式的合约化语言来明确有关各方之间的相互期望，使机构的行为更加符合公共利益）。这种创新的管理机制主要依靠主管部长与执行主管之间的绩效协议、面向"产出"的拨款制度和阐明部门绩效目标的自主化计划三种机制来实现，其中主管部长与执行主管之间的绩效协议是整个责任链条上最为重要的一环，规定了政府部长的主要职责是设置本部门的绩效目标，执行主管承担和完成更为微观的管理工作和责任，并完成部长设置的绩效目标，这种以绩效目标和公共责任为基础的管理机制，抛弃了传统的控制方法，公共部门的服务效率得到了很大的提升，政府对资源的控制也更加有力。从政府行使权力的角度来说，由于服务的外包并不意味着责任的转移，因此，新西兰政府购买公共服务的实践是分权的、竞争的，政府承担了提供服务的主导责任，较以往政府在公共责任的履行上更加明确。

（4）通过合同任命的方式革新传统文官制度，建立新型"购买"关系

新西兰政府角色被定义为机构产出的购买者或关注投资回报的机构的拥有者，在政府部门中，部长与执行主管之间的关系是一种被重新定义的"购买"关系，行政效率得以提升。部长选择结果，并从执行主管那里购买产出，而执行主管则可以选择必要的投入，这种关系被认为是以契约为基础的，具体来说主要从以下方面改革传统文官制度，以配合公共部门的市场化变革：一是任期制。政府通过合同任命高级管理者，结束了对部局官员的永久性雇佣，代之以5年以内的合同雇佣。二是绩效协议与绩效评估。对高级文官工作业绩评价的主要依据是绩效协议，以此保证其维护一定水准的工作业绩。三是浮动工资制。改革后的新西兰公务员薪酬增加了绩效工资的内容，公务员的部分收入由绩效业绩决定。四是合同任命私域精英进入公共机构高层任职。新西兰政府的高级职务向社会精英开放，便于将行之有效的管理思想或方法引入公共部门中来促进管理机制的创新。五是建立公共部门人力资源开发计划，针对不同等级的公务员设计了一系列与之相适应的管理培训课程，旨在培养公共部门高级管理人才。

在持续15年以上的改革实践中，新西兰通过在政府内部和公共服务领域进行的一系列重构构建了有效的政府购买公共服务模式，这种模式具备如下独有的特征：以市场机制替代了"命令—控制"的官僚制、成功实现了以竞争和绩效为核心的改革目标，并且将"服务购买"作为一种基本的理念重新建构了政府与非政府组织、部门负责人与执行者之间的关系，行政效率和经济效益均得以提升。

（三）国外社会治理的历史教训[①]

第一，国外社会治理主体困境重重——高福利制度弊端显现。随着时代的发展变化，不少高福利国家的问题日渐凸显出来：一是高额的福利开支使得政府负担愈来愈重，每年公共支出占GDP的比例已超过50%，养老金赤字问题已经成为各国政府的遗留问题；二是"高税收、高福利"制度滋生了国民的惰性。"高税收"就意味着追加的劳动生产大部分将落到政府手中，使参加工作的人的实际工资收入与那些靠各种津贴过活的"无业游民"之间的差距很小，极大地弱化了劳动与收益间的联系，打击了公众参加工作的热情，出现了"不劳而获"甚至"少劳多得"的不公平现象。例如，在瑞典，工作和不工作的公民的收入差仅有不到20%，养成了人们对请假和缺勤的轻率态度。

第二，国内社会治理主体单一。一是政府对在社会治理中的新角色仍不适应，存在不同程度的越位、错位、缺位问题，"重政府，轻社会协同"的思想仍然大量存在；二是社会治理的居民参与度不高，很大一部分居民在参与社会治理方面表现出"公民意识不足、臣民意识有余"的思想，主要表现为总体参与水平不高、参与主体不平衡、参与方式被动、参与效果不理想等。

第三，社会治理载体发展滞后。一是社会保障体系具有分层化、分散化的特点，建立在阶层严重分化基础上的社保制度一开始就呈现出四分五裂的局面；二是社会保障体系具有不平衡的特点，中高收入阶层的社会保障水平较高，而面向社会下层的保障很不完备；三是社会保障体系在向下层民众扩展时有阻力。

（四）当代西方国家社会治理的启示

第一，改革政府机构对公共服务权力的垄断，剥离公共服务中服务购买者、提供者、监督者的角色与职能，引入竞争机制以改善滞后的服务供给关系及评价机制，建立健全政府购买公共服务的模式和有效运行机制。

中国在计划经济时代的公共服务曾一概由政府包办，这种通过行政体系及其附属企事业单位提供公共服务的供给模式到目前仍占据主导地位，而公共服务的购买者和提供者难以分开必将导致公共部门的低效状态，也不符合政府购买公共服务的基本要件，因此，必须打破政府机构对公共事务的垄断性权力，实行权力分流。具体来说：一是市场化取向——推行公共服务输出的市场化，引入竞争机制，打破部门垄断；二是减少政府职能，下放权力，把更多的职能

[①] 尹洁.国内外社会治理经验教训及对我国社会治理模式的启示［J］.中共合肥市委党校学报，2014（3）：37-40.

交给非政府与民间组织来完成;三是减少政府对市场的干预,放松规则,简化审批流程,提高行政效率;四是优化政府结构,裁减冗员,减少开支,建设小而高效的政府;五是决策与执行分离,建立执行局,加强绩效评估。①

第二,有效社会治理需要调动民间社会积极性。随着工业化和城市化进程的加快,社会呈现人群阶层化、需求多样化等特点,新生代人群的思想观念和行为模式较之以往发生了巨大变化,治理难度大大增加。中国不仅面临着上述转型期的变革阵痛,在并不遥远的未来也可能面临当下日本所遇到的少子高龄化、国际化推进困难等类似的社会发展难题,充分发挥民间社会积极性和参与新时代社会治理的诉求更显迫切。改革开放以来,中国公民组织在数量和涉及领域上有了极大发展,以微信、微博等在内的网络形式在公民政治参与和民意疏导中的巨大力量,催生中国公民有序参与社会管理和危机处理的新课题。激发基层参与热情,需要做好两件事情:一是畅通民众参与社会管理的渠道,有效推进民主政治的发展;二是提高地方政府的行政效率,包括依法明晰府际权责、监控府际财政分配、强化地方政府治理责任、建立新纠纷处理体系等。

第三,非垄断方式下的服务提供者之间形成公私竞争与伙伴关系,有利于应对复杂的公共问题。必须打破原本由政府单一提供服务的垄断方式,公共部门与私营部门之间在成为服务提供者上实现公平竞争,使政府与非营利组织、私营企业之间形成伙伴关系,有利于提高公共服务的质量。中国目前的"大政府、小社会"模式,不利于形成真正的公私竞争及政府与非政府组织间的伙伴关系。随着经济和社会的发展,社会问题与公共事务日趋复杂,政府迫切需要转变观念并适度放权于社会,与非营利性组织、企业及公民一起通力合作来面对复杂公共问题的挑战。例如,政府通过竞争招标制在众多潜在的服务提供者中选择服务质量最优、信誉良好的组织购买服务,并向服务提供者付费,逐步形成公私竞争与伙伴关系,共同应对复杂公共问题。

第四,有效社会治理需要法律保障。社会治理需要有法律明晰权责方能有效运行,也需要规避法理矛盾,需要注意松紧适度,因此,公民社会健康发展需要良好的制度环境。目前,中国公民社会组织发展的制度障碍包括审批注册制度、双重管理制度,其设计初衷是对于国家安全和社会稳定的顾虑,以及可能的其他势力介入而对国家整体发展不利等,这些显然已不适应当前社会发展需要。

---

① 陈飞,尹雪萍. 公共管理的本土化——新西兰、澳大利亚两国改革对中国的借鉴 [J]. 法制与社会,2008 (30): 249, 277.

当前的紧要任务是加快制定《中央与地方关系法》，用法律来规范、界定和保障权力的调整界限及其运作过程，明确规定中央与地方政府的法人地位；制定《中央与地方关系法》，是落实宪法所规定的民主集中制原则的需要，也是克服现有体制缺陷的需要。

第五，有效社会治理需要执政党、政府的正确支持引导。有效的社会治理需要多方协力创造条件，包括一个能保障公民权利和控制失范行为的法治构架，一个有利于生产力发展的市场体制，一个能实现自我治理的公民社会，一种能扶持民主实践的政治文化和生活方式，等等。而一个权能配置合理、对内能有效履行政府基本职能、对外能有效应对安全威胁和全球化进程的政府是成就有效社会治理的关键制度因素，又对其他要素担负整合功能。办好中国的事情，关键在党，中国共产党及其领导的政府，通过加强构建畅通的政府—社会沟通机制，并注意提高自身行政效率和回应性，正在努力探索一条中国社会治理的新路。

第三章

社会变革与社会治理理论、实践

第一节 我国社会治理理论溯源

一、马克思、恩格斯、列宁"社会管理"思想

（一）马克思、恩格斯"社会管理"思想

关于"社会管理"一词，马克思恩格斯没有给出一个准确的定义，他们对该概念的认识和理解散见于各种著作、论文、报刊评论等，主要著作如《黑格尔法哲学批判》《论犹太人问题》《1844年经济学哲学手稿》《德意志意识形态》《共产主义原理》《共产党宣言》《资本论》《法兰西内战》《论住宅问题》《论权威》《哥达纲领批判》《反杜林论》《社会主义从空想到科学的发展》《家庭、私有制和国家的起源》《英国工人阶级状况》《论俄国的社会问题》等，在对资本主义社会管理制度的批判和分析的基础上，凝练出了有关社会管理的重要思想和观点。马克思恩格斯认为，社会管理的首要目标是实现社会的公平正义，核心目标是实现社会的自我管理，终极目标是实现人的全面发展。马恩强调"社会自我管理"就是社会自治，是自上而下和自下而上的管理，是人民的协商和参与；马克思恩格斯在总结巴黎公社管理的实践经验中阐释了"人民主权、社会公仆、议行合一和廉价政府"四大社会管理原则论，其中"廉价政府"包含了巴黎公社成员对用于政府及公职人员生存和活动费用与行政成本较低等要求。

为了能够更好地实施管理，马克思恩格斯阐述了社会政策制定、社会管理监督、利益关系协调和公共服务提供四种社会管理方法。社会政策是指以"公正"为依据,以解决社会问题、保证社会成员基本权利、增进社会福利为目的,以国家立法、行政干预为手段,制定和实施准则的总和,国家制定社会政策要以符合广大人民群众的利益为出发点;社会管理监督是以人民监督为主,指人民来对公社及其公职人员进行切实有效地监督,公社委员当选之后,必须接受人民的监督,一旦他们不称职,有负于人民的信任,人民就可以撤换他们;利益关系协调是人们为了达到某种协调目标,而对利益主体之间,以及利益主体与利益对象之间的关系,进行自觉的、有意识的调整过程,通过利益的调整与重新分配,建立城乡利益关系、干群利益关系、强弱群体利益关系的协调机制,使利益关系达到均衡与和谐,化解利益矛盾;同时,马克思恩格斯从公共利益需要出发,深入探讨了公共服务的供给与模式的选择等问题。综上所述,马克思恩格斯"社会管理"思想的出发点和归结点就是要维护社会的公平正义,实现社会的自我管理和人的自由而全面发展。①

马克思恩格斯"社会管理"思想具体内容:

1. 国家管理职能

马克思认为国家不是从来就有的,国家来源于社会。在国家最初的产生过程中,社会内部不同阶级、不同利益集团之间的矛盾不断加剧,甚至出现剧烈冲突,这些阶级和集团为了避免矛盾和冲突而给自身和社会带来的毁灭性后果,呼吁建立一个可以管理社会并代表整个社会普遍利益的机构,这就是国家。在国家运行过程中,国家需要兼顾其他社会成员的共同利益,保证社会正常有序地运转,以维持阶级统治,因而国家充当了调和社会矛盾和管理社会的角色。然而,国家是在阶级社会中产生的,是统治阶级为了维护自己的私有财产建立起来的,为了实现利益的扩大化和维护统治阶级地位的长久性,他们凭借经济上的统治地位对其他阶级进行剥削压制,掌握社会话语主动权,控制了本应该代表社会普遍利益的国家机构,表面上进行社会管理,实质上进行阶级压迫统治,使国家脱离于社会并凌驾于社会之上,国家被认为是阶级矛盾不可调和的产物,最基本的职能是维护和实现统治阶级的利益,对被压迫阶级进行统治和镇压。但是,马克思恩格斯认为国家同时具有阶级性和保护社会各阶级利益的社会性的双重特性,正是通过这两个特性在一定阶段脱离并驾驭、管理着社会,即所谓的"虚幻的共同体"。"旧政权的纯粹压迫性质的机关予以铲除,而旧政权的合理职能则从僭越和凌驾于社会之上的当局那里夺取过来,归还给社会的

---

① 高健. 马克思恩格斯社会管理思想及其当代价值 [D]. 大连:大连海事大学,2014:9.

负责任的勤务员"①，这里的"合理职能"应当就是指国家的社会管理职能，是相对于"旧政权的纯粹压迫性质"即政治统治职能来讲的，是实现阶级统治职能的基础；恩格斯也明确指出"一切政治权力起先都是以某种经济的、社会的职能为基础的"②，可以肯定的是，马克思、恩格斯从本质上把国家看成是一个阶级压迫另一个阶级的工具，认为国家有工具性的一面，也有维护社会稳定、调节阶级矛盾的一面。

在马克思主义看来，国家管理社会的两大基本原则：一是民主制。马克思认为国家制度创造者的主体是人民，国家制度的创造是为了保障整个国家中所有人的自由不受他人威胁和侵害，即保障个人自身的自由，由此，可以说基于人的自我规定而形成的就是国家制度，就好比是人创造宗教而不是宗教创造人一样，是人民创造的国家制度，而不是国家制度创造的人民，国家制度不能独立地存在于人民之外，国家、国家制度及法律都不过是"人民的自我规定和特定内容"。二是法治。在《共产党宣言》中，马克思在科学世界观的指导下，将法的性质进行了全新的界定，指出"法"反映了统治阶级的意志，同时，统治阶级将其作为一种工具用来压迫被统治阶级。可见，国家不是理性的抽象，它与"法"始终站在人民自由的对立面，不再充当人民自由的保障。从巴黎公社革命开始，马克思晚期的自由法治观开始了重要转变，他指出无产阶级不只是取得经济生活上的自由，更重要的是获得在政治生活中的自由。那么，要达到政治生活上的自由，无产阶级就必须得到权力来建立自己的国家和相应的国家制度，才能真正实现建构性的自由法治观。针对巴黎公社革命的失败，马克思总结了其经验教训并提出了许多具体方案来实现法治建设，首要的是建立一个实行充分民主的民主共和国。在这个国家实体内，最高权力机关要保持立法和行政的统一，不搞议会制；要采取普选制作为选举的一般方式而非等级授职制；同时，他还认为公社的政务要公开，不能有特权等级思想，公职人员的薪金要平等，国家要实现个人的自由，要赋予民众监督政府的自由权力。③ 要想实现社会有效管理，必须克服资产阶级法的局限性，使法律从制定、出台到监督、落实的各个环节都在合法、合规、公正的基础上运作，根本上实现社会的法制化治理。

---

① 中共中央马克思恩格斯列宁斯大林著作编译局. 马克思恩格斯选集：第3卷 [M]. 北京：人民出版社，1995：57.
② 中共中央马克思恩格斯列宁斯大林著作编译局. 马克思恩格斯选集：第4卷 [M]. 北京：人民出版社，1995：16.
③ 李敏. 马克思恩格斯国家管理思想研究 [D]. 洛阳：河南科技大学，2012：13-16.

2. 市民社会管理思想

马克思在《德意志意识形态》一文中第一次明确提出市民社会的概念："在生产、交换和消费发展的一定阶段上，就会有一定的社会制度、一定的家庭、等级和阶级组织，一句话，就会有一定的市民社会"①，"市民社会包括各个人在生产力发展的一定阶段上的一切物质交往，它包括该阶段上的整个商业生活和工业生活"②。

马克思认为，市民社会本质上是物质的生活关系和私人利益关系的总和，但又不是单纯性地指经济关系，还应该包括各种民间组织机构、家庭、个人私生活等，社会组织是市民社会的载体，同时也是国家的基础。"在生产力发展的一定阶段上，当整个的商业生活和工业生活获得充分发展之后，直接从生产和生活交往中发展起来的社会组织（如同业公会等）及其构成的自主生活领域"③，因此，马克思视域中的市民社会，是基于商品经济的发展在人与人之间的物质交往过程中发展出来的以社会组织为基本形态所形成的一种社会组织，在社会管理中可以起到"轴承"和"润滑剂"的作用，社会组织是市民社会的重要组成部分，是国家管理的基础。市民社会这一名称始终标志着直接从生产交往中发展起来的社会组织，这种组织构成国家的基础以及任何其他观念的上层建筑的基础，"结成社会组织从一开始就是市民社会自我满足、自我管理、自我发展的自治组织形式"④，社会组织既可以把公民的诉求及时反映给政府，也能把党和政府的理念和政策传递给公民，这种沟通协调作用能有效促进社会良性管理。

市民社会是工业化、城市化的必然产物。马克思恩格斯批判地吸收了黑格尔的市民社会理论，对未来的市民社会管理做了科学的阐述。首先，市民社会是直接从生产和交换中发展起来的社会组织。马克思继承了黑格尔的观点，认为"市民社会包括各个人在生产力发展的一定阶段上的一切物质交往"，但他不赞成黑格尔把市民社会归结为"伦理关系"，而是把它归结为"经济关系"。其次，市民社会是一个历史范畴，它是生产力发展到一定历史阶段的产物。当商品经济发展到一定历史阶段，市场关系十分发达时，市民社会应运而生。最后，市民社会是构成现代政治社会的基础。在市民社会与国家的关系问题上，马克

---

① 马克思恩格斯全集：第 2 卷［M］．北京：人民出版社，1972：477．
② 马克思恩格斯选集：第 1 卷［M］．北京：人民出版社，2000：250．
③ 中共中央马克思恩格斯列宁斯大林著作编译局．马克思恩格斯选集：第 1 卷［M］．2 版．北京：人民出版社，1995：25．
④ 马长山．国家、市民社会与法治［M］．北京：商务印书馆，2002：235．

思恩格斯批判了黑格尔关于国家决定市民社会的唯心史观，认为在现代社会中，社会分裂为市民社会和政治社会两部分，市民社会是构成政治社会即国家的现实基础，国家则是市民社会为实现其共同利益而采取的政治组织形式，他们指出，以物质生产与交往为内容的市民社会是"在一切时代都构成国家的基础以及任何其他观念的上层建筑的基础"，得出"市民社会制约和决定国家"的观点。①

马克思强调，市民社会的终极目标是建构"自由人联合体"，而这个"自由人联合体"是由有共产主义觉悟的自由人构建的，因为，只有这样才能实现共产主义社会的个人自由发展。

3. 社会公平正义思想

马克思的公平正义观是针对早期资本主义经济异化的现实提出来的，是对西方现代化进程中社会不公平的现实进行科学反思的结果。与17、18世纪的人性论从抽象的原则出发来阐述公平正义问题不同，马克思十分重视从现实社会经济生活出发来理解公平正义问题。在马克思看来，公平正义作为法的关系的形式正像国家的形式一样，既不能从它们本身来理解，也不能从所谓人类精神的一般发展来理解，相反它们根源于物质生活关系。公平正义不是抽象的人类理性衡量人类行为、制度或其他社会因素的标准，它不过是每种生产方式衡量自身的标准，其目的是维持特定的生产方式和社会秩序。在马克思看来，资产阶级以确立所谓普遍的自由、平等与人权为标志的"政治解放"具有明显的局限性，如果允许社会与经济的不平等，即使人们都拥有平等的公民权利和政治权利，财富和权力的不平等必然会产生严重不平等的实际效果，这种结果恰恰影响着不同的个体行使那些平等的权利，或者说，限制着平等的自由。

因此，马克思恩格斯在批判资本主义社会基础上，指出社会公平正义是社会管理的首要目标，是未来共产主义社会的价值所在，只有共产主义社会才能彻底实现人人自由而平等。具体说来：第一，公平正义是一种社会价值取向。马克思主义公平观建立在历史唯物主义基础之上，运用了阶级分析的基本方法，在科学性和彻底性上是其他公平观所无法相比的。马克思主义公平观的内核在于把社会公平的根本状况定位于社会的生产方式和生产资料所有制状况。自由、平等观念在过去每个时代都有特定的内容，它的形成基于一定的历史条件，不以人的意志为转移，不存在永恒的自由、平等，更不存在永恒的公平。在阶级

---

① 高健. 马克思恩格斯社会管理思想及其当代价值 [D]. 大连：大连海事大学，2014：35.

社会中，社会不公是"注定"了的社会常态，三个关键点：①社会公平属于人与人之间的价值关系向度，在这其中，人与人之间的经济关系是最基本的价值向度；②社会公平属于历史性存在的价值样态；③社会公平属于一种价值概念，其价值目标的具体落实与社会的制度安排、利益分配等多种因素有关，也与一定的社会历史文化传统有着密切的联系。马克思恩格斯认为，权力属于人民、人民当家作主的公社制度能够很好地体现人们对公平正义的要求，人民享有相对平等的选举权、监督权、参与权和普及的免费教育权力，是一定意义上的真正的自由和平等。第二，公平是一个历史范畴，它与社会的发展进步息息相关。① 社会公平作为一个历史范畴，是与一定的历史发展水平和处于历史中的人的发展水平相适应的，社会的进步不仅是指生产力的发展水平提高，也表现为社会公平可能达到的程度以及能够被认可的程度提高。"对现存社会制度的不合理性和不公平、对'理性化为无稽，幸福变成苦痛'的日益觉醒的认识，只是一种征兆，表示在生产方法和交换形式中已经不知不觉地发生了变化，适合于早先的经济条件的社会制度已经不再同这些变化相适应了"②，马克思恩格斯认为，那种超越历史时代的公平观很可能变为一种脱离实际的理想的、虚假的公平观，会对生产力的发展造成损害。在马克思恩格斯的观念里，社会公平正义的实现是渐进的，在未来社会，生产资料归社会所有，但生活资料的社会分配需要经过一个"以劳动为尺度"的阶段，即按劳分配，然后达到按需分配，这是一个循序渐进的过程。马克思恩格斯用"联合体""共同体""公社"来指称未来社会，就是为了强调未来社会中人的自由和平等性质。第三，社会保障、税收等的普遍调剂。为了消除社会确实存在的不公正现象，提升整个社会的发展水平，马克思恩格斯提出了许多具体的过渡措施，其中也包括社会调剂方面的具体主张，如"征收高额累进税"，"把农业和工业结合起来，促使城乡对立逐步消灭"，"对所有儿童实行公共的和免费的教育"等。要让所有人都平等地得到最低限度的生活标准，享受最低限度的基本社会服务，并把收入差距控制在合理范围内，等等，他们将社会保障事业看作未来社会在任何情况下都要优先考虑的问题，是人性化的和公正的。③

---

① 乔瑞华. 马克思主义公平观及其实践意义[J]. 高校马克思主义理论研究，2016（3）：38-42.
② 中共中央马克思恩格斯列宁斯大林著作编译局. 马克思恩格斯文集（第3卷）[M]. 北京：人民出版社，2009：547.
③ 高健. 马克思恩格斯社会管理思想及其当代价值[D]. 大连：大连海事大学，2014：9.

(二) 列宁"社会管理"思想

俄国十月革命胜利后建立了苏维埃政权，如何进行社会管理、带领人民开展新的社会建设，成为摆在当时的一项迫切需要。列宁认为，在刚刚建立的苏维埃俄国，社会管理顺利开展的前提在于获得人民群众广泛的认可和支持。列宁要求全党及俄国上下，要迅速转变观念，把工作中心放到经济建设上来，迅速展开社会管理，稳定国内局势，治疗战争创伤，为建设伟大的社会主义国家而奋斗。①

列宁的社会管理思想内容十分丰富，主要涉及以下几个方面。②

1. 社会主义革命与社会建设思想

列宁在《无产阶级在我国革命中的任务》一文中指出，取得政权后如何进行社会建设呢？第一，苏维埃政府应当坚决着手建设人民自己的组织机构，而不是完全依靠那些资产阶级的政客和官吏；第二，吸引全体人民的组织力量来建立全民的民兵，把它和军队融合起来，用民兵代替警察；第三，实行全部土地国有化，充分保证俄国农民土地革命的胜利果实和利益；第四，在民族问题上，无产阶级政党应当给予被强行兼并的民族以同俄国分离或继续合并的完全自由；第五，把一切银行和资本家的辛迪加收归国有或至少由工人代表苏维埃立刻加以监督；第六，俄国工人阶级应该履行国际义务，即必须立刻建立第三国际，当然，这个国际同后来的社会沙文主义者这种叛徒、同"中派"动摇分子是势不两立的。

2. 政治管理思想：建设新型民主国家

列宁在《国家与革命》一文中指出：政治建设的第一个任务就是进行全面的政治宣传，加强无产阶级专政、肃清反革命、巩固后方、动员全民作战、切实做好党对资产阶级军事专家的政治工作；为了提高党员质量以及党的凝聚力、战斗力，列宁亲自领导了党的建设工作，进行了党员重新登记，使党组织更加纯洁；同时，列宁敏锐地察觉到党和政府机关内已经存在着较为严重的官僚主义现象和拖拉作风，他认为加强学习、扩大政治参与、加强人民监督是反对官僚主义的有效途径，因此，着手吸纳一定数量的无产阶级代表来承担某些国家和社会事务的管理工作，逐步把所有的劳动人民无例外地吸收来参加国家管理工作，广泛发挥社会主义民主，为广大劳动人民运用民主权力和自由提供基础

---

① 黄梁贵. 建国初期毛泽东社会管理思想研究 [D]. 湘潭：湘潭大学. 2013：13.
② 摘选自刘享峰. 列宁的社会主义国家管理思想及其在苏俄的实践 [D]. 南宁：广西大学. 2015：22-31.

条件。

3. 经济建设思想：实现快速向社会主义过渡

列宁进行国家管理的经济基础是对全国"非公"经济的国有化。《布列斯特和约》签订后，列宁领导苏俄人民及时把工作重心转向恢复和发展经济。

第一，实现银行、辛迪加、商业等部门的国有化。列宁认为，苏维埃国家机关应该把资本主义建立的银行、辛迪加、邮局、消费合作社和职员联合会等现成的计算机构拿过来，去掉其资本主义畸形化的部分，使它变成具有社会主义特征的机构。第二，大力提高社会劳动生产力。列宁指出，无产阶级取得并巩固政权后的首要任务必然是创造一个优越于资本主义社会的社会制度和社会结构，必须夯实大工业的物质基础，即必须推动化学化工、钢铁和机械制造等基础行业的生产发展，提高居民群众的文化教育水平，提高劳动者的劳动纪律和工作效率，提升他们的专业技术与工作能力，改善经营管理制度。第三，改善农民生活状况，提高他们的生产力。列宁认为，只有改善广大农民的生活状况、提高他们的劳动生产力，才能增加粮食的生产和收成，才能增加燃料的收购和运输，因此要改变粮食政策，即用粮食税来替代余粮收集制，发展农业和工业间的流转，帮助恢复小工业生产等。第四，建设大机器工业，奠定社会主义的物质基础。第五，国有企业必须实行商业化原则，进行严格的经济核算，必须改进经营模式以大力提高劳动生产率，尽可能缩减企业数量，进行集中生产以降低成本，建立检查制度，制定严格的经济核查和计算制度。第六，通过租让、合作社、雇佣资本家等方式推动国家资本主义的发展与完善。

4. 文化建设思想：开展文化革命，提高全民文化水平

列宁清醒地认识到文化教育水平的落后会严重影响国家向社会主义过渡及开展社会主义建设的进程，因此，发展教育是文化落后俄国的首要任务：第一，加强广大劳动青年的教育，要求广大劳动青年不断学习政治、经济、文化和科学技术知识，不断接受学校和实际生活的训练、培养和教育；第二，培养新的教育工作者即教师；第三，出版普及读物；第四，开展文化革命应持谨慎态度，避免冒进等。

二、毛泽东社会管理思想研究

毛泽东的社会管理思想范围很广、内容很多，跨越了土地革命时期、新民主主义革命时期、社会主义革命和建设时期。新中国成立初期，党和政府社会管理的主要任务是巩固新生政权、改造旧社会、开展社会主义生产建设，因此，当时毛泽东的社会管理思想正是以此为重点而展开探索和实践的，主要内容包

括以党委和政府作为社会管理的单一主体,同时通过居民委员会和农业生产合作社的形式迅速组织全国人民以保证社会主义生产建设的劳动生产力,同时发挥意识形态的社会管理功能,将思想政治教育工作和群众性运动治理与新中国的国情相结合,进而创造了中华人民共和国成立初期社会管理领域的一个又一个奇迹。①

毛泽东社会管理思想的主要内容:

(一) 加强政权建设,夯实社会管理的政权基础

1. 建立人民民主专政的国家政权,确立人民政府在社会管理中的主导地位

20世纪初,马克思主义开始传入中国,为中国革命奠定了科学的思想基础。俄国十月革命的胜利,使毛泽东认识到建立无产阶级国家政权的重要性,"总结我们的经验,集中到一点,就是工人阶级(经过共产党)领导的以工农联盟为基础的人民民主专政"②。1949年6月27日,毛泽东提出中国民主联合政府的工作重点:一是肃清反动派的残余,镇压反动派的捣乱;二是尽一切可能用极大力量从事人民经济事业的恢复和发展,同时恢复和发展人民的文化教育事业。③ 1949年9月27日颁布的《中央人民政府组织法》中明确提出:中央人民政府委员会具有规定国家的施政方针;废除或修改政务院与国家的法律、法令相抵触的决议和命令等职权;并且任命总理一人,副总理若干人,秘书长一人,政务委员若干人组成政务院并对中央人民政府委员会负责和报告工作,其中一项职权为领导全国各地方人民政府。1957年2月,毛泽东在《关于正确处理人民内部矛盾的问题》中指出:"在现阶段,在建设社会主义的时期,一切赞成、拥护和参加社会主义建设事业的阶级、阶层和社会集团,都属于人民的范围;一切反抗社会主义革命和敌视、破坏社会主义建设的社会势力和社会集团,都是人民的敌人。"④ 对于广大人民实行民主制度,不仅赋予他们集会、结社等自由,还可以参加到国家管理、社会管理等事业中来,使其成为名副其实的国家主人;另一方面,对于敌人实行专政制度,他们的言论自由、行为规范都会受到严格的监督与控制,一旦发现触及底线,立刻进行严格的处罚,同时希望通过劳动改造的方式将他们加入人民范畴中来,以使新生的国家政权更加牢固。

由此可见,当时的政府组织是以革命思想为引导,并且进行新民主主义革

---

① 石锋. 新中国初期毛泽东的社会管理思想研究[D]. 扬州:扬州大学,2017:21.
② 毛泽东. 毛泽东选集:第4卷[M]. 2版. 北京:人民出版社,1991:1480.
③ 毛泽东. 毛泽东选集:第4卷[M]. 2版. 北京:人民出版社,1991:1466.
④ 毛泽东. 毛泽东选集:第5卷[M]. 北京:人民出版社,1977:364.

命以完成向社会主义过渡为目标从而开始社会管理实践的。因此，中国人民政府设计出"中央—地方"的行政模式，以中央作为社会管理的政策制定机构，地方政府接受指令并加以实施，其中，地方政府在城市地区主要形式是市级和镇级的政府，并且以街道和居委会为基层行政机构。1952年12月，毛泽东提出，各中央代表机关及各级党委应坚决拥护党中央及中央人民政府所裁定的政策法规，并且应对中央制定的政策法规采取不对立的态度，以此为前提制定自己的指示，保证中央和上级所给任务的完成。1956年，毛泽东在《论十大关系》中，对中央人民政府和地方人民政府的关系进行了论述，他认为，中央和地方政府在执政过程中存在分歧，并且应当在巩固中央统一领导的前提下，扩大一点地方的权力，给地方更多的独立性，让地方办更多的事，并且他认为处理好中央和地方的关系，有利于充分发挥社会主义制度的优越性，并且能够因地制宜，从而促进全国的统一。

2. 全面推进政党建设，保证党在社会管理中的领导地位

新中国成立后，中国共产党面临的主要任务是大力发展经济、促进社会进步，以及维护最广大人民群众的根本利益，同时，预防和惩治党员干部队伍中出现的贪图享乐、讲地位、讲排场、脱离群众、以权谋私等不法行为，因此，面对内忧外患的局面，毛泽东提出加强政党建设的要求。

新中国成立之初，实行"一边倒"的对外政策，学习苏联的社会管理模式也就成为必然选择。1949年，中国共产党模仿苏共人民政府结构，中央人民政府设立政治法律委员会、财政经济委员会、文化教育委员会等共计4个委员会（管理30个部、署、院单位），使社会管理的工作在社会的各领域开展起来。毛泽东曾在党委会的工作方法中提出，党委书记要善于做"班长"，党委在国家机器中应该行使领导职能，在制定正确的方针政策的同时，也要协调好和其他委员之间的关系，更应该学会"弹钢琴"。1951年2月，在中共中央政治局扩大会议决议要点中，对于城市工作，毛泽东要求各机关单位党委必须对城市工作加以总结、分析、汇报，充分发挥对城市建设管理工作的指导作用。《中国共产党章程》总纲规定："党必须保证国家的立法、司法、行政机关，经济、文化组织和人民团体积极主动地、独立负责地、协调一致地工作"①，保证了中国共产党在社会事务管理中的领导权和管理权。

在20世纪50年代初期，出于社会管理的需要，各地迅速建立起了在党领导下的群众组织，对原有的社会组织进行改造，同时发展了党领导下的总工会，

---

① 中国共产党第十九次全国代表大会. 中国共产党章程：总纲, 2017.

组建了适合群众日常生活的组织，这些群众组织在党的领导下在社会管理的实践中处于自上而下的政权延伸的地位，发挥着党联系人民群众的桥梁作用。

1956年，毛泽东提出共产党和各民主党派应该坚持"长期共存，互相监督"的方针，鼓励民主党派对共产党进行批评和监督，允许媒体报道批评言论和争鸣文章。毛泽东认为，我们应该吸收大量的民主党派和无党派人士，确保人民群众在国家机关和民主党派中，确保民主党派参与国家事务的管理和监督，定期召开政治协商会议，聆听民主党派关于政治、经济、社会发展的相关建议等。此外，毛泽东十分注重党风建设，始终坚持从严治党，坚持党与人民群众的密切联系，只有这样，中国共产党才能保持极大的凝聚力，广大人民群众才会自觉参加到社会管理中来。

这种社会管理系统的运作流程表现为中央人民政府制定计划纲领，由党委所领导的地方政府负责执行，并向各个基层组织所延伸，虽然具有很高的执行力，且在一定程度上恢复了新中国的经济实力，但由于当时所形成"强政府，弱社会"，"政企不分"的体制，最终导致社会生活领域缺乏生机和活力。

3. 运用群众运动管理社会

中华人民共和国成立初期我国的法制体系建设不完善，对于领导干部在新中国成立初期所产生的贪污、浪费、官僚主义现象，毛泽东延续了革命战争时期的密切联系群众的方法，对受到资产阶级腐蚀的共产党员进行严厉打击和斗争。1951年底，毛泽东发动了"反贪污、反浪费、反官僚主义"的"三反"运动，主要针对国家机关中的贪污分子，号召和发动广大群众去参加"三反"斗争，鼓励广大群众包括民主党派对党内不法分子进行检举和揭发，"大张旗鼓地发动一切工作人员和有关的群众进行学习，号召坦白和检举"[1]，行政机关和执法部门对违法者采取教育、撤职、劳改等方法，严重者予以枪决。1952年初在工商企业中开展"反行贿、反偷税漏税、反盗骗国家财产、反偷工减料、反盗窃国家经济情报"运动，"五反"运动首先在各大城市开始，并且很快形成高潮。同年3月5日，中共中央规定了对违法资本主义工商户处理的基本原则：过去从宽，今后从严；多数从宽，少数从严；坦白从宽，抗拒从严；工业从宽，商业从严；普通商业从宽，投机商业从严。毛泽东认为，资产阶级对党的腐蚀是造成党内不法分子贪污浪费的主要原因之一。贪污问题的导因是民族资产阶级的小部分人在社会主义建设中利用吃回扣、投机倒把、施贿等违法行为引诱

---

[1] 中共中央文献研究室. 毛泽东年谱（1893—1949）：第1卷 [M]. 北京：中央文献出版社，2013：427.

党内工作人员上钩。毛泽东曾在七届二中全会中提出对民族资产阶级应该采取"既团结又斗争"的方针，其中"团结"就是利用民族资产阶级的私人资本的积极性发展国民经济，"斗争"就是针对资产阶级唯利是图的本性发动群众运动对其进行斗争。基于当时法制体系不完善的历史背景，毛泽东联系人民群众反腐所开展的各项整治运动，不仅有效地保持了中国共产党的纯洁性，加强了共产党队伍的党风廉政建设，同时打击了资产阶级的违法活动，为社会主义国营经济的运行创造了良好的发展条件，为资本主义工商业的改造奠定了基础。①

（二）重视经济建设，大力推动生产力发展

1. 坚持统筹兼顾、协调发展的方针，重点发展重工业

毛泽东早在抗日战争期间，就已经认识到发展生产力的重要性，他认为良好的经济运动能够推动革命的发展，只有大力发展经济，才能保障红军的基本生活需要，才能改善广大人民群众的生活状况，人民才有力气和热情为建立稳固的国家政权而奋斗。人民民主专政的国家政权建立之后，地主与农民的矛盾、关于土地问题的矛盾以及企业管理等众多经济问题显现出来，而这些问题存在的根本原因即在于生产力与生产关系不相适应，所以要想对社会进行管理，首先得大力发展生产力。在社会主义革命和建设时期，毛泽东给予不同经济主体之间的关系以较高的关注，也认识到统筹协调好关系对于社会主义建设的重要意义。通过对苏联和一些东欧国家成功经验以及失败教训的总结，毛泽东认识到协调农、重、轻三者关系的重要性。首先，毛泽东认为我国应该大力发展重工业，同时提出两种可行性的方法，"一种是少发展一些农业、轻工业，一种是多发展一些农业、轻工业"，对此他更倾向于第二种方法，因为第二种方法在推动农业和轻工业发展的同时能够保障人民基本的生活需要，人民有更大的热情投入发展重工业上去，长远来讲更有利于重工业的发展；其次需要适当加重农业和轻工业的比例，因为若是没有充足的粮食，工人的基本生活需求就得不到保证，因此，大力发展重工业的同时绝不可以忽视生活资料尤其是粮食的生产。

1952年12月22日发布的《中共中央关于编制一九五三年的计划及五年建设计划纲要的指示》提出："工业化的速度首先决定于重工业的发展，因此我们必须以发展重工业为大规模建设的重点……集中力量保证重工业的建设。"毛泽东对重工业与轻工业的关系进行了深刻的剖析和讨论，他形象地将工商业者专搞轻工业、国家专搞重工业的现象称成"小仁政"，把当前经济发展的重点放在重工业建设的措施称为"大仁政"，"集中主要力量发展重工业，建立国家工业

---

① 石锋. 新中国初期毛泽东的社会管理思想研究［D］. 扬州：扬州大学，2017：25-26.

化和国防现代化的基础"①。"小仁政"是需要考虑到的，但是不能妨碍"大仁政"，因为国家为人民办的事情很多，必须要有大小主次之分、轻重缓急之分，否则就会损坏国家的长远利益，这主要是因为当时中国的制造业水平与发达国家相比严重滞后，还停留在人民日用品的制造层面上，而在现代化先进工业的生产和制造上，新中国落后太多，发展重工业比发展轻工业更加迫在眉睫，对改变落后的经济面貌而言意义更加重大。因此，毛泽东在1956年发表的《论十大关系》中对重工业和农业以及轻工业的关系进行了极具概括性的总结："重工业是我国建设的重点。必须优先发展生产资料的生产，这是已经定了的。"当然，相对苏联东欧国家，中国比较注重协调重工业和轻工业、农业的比例，在一定程度上保障了人民的物质生活。

2. 建立社会福利制度，促进社会安定团结

中华人民共和国成立初期，随着国民经济得到一定程度的恢复和发展，毛泽东逐渐把改善人民生活条件作为一个重要目标，并且以此为前提来保证城市生产事业的发展，在全国范围内开始建立由单位职工福利和农村福利组成的社会福利制度来促进新中国的社会安定团结。

社会福利体制的确立建立在再分配经济体制下公有制的基础上的，同时它具有两大典型特征：第一，社会资源分配具有计划性。新中国成立初期的城镇社会被一个个单位进行"纵向切割"，从而被分割成一个个完整的区域，在每个区域中单位成为区域中心并行使着社会控制和资源调置、提供福利、解决就业等区域性功能，单位成为国家和城镇居民之间的重要联络点，在新中国成立初期的经济恢复和建设中发挥了重要的社会功能。单位对单位成员具有绝对的控制权，具有表现为对单位成员在政治、经济、文化等领域的既得利益机会的控制权，进而转变为对单位成员的支配权。国家在充分掌握了社会资源之后通过单位这一联络点对城镇人口有计划地进行社会资源的再分配，节约了社会资源，并且将社会资源最大化地投入社会主义各领域建设改造中。另一方面，新中国成立初期我国农村人口在全国人口中占有较大的比例，因此，解决广大农民的温饱问题是维护中国社会稳定的关键。提高农民的个人收入、保障农民的生活、在城市工业和农村农业之间寻求平衡成为毛泽东建立农村福利制度的三大目标。针对这三大目标，毛泽东提出了"统筹兼顾，循序渐进"的原则，他认为土地是农民生活得到保障的核心要素，同时也是农民进行资料生产的前提条件，

---

① 中共中央文献研究室. 毛泽东年谱（1893—1949）：第2卷［M］. 北京：中央文献出版社，2013：169.

1949年后农民对土地的合法权利以法律的形式得到了保障，极大地增强了农民在生产劳动中的热情。第二，充分调动各单位成员积极性。新中国成立初期的社会福利制度的鲜明特点是"高就业、低工资、高福利"。由于新中国成立初期的社会物质资源匮乏，各单位只能通过"高福利"的制度来吸引就业以实现"高就业"，从而吸引劳动力参与社会主义经济建设中。单位向员工统一分配相同的资源，同时为员工提供住房、养老医疗、子女教育等关乎个人日常生活的福利，同时各单位组织建设为提供福利所必备的基础设施让单位更趋于"社区化"，使员工对单位高度依附。单位通过高福利和高补贴充分调动了单位员工的工作热情，为国家下达的经济建设任务提供了物质基础。同时，毛泽东认为农业的发展保证了工业生产的原料供应和粮食需求，农业在一定意义上属于工业的范畴，他充分肯定了农业在社会主义经济体系中的保障稳定发展的作用，因此他提出工业反哺农业的号召并以工农业品的交换为主要形式，将工业产品作为对农民的福利补贴。在社会主义建设时期，他提出发展农村的多种经营模式，从而增加农民的收入。①

新中国成立初期的社会福利制度在短时间内使中国人民的生活得到了改善，稳定了社会的治安环境，使人民群众迅速投入社会生产建设中，为社会主义"三大改造"、社会主义工业化、新中国的城市化建设等起到了保障和推动作用。

（三）提出"百花齐放、百家争鸣"的管理方针，发挥思想政治教育在社会管理中的作用

中华人民共和国成立以后，经过一系列的政治运动，推翻了剥削阶级，清除了大量的反动势力残余，使人民民主专政得以确立和维护。毛泽东认识到文化事业发展的重要意义，1951年4月提出了"百花齐放，推陈出新"的方针，提出借鉴文化艺术遗产从而对其进行"扬弃"的思路。1956年，随着社会主义"三大改造"完成，社会主义制度在中国得以建立，国家的工作重点转向社会文化建设，艺术创作主题也由打击封建文化和帝国主义转变为弘扬和宣传社会主义建设。针对当时文化领域由于"左"倾思想存在而带来的诸如宗派主义、形式主义、行政干预过多、妄断政治结论、随意乱扣帽子等不良状况，毛泽东在中央政治局扩大会议上提出"百花齐放，百家争鸣"方针，作为文化领域管理整顿的思路和方法。"双百"方针是毛泽东对社会主义建设目标的正确判断，并且通过对中国共产党应对文化领域管理的正反两方面的经验总结，同时根据马克思主义对立统一规律学说所提出的适合社会主义文化科学发展的管理方针。

---

① 石锋.新中国初期毛泽东的社会管理思想研究［D］.扬州：扬州大学，2017：29-30.

中华人民共和国成立初期，西方资本主义国家在采用暴力手段压迫中国失败的情况下，改用"和平演变"的策略，在意识形态领域对中国进行渗透，想方设法推行西方的"普世价值"，这一问题引起了毛泽东的密切关注，他认为应该及时开展广大范围的思想政治教育工作，以抵抗西方敌对势力对中国的"和平演变"。在国内，当时的中国社会处于急剧的转型期，社会意识形态的组成成分具有复杂性、多变性、发展不平衡的特点，在社会的主流意识形态中，不仅有先进的马列主义思想，同时落后的封建主义思想仍然有大量的残余以及一小部分反动分子对西方资本主义思想的追崇，这对社会主义的建设产生了极其严重的阻碍作用，松动了社会主义思想的根基。毛泽东认为，在领导人民群众进行社会主义建设和对社会进行管理的过程中要着重进行意识形态方面的思想政治教育工作，其中思想政治教育的主要对象是广大工农群众、在校学生、爱国的知识分子。全国政协一届二次会议上，毛泽东提出对人民应该采取批评与自我批评的教育方法，他认为这种教育方法是中国共产党统一和巩固革命统一战线的有效途径，是一种"用民主的方法向他们进行教育和说服的工作"，同时号召各民主党派和社会其他爱国群体运用这种方式进行自我教育。①

社会主义改造基本完成之后，毛泽东对思想政治教育的工作更为重视，他认为政治工作是一切经济工作的生命线，他将政治思想工作穿插在群众运动之中。在社会主义建设时期，意识形态领域的工作主题由战争时期的"教育"逐渐转变为当时的运动式"斗争"，毛泽东认为通过政治思想教育，能够使人民群众掌握先进的马克思主义理论，自发性地发挥人民群众的智慧，从而进行社会主义建设和管理。

（四）建立农村生产合作社和城镇居民委员会，加强城乡基层管理

新中国成立实现了中国历史上最广泛最深刻的社会变革，在党的领导下新生人民政权开始对城乡社会进行全面社会改造与治理。毛泽东借鉴了苏联的农村合作社和城市单位的成功实践经验，并且考虑我国的城乡发展差距大、城市人口负荷压力大、农村基础设施薄弱等情况，制定了城市与乡村并存协调发展的社会管理格局；其中，在农村引导示范小农经济以农民合作的模式发展，在城市转变工业的产权所有制。虽然两者管理的发展方向不同，但群众运动仍然是城市与乡村进行社会管理的主要方式之一。

在传统的农业社会，乡村实行自给自足的自然经济，以家庭为生产组织单位，同时源于宗族势力的基础形成的乡绅集团，通过对地方公权或者公共利益

---

① 石锋. 新中国初期毛泽东的社会管理思想研究［D］. 扬州：扬州大学，2017：31.

的控制，成为乡村治理的权威。因此，国家或者其他政治权威在乡村社会的影响往往极其有限，难以对乡村社会进行有效整合，造成几千年来中国乡村社会散漫无序的状态，孙中山先生曾痛心疾首地把广大农村比作"一盘散沙"。国民党统治时期，为镇压人民的反抗，实行保甲制度强化其反动统治，主要是通过乡绅集团控导着基层社会的运作，实现对人民的严密控制和监视，并成为剥削和压迫人民的工具。新中国成立后，新生人民政权必须彻底摧毁乡村社会旧有权威，树立人民群众当家作主的新权威，重整乡村社会资源，开展社会动员以完成民主革命遗留的任务，并实现对乡村社会的彻底改造。① 与此同时，农村合作社的建设也如火如荼地展开——1951 年开始的基于个体所有制的农业生产互助合作，是初级的农业生产合作社，实行统一经营，逐年积累公共财产，但性质依然是半社会主义的；1953 年开始的高级农村生产合作社，实现了土地等主要生产资料的公有制和按劳分配，是一种完全社会主义性质的合作经济组织。另一方面，为了废除农村传统封建道德观念和封建迷信，提高农村文化水平，新中国成立初期全国开展了以扫除文盲为重点的文化教育普及运动，通过开办农民夜校和冬学、读报识字组、民教馆、俱乐部等形式对农民进行思想政治、文化知识、职业技能教育，促进农村社会观念和风气根本转变。总之，农村合作社的成功建立在保障农民的自主选择权原则的基础上，农民有权力选择是否加入农村生产合作社，避免了国家权力对农村组织的过度渗透，标志着中国农村的社会主义改造的实现。

长期以来由于帝国主义、封建主义和官僚资本主义的反动统治，中国城市畸形发展，社会秩序相当混乱，遗留下诸如乞丐游民、烟毒、娼妓等城市顽疾和社会问题，以及长期难以解决的城市失业、通货膨胀、劳资关系等问题。新中国成立后，在党的领导下对城市社会进行彻底的改造与治理，明令废除保甲制度，为稳定社会秩序虽然保留了大量的保甲人员，但是党员占据城市地方政府关键位置以保证城市执行新政府的政策和命令。

在此基础上，各城市在区人民政府之下初步建立起街闾两级基层组织，将原来的保改为街，将原来的甲改为闾。1950 年，全国各城市开始了"警政合一"时期，撤销街政府，设立街道派出所，其主要领导人直接由上级委派担任，并由当地市政府统一领导，主要从事扶贫救灾、疏散难民、宣传党的政策、配合公安民政部门的工作等任务，这也成为以后的居民委员会的雏形。1952 年 8

---

① 朱孝红. 建国初期周恩来社会管理思想与实践研究（1949—1956）[D]. 天津：南开大学. 2013：55-61.

月和 1954 年 3 月颁布了《治安保卫委员会暂行组织条例》和《人民调解委员会暂行组织通则》，各基层政府下设治安保卫会和人民调解委员会，承担基层社区的安全保障和社会调解职能，这两个组织在非试点城市成为居委会的组织基础。1954 年 12 月以后，各城市都相继成立了居委会，成为群众自治性居民组织。

中华人民共和国成立初期我国城乡基层组织建设是毛泽东对建设具有中国特色的社会管理体系一次成功的探索，使国家在短时间内迅速整合了社会关系，稳定了社会治安，使社会利益较为合理地进行了分配，使人民可以自主表达意愿并且能够进行自我管理，充分地体现了中国共产党为人民服务的根本宗旨。

第二节　我国社会管（治）理模式和体制

一、我国社会管（治）理模式的变迁和演进过程

新中国成立后，随着不同历史时期国内建设任务和发展目标的变化，以及当时所处国际环境和世界形势的影响，我国社会管（治）理形成了不同的模式和特点，大体经历以下几个演变过程。

（一）1949—1978 年政府全能管制型社会管理模式

新中国成立后，为了尽快摆脱贫穷落后的面貌，在短期内赶超西方资本主义国家，凸显社会主义制度的优越性，只有把社会资源进行高度集中和整合，"集中力量办大事"，才有可能达成目标，为此，新中国开始形成一种"全能主义"[①]体制，即国家（政府）对社会控制的全覆盖，政府对社会各个领域的控制无处不在，行政机构自身集中了经济、政治、社会、思想各个方面职能，造成行政权对整个社会的支配，这种政治权力对社会的全面管控，既使国家疲于奔命地控制社会，也窒息了社会力量的积极性和创造性，可以概括为"政府管理、强制秩序、政府包揽、政府统管的高度一元化管理"，这种体制具有两个鲜明特征：一是从社会管理主体上看，各级党政机关成为社会管理主要的组织载体。党政机关的干部是社会管理的主体，党政包揽一切，社会生活的方方面面都为政治权力所围绕，几乎没有脱离政治权力之外的社会性主体存在的空间；二是从社会管理的运行过程上看，政治动员性和阶级斗争性是这种社会管理模

---

① 邹谠. 二十世纪中国政治：从宏观历史与微观行动的角度看 [M]. 香港：牛津大学出版社（中国），1991：69.

式的重要特征。各级党政干部等社会管理主体以各级党政机关为组织载体，以政治动员和阶级斗争为主要方式进行社会管理，尤其是针对一些阶级敌人的日常管理和控制，防止他们恶意破坏社会主义现代化建设，好处是能够迅速收到实效，但弊端显而易见，"运动式治理"方式常常伴随着"急躁冒进"倾向，使动员和斗争扩大化，不仅有碍社会管理长远目标的实现，也会因为其反组织和反程序的做法而影响社会管理的制度化发展。

具体而言，新中国成立伊始，为了使我国经济社会发展步入正轨，尽早恢复正常社会秩序，执政的中国共产党借鉴苏联模式及战争年代的供给制经验，在农村建立了人民公社制度，在城市则建立了以单位制为主和以街居制为补充的管理体制。在该阶段，国家几乎垄断了全部重要资源，对任何相对独立于国家以外的社会力量，要么抑制其发展，要么将其吸纳为国家机构的一部分。基层社会被严密的行政体制所吸纳而近乎消失，社会力量本身成为政府的"附属物"，国家通过单位体制对个人和社会进行全方位一元化管制。单位制和人民公社制度具有经济、政治和社会"三位一体"的功能，国家力量延伸到社会每个角落和国家各个领域，实现了对社会的高度整合。按照"政治—身份"划分阶级的体制与单位制、人民公社制和街居制一起，辅之以批斗式、运动式的管理方式，限制人口自由流动和分割城乡的户籍制度，还有作为党委政府"传送带"的群团组织，一同构成了当时的社会管理体系。这种社会管理体制对当时重建经济社会秩序提供了重要保障，但这种社会管理体制使全部社会生活都呈现出政治化、行政化趋向，抑制了社会的自我发展、自我管理能力，窒息了社会创造力。社会成员全面依附于单位和人民公社，缺乏自由流动空间，形成了依赖性人格，牺牲了个体的自由和权利[1]，使得国家和社会之间的关系存在很多隐患。

这一阶段社会管理存在的问题[2]：①社会管理的主体至今较为单一。中国社会管理的主体依旧是政府，并没有实现政府和社会组织的合作。传统体制遗留下来的诸如妇联和工会等，尽管有小幅度的改革，但是依旧接受党和政府的领导，自主性并没有实质的提升和改善。譬如在很多涉及薪酬和工作环境的纠纷中，工会很难站在工人的立场上维护工人的利益，虽然独立工会的呼声很高，但是目前还无法实现。②政府对社会组织进行严格的控制和防范。除了体制内

---

[1] 孙涛. 从传统社会管理到现代社会治理转型：中国社会治理体制变迁的历史进程及演进路线[J]. 中共青岛市委党校青岛行政学院学报，2015（3）：43-46.
[2] 施雪华，孟令钶，汤静容. 目前中国社会管理存在的问题和对策研究[J]. 中共四川省委省级机关党校学报，2012（1）：73-79.

和体制认可的社会组织外，改革开放以来新成立的社会组织，政府虽然并不禁止，但是对这类组织抱有疑虑，表现为严格控制和防范，在注册条件、运行经费等诸多方面设立门槛，手续繁杂。一方面，社会发展催生很多社会组织，另一方面，政府反而在"1984年、1989年、1996年、1998年、1999年、2004年针对当时国内民间组织的情况专门发文进行调控"[①]。③社会管理缺位。长期以来，过度地追求GDP增长以及官员的考核制度，以及地方政府普遍存在的政策选择性执行，使得政府官员热衷发展经济，盲目追求经济数字，除了成本颇高的维稳，其他社会管理工作存在着被弱化、不受重视的状况，诸多的社会矛盾长期积累而得不到缓解或者纠正，群体性事件逐年增多，社会行业频繁出现丑闻，如近几年来食品行业从三聚氰胺事件到非法添加剂事件等。④社会管理手段缺乏弹性。由于政府掌握绝对的政治资源和其他资源，在社会管理上手段也相对单一，动辄使用行政手段、法律手段甚至强制手段解决社会事件或者矛盾，往往容易激化矛盾，导致更高的解决成本，或者一时掩盖问题，但最终影响到政府权威和合法性。⑤社会管理的共识尚需要凝聚和形成。社会管理除了保障社会的正常秩序外，尚需起到协调社会发展、促进和实现一定的社会价值目标的作用。维持稳定只是中国社会管理的一个基本方面，实际上，社会主义和谐社会、科学发展观、"五位一体"总体战略等理论的提出，内含了社会管理的价值目标，那就是促进社会主义和谐社会建设，实现社会全面的、协调的、可持续的发展，以人为本，实现人的全面发展，然而由于诸多因素，政府部门对此尚未凝聚成有推动力的意志和共识。

（二）1978—2012年"党政主导"社会治理模式

改革开放以来，特别是十四大后社会主义市场经济的推行，多种所有制经济并存及共同发展，催生出诸多新兴社会阶层、新式社会组织等，中国社会结构不断分化，从以下两方面推动了社会管理模式的变迁：一方面，社会阶层多元化必然带来利益诉求多样化。在计划经济时期，国家和集体利益高于一切，个人利益并无伸张的空间。这样的利益格局既有组织化保证，也靠高强度的意识形态作为支撑，此时的社会管理只是作为实现国家和集体利益的一部分才有其价值所在。经济体制的变革和意识形态的松动，使得新兴社会阶层不断出现，即使是工人和农民阶级内部也逐渐发生分化，不同社会阶层有着互不相同的利益诉求，计划经济时期的社会管理模式因其过于关注国家和集体利益的实现而

[①] 施雪华，孟令轲，汤静容．目前中国社会管理存在的问题和对策研究［J］．中共四川省委省级机关党校学报，2012（1）：73-79．

无法满足多样化的民众需求,成为改革开放以后中国社会领域矛盾时有发生的一个重要原因。另一方面,新兴社会阶层更强的参与要求对包揽式社会管理模式造成冲击。

随着中国改革开放政策的推行,国家权力逐渐从社会领域退出,社会自主发展的空间越来越大,社会管理模式逐渐向多元主体参与的社会治理模式转变,根据党和国家出台的相关政策与法律法规,可以将最近30多年来的社会治理创新历程大致分为三个阶段①:

1. 初步探索阶段(1978—1992年)

改革开放初期,随着党和国家工作重心的转移,发展经济成为当时压倒一切的任务,因此,社会的发展让位于经济建设,准确来说不是作为一个独立领域引起应有的重视,而是笼统地归入国家治理体系范围,但是,为适应经济体制改革带来的社会变化,党带领人民对社会治理也进行了不懈探索,取得了许多重要的成就,特别是在基层自治方面实现了具有历史意义的重大突破。

其一,取消人民公社。政社合一的人民公社实行集中领导,分级管理。在这种体制下,党组织及其领导下的行政系统组成一个严密的管理体系,控制着农民的生产和生活。人民公社体制确保了政府计划的有效性和农村社会稳定,但却窒息了市场和社会的活力,压抑了农民的积极性、主动性和创造性,阻碍了农村社会和政治发展。20世纪70年代末期,一些地方搞了包产到户,取得很好的效果,得到了中央认可,之后,在中央的大力支持和倡导下,家庭联产承包责任制迅速在全国推行,人民公社体制得以运行的基础逐步消解,再也无法适应农村经济社会发展的需要。1983年10月,中共中央、国务院联合下发了《关于实行政社分开建立乡政府的通知》,截至1985年,建乡工作全部完成,人民公社体制被彻底废除。

其二,实行基层群众自治。人民公社失去对农村生产生活的控制资源之后,农村出现了一定程度的混乱和无序状态,重构农村的治理模式成为当务之急。1980年2月,广西壮族自治区宜山县合寨大队的村民率先找到了解决谁来管理农村公共事务的办法——成立村民委员会。这个创举迅速得到当地政府和中央的高度重视和认可。1982年新修订的宪法明确规定:"城市和农村按居民居住地区设立的居民委员会或者村民委员会是基层群众性自治组织",基层群众自治在中国历史上第一次以宪法的形式确立下来,从而为基层社会治理指明了方向。

---

① 王勇.改革开放以来中国社会治理创新的历史考察[J].科学社会主义,2013(6):102-106.

1987年全国人大通过了《中华人民共和国村民委员会组织法（试行）》，该法的颁布实施，标志着村民自治作为一项新型群众自治制度和直接民主制度在法律上被正式确立下来，村民自治从此由自发自治走向依法自治。早在1954年我国就颁布了《城市居民委员会组织条例》，并将城市居民委员会定性为"群众自治性的居民组织"，但长期以来，自治有其名无其实，"文革"期间走得更远，1980年重新颁布了这一条例，城市基层群众自治制度得以恢复和发展，1989年全国人大通过了《中华人民共和国城市居民委员会组织法》，为城市居民自治提供了法律保障。从实际运作来看，这一阶段城市居民的自治绩效远不如村民自治。

其三，社会管理有创新。1984年，党的十二届三中全会通过《中共中央关于经济体制改革的决定》之后，中共中央、国务院相继进行教育体制、收入分配制度、社会保障体制、医疗卫生体制、社会组织管理体制、流动人口管理体制、社会治安体制等方面的改革探索，制定颁布了一系列重要文件，如《中共中央关于教育体制改革的决定》（1985）、《公安部关于城镇暂住人口管理的暂行规定》（1985）、《基金会管理办法》（1988）、《社会团体登记管理条例》（1989）、《国务院关于企业职工养老保险制度改革的决定》（1991）、《全国人民代表大会常务委员会关于加强社会治安综合治理的决定》（1991），等等。

这一阶段的社会治理创新经过初步探索，一是确立了村（居）民委员会的自治地位，社会治理主体的一元格局被打破，政府包办一切的状况开始松动；二是允许公共产品供给的多元化，调动了地方政府、企业和社会的积极性；三是社会活力明显增强。但是，从总体上看，这个阶段社会治理的行政色彩还比较浓厚，政府的社会管理和公共服务职能尚未得到充分有效履行，公民的社会自治还处于较低水平。

2. 稳步推进阶段（1992—2002年）

1992年，邓小平南方谈话为深化经济体制改革指明了方向，极大地鼓舞了全党和全国各族人民，同年召开的党的十四大将建立和完善社会主义市场经济体制确立为经济体制改革的目标。1993年，党的十四届三中全会提出，政府经济部门要转变职能，加强政府社会管理职能，保证国民经济正常运行和维护良好社会秩序。随着经济体制改革的深入推进，其他领域的改革也相继展开，这一阶段社会治理创新主要体现在以下方面。

一是明确了政府的社会管理职能。党的十四大之后，加快转变政府职能成为一项迫切任务。1998年进行的新一轮政府机构改革首次明确提出了"社会管理"的概念。罗干在《关于国务院机构改革方案的说明》中指出："要把政府职能切实转变到宏观调控、社会管理和公共服务方面来，把生产经营的权力真正交给企业"，此后，社会管理日益受到党中央和国务院的重视。

二是推进社会管理体制改革。党的十四大围绕建立社会主义市场经济体制，提出要深化分配制度和社会保障制度的改革，努力推进城镇住房制度改革，进一步改革教育体制。1993年，党的十四届三中全会通过的《中共中央关于建立社会主义市场经济体制若干问题的决定》，对个人收入分配制度、社会保障制度和科技教育体制的改革和农村的公共服务体系建设进行了重点部署。1997年，党的十五大把社会保障制度改革和住房制度改革作为国企改革的配套措施，强调要推进再就业工程，提高城乡居民收入，深化科教和文化体制改革，改善居住、卫生、交通和通信条件，逐步增加公共设施和社会福利设施，美化环境，加强社会治安综合治理，创造良好的社会环境，提高人民生活质量。

三是完善社会自治的法律法规。1998年是中国社会自治进程中具有里程碑意义的年份，这一年，党的十五届三中全会通过的《中共中央关于农业和农村工作若干重大问题的决定》（以下简称《决定》）指出，必须进一步扩大农村基层民主，全面推进村级民主选举、民主决策、民主管理、民主监督；《决定》通过不到一个月，全国人大又通过了正式的《中华人民共和国村民委员会组织法》，该法在十年试行的基础上，对选举程序和议事、监督、村务公开等具体操作规程做出了明确规定，村民在自治实践中创造的成功经验以法律的形式固定下来。从此，中国村民自治走上制度化、规范化、全面推进的阶段。这一时期，城市居民自治虽然没有出台国家层次的法律，但居民自治的制度创新并未停止。1996年以后，一些地区开始探索社区自治，为此地方政府出台了诸多相关法规，逐步形成了具有地域特色的社区治理模式，为《居民委员会组织法》的完善积累了宝贵经验。社会组织的法规建设也在1998年取得了新突破，该年修订完善的《社会团体登记管理条例》和新制定的《民办非企业单位登记管理暂行条例》发布实施，标志着对社会组织的管理更加规范，这两个条例虽是为管理社会组织而制定的，但客观上也为社会组织开展活动提供了合法依据。

这一阶段的社会治理创新，在概念上，明确提出了"社会管理"，从此"社会管理"和"基层群众自治"一起成为党中央和国务院正式文件中的重要概念；在内容上，重点围绕民生领域、村民自治和社会治安进行。经过十年的创新发展，中国的社会治理制度不断完善、法律不断健全、绩效不断增强。虽然行政色彩没有明显减弱，但市场机制和社会力量在社会治理中的作用开始显现，并呈现出良好发展态势。

3. 全面加强阶段（2002—2012 年）

2002 年，党的十六大强调，要完善政府经济调节、市场监管、社会管理、公共服务等职能，改进管理方式，保持良好社会秩序。2004 年，党的十六届四中全会提出，要加强社会建设和管理，推进社会管理体制创新，建立健全党委领导、政府负责、社会协同、公众参与的社会管理格局，它实际上是一种国家（执政党和政府）主导、社会协同和公民参与的多主体合作管理模式。从国家全面控制和包办代替的社会管理模式转变为国家主导、社会协同和公民参与的社会管理模式，既符合我国目前的国情，又是一种社会管理上的进步，因为它为多主体协商、合作与共治指明了方向；它还明确了各个主体在社会管理中的地位和作用，有利于激发社会和公民个人的自主性和参与潜力，同时又有利于发挥国家的主导作用。

2007 年，党的十七大报告提出要"建立健全党委领导、政府负责、社会协同、公众参与的社会管理格局"①。社会管理被纳入更完备的体系性框架之中，社会管理创新也就成为 2009 年底全国政法工作电视电话会议所强调的"社会矛盾化解、社会管理创新、公正廉洁执法"三项重点工作的组成部分之一，是指导我们党精神文明建设的重要纲领。

2010 年，党的十七届五中全会把"社会建设明显加强"作为"十二五"时期经济社会发展的五大目标之一，做出全面部署，并进一步就完善法律法规和政策、健全基层管理和服务体系、发挥群众组织和社会组织作用、健全党和政府主导的维护群众权益机制、正确处理人民内部矛盾、加大公共安全投入、做好流动人口服务管理、加强特殊人群帮教管理和服务、完善社会治安防控体系等提出明确要求。2011 年 2 月，胡锦涛同志在省部级主要领导干部社会管理及其创新专题研讨班上讲话指出："社会管理说到底是对人的管理和服务，加强和创新社会管理根本目的是维护社会秩序、促进社会和谐、保障人民安居乐业，为党和国家事业发展营造良好社会环境。"② 社会管理的基本任务包括协调社会关系、规范社会行为、解决社会问题、化解社会矛盾、促进社会公正、应对社会风险、保持社会稳定等方面。

2011 年 7 月，胡锦涛同志在庆祝中国共产党成立 90 周年大会上发表重要讲

---

① 胡锦涛. 高举中国特色社会主义伟大旗帜 为夺取全面建设小康社会新胜利而奋斗：在中国共产党第十七次全国代表大会上的报告 [J]. 党建，2007（11）：4-21.
② 胡锦涛. 扎扎实实提高社会管理科学化水平 建设中国特色社会主义社会管理体系：在省部级主要领导干部社会管理及其创新专题研讨班开班式上的重要讲话 [J]. 党建，2011（03）：4-7.

话,强调指出:"保障和改善民生,促进社会和谐,是实现全面建设小康社会宏伟目标的必然要求。"① 我们必须从维护最广大人民根本利益和实现国家长治久安的战略高度抓好社会建设,推动社会建设与经济建设、政治建设、文化建设协调发展。胡锦涛又指出,社会矛盾运动是推动社会发展的基本力量。要遵循社会发展规律,主动正视矛盾,妥善处理人民内部矛盾和其他社会矛盾,不断为减少和化解矛盾培植物质基础、增强精神力量、完善政策措施、强化制度保障,最大限度激发社会活力,最大限度增加和谐因素,最大限度减少不和谐因素。要加强和创新社会管理,完善党委领导、政府负责、社会协同、公众参与的社会管理格局,建设中国特色社会主义社会管理体系,全面提高社会管理科学化水平,确保人民安居乐业、社会和谐稳定。2011年7月5日,中共中央、国务院印发《关于加强和创新社会管理的意见》(以下简称《意见》),明确提出"社会管理是中国特色社会主义事业总体布局中社会建设的重要组成部分"。《意见》分12个部分(42条):充分认识重要性和紧迫性、指导思想基本原则和目标任务、加强和完善社会管理格局、加强社会管理制度建设、加强基层社会管理服务、完善党和政府主导的维护群众权益机制、加强流动人口和特殊人群服务管理、加强非公有制经济组织和社会组织服务管理、加强公共安全体系建设、完善信息网络服务管理、营造良好社会环境、加强统筹协调。②

这一阶段,社会治理创新主要体现为以下方面:

第一,政府的社会管理方面。一是理论创新——明确了社会管理的理念,即"以人为本,服务为先";提出了社会管理格局,即"党委领导、政府负责、社会协同、公众参与";概括了社会管理体制和机制,即"党委领导、政府负责、社会协同、公众参与、法治保障"的社会管理体制和"源头治理、动态管理、应急处置相结合"的社会管理机制;指出了加强和创新社会管理的根本目的,即"维护社会秩序、促进社会和谐、保障人民安居乐业,为党和国家事业发展营造良好社会环境",阐明了社会管理的基本任务,即"协调社会关系、规范社会行为、解决社会问题、化解社会矛盾、促进社会公正、应对社会风险、保持社会稳定";此外,还提出了社会管理规律、社会管理资源、社会管理能力、中国特色社会主义社会管理体系、社会管理科学化、社会体制、基本公共服务均等化等重要概念。二是制度和体制机制创新。建立了社会管理工作领导体系,构建了社会管理组织网络,制定了社会管理基本法律法规,建立了社会

---

① 胡锦涛. 办好中国的事情 关键在党:在庆祝中国共产党成立90周年大会上的重要讲话[J]. 党旗飘扬,2011(07):8-11.
② 唐伟. 新时期广东社会管理体制创新研究[D]. 兰州:兰州大学. 2014:7-9.

管理基本制度体系，形成了党委领导、政府负责、社会协同、公众参与的社会管理格局，完善了公共服务体系、社会保障体系、公共安全体系、流动人口和特殊人群管理服务体系、社会工作运行体系、社会组织管理体系、基层社会管理和服务体系、虚拟社会管理体系，确立了不同于传统社会管理的理念、主体、方式、手段和工作思路，一个有利于维护公民社会权利、适应社会发展要求和当时社会管理形势的中国特色社会主义社会管理体系框架基本建成。

第二，公民的社会自治方面。党中央对社会自治的认识不断深化：党的十六大强调，要完善村民自治和城市居民自治。党的十七大提出，要健全基层群众自治机制，扩大基层群众自治范围，增强社会自治功能，实现政府行政管理与基层群众自治的有效衔接和良性互动。党的十八大对此再次进行了强调，继续完善社会自治的法律法规。2004年，国务院通过了《基金会管理条例》，该条例与《社会团体登记管理条例》和《民办非企业单位登记管理暂行条例》共同组成了中国社会组织登记管理的基本法规。2010年，全国人大通过了修订后的《中华人民共和国村民委员会组织法》，这个阶段城乡基层自治实践创新稳步推进。公推直选有序进行、业主委员会广泛兴起、和谐社区建设卓有成效、基层群众不断以自己的智慧丰富自治内容和提升自治能力，为提高全社会治理水平积累了丰富经验。

这一阶段，社会治理创新全面加强，取得了丰硕的理论创新和实践成果。政府的社会管理和公共服务职能进一步增强，社会组织得到前所未有的重视，基层自治更加完善，初步形成了政府管理与社会自治良性互动的局面，但完善中国特色社会主义社会管理体系仍然任务艰巨，社会自治的制度建设和实际运作还远未达到应有的水平。

（三）十八大以来的"多元参与"管理体制

党的十八大以来，以习近平同志为核心的党中央带领全党在社会管理理论和实践方面进行进一步探索。十八大报告指出："加强社会建设，必须加快推进社会体制改革。要围绕构建中国特色社会主义社会管理体系，加快形成党委领导、政府负责、社会协同、公众参与、法治保障的社会管理体制，加快形成政府主导、覆盖城乡、可持续的基本公共服务体系，加快形成政社分开、权责明确、依法自治的现代社会组织体制，加快形成源头治理、动态管理、应急处置相结合的社会管理机制。"[①]

---

① 胡锦涛. 坚定不移沿着中国特色社会主义道路前进 为全面建成小康社会而奋斗：在中国共产党第十八次全国代表大会上的报告［J］. 前线，2012（12）：6-25.

2013年召开的十八届三中全会在总结中国改革开放35年来历史性成就和宝贵经验基础上,审议通过了《中共中央关于全面深化改革若干重大问题的决定》(以下简称《决定》),这份新形势下全面深化改革的纲领性文件提出了到2020年全面深化改革的指导思想、总体思路、主要任务、重大举措,强调指出社会主义要全面深化改革的总目标是完善和发展中国特色社会主义制度,推进国家治理体系和治理能力现代化,这标志着中国共产党的执政理念发生了重大变化,即由传统意义上的政府自上而下的"管理"转变为政府自上而下与社会自下而上相结合的"治理",社会"治理"代替社会"管理",成为新时期中国特色社会主义全面深化改革的执政理念和治国方略。

《决定》提出,"紧紧围绕更好保障和改善民生、促进社会公平正义深化社会体制改革,改革收入分配制度,促进共同富裕,推进社会领域制度创新,推进基本公共服务均等化,加快形成科学有效的社会治理体制,确保社会既充满活力又和谐有序","创新社会治理,必须着眼于维护最广大人民根本利益,最大限度增加和谐因素,增强社会发展活力,提高社会治理水平,全面推进平安中国建设,维护国家安全,确保人民安居乐业、社会安定有序"①,并从以下几个方面提出了原则要求和具体部署。

1. 改进社会治理方式

坚持系统治理,加强党委领导,发挥政府主导作用,鼓励和支持社会各方面参与,实现政府治理和社会自我调节、居民自治良性互动。坚持依法治理,加强法治保障,运用法治思维和法治方式化解社会矛盾。坚持综合治理,强化道德约束,规范社会行为,调节利益关系,协调社会关系,解决社会问题。坚持源头治理,标本兼治、重在治本,以网格化管理、社会化服务为方向,健全基层综合服务管理平台,及时反映和协调人民群众各方面各层次利益诉求。

2. 激发社会组织活力

正确处理政府和社会关系,加快实施政社分开,推进社会组织明确权责、依法自治、发挥作用。适合由社会组织提供的公共服务和解决的事项,交由社会组织承担。支持和发展志愿服务组织。限期实现行业协会商会与行政机关真正脱钩,重点培育和优先发展行业协会商会类、科技类、公益慈善类、城乡社区服务类社会组织,成立时直接依法申请登记。加强对社会组织和在华境外非政府组织的管理,引导它们依法开展活动。

---

① 中共中央关于全面深化改革若干重大问题的决定[EB/OL]. 新华网, 2013-11-15.

3. 创新有效预防和化解社会矛盾体制

健全重大决策社会稳定风险评估机制。建立畅通有序的诉求表达、心理干预、矛盾调处、权益保障机制，使群众问题能反映、矛盾能化解、权益有保障。改革行政复议体制，健全行政复议案件审理机制，纠正违法或不当行政行为。完善人民调解、行政调解、司法调解联动工作体系，建立调处化解矛盾纠纷综合机制。改革信访工作制度，实行网上受理信访制度，健全及时就地解决群众合理诉求机制。把涉法涉诉信访纳入法治轨道解决，建立涉法涉诉信访依法终结制度。

4. 健全公共安全体系

完善统一权威的食品药品安全监管机构，建立最严格的覆盖全过程的监管制度，建立食品原产地可追溯制度和质量标识制度，保障食品药品安全。深化安全生产管理体制改革，建立隐患排查治理体系和安全预防控制体系，遏制重特大安全事故。健全防灾减灾救灾体制。加强社会治安综合治理，创新立体化社会治安防控体系，依法严密防范和惩治各类违法犯罪活动。

二、我国社会治理体制的演进路线①

中国社会治理体制正在向政府、市场与社会三者之间的合作与共治方向发展，具体来看，社会治理主体从国家一元向多元转变，社会治理方式从行政管制为主转向以提供公共服务为主，社会秩序从以强制秩序为主转向强制秩序和自发性秩序并重，社会治理权力配置从政府集中管理转向向社会分权和为公民增权，社会治理重心从单位转向基层社区，社会政策制定从封闭神秘的方式走向透明化决策，等等，以此来增进政府与非政府组织的合作、政府与公众的合作以及非政府组织与公众的合作，其主要发展路线有四个方面表现。

1. 社会治理体制从集权到分权

在以往社会管理体制当中，政府机构是唯一的决策者、组织者和实施者，政府权力极度膨胀而社会权力却极度萎缩，高度集权的社会管理模式使国家与社会关系发生扭曲，政府管理能力和社会自治能力双重失落。自改革开放以来，中共领导层和中国政府开始进行大规模政治分权，这种分权在三个维度展开：一是中央向地方分权。从20世纪80年代中期开始，中央向地方大幅度下放经济管理和政治管理权限，逐步下放干部管理权限，推行中央与地方分税制改革。

---

① 孙涛. 从传统社会管理到现代社会治理转型：中国社会治理体制变迁的历史进程及演进路线 [J]. 中共青岛市委党校青岛行政学院学报，2015（3）：43-46.

二是政府向企业分权。20世纪80年代以后，中央在全国范围开始推行政企分开的体制改革，企业逐步建立自主管理的法人治理结构，政府将决策权、人事权、经营权等管理权限下放给企业，企业逐步实现自主经营、自负盈亏。三是国家向社会分权。在传统社会管理模式之下，各种社会管理资源和权力高度集中于国家，改革开放后，社会组织大量涌现并逐步成长为一个拥有自身运行机制的重要领域。城市基层居民自治与农村基层村民自治实现了基层民主建设的重要突破，也成为国家向社会分权的重要方式。

2. 社会治理主体由单一到多元

新中国成立以后相当长的一段时期内，我国所有的权力集中于唯一的权力机构，治理主体只有一个，是一种一元化社会管理体制。改革开放以前，政府机关采取强制手段把社会纳入行政体系之中，形成了行政一元化和政府包办社会的管理体制。国家成为社会管理的唯一主体和公共服务的唯一提供者，行政手段成为主要社会管理手段。改革开放后我国把"党政分开"作为政治体制改革的突破口，政府率先成为一个相对独立的社会管理主体。以经济体制改革为先导的改革开放带动了全方位的社会改革，我国由计划体制和政治权威总揽社会事务、支配社会资源的"总体性社会"逐渐向政府、市场、社会分立的"结构性社会"转变。人民公社制度和城市单位制解体，以往的"单位人"转变为"社区人""社会人"，原先的"公社社员"获得了生产自主和生活自治，与此同时，各种城乡自治组织、行业组织、公益慈善组织、社会中介组织及基层服务组织数量激增，在社会管理中开始发挥积极作用。

3. 社会治理方式从管制到服务

我国传统社会管理方式主要是政治动员和行政管理。一方面，党和政府通过设置体系健全的党群组织作为政治动员的主导力量，利用高度行政化的组织体系，凭借自上而下的政治行政手段，动员公众投身各种社会运动当中，以此来落实党委政府的路线方针政策；另一方面，几乎所有社会事务都需要行政审批和政府许可，几乎全部社会管理事务都被纳入行政管理体系之中，政府进行社会管理的主要途径就是立足于公权力之上的行政干预，这时的社会管理模式是与当时我国经济社会发展相匹配的。改革开放以来，中国政府通过历次行政体制改革，政府管制的成分逐渐减少，而公共服务的比重则日益增多。1998年出台的《国务院机构改革方案》首次把公共服务确定为政府的基本职能之一，2005年政府工作报告明确将建设服务型政府确立为政府改革的目标。十六届六中全会又专门对建设服务型政府做了系统论述。党的十七大从改善民生、加强社会建设和深化行政管理体制改革等三个方面对建设服务型政府做了进一步系统阐述。十八大提出要建设人民满意的服务型政府,十八届三中全会进一步提出要切实转变政府职能,深化行政体制改革,创新行政管理方式,增强政府公信力和执行力,建设法治政府和服务型政府。总之,寓管理于服务之中,逐步实现公共服务均等化,实现依法治理、科学治理和人性化治理,已成为社会治理体制改革的发展方向。

4. 社会治理手段从人治到法治

社会治理手段在人治化模式下缺少指导社会治理的各类法律法规,各地区的社会治理领域法律法规缺乏同一性,各部门的社会治理类法律法规缺乏协调性。在社会治理政策的具体实施中主观随意性较强,社会治理活动无法可依甚至是有法不依。各项权力集中于某些或某个领导,民主公开的决策机制和社会力量参与治理普遍缺失。党的十五大报告首次提出建设社会主义法治国家的目标,之后这一目标被写入我国宪法,社会治理法治化进程有了宪法保障。党的十六大报告提出建设法治政府的目标更加具体化,政府实施社会管理有了更多法律约束,逐步走上规范化道路。此后各类法律法规的制定实施步入快车道,2010年前完成了建立中国特色社会主义法律体系的立法工作目标,中国特色社会主义法律体系已经形成,为社会治理从人治走向法治奠定了坚实基础。

表3-1 十八大以来社会治理的演进脉络

时间	战略指引	社会治理理论创新
十八大之前	全面建设小康社会	加强和创新社会管理建立党委领导、政府负责、社会协同、公众参与的社会管理格局 构建中国特色社会主义社会管理体系
十八大	全面建成小康社会	建立党委领导、政府负责、社会协同、公众参与、法治保障的社会管理格局
十八届三中全会	全面深化改革	推进国家治理体系和治理能力现代化,加快形成科学有效的社会治理体制
十八届四中全会	全面依法治国	提高社会治理法治化水平 推进社会治理精细化
十八届五中全会	五大发展理念	共建共享的社会治理格局 建立党委领导、政府主导、社会协同、公众参与、法治保障的社会管理格局

续表

时间	战略指引	社会治理理论创新
十九大	解决社会的新矛盾	建立共建共治共享的社会治理格局，并且提出了社会治理的制度建设，提高四化水平和加强四个体系建设

党的十八大提出社会管理体制要有"法治保障"，将法治在社会管理中的重要性提升到了一个新的高度。2013年党的十八届三中全会通过的《中共中央关于全面深化改革若干重大问题的决定》中首次出现社会治理一词，明确提出全面深化改革的总目标是"完善和发展中国特色社会主义制度，推进国家治理体系和治理能力现代化"，它规定了根本方向即中国特色社会主义道路，也规定了在根本方向指引下，完善和发展中国特色社会主义制度的鲜明指向，那就是"推进国家治理体系和治理能力现代化"，第一次以"社会治理"取代"社会管理"；此后，十八届四中全会提出了"全面提升社会治理的法治化水平"；十八届五中全会明确提出"加强和创新社会治理，推进社会治理精细化"；党的十九大提出社会基本矛盾的变化，即从人们对日益增长着的物质和文化需求与落后的生产之间的矛盾，转变成人们日益增长的对美好生活愿望的需求与不平衡不充分的发展之间的矛盾，但是也指出两个不变：一是我国社会主义发展仍然处于社会主义初级阶段不变，二是我国作为世界发展中国家的地位仍然不变。由此，社会治理的主要任务是解决社会主要矛盾，因此提出建立"共建共治共享"的社会治理格局，加强四个体系建设，提高社会治理制度建设和"四化"水平。

中篇 02

现状探究篇

第四章

海南社会治理体制的历史演进

第一节 新中国成立以来——建省之前海南社会治理体制的演变

一、1949—1988年海南社会治理体制

海南社会治理体制的变化与其行政体制的变迁有着很大的关系，特别是建省以后的一些做法及特色更是一个佐证。历史上，海南别称琼崖、琼州，元封元年（前110），中央政府在海南岛设置珠崖郡、儋耳郡，属交州刺史管辖，这是海南岛归入中国版图最早的两个行政地名，标志着海南正式纳入中国版图。

解放战争时期，中共琼崖组织建立的政权组织，曾把海南划为几个区管辖。1948年2月，琼崖民主政府成立了东区、西区、南区、北区4个专员公署，为琼崖民主政府派出机关，分别辖若干个县政府，每个公署设专员、副专员。1950年5月海南解放后，这种在岛内分区设派驻机关的体制没有被沿用。当时成立的海南军政委员会，是解放初期实施军事管制、建立革命新秩序的最高地方政权机关，7月，海南军政委员会撤销了各专员公署。1951年，海南行政公署正式设立，为广东省人民政府派出机关，逐步取代了海南军政委员会的行政职权。为完成各个时期的工作任务，海南行政公署根据当时的形势和发展国民经济的需要，对各级政权机关进行了调整，经过几次的撤并、恢复、改称、增设，至"文化大革命"前，属行署管辖的有海口市和文昌、琼山、琼海、万宁、定安、屯昌、澄迈、临高、儋县等县人民委员会和西南中沙群岛办事处，而当时的海南黎族苗族自治州管辖陵水、崖县、乐东、东方、白沙、昌江、琼中、保亭等县人民委员会，海南黎族苗族自治州这一政权组织，是为加强民族地区工作而产生的。1948年6月，五指山中心地区获得解放，1949年3月10日，琼崖区党委、琼崖临时政府成立了琼崖少数民族自治区行政委员会，1952年7月，中央批准成立海南黎族苗族自治区人民政府，1955年改称自治州。①

1984年，为了加速海南的开发建设，考虑到海南的开发建设需要加强统一领导，海南行政公署作为省的派出机构已经不适应形势发展的需要，国务院决定成立海南行政区人民政府。成立海南行政区这一级地方国家机关，宪法中没有规定，国务院建议作为一个特殊问题，提请全国人大决定。1984年5月31日，六届全国人大二次会议审议通过国务院《关于成立海南行政区人民政府》议案，同年10月1日，海南行政区人民政府正式成立，管辖海口市、琼山、琼海、文昌、万宁、定安、屯昌、澄迈、临高、儋县和海南黎族苗族自治州及其所属的崖县、东方、乐东、琼中、保亭、陵水、白沙、昌江以及西沙群岛、南沙群岛、中沙群岛的岛礁及其海域。在海南设立一级地方国家行政机关，以及1986年中央决定海南实行计划单列，为海南建省办经济特区之初建立省直管市县体制打下了良好的基础。

总体上，从1950年5月1日海南岛解放到1987年，38年间海南行政区的行政机构经过五次大的演变，经历了国民经济恢复及社会主义改造、开始全面建设社会主义、"文化大革命"和社会主义现代化建设四个时期：①广东省人民政府海南行政公署（1951年4月—1955年3月）。1950年5月海南解放后成立"海南军政委员会"。1951年4月22日，广东省人民政府批准成立广东省人民政府海南行政公署（以下简称行署），作为省政府的派出机构，行使政府职能。海南行署管辖的市、县有海口市、琼山、文昌、琼东、乐会、万宁、定安、新民（1952年改为屯昌县）、澄迈、临高、儋县、陵水、崖县、昌江、白沙、保亭、乐东等17个市、县人民政府和92个区镇、1104个乡政府。1952年7月1日，成立海南黎族苗族自治区人民政府（1955年10月17日改为自治州），受广东省人民政府和海南行署的双重领导。海南行署将原属海南行政区直辖的白沙、保亭、乐东、东方、琼中（1952年5月恢复琼中县）5县划归自治区管辖（1954年1月1日起，行署又将崖县、陵水两县划归自治区管辖）；②广东省海南行政公署（1955年3月—1968年4月）。1955年3月26日，广东省人民委员会将"广东省人民政府海南行政公署"改为"广东省海南行政公署"，设有54个工作部门。1959年3月20日，经国务院批准，海南黎族苗族自治州人民委员会搬来海口，同海南行署合署办公，对内一套人马，对外两个牌子（1961年11月，恢

---

① 李万一. 海南省行政管理体制改革研究 [D]. 天津：天津大学，2010.

复海南黎族苗族自治州机构,州政府搬回通什镇),同年3月24日,成立西、中、南沙群岛办事处;③广东省海南行政区革命委员会(1968年4月—1980年1月)。1966年"文化大革命"爆发后,海南行政公署停止行使职权。1968年4月5日成立海南地区革命委员会,实行"一元化"领导,1976年10月改称海南行政区革命委员会,1979年,广东省设立海南行政区及海南黎族苗族自治州,共辖14市、92县、3自治县;④广东省海南行政区公署(1980年1月—1984年10月)。1980年1月,改称海南行政区公署。1981年,海南行政区管辖海南黎族苗族自治州并直辖琼山、文昌、临高、澄迈、琼海、屯昌、儋县、万宁、定安9县1市,设西沙、南沙、中沙群岛办事处;⑤海南行政区人民政府(1984年10月—1988年4月)。1984年10月撤销海南行政区公署,海南行政区人民政府正式宣告成立。1987年撤销海南行政区和海南黎族苗族自治州。1988年4月,海南省和海南经济特区成立。

这一时期海南社会治理体制带有浓厚的计划经济色彩和价值取向,政府是政治、经济、社会生活的计划者和管理者,政府管控社会资源,实现对社会的管理及公共服务产品的组织和供给;同时,随着1958年人民公社体制的建立,城市、农村不尽一致的治理方法,也深刻地影响着海南社会管(治)理并对现存的社会治理体制产生强烈的制度依赖,具体来说:

(一)城市单位制(或单位社会)管理体制①

新中国成立以来,海南各城市建立了以"单位制"为主、以"街居制"为辅的基层社会管理体制,这两种体制都具有"单位制"的特征,在本质上是相同的,其典型特征就是通过建立包括党政群机关、事业单位和公有制企业等涵盖社会生活方方面面的"单位",将全社会都纳入相应的单位管理中,单位社会的形成,为传统行政一元化的社会管理体制奠定了社会基础。1958年,农村人民公社建立后,城市人民公社也一哄而起,到1960年7月,我国大陆的190个大中城市建立了1064个人民公社,基本上完成了城市的人民公社化,但是马上发现照搬农村人民公社的形式不适应城市分工多样性的要求,由此,中国城市很快形成了一个和行政管理体制紧密结合的单位体制。在这种社会管理体制中,社会管理的组织体系主要包括党政群机关、事业单位、公有制企业和城市居民自治组织,其中,党政群机关、事业单位、公有制企业是严格意义上的单位组织,城市居民自治组织的主要形式是城市社区居委会,这些组织相辅相成,形

---

① 郭风英.建国以来我国城市社会管理体制演变与发展研究[D].武汉:华中师范大学,2011:37-40.

成城市社会严密的组织网络，国家通过"单位办社会"，将城市社会的广大市民纳入了无所不包的政治体系之中，实现对城市基层社会的整合与控制，国家的政治空间弥漫于整个城市社会。

"街居制"是在辅助"单位制"的基础下建立的。由于单位制主要是管理社会上有工作单位的干部和职工，对于社会上没有工作的城市居民，也要相应建立机构来实施管理。1954年，全国人大一届四次会议通过《城市街道办事处组织条例》和《城市居委会组织法》，对街道办事处和居民委员会的性质、地位、作用、职责和组织结构等做了明确规定，于是"街居制"随之而生，据文献资料记载，最早建立居民委员会的是杭州市。

"街居制"以街道办事处和居民委员会为组织架构，街道办事处作为不设区的市人民政府的派出机关，居民委员会作为居民自治组织进行日常运作。街居制设置初期，街道办事处是政府的派出机关，代表政府办理有关居民事宜的组织，并不具有完全的行政机构性质，主要工作任务是办理市、市辖区有关居民工作的交办事项，指导居民委员会的工作，反映居民的意见和要求。居民委员会是居民自治性的组织，工作内容包括办理居民的公共福利事项、向当地政府或者它的派出机关反映居民的意见和要求、动员居民响应政府号召并遵守法律、领导群众性的治安保卫工作、调解居民间的纠纷等。①

"单位制"成立后，和"街居制"相辅相成，组成一张严密的覆盖网，形成改革开放前中国城市"单位社会"行政包揽、政府统管式的完备的社会管理组织体系，这套组织体系以单位制的管理体制为主、以街居制的管理体制为辅，即国家在城市管理中主要通过单位为他们提供相关服务和管理，城市中少数游离于单位之外的居民（社会闲散人员、民政救济和社会优抚对象等），由街道办事处和居委会负责管理，街居承担了单位体制之外的"权力剩余"，因此，改革开放前的中国城市社会每个成员，都纳入政府行政系统，从属于形形色色的"单位"组织，离开了单位，个人就失去了生存的身份和社会基础。

上述这套以单位为主的社会管理体制，成为控制和影响中国社会主要的社会管理体制，完善的组织体系与当时的经济、政治体制融为一体，互构互强，加强和巩固了中央集权在中国城市社会的渗透，其主要特征有②：

第一，社会管理体制的组织体系与经济组织、政治组织混为一体。整个国

---

① 罗光华. 城市基层社会管理模式创新研究：以广州市新一轮基层社会管理创新为例 [D]. 武汉：武汉大学，2011：53-54.
② 郭凤英. 建国以来我国城市社会管理体制演变与发展研究 [D]. 武汉：华中师范大学，2011：37-40.

家按照统一计划、集中管理、总体动员的原则组织起来，这种体制涵盖了经济、政治、社会，社会管理的内容和方法化为政治管理、经济管理的方法，政治管理和经济管理的方法又进一步强化了社会管理的方法，使中国社会被整个行政管理体系所覆盖。

第二，社会管理组织体系的行政化。主要体现为社会管理组织由政府控制，政府对社会管理组织具有至高无上的约束力和话语权，从组织结构、组织设置、设置原则、运行方式到经费保障等都贯穿着政府的权威和意志，一切都由政府说了算。在组织设置上，各单位组织和居委会按照业务职能和相关机构设置与行政机关相呼应，单位组织和居委会也分别归属于某一层级的行政机关管理和监督，即通常所说的"条条管理"和"归口管理"的原则，如此政府通过单位组织和街居组织实现对城市社会的整合和控制，单位和街居是政府实现社会管理的平台和载体。

第三，社会管理组织是一种单线调控的组织体系。社会管理组织按照国家的指令，以满足"单位"成员的各种要求为目标来建构其内部体系，国家通过对单位或是街居进行有效的调控来实现社会的整合和维持秩序，社会成员只能凭借"单位人"的身份来实现个人的社会化，不能直接与国家对话。国家把政策、方针和发展计划下达到单位组织，单位组织经过吸收、理解后再传达到个人，个人信息的反馈不能跨越某个级别直接上传，因而这种社会管理组织调控机制不仅是单线的还是单向的。

第四，社会管理组织体系的科层化。单位组织的科层化主要体现为单位组织内部关系的科层化和不同单位组织之间的科层化。许多单位内部在部门设置上有处、室、科、股等行政层次，不同的单位之间也有相应的行政级别，隶属于不同的行政层次。处于不同层次的单位组织，拥有相关的资源控制和社会管理工作能力，也承担相应的社会管理责任。在街居组织中也体现了同样的行政层次和级别。完善的行政化的社会管理组织体系，为国家深入和渗入基层社会，对社会进行整合和控制，奠定了坚实的组织基础，从而使我国社会管理体制具有明显的行政倾向，整个基层社会蒙上了浓厚的行政色彩。城市社会被结构化于国家权力体系，社会被国家权力所渗透、所覆盖，整个社会流着国家行政体系的血，国家与社会几乎是重合的。正如哈贝马斯所说的现代社会里政府和正式机构组织对日常生活世界渗透和侵蚀的现象在社会主义的中国提早出现了，社会管理变成了社会统治。

综上所述，长期以来，以单位制和街居制为代表的我国传统社会管理模式体现了政府对社会采取的集中化管理，随着社会发展变革，一方面，这种政府与社会高度重合的管理模式严重制约了社会自我管理和自我发展的能力;另一方面,由于政府在职能转变的过程中不到位,出现了"越位"和"缺位"的现象,这些都需要我们改变传统的社会管理模式,构建一种全新的现代社会管理模式。

(二)农村合作化运动——人民公社体制(社会管制—社会管理)时期

有学者指出,新中国成立以来农村社会治理大体经历了专政管制、社会管理到社会治理的历史演进。改革开放前构建的专政管制机制采用的是通过运动的治理策略,从解放初期的土地改革运动、合作化运动到人民公社化运动是"惩罚弥散化"的"阶级斗争"治村策略的一步步加深,这种"阶级斗争"治村策略的确立是基于对中国主要矛盾的错误判断。改革开放后中国共产党在革命和阶级斗争已经结束的前提下开始探索法律的治理策略,但并不是依法治村的单兵突进,而是紧紧围绕如何更好地实现"坚持党的领导、村民当家作主和依法治村有机统一"这一主体而合力推进的。①

海南农村社会管理经过不断的探索,逐渐形成了以基层政府管理为核心、以高度集中的权力组织体系为纽带的一种农村社会管理体制。1950年6月28日,中央人民政府委员会召开第八次会议,会议根据全国政协第一届委员会会议的建议,通过了《土地改革法(草案)》,并于6月30日正式颁布,以此作为在全国新解放区开展土地改革运动的法律依据。为了动员、组织与指导农民参加土地改革,在农村开始组织各级农民协会。之所以成立农民协会作为土地改革的执行机关而不是各级党委直接去指挥,主要基于两方面的原因:一是农民协会更能比较顺利地发动农民参加土地改革;二是农民协会作为乡村中一切组织的中心,能够彻底改变原来的乡村政权,因为土改的过程也是乡村建政的过程。1951年12月15日《中共中央关于农业生产互助合作的决议(草案)》明确提出了党发展互助合作运动的方针。1953年春,从全国范围来看,农村土地改革基本完成,获得土地的农民有着极大的生产积极性,但分散、脆弱的农业个体经济既不能满足工业发展对农产品的需求,又有两极分化的危险,当时认为只有组织起来互助合作,才能发展生产、共同富裕,1953年先后发布了《中共中央关于农业生产互助合作的决议》和《中共中央关于发展农业生产合作社的决议》,海南农村也开始了互助合作运动,到1956年底,基本实现了农业合作化。

---

① 蔡清伟. 建国以来中国共产党农村社会治理思想的历史演进[J]. 西南交通大学学报(社会科学版),2015,16(4):101-107.

1958年8月29日，中共中央在北戴河召开了政治局扩大会议，审议通过了《中共中央关于在农村建立人民公社问题的决议》，8月底海南第一个人民公社——海口红旗人民公社成立，随后人民公社红旗迅速插遍全岛，总共建立110个人民公社。人民公社建立后，大力推行组织军事化、行动战斗化、生活集体化，海南各地的人民公社普遍按照这"三化"建立起高度集中管理的制度，将劳动力按军队编制建立班、排、连、营、团，采取大兵团作战的方法从事生产活动，最终在海南农村建立起"一大二公"的高度集中管理体制。所谓"大"，就是指人民公社规模和经营管理的范围比农业合作社大得多。就规模而言，一般一乡一社，有的甚至几个乡一社，全区原有的4694个农业合作社合并为110个人民公社，一社几千户以至万户以上；从经营管理范围来说，农业生产合作社是农业生产组织，一般以从事农业经济活动为主，而人民公社则是工、农、商、学、兵五位一体的社会基层单位，是政社合一，既有经济经营管理职能，又要履行基层政权职能，还要管理各种社会问题。所谓"公"，就是指人民公社的公有化程度比农业生产合作社高得多。在所有制方面，人民公社要向更高的公有制发展，不仅把社员的全部自留地、家畜、林木果树以至房基收归社有，取缔农村原有的小商小贩、集市贸易和家庭副业，而且要迅速向全民所有制过渡；在经营管理方面，将几十个经济条件、贫富水平不同的合作社合并后，一切财产上交公社，多者不退、少者不补，在全公社范围内统一核算、统一分配；在分配方面，实行工资制和部分供给制，海南从1958年11月秋收后开始实行工资制和吃饭不要钱的粮食供给制，其中粮食供给制具体规定：实行每天三餐干饭，每人每月（大人小孩平均计算）大米31—36斤；吃菜、吃油、烧柴均由公社和所属的食堂统一安排。

　　1962年以后，绝大多数人民公社实行了"三级所有，队为基础"的制度，恢复和扩大了自留地和家庭副业，但仍存在着管理过分集中、经营方式过于单一和分配上的平均主义等缺点。同时，农村人民公社一直实行"政社合一"的制度，即把基层政权机构（乡人民委员会）和集体经济组织的领导机构（社会管理委员会）合为一体，统一管理全乡、全社的各种事务。

二、海南建省——十八大的社会管理

（一）海南建省初期的"小政府、大社会"行政管理体制

　　海南建省前的行政管理体制非常特殊，存在着"一岛四方"：行政区、自治州、农垦系统以及中央部属和广东省省属企事业单位，全岛缺乏统一领导和统一规划、建设。当时,海南行政区人民政府虽然为副省级的一级政府,但是地区级的海南黎族苗族自治州,也有相对独立的管理体制和一套同海南行政区重叠的党政机构,管辖着8个市县。同时,拥有"百万大军"、92个国有农场,人口占全岛六分之一、工农业总产值占全岛28%的农垦系统,是中央部属企业,受当时的农牧渔业部和广东农垦总局领导。此外,海南还有不少中央部属、广东省省属的企事业单位,如三个林业局为林业部下属,港口由交通部管,它们也自成体系。

海南行政区长期处于多头管理、各自为政的状态,自然诸多弊端,这种管理体制,不适应建省办经济特区的要求。本着"党政分开、政企分开、精简高效、统一建设"的原则,党中央和国务院决定中央和广东省在海南的企事业单位,原则上应下放给海南省,另外,海南农垦(包括海南农垦局和通什农垦局)下放由海南建省筹备组直接领导和管理(1988年1月)。1987年9月26日,中共中央、国务院发出《关于建立海南省及其筹建工作的通知》要求:"海南建省后,各级机构的设置和人员编制的确定,要符合经济体制和政治体制改革的要求。要坚持党政分开、政企分开。机构要小,要多搞经济实体。机构的设置,要突破其他省、自治区现在的机构模式,也要比现在经济特区的机构更精干、有效一些,使海南省成为全国省一级机构全面改革的试点单位",明确提出建立省直接领导市县的地方行政体制。①

1988年4月,国务院批转了《关于海南岛进一步对外开放加快经济开发建设的座谈会纪要》,明确提出:"海南从建省开始,就要按照政治体制改革的要求,坚持党政分开、政企分开,精简机构,多搞经济实体。政府机构的设置,要突破其他省、自治区现在的机构模式,注重精干、高效,实现'小政府,大社会'",这是我国在中央政府的文件中第一次提出"小政府、大社会"的概念,并且将其同政治体制改革联系起来。

1988年4月13日,第七届全国人民代表大会第一次会议通过了《关于设立海南省的决定》和《关于建立海南经济特区的决议》。1988年4月26日,中共海南省委、海南省人民政府正式挂牌成立。根据中央的指示精神和政治体制改革的基本要求,海南大胆创新,突破传统体制和其他地区现行体制的框架,大刀阔斧地进行行政管理体制和机构改革,大胆构建"小政府、大社会"的新体制,建立起一套具有特区特色的行政管理模式,划定的政府主要职能——保障社会经济运行的外部环境;制定和维护市场规则;进行经济预测和制订发展计

---

① 李万一. 海南省行政管理体制改革研究 [D]. 天津: 天津大学, 2010: 2.

划,发布经济信息,组织协调全社会的经济发展;开展公开协商对话;保护公共财产,主办公共工程,维护公共环境;普及科学文化,提供社会保障,做好公共服务等,具体内容如下:①转变政府职能。实行"大工业""大农业""大商贸""大文化"管理体制,对工业各行业、农林牧副渔、内贸外贸、内资外资及文化、广播电视、新闻出版、体育等实行一体化管理,政府不再对企事业单位进行直接管理,只行使规划、指导、协调、服务、监督等职能;②精简机构和人员,实施"大部制"。按照"小政府、大社会"的思路,将省政府机构由原行政区60多个部委办局,精简调整为政治保障、行政事务和社会服务、经济监督和调节、社会经济发展和组织等四大系统27个厅局、6个直属局、6个内设局;党政机关人员编制核定为3500人,其中500人为机动编制。改革开放后,省政府机构比原行政区减少20多个,人员减少200多人;③党政分开。省委只设置了办公厅、组织部、宣传部、统战部、政法委、体改办6个部门,不再设置行使政府职能的工作部门,也不设不在政府任职而又分管政府工作的专职副书记或专职常委,这就从组织上保证了党组织不再干涉属于政府职责范围内的工作;④政企分开,扩大经济实体。将原来海南行政区农业局、林业局、水电局、水产局、热带作物局、一轻局、二轻局、机械工业局、商业局、外贸局、粮食局等11个专业管理局,医药总公司、物资总公司、冶金工业总公司、纺织工业总公司、燃化工业总公司、供销合作联社、建材工业总公司、华侨农工商联合企业总公司等8家行政性公司,改为集团公司或专业公司等经济实体,其行政管理职能移交省政府相应部门;⑤减少管理层次。实行省直接领导市、县的管理体制,减少了地区一级管理层次,有利于加强集中统一领导,促进海南全岛的开发和经济建设;⑥对群众团体进行改革。对省工会、共青团、妇联、科协、工商联、侨联、台联等7个群众团体进行了改革,将其改为事业单位,不再列入党政机关序列,不再使用国家行政机关的行政编制,经费由过去的拨款改为地方财政"全额"或"差额"补贴,并逐步实行"领导自选、工作自主、经费自筹"。改革开放后,这些群众团体的活力大大增强,更好地发挥了党和群众之间的桥梁纽带作用;⑦发展和培育社会中介组织。成立了各种社会中介组织,把许多过去由政府承担的社会工作,交由社会中介组织承担,发挥它们在推动经济发展、兴办文化教育福利事业、增强对外交流等方面的重要作用。

尽管"小政府、大社会"在运行不久后出现了一些矛盾和摩擦,但对海南经济社会的发展确实起到了良好的推动作用,更重要的是,这一改革创新举措为全国行政管理体制改革提供了积极的理论成果和丰富的实践经验,起到"探路子"的作用,如海南率先进行省级机构改革试验,实行省直管市县体制,进行事权下放和干部人事制度等方面的配套改革，探索实行"小政府、大社会"管理模式；第一个尝试公务车购置及运行费改革；比全国提前一年取消了农业税；着力推进国有企业改革、国有资产管理体制改革、农村改革、农垦改革、行政管理体制改革等五项重点改革等。海南省行政学院副院长王和平指出，海南特区行政管理体制改革承担起行政管理体制改革"先行先试"的历史重任：以科学定位政府职能为关键，以重构政府机构、裁减公务人员率先构建大部门体制为载体，以培育市场体系和扩大社会自治功能为依托，实现无限政府向有限政府转变、行政社会向公民社会转变；着力于规范和创新政府行为，正确理顺政府与企业、政府与社会、政府与市场等关系，克服政府行为"越位""错位"和"缺位"问题。①

(二) 海南建省后的"党政主导+多元参与"型社会管理

1. 海南社会管理体制的变化

海南建省以来，随着经济社会的发展变化，以及经济主体、社会结构、利益诉求等多元化，经过长期探索和实践，从建省初期延续计划经济体制和管控型社会管理体制，到初步形成了符合当时社会发展模式即"党政主导型"的社会管理，既紧跟中央步伐，又形成了自己的思路和做法。

(1) 领导机构

1991年根据中央有关精神，海南成立了"社会治安综合治理委员会"，下设实有人口、特殊人群、两新组织、社会治安、法律政策5个专门工作领导小组，共有43个成员单位。

2011年6月，海南省率先在全国设立了省委群众工作部。2012年出台《中共海南省委海南省人民政府关于做好新形势下群众工作的若干意见》，将群众工作作为"一把手"工程，纳入市县领导考核，引入群众工作责任追究问责机制，在全面提升社会管理水平方面再次走在全国前列②。

2011年10月28日，海南省委、省政府根据《中共中央办公厅、国务院办公厅关于中央社会治安综合治理委员会更名为中央社会管理综合治理委员会的通知》精神，以省委办公厅、省政府办公厅名义联合下发《关于省社会治安综合治理委员会更名为省社会管理综合治理委员会的通知》（琼委办〔2011〕17号文件），将海南省"社会治安综合治理委员会"更名为海南省"社会管理综合治理委员会"，明确省社会管理综合治理委员会为全省社会管理的协调指导机

---

① 王和平. 行政管理体制改革的海南特区经验 [J]. 行政管理改革，2010 (5)：59-63.
② 根据工作需要，海南省群工部已于2014年撤销。

构，与海南省政法委合署办公，由当时的省委常委、省委政法委书记肖若海兼任省综治委主任，并在原有的43个成员单位的基础上，新增加了14个成员单位，下设8个专项组，分别为：实有人口专项组、特殊人群专项组、"两新组织"专项组、社会治安专项组、法律政策专项组、预防青少年违法犯罪专项组、校园及周边治安综合治理专项组、护路护线联防专项组。2012年1月19日，省编委下发《关于省社会管理综合治理委员会办公室机构编制问题的批复》，明确省综治办为省综治委常设办事机构，与省委政法委机关为一个机构、两块牌子，并配备2名副厅级领导职数，增设2个内设处级机构，增加5名行政编制和2名管理事业编制，充实指导、协调社会管理创新工作的力量。

此外，还相继进行了"社会治安防控体系""互联网一体化综合作战平台""西线高速交通监控系统""环琼安保圈动态防控报警系统""环琼海上安全"等建设。

2012年，省社综委（办）指导全省构建"三位一体"（人民调解、行政调解、司法调解）的大调解工作体系，形成"党委领导、综治协调、联席督导、部门联动、依托基层、各方参与"的矛盾纠纷排查调处工作格局：一是做到"三个不出台"，即得不到多数群众理解和支持的政策不出台，可能引发群体性矛盾纠纷的建设项目不出台，与民争利、有损民生的事项不出台。建立涉及群众切身利益的重大决策和重大项目工程社会稳定风险评估机制，健全评估程序和办法，利用基层综治网络听取群众意见。大调解工作围绕"协调关系、规范行为、解决问题、化解矛盾、应对风险、维护稳定、促进和谐"等基本任务，完善党和政府主导的利益协调、诉求表达、矛盾调处、权益保障等维护基层群众的权益机制。二是拓展省、地（区）、县（市）、乡镇"四级"矛盾纠纷排查化解工作网络的"五个延伸"：基层矛盾纠纷排查调处工作"联排""联调"向矛盾纠纷源头延伸，及时发现和掌握矛盾纠纷苗头隐患；向重点时段、重点群体延伸，逐步建立和规范矛盾纠纷防范稳控应对机制；向重点热点问题延伸，着力化解群体性纠纷；向整合和专业化方向延伸，着力化解基层突发和易激化的矛盾纠纷；向齐抓共管延伸，着力化解系统、部门内部矛盾纠纷。三是推进基层矛盾纠纷排查调处中心（调处工作站）的规范化建设。以综治工作中心（站）为依托，发挥社管综治平台优势以及各级综治委（办）排查化解矛盾纠纷的职能作用，建立乡镇（街道）、村（居、社区）矛盾纠纷调处中心（站）。全省形成党委、政府统一领导，社管综治部门牵头协调，职能部门配合，人民调解、行政调解、司法调解通力协作，社会组织协同和社会力量共同参与的大调解工作平台，有效整合基层资源和各种力量，深化人民调解，突出加强行政调解，提高司法调解水平。四是贯彻16部委《关于深入推进矛盾纠纷大调解工作的指导意见》。全省落实"指导意见"精神，发挥旅游巡回法庭、驻乡镇人民检察室、司法所等基层政法机构的职能作用，协调工会、共青团、妇联、民政、统战和工商联等各方力量，形成依靠基层党政组织、行业管理组织、群众自治组织共同及时有效化解社会矛盾的机制。建立健全征地拆迁、劳动纠纷、医疗纠纷、安全生产、食品药品安全、知识产权、交通事故等领域的行业性、专业性调解组织，推进医疗、旅游、劳动人事争议、道路交通事故损害赔偿等专业性、行业性人民调解组织和工作机制建设。开展经营性矛盾纠纷的排查调处，落实调处化解措施，防止极端事件和恶性案件发生。

2012年，海南省委、省政府把加强和创新社会管理作为推进国际旅游岛建设重要抓手，纳入"十二五"规划，列入重要议事日程，省主要领导对加强和创新社会管理都提出明确具体的目标和要求。省委书记、省人大常委会主任罗保铭在《光明日报》发表专文《五管齐下破解十大难题——关于加强和创新社会管理的调查与思考》，该文梳理了全省社会管理方面急需解决的10个问题，并从建设海南国际旅游岛这一国家战略使命出发，指出"管理才出效果，管理也是民生，管理就是有序，管理才能和谐，要下大力气加强和创新社会管理，使全省社会管理跨上一个新台阶"①。根据《中共中央、国务院关于加强和创新社会管理的意见》和中央综治委《关于印发〈社会管理创新项目建设指南〉的通知》精神，结合建设海南国际旅游岛社会管理的实际情况，省委、省政府及省社管综治委（办）对加强与创新社会管理进行整体规划，省委、省政府制定下发《贯彻〈中共中央、国务院关于加强和创新社会管理的意见〉的实施意见》及其《责任分工方案的通知》，将出台的加强和创新社会管理30条政策措施分解为71项具体任务，并按职责分解，明确牵头主抓单位和主要参加单位。省综治委（办）先后出台《关于认真学习贯彻罗保铭书记调查文章精神 积极推进社会管理创新工作的通知》《关于进一步落实加强和创新社会管理职责任务的通知》《关于印发〈海南省社会管理综合治理委员会"两新组织"专项组工作制度〉等文件的通知》《关于印发〈海南省社会管理综合治理委员会社会治安专项组工作制度〉等文件的通知》《关于进一步做好治安重点地区和突出治安问题整治工作的通知》《关于进一步做好医疗纠纷预防与处置工作的通知》等文件，对加强和创新社会管理工作的各项任务规划进行部署并指导落实。

---

① 罗保铭.五管齐下破解十大难题——关于加强和创新社会管理的调查与思考［N］.光明日报，2012-02-07（15）.

2014年，根据中央决定，海南省将"社会管理综合治理委员会"恢复为"社会治安综合治理委员会"，海南各市县及以下地区、各企业事业单位等对口联系单位均进行更名，如海口市"社会管理综合治理委员会"更名为"社会治安综合治理委员会"，下设综治一处、综治二处、平安办公室三个常设机构。

为进一步加强管理审批目录管理，2014年初，海南出台《海南省行政审批目录管理办法》和《海南省行政审批管理及责任追究办法》，规范了全省行政审批事项目录，对保留事项实施目录清单管理，清单之外，一律不得实施审批；对违规实施审批的单位和责任人追究责任；出台《市县政府政务服务事项目录参考范本》《乡镇政府政务服务事项目录参考范本》指导市县、乡镇政府编制行政审批和便民服务事项目录，一年内制定出台了改革文件24件，目前，省、地（区）、县（市）、乡镇4级已经建立行政审批权力清单。

2014年，海南取消、下放、调整审批事项313项（其中上半年128项，下半年185项），清理后省级保留442项，与2013年相比减幅达43%，实现省政府提出2014年比2013年精简行政审批事项三分之一的目标。全面清理收费项目，取消和免征行政事业性收费11项，有效减轻企业和社会负担，促进海南经济社会发展。2014年国务院3批下放省级共57项审批事项，与海南省有关的事项18项，已全部承接，编制办事指南，纳入省政务中心公开办理。

海南行政审批已实现了标准化、阳光化。在省政府门户网站、省政府信用信息网、省政务中心网站公开审批权力清单并进行动态管理，同时公开每项行政审批8要素（项目名称、审批部门、法律依据、申报条件、申报材料、审批流程图、审批时限、收费依据）和审批部门的内部审批流程、审批环节、审批人、联系电话等；全省审批行为（目录、要素、流程）全部标准化、规范化和计算机程序化，限制审批自由裁量权。出台《海南省行政审批业务标准规范》，全省审批事项按即办件、承诺件、上报件、联办件4大类统一规范，每类设置了2个标准审批流程，每个流程优化为1—4个审批环节，并用计算机程序固化，用无情的"电脑"管住有情的"人脑"。全省建设"一张审批网"和共享大数据库，实施互联网申报，网上全流程阳光审批，审批环节全流程公开透明，可查询、可追溯，用户可方便地通过海南省政府门户网站申请办件、查询办件过程。

截至目前，省发改委、省旅游委、省农业农村厅等23家单位出台后续监管办法或措施，全省行政审批事项取消下放后续监管体系初步建成。

(2) 海南城市社区建设

城市"单位制"的设立从某些层面来说是为了缓和新中国成立初期严峻的社会形势而选择的一种危机处理的组织体系,虽然在后期出现了两种变形:一种是"单位型社区",即单位和社区在同一领域里同时存在;另一种是"单位办社会",也就是单位的功能替换了社区的功能,在这种单位社区的情况下,社区居民完全依附于单位,他们的各种生活需求及服务需求促使社区功能内化在单位之中,这样一来,单位就是社区,社区就是单位。

自从我国实行改革开放政策后,经济体制发生重大变革,社会变迁的速度也一步步加快,此后单位制不再符合社会发展的要求,亦不能担负重组社会的功能,单位制衰落后,取而代之的是"社区"管理模式。从全国范围看,"社区"一词早在20世纪30年代就被引入,社区建设是在计划经济向市场经济过渡的过程中逐步发展的,为了完善社会主义的制度,改善国家治理社会的绩效,党和政府通过研究采取了以社区为新的依托的管理服务方式,想以此种方法来促进城市社会的继续发展进步,于是,社区制就在这样的背景下应运而生,在这样的情形下,接管了城市基层社会整合和重构的重任。

海南建省后,根据1989年民政部颁布的《城市居民委员会组织法》,开始建立"街居制"形式的城市社区组织体系,并在政府人力推动和社会支持下,社区服务范围、内容不断扩大,设施不断增多,社区服务队伍发展壮大,社会互助活动广泛开展,社区服务管理不断加强,逐渐向产业化、实体化方向发展。1996年3月18日,江泽民指出"大力加强社区建设,充分发挥街道办事处、居委会作用","3·18"讲话是中国社区建设发展过程中的一个重要里程碑。1998年的政府机构改革将"基层政权建设司"改为"基层政权与社区建设司",赋予民政部"指导社区服务管理工作,推动社区建设"的职能,标志着城市社区建设被纳入了国家行政职能范围。

中央办公厅、国务院办公厅于2000年11月转发了《民政部关于在全国推进城市社区建设的意见》(中办发〔2000〕23号文件),明确了社区建设的指导思想、基本原则、主要内容和目标任务,该文件的出台也表明海南城市社区建设进入了全新阶段。到2016年年底,全省共建社区服务机构2525个,其中社区服务指导中心2个、社区服务中心57个、社区服务站2296个、其他社区服务机构170个。

随着社会主义市场经济的发展和城镇化进程的加快,城市社区(城市和乡镇的居委会辖区,以下简称"社区")在经济社会发展中的地位越来越重要,居民对社区服务的需求越来越多、要求越来越高。做好社区服务工作对于提高居民生活质量、扩大就业、化解社会矛盾、促进和谐社会建设都具有重要意义。为强化社区服务功能，提高社区服务质量，推进社区服务工作持续健康发展，根据《国务院关于加强和改进社区服务工作的意见》（国发〔2006〕14号）精神，海南省人民政府于2007年4月通过了《关于加强和改进城市社区服务工作的意见》，这是海南加强和改进城市社会服务工作的纲领性文件。

2007年5月，海南省精神文明建设指导委员会印发《海南省开展"文明和谐社区"创建工作方案》（以下简称《方案》），决定开展"文明和谐社区"创建活动，力争到"十一五"末期，全省50%以上的社区服务水平基本达到"文明和谐社区标准"。《方案》提出了六大创建任务，即深入开展科教、文体、法律、卫生、廉政文化"五进社区"活动，深化社区环境建设，深入开展平安社区建设，推进社区就业和社区救助服务，广泛开展"和谐家庭"创建活动，加强基层组织建设，这项创建活动计划2007年6月进入组织实施阶段，2008年6月进行阶段性总结评定。

2010年6月24日海南省"和谐社区建设研究会"宣布成立，研究会的成立旨在加强我省和谐社区建设，创造稳定文明的社会环境，为建设平安海南、文明海南、和谐海南和加快国际旅游岛建设履行应尽的责任，做出应有的贡献。

海南城市社区经过多年实践与发展，逐渐形成了"两级政府、三级管理"的社区管理模式。所谓"两级政府、三级管理"模式，就是在市、区两级政府的基础上，形成市、区、街道办事处三级纵向管理体制，强调市、区、街道办事处、社区居民委员会的管理服务职责。通过扩大街道办事处管理权限，充分发挥其管理功能，使街道在社区管理中真正负起领导的职责，同时克服"全能政府、万能政府"的传统观念，引进"小政府、大社会""小机构、大服务"的行政理念，使政府行政行为、社会自主行为和市场主动行为相结合，最终形成一种高效、有序的社区行政管理体制。

"两级政府、三级管理"职责分工如下：

第一，市级管理职责：①依据城市总体规划，研究起草和制定城市管理方面的有关规划、计划、制度及措施，并组织实施；②组织制定城市管理工作规范、技术标准和监督办法；③协调处理涉及跨区、跨部门的重大事项和事关全局的难点、热点问题；④负责对涉及城市重大管理举措事项的资金调配；⑤对各区及市直相关部门的城市管理工作实行目标责任管理和进行业务指导、监督检查等；⑥依据体制进行职能、职责划分。

第二，区级管理职责：①根据全市城市管理工作的统一部署，提出符合本区域实际的目标任务，并分解到各职能部门和办事处、社区；②负责辖区内口常执法巡查，及时发现、依法制止违法建设行为，并负责对乱搭乱建等违法建设依法组织实施拆除，组织办事处、社区抓好辖区内的环卫保洁、占道经营、噪声污染、市政设施和绿化维护、背街小巷流动摊点的管理及社区建设、社区服务工作，协调各职能部门和办事处将城郊接合部的管理纳入日常工作；③指导街道办事处搞好城市管理，建立监督检查机制，分解落实具体责任，确保各项管理工作落到实处；④协调区属各职能部门和街道办事处、社区居委会解决好职能交叉和管理盲区问题，实现强化行政执法与社区自主管理的有机结合，使城市管理责任全覆盖、无死角；⑤对辖区内城市管理中出现的重点问题和重点区域组织开展集中整治；⑥强化对"门前五包"责任制的领导、监督、检查。

第三，街道办事处管理职责：①制定社区建设和城市管理工作计划，领导社区城市管理工作；②对市、区两级政府有关工作部署进行贯彻落实，组织协调有关部门和单位做好市容环境卫生保洁、垃圾清运、街道绿化管理、社会治安、物业管理、冬季清雪和道路防滑、重大疫情等突发性事件的处理工作，协助有关部门做好整治乱搭乱建、清除占道经营和治理乱贴乱画等工作；③统一收取城中村的垃圾清运、卫生保洁费用，并及时上缴；④组织发动并带领社区居委会、居民群众积极参与环境整治，积极开展城市管理有关法律法规的宣传教育活动；⑤指导社区参与城市管理，创建文明社区，完成区政府（管委会）交办的各项城市管理工作；⑥具体负责做好"门前五包"责任制的落实工作，与辖区单位、经营业户签订门前五包责任书。

第四，社区居委会管理职责：①对社区内市容环境进行日常管理和监督检查，强化自我管理和自我服务；广泛宣传发动群众，提高居民整体素质，营造良好的社区管理氛围；②抓好创建文明社区、文明楼院等活动，监督物业管理，搞好社区管理服务设施的建设和管理，建立社区服务网络；③配合有关部门和街道办事处解决社区内市容环境卫生、排水、道路、路灯、环卫设施、园林绿化等方面存在的问题；及时发现、制止和解决沿街和房前屋后乱搭、乱建、乱堆、乱放及破坏园林绿化等问题；切实加强对辖区内的市场管理，杜绝市场冒尖现象的发生；组织社区居民参与开展爱国卫生运动，加强辖区责任单位"门前五包"、街巷及楼道内卫生的管理，美化社区环境；④向上级反映社区居民对城市管理的呼声和要求，提出城市管理方面的意见和建议，做好社会与政府之间的信息沟通；⑤按照街道办事处要求，协助做好城中村垃圾清运、卫生保洁费用的收取工作。

可以看到，上述管理职责明确、范围清晰、责任落实、运转协调、监管到位，实现了城市管理重心下移，充分调动了各级管理部门的积极性、主动性，但也存在严重弊端：一是城市管理层级过多，职能错位，影响政府行政效能。作为区政府派出机构的街道办事处在社区建设和城市基层管理中的功能和地位日益突出，致使其发挥了相当于一级政府功能，以至于街道办事处对应区政府的行政部门设立了相应的科室，居委会中也有相应的社工对应上面的行政部门。表面上看，这种模式可以保证很多工作一抓到底，实际上行政效能由于层级过多而层层递减；另一方面街道办事处在实际工作中存在着严重的职能错位。长期以来，街道承担了招商引资任务，并要完成区条线部门下派的大量行政事务，可实际上街道并没有税收征管、行政执法的权力，也不具备对同级行政单位的人事任免权，于是，很难做好行政执法和专业管理的工作，只能疲于应付。二是社会活力明显不足，仍然没有摆脱"强政府、弱社会"的传统模式。社区公共治理发展缓慢，街道办事处成了社区管理实质上的唯一主体，而处于"街道办"行政领导之下的"居委会"却在很大程度上缺乏自主权，再加上街道办事处的财政拨款是社区服务的主要资源，因此"居民委员会"的社区服务活动只能以街道办事处的指示为主，而不能按照居民的自主意愿安排社会服务，结果街道办事处与社区居民之间无法形成良好的互动，居民委员会的自我管理、自我教育、自我服务的自治功能也名存实亡；另一方面，社会组织参与社会管理与服务的程度十分有限，政府包办社会的局面短期内还难以改变。三是城市发展的整体规划功能全局观念部分丧失，区与区"块块"的矛盾愈发突出。在"两级政府、三级管理"体制下，区域经济的强化助长了地区本位主义思想，市级政府的权威性受到了很大的挑战；另一方面，各区作为相对独立的利益主体，又必然以满足自身利益最大化为宗旨，因此，区级政府的双重身份导致在其利益驱动机制和行为约束机制发生矛盾时，结果往往是利益驱动占据上风，而这是以城市发展全局整体性受到破坏为代价的。

(3) 海南农村"乡政村治"的二元社会管理体制

与全国农村管理体制变革同步，海南农村管理体制从"大跃进"时期的"政社合一的'三级所有、队为基础'的农村人民公社"的分级管理体制，到20世纪80年代初期的"区、乡、镇等机构和村民自治组织——村民委员会"，到90年代中后期"县—乡（镇）—村委会"结构，严格意义上说，这种结构形式没有体现海南作为经济特区的管理特色，而且在农村管理体制变革过程中曾经还一度滞后于全国其他地区。

十一届三中全会提出改革开放总方针，首先在农村开始了经济责任制改革，基于安徽小岗村的经验而逐步推行联产承包经营责任制，原有的集中经营劳动和统一分配的管理方式再也无法适应农村新型经济的发展，农村社会短期内陷入了无组织、无管理、无秩序的混乱状态,农村社会原有的"三级所有,队为基础"这种政社合一、高度行政化的社会管理体制弊端日益凸显。1982年12月,《中华人民共和国宪法》改变了农村基层政权体制,设立乡人民代表大会和乡人民政府作为基层政权组织,并在农村设立村民委员会作为基层群众性自治组织,我国农村开始废除人民公社体制,实行政社分开。1987年11月,《中华人民共和国村民委员会组织法(试行)》对村委会的性质、地位、职责、产生方式、工作方式等都做了比较明确的规定,从1988年至1995年,全国先后有24个省、市、自治区依照《村组法》的有关规定制定了实施办法,只有北京、上海、广东、云南、广西、海南没有制定①,海南急起直追,至1995年底成立了3238个村民委员会,从此,海南农村社会"乡政村治"的社会管理体制正式建立,农村开始形成了国家行政管理与村民自我管理的二元管理模式。

所谓"乡政村治",是指"国家在乡村一级设立乡村基层政权,依法对乡村进行行政管理,乡镇以下的村实行村民自治,村民依法行使民主自治权利",这种社会管理体制反映了在改革开放以后社会经济转型时期,为适应市场经济以及农村发展,国家对以往计划经济体制下基层管理方式进行全面改革与调整。"乡政村治"包含两个层面的意思,"乡政"体现行政性和集权性,是指以国家强制力为后盾在乡镇设立基层政权对农村行使行政权力,将国家的政策法规在农村得以维护并落实,同时维护社会内的公共安全和社会秩序;"村治"体现自治性和民主性,是指农村社会内以村委会和居委会为载体,以居民为主体,在居民自愿的基础上,通过依法民主选举、民主决策、民主管理、民主监督,在社会内开展自我管理、自我教育、自我服务。

"乡政村治"的社会管理体制具有一元二体性,它说明我国农村社会管理体制中存在着乡镇政府的行政管理权和村民自治权两种相对独立的权力,行政管理与村民自治并存。乡镇政府的行政管理权和村民自治权这两种权力都来源于人民,是人民所赋予的,这体现了我国宪法所规定的"中华人民共和国的一切权力属于人民"的基本原则。"乡政村治"的二体性体现在两个方面:一是乡镇政府的行政管理权是国家行政权力在我国基层社会的延伸,其功能是将国家行政管理传递到基层社会,为农村提供公共产品、社会服务,并对上级政府负责;二是村民自治权直接来源于农村社会本身,村民自治组织的领导人由民间直接选举产生,主要负责农村经济社会发展的具体事务,同时在国家法律、法规和政策范围内,通过村民公约等方式对社会进行自我管理,这种社会管理体制

---

① 沈延生. 村政的兴衰与重建[J]. 战略与管理, 1998 (6): 1-34.

"实际上是基于农村社会形势变化所采取的管理模式的转换,它使农村基层社会逐步形成国家政权与社会共治的局面,赋予了乡村社会一定程度的自主性""在赋予广大农民一定自主管理权的同时,通过外部行政权力的适度干预保障国家政权对乡村社会的有效控制",可以说,"乡政村治"体制是我国乡村政治里程上的一次进步,它在改革开放以后的很长一段时间内适应了基层社会组织管理的需要,极大地调动了农民生产和生活的积极性,有效地促进了农村社会经济的发展。①

从1982年修订颁布的宪法第111条规定"村民委员会是基层群众自治性组织",到1994年民政部下发的关于开展村民自治示范活动的通知之中提到的"民主选举、民主决策、民主管理、民主监督"的"四个民主"的提法,到1995年村民委员会成立,海南农村基层民主建设逐步完善、逐步提高,但也存在许多弊端,主要表现在:一是乡镇政权和县级政权之间的管理权限没有真正理顺,"条条""块块"之间的关系不清晰,使乡镇管理陷入十分尴尬的境地。二是目前乡镇数目虽有减少,但编制外的行政组织数量并未真正减少,农民的负担并未从根本上减轻。三是行政干预较多,村民委员会是村民自治组织,实行民主选举、民主决策、民主管理和民主监督,但实际工作中行政干预村民自治的事情时有发生。目前,全省普遍性的问题是村财乡管,村委会对本村的资金使用没有自主权,村里需要资金时,须经经管站及乡镇领导的层层审批。四是县乡职能转变的滞后同村民自治的体制不相适应。目前,随着改革开放的不断深入,县、乡党委和政府的主要工作职责应实现"管理型"向"服务型"的转变,但一些县、乡组织特别是乡镇党委和政府职能转变滞后,仍然习惯于过去旧有的管理模式,不是思考如何引导和扶持农村发展生产,而是用过去行政化手段去管理和约束村级组织和广大村民,个别地方甚至乡镇不经民主选举程序随意停止村干部工作,落选的村干部继续行使职权,这与充分发扬民主、保障村民的选举权、决策权、监督权的村民自治体制是难以适应的。五是"两个关系"[乡镇党委、政府与村委会的关系、村党(委)支部与村委会的关系]没有理顺。由于一些党政领导干部存在认识上的偏差或从便于自身工作考虑等原因,没有真正理解、落实《村委会组织法》有关规定,做到依法办事,于是在实际工作中出现越权、揽权现象,严重影响了村民自治的健康发展。依据《村委会组织法》第四条规定:乡镇政府同村民委员会之间的关系是指导与协助

---

① 林建峰.我国农村社会管理的历史沿革及现实困境[J].天水行政学院学报,2014,15(4):51-55.

关系，而不是领导与被领导的关系，但一些乡镇干部认为过多强调村委会的自治权，直接影响到乡镇党委、政府的权威，不利于政令的落实，因而一些乡镇干部严格控制村委会自治权，直接干预依法属于村民自治范围内的事项，使村委会在事实上起到一级行政部门的作用，自治性大为减弱而行政化倾向增强，如在村委会选举中，出现乡镇党委、政府决定候选人，对村民选出来的村委会干部给予行政罢免等现象，严重侵犯了村民的自治权，阻碍了村民自治的发展。六是传统管理手段的弱化与农民责任义务观念淡化的矛盾突出，影响基层民主政治建设的健康发展。随着农民生产经营自主权、政治参与权的不断扩大，农民正在从计划经济时期的顺民、联产承包后的农民，向真正意义上的公民转变，政策上对农民的倾斜与如何保护国家、集体权益之间出现了一些不协调。目前，乡镇改革已实行了党委书记和乡镇长"一肩挑"体制，而村一级党支部书记和村委会主任多数没有交叉任职，支部与村委会闹矛盾、搞摩擦的"两层皮"现象不同程度存在，同时，这种体制还容易使村支书压力过大、党政不分，失去应有的监督，容易滋生腐败。随着城市化进程的加快，农村中年轻、有知识、有文化、观念新的人都离乡务工、经商，村委会成员很难保证质量，村干部和农民的政治素质、民主意识、社会公德等还与民主政治建设很不适应，讲民主、讲法制、讲道德在农民中还未形成风气。

为此，海南省从2013年6月初到10月底，按照《关于严肃村级组织换届纪律保证换届风清气正的通知》规定，每三年实行村级组织换届选举，对拉票贿选、徇私舞弊、破坏选举等不正当竞争行为做出界定，明确提出"3个严禁、18个不准"的换届纪律要求，并对违反换届纪律的6起典型案例做了公开通报，完成了2013年村级组织换届选举工作，涉及村（社区）党组织3050个、村（居）委会3058个，共选举产生村（社区）"两委"班子成员20754人，其中新当选5939人，占28.62%。

2015年5月27日海南省第五届人民代表大会常务委员会第十五次会议《关于修改〈海南省村民委员会选举办法〉的决定》（第二次修正）共八章五十四条，从"总则，选举工作机构，选民登记，提名候选人，正式选举，职务终止、罢免、辞职与补选，法律责任，附则"八大方面做了严肃科学的规定，至2016年底全省共选举成立了2552个村民委员会。

海南省把选优配强"两委"班子特别是带头人放在首要位置，大力推行"一肩挑"，精简村干部职数，减轻村级经济压力。根据《中国共产党农村基层组织工作条例》《村民委员会组织法》规定，支委会一般设3—5名支部委员，村委会最少必须由3人组成，1000人以下的村设村干3人，1000—3000人的设

3—5人，3000人以上的设5—7人。选举过程一般采取两种方法：一种是先选村委后选支委。在村委会选举前通过广泛宣传，动员广大农村党员积极参与竞选村委会成员，动员组织拟任村支书人选竞选村主任，在先行依法选举产生村民委员会的基础上，对群众选举产生的党员村主任和委员，再经过党内选举程序，分别担任党支部书记和委员。第二种是先选支委后选村委。先行通过"双推一选"选举产生村党支部委员会，再动员和组织村党支部书记和委员参与竞选村委会主任和委员。由于在党支部的产生上，已经经过了民意的考验，在接下来的村委会直选中，比较容易实现"一肩挑"和"两委"交叉兼职的领导体制。"一肩挑"采取一套人马，两套班子，交叉任职，分工协作，有利于理顺"两委"关系，提高党支部的领导核心地位，巩固党在农村的执政基础。

为了保证"一肩挑"体制的规范运转，在加强教育、依法行政、合理引导的前提下，坚持完善监督制约措施，强化乡镇党委管理和监督职责，完善村民代表会议制度、村务财务公开制度、民主理财监督制度、岗位承诺和民主评议村干部制度等，以制度监督约束村干部的行为，提升民主管理水平，健全适应形势发展需要的农村工作运行机制和运行模式，为加快社会主义新农村建设提供坚强的组织保证。

2. 海南社会治理的体系结构

（1）海南作为国家的一个省，在行政区划上隶属国家管辖的重要组成部分，坚决贯彻执行党和国家关于社会治理的大政方针和整体发展战略，并随着党和国家社会治理体制改革的变化而变化，特别是按照中央的安排和部署，要深化海南省党和国家机构改革，上升到推进国家治理体系和治理能力现代化变革的高度来认识。面对新时代新任务提出的新要求，海南必须着力解决省内党和国家机构职能体系中存在的障碍和弊端，完善坚持党的全面领导的制度，加强党对各领域、各方面工作领导，确保党的领导全覆盖，使党的领导更加坚强有力，这是海南创新社会治理体系的基础和前提。

要深化海南省政府机构改革，全面贯彻落实党的十九大精神，加强和完善政府经济调节、市场监管、社会管理、公共服务、生态环境保护职能，着力推进重点领域和关键环节的机构职能优化调整，构建起职责明确、依法行政的政府治理体系。

全面提高省政府治理能力和治理水平，必须在党的统一领导下协调行动、增强合力，在海南为决胜全面建成小康社会、开启全面建设社会主义现代化国家新征程，实现中华民族伟大复兴中国梦的海南篇章，提供坚强有力的制度保障。

海南省社会治理体系和治理能力，是海南作为国家的一个省区的制度和制度执行能力的集中体现。中国特色社会主义进入新时代，社会主要矛盾发生变化，海南省政府机构和职能也要发生相应的改变，一方面要根据国家"两会"期间国务院机构调整来搞好海南省政府相应机构的调整，另一方面，要在认识上、思想上充分认识我们的党、我们的国家、我们的社会已经并将继续发生深刻变化，国家和海南的治国理政的任务更加艰巨，要树立对党和国家的忠诚意识，坚持道路自信、理论自信和发展自信，以饱满的热情迎接改革，搞好社会治理体系和治理能力建设。

（2）建立共建共治共享的社会治理格局。在国家"十三五"规划中，提出加强和创新社会治理，并提出要建立"共建共享"的社会治理格局；党的十九大在此基础上，增加了"共治"，形成了"共建共治共享"的社会治理格局，更加充分地体现了治理的核心思想。为什么要加上共治？海南和中国其他地区一样，改革开放和体制转型以来，出现了多种多样的所有制形式，除了国有经济、集体经济外，民营经济、个体经济、外资经济、股份制经济等快速发展，这就意味着经济资源、技术资源、人才资源等不是都集中在党委政府手上，其他的经济主体也掌握着大量的资源，因此，对社会成员的服务和管理，也不能完全由政府大包大揽，而是由社会多个主体共同参与服务和治理，而且，在社会主义市场经济的快速发展过程中，我国有80%的劳动力在非公经济组织就业，这就意味着中国的政府已经不是计划体制下的全能政府，而是一个有限型政府，需要以开放的心态平等地对待各类社会主体，整合社会各种资源、动员社会多个主体来共同参与对群众的服务和对国家社会公共事务的管理，形成社会治理人人有责、人人尽责的局面，努力实现社会共建共治，才能共享和谐稳定的社会发展环境。

（3）加强社会治理制度建设。社会治理制度是指社会治理主体为了维护正常的社会秩序而制定的具有约束性的各种行政法规、章程、制度、公约的总称，包括有权迫使人们服从的正式制度和规则，例如明文规定有严格奖惩措施的法律和各种规章制度；也包括各种人们认同，或以为符合大家利益的非正式的制度安排，例如伦理道德规范、风俗习惯、村规民约、社区公约等。在海南的社会治理制度建设中，一方面要加强法治建设，推进科学立法、民主立法、依法立法，以良法促进发展、保障善治；另一方面要加强德治建设，强化道德约束，规范社会行为，调节利益关系，协调社会关系，解决社会问题。例如，加强行业规范、社会组织章程、村规民约、社区公约等社会规范建设，充分发挥社会规范在协调社会关系、约束社会行为等方面的积极作用，同时，引导公众用社会公德、职业道德、家庭美德、个人品德等道德规范修身律己，自觉履行法定义务、社会责任和家庭责任，自觉遵守和维护社会秩序。

（4）加强预防和化解社会矛盾机制建设。随着全球经济化、市场化、城镇化的快速发展，一些利益群体之间的利益关系没有处理好导致一些社会矛盾凸显，这不仅有损我们社会的公平，影响了社会的和谐稳定，制约了我们的发展活力，而且也极大地考验着我们执政党的治理能力和执政能力。为了有效应对当前的社会矛盾，以人民调解为基础、以行政调解为主导、以司法调解为保障的"大调解"机制在全国得到迅速推广。行政调解作为"大调解"工作体系中的主导性制度，还需要不断地完善，要加快行政调解立法工作、规范行政调解程序、提高行政调解的专业化水平等；司法调解又称诉讼调解，在法院主持调解下，使当事人平等协商，达成协议，从而解决纠纷所进行的活动。司法调解作为化解矛盾的保障性机制需要不断加强，特别是要让人民群众在每个司法案子中感受到公平正义；人民调解是指在人民调解委员会的主持下，以国家法律、法规、规章、政策和社会公德为依据，对民间纠纷当事人进行说服教育，规劝疏导，促使纠纷各方互谅互让，平等协商，自愿达成协议，消除纷争的一种调解形式。人民调解是群众自我管理、自我教育、自我服务的自治行为，人民调解作为大调解的基础，更要发挥其基层治理的作用。

（5）健全公共安全、社会治安防控、社会心理服务和社区治理体系。第一，健全公共安全体系。公共安全是每个公民最关心、最直接的利益所在，涉及公众生命、健康、财产等方面的安全。公共安全事件的不断发生既是我国社会转型进入新的历史阶段的反应，也考量着我们在新形势下应对公共安全危机的能力。需要在社会的各个领域从公共安全事故的预防体制建设、应急反应到安全事故的控制与善后处理，加快建立和完善公共安全体系建设，完善安全生产责任制，坚决遏制重特大安全事故，提升防灾减灾救灾能力，为人民安居乐业、社会安定有序、国家长治久安编织全方位、立体化的公共安全网，建设平安中国。第二，加快社会治安防控体系建设。社会治安的好坏，不但同每个人的安全感、幸福感息息相关，而且直接关系着国家的稳定和整个社会的发展进步。面对社会治安形势发展变化，我国社会治安防控体系还存在很多不适应，尤其是在整体效能发挥、基本要素掌控、体制机制创新、基层活力激发等方面还面临不少难题和短板。当前，要以提高人民群众安全感和满意度为目标，以理念、体制机制、方式手段创新为动力，加快社会治安防控体系建设，依法打击和惩治黄、赌、毒、黑、拐骗等违法犯罪活动，切实提高维护公共安全能力水平，保护人民群众的人身权、财产权、人格权。第三，加强社会心理服务体系建设。

我国正处于由计划经济体制向社会主义市场经济体制转型、传统的农业社会向现代的工业社会转型、封闭的社会向开放的社会转型阶级。传统的与现代的、国内的与国外的、不同利益群体的思想观念交织在一起，观念和利益的冲突成为转型社会的一个突出特征，需要我们广大社会成员树立正确的人生观、世界观、价值观，提高心理健康水平；同时，加强社会心理服务体系建设，塑造社会成员的健康人格，培育自尊自信、理性平和、积极向上的社会心态，提高社会文明水平，促进和谐社会建设。第四，加强社区治理体系建设。中央要求，推动社会治理重心向基层下移，把人力、财力、物力更多投到基层，以网格化管理、社会化服务为方向，健全基层综合服务管理平台，强化城乡社区自治和服务功能，健全新型社区管理和服务体制，特别是在城乡社区要发挥社会组织作用，实现政府治理和社会调节、居民自治良性互动。

三、典型做法

（一）"海南省人民政府政务服务中心"建设运行

2008年7月1日，"海南省人民政府政务服务中心"启动运行，这是省委、省政府落实执政为民、建设服务型政府、改善发展环境的重大举措，标志着海南省行政审批制度改革和政务公开进入了一个新阶段；35家省直单位、中央驻琼单位面向公民、法人和其他社会组织实施的行政许可、行政审批、行政事业收费项目，将进驻省政务服务中心现场办理；省政务服务中心实行"一门受理、相关联办、现场审批、限时办结"的行政审批办理模式。

根据《海南省人民政府政务服务中心建设运行管理监督实施方案》，"海南省人民政府政务服务中心"运行管理细则如下。

1. 总体要求

（1）指导思想

以邓小平理论和"三个代表"重要思想为指导，以科学发展观为统领，以"一切为了群众、一切方便群众"为根本宗旨，按照"高起点建设、高效率运行、高质量服务、高水平管理"的总体要求，着力抓好省政务中心软硬件设施建设，打造现代化的省政务服务平台；着力推进政务服务形式创新，实现行政许可和行政审批（以下合并简称许可审批）由省政府部门和机构（以下简称省直部门）分头分散办理向省政务中心集中公开透明办理转变；着力推进政务服务方式创新，实现许可审批由群众上门办理向现场提速办理与网上办理并行转变；着力推进行政监察手段创新，实现许可审批和政府投资、政府采购的招投标活动由分散的部门自我监督向集中、实时和可追溯的电子监察转变,提高反腐败斗争水平,为群众、企业和基层提供优质快捷的政务服务,促进海南经济社会又好又快发展。

(2) 工作目标

整合省直部门的力量和资源,统一部署,分工协作,扎实推进省政务中心的各项筹建工作,确保省政务中心与省政府新建办公楼同步投入使用,同日正式开业对外办公。经过两至三年的努力,把省政务中心建设成为宽敞整洁、环境优美、功能布局合理、办事公开透明、管理信息化的政务公开平台,显著提高政府政务信息化和政务公开水平;建设成为制度科学完善、服务亲民便民、办事高效快捷的政务服务平台,显著提高行政效能和人民群众对政府工作的满意度、美誉度;建设成为许可审批权力运行和政府投资、政府采购招投标活动的政务监督平台,显著提高行政监察效能和反腐倡廉工作水平,为顺利实现我省国民经济和社会发展第十一个五年规划提供良好的政务服务保障。以省政务中心建设带动市县政府政务服务中心建设,力争在"十一五"期间建成省和市县纵横贯通的全省政务服务体系。

(3) 基本原则

建设省政务中心,以我国行政许可法规定的"公开、公平、公正""集中办理、联合办理""便民、高效、廉洁"等法律原则为指导,坚持下列基本原则。

第一,一个中心对外、项目应进必进原则。省政务中心是省直部门提供政务服务的最集中场所。从省政务中心正式开业之日起,除有关行政机关对其他机关或者对其直接管理的事业单位的人事、财务、外事等事项的审批外,省直部门面向公民、法人和其他社会组织实施的行政许可项目、行政审批项目及相关的收费项目(以下合并简称政务服务项目),必须全部进入省政务中心办理,省直部门过去分散设立的政务(行政)审批大厅相应一并撤销,并不得擅自在其他场所再行受理政务服务事项。因涉及国家机密、宗教、意识形态等原因不宜进入省政务中心办理的政务服务项目,须报经省政府批准;对经省政府批准不进入省政务中心办理的政务服务项目,其承办机构必须与省政务中心联网,共享政务服务信息和网络资源,接受统一管理和监督。

第二,简化办事程序、窗口充分授权原则。以组织政务服务项目进入省政务中心为重要契机,对省直部门的政务服务项目进行一次全面彻底的清理登记,按照精简优化的要求,再造并实施新的许可审批流程,切实解决传统管理体制下形成的许可审批环节过多、周期过长、要求申报材料过多、行政效能过低的问题。在不改变省直部门对政务服务项目的法定许可审批职权、许可审批主体资格的前提下,以省直部门在省政务中心设立窗口为重要契机,由省编制委员会办公室牵头,制定并实施《全面推行行政审批权相对集中改革工作方案》,在不增加人员编制的前提下,对许可审批业务量较大的若干相关部门各增设一个许可审批处室,对业务量较小的可在现有的法规处或办公室加挂许可审批处室牌子,处室主要负责人任部门的窗口"首席代表",由部门行政首长对"首席代表"依法委托授权、交授行政审批专用章,进而做到"三个集中",即各部门内部许可审批事项向其许可审批处室集中;许可审批权力向"首席代表"集中,"首席代表"按照"谁批准谁负责"的原则即审即办;各部门的许可审批处室及"首席代表"向省政务大厅集中。不断提高许可审批事项的窗口现场办结率,坚决避免把窗口办成政务服务事项的"中转站"和"收发室"。

第三,服务公开公正、管理统一规范原则。把省政务中心作为省政府政务公开的重要载体和示范工程来建设,对所有进入省政务中心的政务服务项目,都要通过新闻媒体、政府网站、文本示范、办事指南等途径或形式向社会公示,做到"十公开",即公开项目名称、法律政策依据、办理程序、申请条件、申报材料、承诺时限、许可审批进度、收费项目、收费标准、收费依据,切实保障人民群众对政务服务事项的知情权、接受服务权、监督权,切实解决许可审批中"暗箱操作"、权力"寻租"和滋生腐败等问题。按依法行政、规范管理的要求,省政府授予省政务中心对进出省政务大厅的政务服务项目的组织登记清理和初步审核权;对全体窗口工作人员的教育培训和管理考核权;对许可审批和政府招投标活动的服务、协调、监察权;授权其对省政务大厅进行统一的业务管理、政务管理、纪律管理、信息管理、安全管理、物业管理,真正把省政务中心建设成为行为规范、运作协调、公正透明、廉洁高效的政务服务实体。

2. 建设一厅三网两系统,打造现代化的省政务服务平台

(1) 建设省政务大厅。按照建筑面积与功能布局匹配、设施适度超前和讲究节约的原则,实施《海南省政府政务信息中心初步设计》方案,建设省政府政务信息中心基建项目一、二期工程(建成后大楼称"省政务大厅"),第一期工程与省政府新办公大楼同步完工,第二期工程于2009年12月底前建成,建筑总面积22674平方米。全部工程完工后,实现"行政许可审批大厅、招投标大厅、产权交易大厅、多功能听证厅、政府中心信息机房"等功能布局。省直属机关事务管理局负责提出二期工程建设项目可行性研究报告,进行招投标设计,省政务中心负责提出二期工程的功能布局和装修方案,报省政府批准后由省建设厅负责组织施工。按照便民高效的要求,省政务大厅配备公示许可审批进展的大屏幕显示器、等离子显示器、查询触摸屏以及排号机、考勤机等电子

设施设备。

(2) 建设省政务中心公众网、省政务中心办公网、链接省政府电子政务外网。把省政务中心公众网建设成为面向社会的政务服务信息系统，承担政策法规和服务信息网上公告、办事查询、表格下载、递交有关许可审批申请、网上投诉受理等功能，为人民群众提供"一站式"在线政务服务，显著提高网上审批水平。把省政务中心办公网建设成为全省许可审批内部管理信息系统的核心，承担省政务大厅局域办公功能，承担链接经批准保留的省直部门政务服务机构和市县政务服务中心办公网等功能，为全省纵向和横向传递相关许可审批手续和管理信息提供无障碍的内部网络通道。链接省政府电子政务外网，实现省直相关部门与其在省政务大厅设立的窗口之间许可审批业务网上传输和办理。以上"三网"主体部分的建设于2007年8月底前完成；由省政务中心牵头，省工业经济与信息产业局负责技术把关，共同组织拟定《海南省政务中心信息化建设总体方案》，经专家组评审后付诸实施。

(3) 建设网上联合许可审批服务系统、许可审批和招投标活动电子监察系统。依托省政务外网平台建设"省政府网上联合许可审批服务系统"，在全面清理许可审批项目、再造许可审批流程的基础上进行软件系统开发，特别是抓好"网上一表式申报多部门并联审批"的软件开发，力争网上联合许可审批系统达到国内先进水平，以形成"窗口受理办理、省政务中心协调督办、网上运行反馈、信息平台转换"的机制。网上联合许可审批服务系统软件开发，由省政务中心负责，会同省工业经济与信息产业局组织实施，2007年9月底前完成。落实中纪委、监察部等《关于开展行政审批电子监察工作的通知》（中纪发〔2006〕20号）精神，建设由视频监控系统、招投标网络系统、许可审批网络系统共同构成的省政务中心电子监察系统，发挥其实时监控、预警纠错、绩效评估等功能，建立起许可审批信息实时交换和应用的长效机制。电子监察系统建设由省政务中心牵头负责，组织省工业经济与信息产业局、省监察厅等单位制定规划并实施，于2007年9月底前建成。

3. 创新政务服务运行方式，切实做到服务优质、高效便民

(1) 许可审批运行方式。进入省政务中心的政务服务项目各部门不得在其他任何场所受理办理，实行"一个窗口受理、一次性告知、一条龙服务、一次性收费、限时办结"的服务模式，按下列五种方式运行。

①即时办理。对程序、条件简单，服务对象按要求提供了完整材料的事项，在省政务中心窗口即收即办，当场或当天办结。对即时办理件，各相关部门对其"首席代表"应完全授权，实行"窗口人员受理并审查、首席代表核准"的

一审一核办结制。

②承诺办理。对程序、条件相对复杂，受到设施、场地等条件制约须做出化验、检验、勘察、听证、论证、咨询、研究等而不能即时办理的事项，按不同事项明确不同的承诺办结时限。对承诺办理件，按照高效便民原则，各相关部门对其"首席代表"应按办理环节给予直接报签或决定受理的授权。

③联合办理。对涉及两个或两个以上部门办理的事项，实行"首办责任制"，即该事项的第一个受理窗口为"首办窗口"，由"首办窗口"联合、协调各相关部门办理并负责最后送达办结件。当"首办窗口"协调不了时，由省政务中心负责协调办理。

④综合代理。对政务服务项目少、申办件常年发生次数少的若干省直部门，可以联合在省政务中心设立综合代理窗口收受申办件，然后按规定的程序、条件转有关部门办理，在综合窗口统一送达；对于下级部门转报或者递次审核的审批项目，可以由中心综合代理窗口代为接收，然后按照许可审批事项的性质和类别，将下级机关的初步审查意见和全部申请材料转交给许可审批决定机关，办理完毕后再通过综合窗口交给各下级政务中心或申请人。

⑤统一收费。凡进入省政务中心办理的政务服务事项，涉及行政事业性收费或者政府性基金收费的，一律由指定银行设立在省政务中心的收费窗口统一收取，所收资金直接缴入省财政非税收入专户。

涵盖以上五种运行方式内容的许可审批服务项目办理规则，由省政务中心负责制定并组织实施。

（2）招投标运行方式。省政务中心负责"对政府投资的建设项目和政府采购项目的招标投标实施监督并提供服务"，按"统一进场、规则主导、全程监督"的方式运行。

①统一进场。政府投资的建设项目和需要招投标的政府采购项目的标书发售、投标、专家抽取、开标、评标和定标工作统一在省政务中心依法进行。凡未在省政务中心进行招投标的政府投资建设项目和政府采购项目，有关部门不得为其办理任何法定手续。

②规则主导。由省财政厅牵头组织省政府法制办、省政务中心等单位制定《关于在省政务大厅开展政府采购招投标业务实施办法》，由省发展与改革厅牵头组织省监察厅、省建设厅、省交通厅、省政务中心等单位制定《关于在省政务大厅开展政府投资建设项目招投标业务实施办法》，由省政务中心牵头组织省直各有关单位制定《海南省政府投资项目和政府采购项目招投标工作专家库建立和抽取管理办法》，分别对招投标的各操作环节做出具体明确规定，做到依法

公正交易。

③现场监督。在省政务中心进行的标书发售、投标、专家抽取、开标和评标等关键环节由省政府相关主管部门和有关监督人员进行现场全程监督。省政务中心对开标、评标和专家抽取实行全程声像监控，刻制光盘，建档保存，并受理招投标有关事项的备查和投诉。

（3）重大项目服务运行方式。省政务中心对省政府确定或确认的重大投资项目设立专门窗口办理，直接交由有关部门办理许可审批手续，做到特事特办。

4. 创新政务服务管理体制，切实做到行为规范、运转协调

（1）明确组织机构及其职责。建立省政务中心，是省委、省政府的一项重要集体决策，是一项复杂的系统工程，必须举省直部门之力，明确职责，共同来办。

①省政务中心的职责。负责研究制定省政务中心各项规章制度、管理办法并组织实施；会同省法制办、省行政审批制度改革办公室等部门组织、筛选、协调、确定进入或者退出中心的政务服务项目并报省政府决定；负责对政务服务项目的协调、监督和服务，适时通报政务服务工作情况；组织各窗口部门提供规范、高效、优质服务；对进入省政务中心的各部门工作窗口及其工作人员进行日常管理和考核；受理公民、法人和其他组织对中心工作人员的投诉举报；会同省监察厅对各部门行政效能进行监督检查；组织调查研究，及时准确地向省委、省政府反映情况，提出建议；组织协调全省政务服务中心的工作，指导推动全省各级政府政务服务中心的建设；办理省政府交办的其他工作。

②各工作窗口所在部门的职责。组织开展对本部门政务服务项目的自查清理，将本部门的政务服务项目纳入省政务中心集中受理、办理、缴费和送达；制定本部门集中受理、办理政务服务项目的各项规章制度、办事流程并组织实施；按省政务中心要求制定统一格式的办事服务指南、表格化的申请书等文本，并免费提供；对涉及本部门多个机构办理的政务服务项目，建立联办会审制度，对需要多个部门审批的事项，建立相应的协调决策机制；在省政务中心设立工作窗口，选派、调整窗口工作人员，委任窗口首席代表；按照省政务中心窗口标准化建设的要求，依法、规范地对本部门的政务服务事项实行"十公开"；保障工作窗口必要的办公条件及正常的工作经费；对省政务中心发出的政务服务事项督办函及时处理并按期回复；协助省政务中心处理当事人的咨询、投诉；完成省政府交办的其他政务服务事项。

③各工作窗口的职责。依法受理并按承诺时限办结本部门纳入省政务中心的政务服务事项；遵守省政务中心各项管理规定，接受省政务中心的监督协调，

配合省政务中心或相关部门完成有关联审、联办事项，按省政务中心的规定填报各种统计报表；负责省政务中心与本部门的工作衔接；受理有关政策法规、办件咨询，实行首办责任、一次性告知、服务承诺等制度；完成本部门和省政务中心交办的其他工作事项。

④省监察部门的工作职责。派出专职工作人员，负责省政务中心督察处工作；受理对进驻省政务中心各单位及其工作人员在违规违纪行为和行政效能等方面的投诉；依据有关规定纠正和查处严重影响行政效能和违反行政纪律的行为；会同省政务中心建立健全电子监察信息平台，依托信息平台对驻省政务中心各单位行政许可审批事项、政府投资建设项目和政府采购招标项目办理过程进行监督检查，促进依法行政，提高行政效能。

⑤其他有关省直部门和机构的工作职责。省法制办、省行政审批制度改革办公室负责协助做好对进入省政务中心的政务服务项目的全面清理登记以及项目办理的流程再造工作；抓好行政审批执法情况的监督检查和各项保障制度的建设。省财政厅应将省政务中心的运行和管理所需经费列入财政预算，给予必要的资金保障。省政务中心的建设经费纳入省财政基本建设专项经费统筹安排。

(2) 建立健全人事管理制度。人事管理是其他各项管理的核心。必须建立健全与省政务中心运行相适应的人事管理制度，以确保政务服务工作顺利展开。

①选拔配强窗口工作人员。相关省直部门按照"素质高、能力强、业务精、服务优、熟练电脑操作"的要求，根据窗口业务量选派窗口工作人员，征求省政务中心意见并备案。窗口工作人员应有明确的岗位责任和执法责任，在窗口工作周期应在一年以上。

②选拔配强窗口首席代表。省直相关部门应委任一名政治素质高、业务能力强、有审批工作经验的中层以上干部担任窗口首席代表，代表本部门行使许可审批职权，负责协助配合省政务中心做好管理工作。

③窗口工作人员和首席代表实行双重管理。业务工作由其所在部门管理，行政隶属关系在原单位不变，工资福利由原单位发放；日常工作接受中心的管理，其党团组织关系临时迁入省政务中心，窗口工作人员年终考核由省政务中心负责，优秀指标由省人事劳动部门单列，不占选派单位指标，并适当高于其他单位比例；晋升职务以及入党入团应考察其在省政务大厅工作的现实表现，并征求省政务中心的意见。窗口工作人员因不能胜任工作或有违纪行为，省政务中心提出处理意见或换人要求时，派出部门应密切配合，及时更换工作人员；部门提出调换工作人员或临时顶岗换人时，应征得省政务中心的同意。

(3) 建立健全日常业务管理制度。严格规范的业务管理制度是服务优质高效的重要保证，必须建立健全并认真执行业务管理制度。

①保持政务服务项目及办理程序的稳定性。凡进入省政务中心办理的政务服务项目，未经省政府同意，各部门及其窗口不得随意进行调整或变更。省政务中心建立政务服务项目库，根据有关规定对政务服务事项依法实行电子化动态目录管理。各窗口对政务服务事项受理、审查和决定情况均录入中心办公自动化系统。

②保持对政务服务项目办理状态的实时追踪监控。省政务中心信息管理系统自动对各个部门政务服务事项的承诺时限进行监控，接近承诺时限提示，超出承诺时限报警。

③保持协调办理政务服务事项的有效性。省政务中心在必要时，可以组织召开许可审批联席会议，协调解决联合许可审批中的问题，参加联审会或联席办公会的人员，必须有权确定事项及签发纪要。省政务中心难以协调的事项，提请省政府协调、决定。

④保持行政监察和督办工作的权威性。对受理的投诉，省政务中心可对相关窗口工作人员及相关部门负责人提出质询，被质询人必须到省政务中心做出解释。省政务中心可编发"海南政务服务"内刊和"政务服务督查通知书"，通报情况，督促窗口及有关部门改进工作。

⑤保持政务服务工作人员良好精神风貌。各窗口及工作机构应坚持文明服务，规范礼貌用语，加强廉洁自律，展现良好政风。为规范工作人员服务仪表，省政务中心以及各部门窗口工作人员统一服装，经费列入省财政预算解决。有关部门窗口工作人员按国家规定已着专业制式服装的，所着制式服装不变。

5. 创新政务服务监督方式，切实做到实时监察、提高效能

（1）行政首长负责，确保政令畅通。政务服务工作实行行政首长负责制和行政首长问责制。省长分管省政务中心工作，常务副省长具体分管具体抓；相关省直部门"一把手"要负总责，分工得力的分管领导上阵抓。对在省政务中心筹建阶段，未按统一安排部署按时推进本部门相关工作影响省政务中心正式开业对外服务的；对在省政务中心受理或者办理政务服务申请但又在其他地方受理或办理申请的；对未按规定在省政务中心收费窗口收取许可审批等相关收费的，省监察厅负责进行专项调查，省政府将根据《海南省行政首长问责暂行规定》对其部门主要负责人给予问责处理。

（2）严肃监察纪律，确保廉洁高效。对在办理政务服务事项过程中索贿、受贿或违规收费、谋取非法利益的；对由于工作失误造成政务服务事项延期办结或在工作中弄虚作假造成不良影响的；对未在承诺期限内依法办结政务服务

事项的，省监察厅、省政务中心将与相关部门配合，视其情节轻重依照法纪政纪进行处理。

（3）依法维权维和，促进和谐服务。省政务中心要以"依法办事、公开维权、化解矛盾、促进发展"为督查工作宗旨，结合政务公开，在省政务中心设置群众意见箱、对外公布各部门窗口服务电话，开通网上投诉信箱，畅通群众监督渠道；认真受理、协调、处理人民群众投诉，切实维护行政相对人权益，切实做到"为人民服务、受人民监督、让人民满意"，促进和维护社会和谐。

（二）"省直管县"体制

1988年海南建省伊始就实行了最为纯粹的"省直管（市）县"体制，经过"小政府、大社会"政府架构30年不断的改革实践，充分融入了海南省的具体特点，探索出一条富有特色的行政体制改革新路径，被誉为"海南模式"。1988年海南在"小政府、大社会"的框架下，设立"宽职能、少机构"的"大部制"，大刀阔斧对原行政区机构框架进行了改革，海南省级政府部门主要机构包括27个厅、6个直属局、6个内设局，与海南建省前相比减少了25个，行政编制人员减少1700人，在一定程度上减少了部门职责交叉现象，缩小了省级政府职能，客观上扩大了市县的行政权力。

2008年7月，省委五届三次全会做出进一步完善"省直管（市）县"体制的决定，并以放权为核心进一步完善省直管（市）县管理体制，积极推进"强县扩权"改革，向市县下放197项行政管理事项，开了全国体制改革之先河。

直管县分为"强县扩权"和"省直管财政"两种，前者是真正意义上的省直管县，海南15个省直管市县属于此类，这15个直辖县级行政单位是：五指山市、文昌市、琼海市、万宁市、东方市、定安县、屯昌县、澄迈县、临高县、琼中黎族苗族自治县、保亭黎族苗族自治县、白沙黎族自治县、昌江黎族自治县、乐东黎族自治县、陵水黎族自治县。

2010年1月4日，国务院发布《关于推进海南国际旅游岛建设发展的若干意见》，海南国际旅游岛建设步入正式轨道。国际旅游岛设立后海南省委、省政府加强了省直接对市县的统一管理，合并资源同类项，把具备相同资源条件的相邻市县从规划上视为同一个行政区，统一加以开发利用，打破市县、城乡和农垦的行政分割，从根本上打破行政壁垒和体制束缚，从而实现资源优势合理配置最大化。省级政府在纵向上通过设立五个旅游经济区管委会作为协调统一经济区开发的行政管理机构，整合各市县资源，横向上通过大部制改革强化省旅游委的职责，一横一纵构建起国际旅游岛的开发期间的行政框架。为验证这一行政框架的可行性，2011年海南省政府几经选址，最终决定在陵水黎安设立国际旅游岛先行试验区——该区为省级行政直辖区，由省政府主控。从行政管理来看，行政高配，省级授权。中共海南国际旅游岛先行试验区工作委员会为中共海南省委派出机构，国际旅游岛先行试验区管理委员会为海南省人民政府派出机构，试验区在规划、土地、项目等方面享有省级行政审批权；从运作方式来看，政府搭台，企业唱戏，企业是试验区开发的主体，试验区具体建设工作由企业来承担，为此专门设立了省属国有企业——海南省国际旅游岛开发建设有限公司；试验区管委会则代表省政府作为出资方，按照企业法要求，对公司行使相应权力，履行相应职责。

南部规划紧紧围绕三亚这个著名滨海旅游城市，整合陵水、保亭、乐东三县优质的海岸线资源，打造"三亚热带滨海旅游经济区"；北部以海口为中心整合文昌、定安、澄迈一市二县，加强全省的科技文化建设，打造"海口滨海文化旅游经济区"；中部以五指山为中心整合琼中、屯昌、白沙三县，以森林资源为突破口建设"热带雨林旅游经济区"；东部建设以琼海、万宁二市为重点建设"国际会展、温泉旅游经济区"；西部以儋州、洋浦为重心，整合东方、临高、昌江三县等，注重对矿产资源和海域油气资源开发，建设"生态工业旅游经济区"。

第一，海南的"省直管（市）县"主要目标：经过3至5年的努力，基本形成省与市县权责一致、分工合理、决策科学、执行顺畅、监督有力的行政管理体制，省级政府规划、指导、协调、监管能力明显增强，市县发展活力明显加强，各级政府行政效能明显提高。

第二，海南的"省直管（市）县"体制的主要特点可以归纳为"四个直接、一个履行、一个保障"。"四个直接"是指党中央、国务院的方针政策由省委省政府直接指导市（县）实施落实；市（县）领导班子由省委直接考核、任命和管理；市（县）财政与省财政直接发生关系，对市（县）的转移支付、专项支付、专项补贴都由省财政直接发放；所有市（县）委书记都是省委委员或候补委员，直接参与省委的重大决策。"一个履行"是指市（县）政府直接履行省辖市的行政职权。"一个保障"是指通过立法对省直管市（县）改革进行法制保障。

第三，海南的"省直管（市）县"体制改革的主要措施。围绕建立和完善充满活力的市（县）政府管理体制机制这条主线，海南省实施了一系列省直管（市）县体制改革措施：

①下放管理权限。2000—2006年，省政府先后下放62项行政审批事项、43

项行政许可事项到（市）县，分六批共清理省政府所属部门实施的行政审批事项945项，取消293项，取消和调整年审和年检事项15项。2007年省委提出逐步将省辖市的省级管理权限下放给（市）县，2008年省政府正式下放经济社会管理权197项，其中经济管理权限166项，占下放事权总数的84.2%；社会管理权限31项，占下放事权总数的15.8%。在下放审批权限的同时，积极开展对（市）县管理人员的对口培训，定期或不定期对（市）县行使权力进行监督检查。

②科学划分省与（市）县两级政府的职责。在事权下放过程中，明确了省级政府在规划发展、政策指导、统筹协调、执行和执法的监管等方面的职责。明确了（市）县政府在贯彻执行国家和本省制定的法律法规和政策，推动本地区经济社会发展和提供公共服务等方面的职责。省级政府在放权的同时，进一步强化了监督指导责任。（市）县政府在获得发展空间的同时，也增加了事务管理责任和公共服务义务。

③进一步完善干部管理制度。提高全省大多数（市）县党政"一把手"职级，明确（市）县委书记都是省委委员或候补委员，提高其决策参与度，推行省直机关和（市）县干部双向交流任职或挂职，引导省级部门领导换位思考，提高了省级党政机关放权让利的主动性。（市）县可直接向省委省政府请示汇报工作，进一步加强了上下联系沟通。

④创新机制，巩固改革成果。2009年4月，海南省人大常委会通过了《海南省人大常委会关于进一步完善省直管市县管理体制的决定》，以地方立法的形式把改革方向和具体的放权办法等内容确定下来。为了解决下放权力过程中遇到的某些法律问题，启动特区立法权，保障改革顺利推进；完善财政激励措施，建立激励性转移支付机制；适度调整部门垂直管理体制，扩大（市）县对省垂管部门管理的参与度；实行项目备案制，加强省级政府对（市）县政府的监督指导。

30年来的实践证明，海南的"省直管（市）县"顺应了行政管理体制改革的方向，有利于降低行政成本，提高行政效能，整合利用重要资源，统筹城乡、区域协调发展，为全国提供了许多有益的启示和经验，但随着经济社会发展形势的变化，海南现行管理体制在运行中也面临着一些新的矛盾和问题，突出表现为责权不统一，省直部门权限过于集中，而承担地方经济社会发展直接责任的市县政府却缺少应有的权力，地方的积极性和主动性不利于发挥，这在一定程度上制约了市县的发展。

（三）海南农垦社会管理"属地化"改革

海南农垦创建于1952年。长期以来，农垦、农场担负基层政府的诸多职能，大量的社会事务由企业承担，如医疗、教育、救助、福利、社保等，特别是近年来，海南农垦发展遇到了许多困境，其中民生事业发展严重滞后，农场与地方社会管理脱节，基础设施建设和基本公共服务保障水平与地方有较大差距，因此，如何剥离农垦办社会职能，实现政企分开、社企分离，是农垦改革的重要内容，也是实现垦区集团化、农场企业化的重要前提。海南省委、省政府提出在农场向市县移交社会管理职能过程中，应紧密结合实际，推进基层社会治理创新，以"居"的形式来承接农场社会管理职能。

海南农垦改革作为全国的试点，2008年以来，海南省委、省政府先后印发了《关于海南农垦管理体制改革的实施意见》《关于进一步深化海南农垦管理体制改革的决定》等8个政策文件，稳步推进农垦改革，把桂林洋、新星等9个农场移交市县管理，实现"一改多赢"。

2015年12月，海南省委、省政府印发了《关于推进新一轮海南农垦改革发展的实施意见》，明确提出要推进农场社会管理属地化改革。据介绍，推进农场社会管理属地化改革，要按照社会治理创新的要求，由市县政府实施属地管理，实现政府管理与基层群众自治有机统一，形成政府、企业和社会组织"三驾马车"各负其责、共同治理的格局。为此，海南将4个农场列为试点，按照距离中心城镇、人口规模、地域面积等指标，符合设立镇条件的农场将设立"镇"，而人口规模、地域面积较小的农场，与城镇毗邻或融为一体的农场将设立为"居"。2016年6月15日，海南省海口市琼山区大坡镇东昌农场"东昌居"正式挂牌成立，成为全国第一个以"居"命名的基层社会治理单元，这是海南农垦改革设立的首个农场社会管理属地化试点机构，标志着海南农垦农场社会管理属地化改革迈出第一步。"东昌居"是一个具有独立法人资格的基层社会自治组织，隶属于海口大坡镇管理，与村委会同级。"东昌居"集管理、服务、自治功能为一体，不占用行政事业编制，根据政府授权为农场居民提供公共服务，隶属地方政府。目前，全省垦区所有农场（所）共挂牌设"居"83个，农场社会管理属地化改革基本完成。

根据中共海南省委、海南省人民政府《关于推进新一轮海南农垦改革发展的实施意见》（琼发〔2015〕12号）和海南省人民政府办公厅《关于海南垦区农场社会管理属地化改革的指导意见》（琼府办〔2016〕272号）文件精神，海南省深化农垦管理体制改革领导小组提出"设居"的改革模式。"居"作为一个具有独立法人的社会自治组织，由政府授权和购买公共服务方式来承担农场改企转制后的社会管理和公共服务职能。在机构设置上，一个居一般设居长1名、副居长1名、居长助理2名，提倡党支部书记、居长"一肩挑"，党支部委员与副居长、居长助理交叉任职;居民服务站设专职工作人员 17 名,全部由政府提供购买服务。

以"东昌居"为例,作为基层组织承担着民政、城市管理和市容市貌等 14 类 99 项社会管理与公共服务职能,机构下设立便民服务点和 36 个居民小组,以扁平化管理来提升机构的办事效率,减少行政资源浪费。

居党组织为党总支部委员会,是居的领导核心;居的自治组织为居民委员会,主要职责是依法组织居民开展自治活动,协助属地政府做好相关工作;居的服务机构为居民服务中心,它在居党组织的领导下,根据政府授权,行使一定的社会管理职能,受政府委托,通过政府购买服务的方式,为居民提供公共服务。

居组织机构的工作人员,首先从农场现有从事社会管理和公共服务的人员中择优选聘,原有身份不变,并与属地政府签订《从业人员用工合同》,不足名额可向社会公开招聘,目前 83 个居招聘 1501 人。此举既解决农场职工的安置问题,又解决居组织机构"有人办事"的问题。

在各居便民服务中心均设立服务大厅,通过整合资源,利用综合服务信息平台,采取"前台一口受理,后台分工协作"的模式,实现"一站式"服务,方便群众办事。如屯昌 2016 年 12 月 17 日挂牌成立的 5 个居,3 个多月共受理群众办理业务 8300 多件,办结率达 99.3%,群众满意率高。

海南省下一步将采取设镇、设居、连人带事纳入周边乡镇管理等多种方式,全面展开农场社会管理职能移交市县的工作。蓝洋农场、金安农场和红光农场将成为改革试点,采取"一场一策"甚至"一场多策"的方式推动农场社会管理属地化改革。

第二节 十八大以来海南社会治理建设

一、国家治理现代化

社会是人们为了自身生存和发展的需要结合而成的生活共同体,社会管理就是以维护社会秩序为目的而规范和协调社会关系、社会组织和社会行为的活动。社会的进步与发展离不开公共产品和服务的供给,社会建设就是以推动社会发展为目的而促进社会事业发展、提供社会性公共服务的活动,而社会体制就是国家为了维护社会秩序、促进社会发展而就社会建设和社会管理所做出的稳定的、富有约束力的制度安排。不同历史时期的社会管理体制是不同的。现代社会管理体制也包括社会管理格局和社会管理体系两个方面内容，前者是指政府、企业、民间组织和公民等多元主体对社会生活、社会事务、社会行为的合作管理，但由于国家对政府、企业、民间组织和公民在合作管理中地位和作用所做出的制度安排的不同，各个国家的社会管理格局呈现出不同的模式，同一国家不同时期的社会管理格局也会有所不同；后者是围绕社会整合、社会融合、社会保障、社会服务、社会工作、社会控制六大社会运行机制而建构的制度体系。不同国家组织实施六大社会运行机制的具体方式和手段会有很大的区别，由此也会产生中观层面社会管理模式的差异。

从传统社会管理向现代社会治理的转变，是我们党对社会建设规律认识不断深化的重要体现。新中国成立后特别是改革开放以来，我们党在社会建设理论和实践方面进行了不懈探索，对社会建设任务和规律的认识越来越深入、把握越来越准确、运用越来越科学。党的十六届三中全会提出完善政府社会管理和公共服务职能，十六届四中全会提出加强社会建设和管理、推进社会管理体制创新和建立健全党委领导、政府负责、社会协同、公众参与的社会管理格局，党的十七大提出完善社会管理、健全基层社会管理体制，党的十八大提出城乡社区治理和加快形成党委领导、政府负责、社会协同、公众参与、法治保障的社会管理体制。党的十八届三中全会把握发展大势，积极回应社会呼声和群众关切，明确提出创新社会治理体制、提高社会治理水平，体现了我们党对执政规律、社会主义建设规律、人类社会发展规律的新认识，是我国从传统社会管理转向现代社会治理的重要标志。

从传统社会管理向现代社会治理的转变，是坚持马克思主义群众观点的必然要求。坚持人民是历史创造者，坚持人民主体地位，是马克思主义群众观点的基本内容，也是马克思主义政党同其他政党的根本区别之一。中国特色社会主义是亿万人民自己的事业，社会建设是中国特色社会主义总体布局的有机组成部分，社会治理是社会建设的重要内容。创新社会治理体制，必须坚持人民主体地位，发挥人民主体作用，尊重人民首创精神，保证人民平等参与、平等发展权利，进一步激发社会活力，切实做到社会治理为了人民、依靠人民、成果由人民共享。

从传统社会管理向现代社会治理的转变，是推进国家治理体系和治理能力现代化的客观需要。国家治理体系和治理能力是一个国家的制度和执行能力的集中体现。国家治理体系是在党领导下管理国家的制度体系，社会领域体制机制、法律法规安排是国家治理体系的重要内容。国家治理能力是运用国家制度管理社会各方面事务的能力，社会治理能力是国家治理能力的重要体现。推进国家治理体系和治理能力现代化，必须改革社会领域体制机制、修订和完善相关法律法规，坚持党领导下多方参与、共同治理的理念和主张，加强党委领导，坚持政府负责，鼓励和支持人民群众和社会各方面更加积极有效地参与社会治理。①

社会治理是以实现和维护群众权利为核心，发挥多元治理主体的作用，针对国家治理中的社会问题，完善社会福利，保障改善民生，化解社会矛盾，促进社会公平，推动社会有序和谐发展的过程。社会治理是一个复杂的系统工程：首先，需要有一套正确的价值体系，以凝聚社会共识；其次还需要有一套完善的制度体系，把正确价值固化为社会的规则，以规范社会行为。自愿性、调适性、引导性和强制性四大治理工具是作为社会治理的价值目标和制度规范与社会现实之间的桥梁所在，是实现社会治理价值目标和维护制度规范的手段和方法。我国正在经历由传统社会向现代社会转型的重要历史时期，这个时期的重要特点是社会治理正在经历由政府主导向公民自治方向转化，它必然对社会治理工具的发展产生深刻的影响。②

十八届三中全会审议通过的《中共中央关于全面深化改革若干重大问题的决定》（以下简称《决定》）提出，"全面深化改革的总目标是完善和发展中国特色社会主义制度，推进国家治理体系和治理能力现代化"，把创新社会治理体制作为推进国家治理体系和治理能力现代化的重要内容，提出了"加快形成科学有效的社会治理体制，确保社会既充满活力又和谐有序"的目标要求，《决定》进一步指出，"到2020年，在重要领域和关键环节改革上取得决定性成果"，"形成系统完备、科学规范、运行有效的制度体系"，换言之，要在2020年初步实现国家治理体系的现代化。

国家治理体系和治理能力是一个国家制度和执行能力的集中体现。国家治理体系是在党领导下管理国家的制度体系，包括经济、政治、文化、社会、生态文明和党的建设等各领域体制机制、法律法规安排，也就是一整套紧密相连、相互协调的国家制度；国家治理能力则是运用国家制度管理社会各方面事务的能力，包括改革发展稳定、内政外交国防、治党治国治军等各个方面。国家治理体系和治理能力是一个相辅相成的有机整体，有了好的国家治理体系才能真

---

① 李立国. 加快向现代社会治理转变：深入学习习近平同志关于全面深化改革的重要论述[J]. 中国民政，2014（3）：9-10.
② 王学杰. 从政府主导到公民自治：我国社会治理工具发展的基本取向[J]. 理论探讨，2014（1）：24-28.

正提高治理能力，提高国家治理能力才能充分发挥国家治理体系的效能。作为治理体系核心内容的制度，其作用具有根本性、全局性、长远性，但是没有有效的治理能力，再好的制度和体系也难以发挥作用。

十八届三中全会《决定》专门用了第十三部分论述"创新社会治理体制"，认为"创新社会治理，必须着眼于维护最广大人民根本利益，最大限度增加和谐因素，增强社会发展活力，提高社会治理水平，全面推进平安中国建设，维护国家安全，确保人民安居乐业、社会安定有序"，这里的社会治理包括"改进社会治理方式，激发社会组织活力，创新有效预防和化解社会矛盾体制，健全公共安全体系"四大部分，并具体细化为国家治理、政府治理、社会治理、社区治理、治理体系、治理能力、治理方式、第三方治理等，涉及治理体系及其结构层次、方式方法、组织人员等诸多方面，表明中国的改革已进入通过建立健全系统完备、科学规范、运行有效的制度体系，使各方面制度更加成熟更加定型，从而达到国家有效治理的新阶段。

十九大报告提出："打造共建共治共享的社会治理格局。加强社会治理制度建设，完善党委领导、政府负责、社会协同、公众参与、法治保障的社会治理体制，提高社会治理社会化、法治化、智能化、专业化水平。加强预防和化解社会矛盾机制建设，正确处理人民内部矛盾。树立安全发展理念，弘扬生命至上、安全第一的思想，健全公共安全体系，完善安全生产责任制，坚决遏制重特大安全事故，提升防灾减灾救灾能力。加快社会治安防控体系建设，依法打击和惩治黄赌毒黑拐骗等违法犯罪活动，保护人民人身权、财产权、人格权。加强社会心理服务体系建设，培育自尊自信、理性平和、积极向上的社会心态。加强社区治理体系建设，推动社会治理重心向基层下移，发挥社会组织作用，实现政府治理和社会调节、居民自治良性互动。"[①]

十九大"共建共治共享社会治理格局"的表述，是对以往"完善党委领导、政府负责、社会协同、公众参与、法治保障的社会治理体制"认识拓展和理念的进一步升华，凝聚了党的十八大以来党和全国人民社会治理探索的集体智慧，既是对过去5年我国社会治理实践探索的总结，也是给未来社会治理的发展和创新提出的新目标和新要求，从根本上体现了以人民为中心的主体定位，内含着对全体人民意志的遵从，对全体人民参与权利的肯定，对全体人民利益的敬畏。"共建"即共同参与社会建设，即无论是城镇、街道、社区，还是乡镇、村

---

① 习近平. 决胜全面建成小康社会 夺取新时代中国特色社会主义伟大胜利：在中国共产党第十九次全国代表大会上的报告[J]. 理论学习, 2017 (12): 4-25.

庄等社会成员共同参与建设和治理——就发展社会事业而言，在教育、医疗、卫生、就业、社保以及社会服务等相关领域，应本着政府主导和政社合作原则，通过一系列政策安排，为市场主体和各种社会力量创造发挥作用的更多机会；就完善社会福利而言，人民的获得感、幸福感和安全感，需要得到制度保护。因此，在公共财政制度、收入分配制度、社会保障制度的构建工程中，党在发挥领导作用的同时，也必须为社会各界和广大人民的有序参与制度建设落实机制。就社会发展而言，要充分认识社会组织在新时代的社会意义，它们是国家治理现代化中的重要角色，是市场经济进一步发展的增长点，是社会管理和公共服务的合作者，是社会和谐与秩序稳定的影响者，是社会公益慈善文化的引领者。应促进社会组织健康发展，激发社会力量参与社会建设的能力和活力。"共治"即共同参与社会治理——参与权是人民群众的一项重要权利，也是人性需求的组成部分，无论是城镇、街道、社区，还是乡镇、村庄等社会成员共同参与建设和治理，其一切管理行为遵循共同体全体成员的意志，因此，党和政府要为人民群众参与治理创造条件。"共享"即共同享有治理成果——改革开放以来，我国经济发展突飞猛进，然而发展成果却没有很好地惠及每个家庭每个人，城乡之间、地域之间、群体之间存在一定差距，这种不平衡不充分的发展不是人民需要的健康发展。习近平总书记强调："我们追求的发展是造福人民的发展，我们追求的富裕是全体人民的共同富裕。"① 改革发展搞得成功不成功，最终的判断标准是人民是不是共同享受到了改革发展成果，因此，共享治理成果，一是靠党保障民生的决心；二是靠政府有改善民生的思路，按照"守住底线、突出重点"原则保障低收入群体和弱势群体的基本生活；三是国家有共享的制度保障。

"共建共治共享的社会治理格局"作为我国新时代社会建设的一种模式，从一般结构形态来看，有时需要关注各种各样大小不同的共同体，作为其构成要素的共同体应该体现这样的特征：一是无论是城镇、街道、社区，还是乡镇、村庄等社会成员共同参与建设和治理等，大家的事大家办、大家管；二是每一社会共同体"公共物品"的具体管理机构、管理人员均由共同体全体成员通过协商民主方式产生，其一切管理行为遵循共同体全体成员的意志；三是共同体"公共物品"运作产生的所有利益，均为共同体全体成员共同享用。社会是由大小不同的各种各样的共同体构成的，各种社会共同体，如果能够按照具有这三

---

① 马庆钰，单苗苗. 准确理解共建共治共享的内涵 [N/OL]. 学习时报网站，2017-11-08.

个特征和要素的模式运作,就有利于推动形成共建共治共享的社会治理格局①。

打造"共建共治共享的社会治理格局"是一项系统工程,意味着在党委领导下,政府、社会、企业和公民等多元主体参与到社会治理之中,各自发挥相应的作用。必须加强社区治理体系建设,实现政府治理和社会调节、居民自治良性互动。有学者认为,社区治理是社会治理的基层环节,也是政府治理的基层环节。社会治理与政府治理不是从属关系,而是一种既有分工,又有合作的相互配合、相互协作关系,同时还有一定的相互制约、相互监督的关系;社区治理具有自治的性质,社区制定自治规则、建立自治组织,对社区居民实施自治管理,政府可进行必要的指导和适当的监督,不得干预社区自治事项,但其行政管理权自然要及于社区,无论是治安管理、卫生管理、税收管理、工商管理等,还是社会保险、社会救济等各种行政给付,都必须和必然进入社区。社区对政府的行政管理行为,有义务服从和配合,社区组织和社区居民应协助政府有关部门履行好社区公共管理和公共服务职责,同时,社区组织和社区居民对政府的公共管理和公共服务行为也有依法监督的权利。政府和社区如果均能既各尽其责,又相互尊重、配合、协作,并相互监督、制约,就可以形成一种良性互动的社会治理和政府治理格局,为社区居民提供最优质的"公共物品"(包括行为规则、公共设施、公共服务、社会秩序等)。另有学者提出,打造"共建共治共享的社会治理格局",必须加强社会心理服务体系建设,让基层组织和公民更具自立、自强、自爱的心理素质,培育自尊自信、理性平和、积极向上的社会心态,有助于推进社会调节、居民自治发挥作用,从而确保共建共治共享的社会治理格局健康可持续发展。

二、海南社会治理建设

经过这些年来的不懈努力特别是进入 21 世纪以来的自觉构建,海南已经初步建立起现代社会管理体制,社会管理和公共服务已经成为各级政府的重要职能,社会发展支出在各级政府财政支出中所占比例逐步增大,公共产品配置中政府的主导作用日益明显。随着民间组织数量的不断增加,政府向社会组织购买服务的兴起,社会的协同作用初步显现,志愿服务和慈善捐赠成为资源动员和公众参与的重要形式。

社会政策法规体系建设方面——在社会救助、社会保险、村民自治、民间组织登记管理、和谐劳动关系、妇女儿童、残疾人、老年人等弱势群体权益保护、

---

① 姜明安. 程序正义与社会治理创新 [J]. 美中法律评论, 2005, 2 (11): 1-3.

应急管理、安全监管和社会治安等方面依据并制定了一批地方法律和行政法规。

城乡基层社会管理体系建设方面——村民自治获得长足发展，一些地方为发挥居民委员会自治作用进行了居民委员会和社区服务站分设的探索。城市社区建设和社区服务发展迅速，农村社区建设开始起步。社会组织管理体系形成了登记管理和业务管理相结合的双重管理体制，并从不定期清理走向依法管理。

社会保障体系方面——已经初步建立起覆盖城乡的社保体系，通过疏通利益诉求渠道、建立劳动者集体协商平台、劳动争议调解制度、改革收入分配制度，利益协调体系已见雏形，流动人口管理实现了从限制控制向服务管理的转变，基本实现了属地化管理和多元化服务，社会立法和社会政策更加关注弱势群体权利保护和资源倾斜。

社会服务体系建设方面——鼓励和支持社会资金参与公共品的生产和供给，积极探索社会服务的多中心供给模式，在一些领域建立了社会服务的监管法律，社会工作正在由过去封闭式、行政性、非专业化向开放式、社会化、专业化、职业化过渡，社会工作人才队伍正在不断发展壮大。

社会应急管理方面——"一案三制"（应急方案和应急体制、应急机制、应急法制）和"一网五库"（应急工作联络网、法规库、救援队伍库、专家库、典型案例库、救援物资库）体系已经建立，安全监管的法律法规、组织机构逐步健全，社会治安体制积极引入社会化和市场化机制，保安服务和群众治安联防在单位和社区治安中地位和作用日益重要，初步形成了由人防、技防、物防结合的社会治安防控体系。

十八大以来，特别是十八届三中全会提出"推进国家治理体系和治理能力现代化"，把创新社会治理体制作为推进国家治理体系和治理能力现代化的重要内容，海南在创新社会管理、推进地方社会治理体系和治理能力发展等方面做出了积极努力，进行了富有成效的探索，凝练了特色。

第一，海南省人民政府"12345"综合服务平台。2016年2月，海南省政府印发《海南省整合优化各职能部门投诉举报平台功能建立统一政府综合服务热线平台工作方案》，明确在2016年6月30日前，整合全省以"123"开头的政府职能部门和部分公共服务热线，建设涵盖消费维权投诉、经济行为违法举报、民生、人力资源和社会保障咨询等职能的统一政府综合服务热线——12345，这是全国第一家由省政府成立的12345综合服务平台。12345平台建成后，以123开头政府职能部门和部分公共服务热线将不再对外受理业务，作为12345热线子号，承办12345平台转办的投诉、举报、咨询事宜。实现接受人民群众投诉举报咨询工作"一号对外、集中办理、按责转办、限时办结、统一督办"。对于群众来说，只需记住12345一个号码，即可解决消费维权、一般维权、民生服务、紧急突发状况等所有问题。2016年4月18日，海南省人民政府综合服务热线12345管理中心在省工商局挂牌成立，该中心由省工商局代为管理，与海南省工商行政管理局12315消费者投诉举报调解处理中心合署办公，主要负责省政府综合服务热线的建设、运营和管理，并对全省相关工作予以指导。据了解，海南电信公司（白坡）呼叫中心五楼将被作为12345平台呼叫中心运行场地，设100个受理座席，包括英语座席和海南话座席。5月起，12345综合服务热线进入试运营状态，并进行优化调整，并于6月30日前正式运行。为确保12345服务质量，12345综合服务热线将丰富接诉渠道，实现语音、微信、App、短信、微博、电子邮件、信函接诉，并设置现场投诉接待点，接受群众现场投诉。12345管理中心还将成立业务专家咨询、督查督办、法律顾问咨询等三个团队，由28家成员单位各聘请一名法律顾问，并各推荐出一名法律专业人员，形成一个法律专业团队，援助解决百姓求助问题。督查督办团队将对投诉举报咨询处理情况进行跟踪督办，确保"件件有回音，事事有着落"。

第二，海南省综治中心+"雪亮工程"建设+网格化服务管理。加强社会治安综合治理中心建设，构建立体化治安防控体系；加快"雪亮工程"建设，创新海岛型立体化社会治安防控体系，提升综治工作智能化水平，促进"平安海南"建设，为构建更高效的社会治理机制提供有力支撑；加快网格化服务管理建设，健全完善城乡社区治理体系，提高城乡社区治理水平，补齐城乡社区治理短板，建设美好新海南。加强创新社会治理，积极推进综治中心、"雪亮工程"建设及网格化服务管理，构建以信息化为支撑，以智能化为抓手，以实战化为核心，以制度化为保障的海岛型立体化社会治安防控体系；积极推进社会、网络、家庭的共享共融，促进社会治理的规范化、社会化和现代化。

2018年1月26日海南省六届人大一次会议在海口开幕，政府工作报告提出，2018年海南将加强和创新社会治理，在全国率先建立省域人口出入信息系统，健全基层群众自治制度，探索"大社区"治理模式，发挥社会组织作用，促进政府治理和社会调节、居民自治良性互动；发挥数据资源在社会治理中的作用，在全国率先建立省域人口出入信息系统，完善12345政府综合服务平台；推进综治中心、雪亮工程、网格化管理"三位一体"建设，打造海岛型立体化、智能化、信息化治安防控体系升级版；落实信访工作责任制，依法及时就地解决群众合理诉求；牢固树立安全发展理念，完善安全生产责任制，预防和遏制重特大安全事故发生；强化食品药品安全监管，确保群众饮食用药安全；扎实推进平安海南建设，强力整治黄赌毒黑拐骗和涉众涉网违法犯罪活动，深入开展禁毒三年大会战；建立健全基层应急管理组织体系和工作机制，全面提升医学急救及综合防灾减灾救灾能力。

海南省民政厅党组书记、厅长苗延红指出，要加强社区治理体系建设，创新社区治理机制，探索"大社区"服务格局，推进社区、社会组织、社工的"三社"联动，全面提升城乡社区服务能力，实现政府治理和社会调节、居民自治良性互动。加快推进减灾救灾体制改革，坚持以防为主，防、抗、救相结合的工作方针，建立完善自然灾害救助标准体系，推进防灾减灾示范社区建设，完善各级救灾物资储备布局，引导协调社会力量有序参与防灾减灾救灾工作，全面提升抵御自然灾害的综合防范能力。推进社会组织管理制度改革，坚持一手抓培育发展，一手抓监督管理，加强社会组织规范化管理，形成政社分开、权责明确、依法自治的现代社会组织体制，全面激发社会组织活力。

统筹城乡社会救助体系，完善最低生活保障制度。按照"坚守底线、突出重点、完善制度、引导预期"的基本方略和"兜底线、织密网、建机制"的要求，统筹城乡社会救助体系，不断完善最低生活保障制度，加强低保制度与扶贫开发政策紧密衔接，加强基层社会救助"一门受理、协同办理"服务窗口建设，加强工作协同，着力提升基层社会救助经办服务能力，推进精准、公平、高效救助。完善社会救助、社会福利、慈善事业、优抚安置等制度，健全农村留守儿童和妇女、老年人关爱服务体系，提升特困供养服务机构管理服务水平。发展残疾人事业，加强残疾康复服务。2018年年底，海南省加快出台《关于积极推行政府购买服务 加强基层社会救助经办能力建设的意见》等政策文件，完善社会救助制度，加强基层社会救助经办能力建设。把完成好脱贫攻坚任务作为检验学习贯彻落实党的十九大精神成效的重要衡量标准，及时将符合条件的贫困对象纳入农村低保范围，全力推动农村低保对象和特困人员"三保障一扶持"政策落实。推进防灾减灾救灾机制改革，时刻做好救灾应急准备，把做好受灾群众紧急避险转移、过渡安置和基本生活保障作为救灾工作的重中之重，切实保障受灾群众基本生活。

十九大报告提出"健康中国战略"，"积极应对人口老龄化，构建养老、孝老、敬老政策体系和社会环境，推进医养结合，加快老龄事业和产业发展"[①]。对此，海南省将大力推进养老服务业供给侧结构性改革，支持和鼓励社会力量投资兴办各类养老服务机构，推进养老服务业"放管服"改革，引导社会资本

---

① 习近平. 决胜全面建成小康社会 夺取新时代中国特色社会主义伟大胜利：在中国共产党第十九次全国代表大会上的报告[J]. 理论学习，2017（12）：4-25.

进入养老服务领域，加大养老机构监管整治力度，确保老人人身安全；不断完善"居家为基础、社区为依托、机构为补充、医养相结合"的养老服务体系，以满足多层次、不同人群的养老服务需求，为老年人提供丰富多样、品质优良的养老服务产品。此外，还将根据海南省实际，大力发展社区居家养老服务，进一步提升农村养老服务质量，保障好本地区老人基本养老需求。

（一）海南社会治理现代化目标模式

海南建省30年来，在社会治（管）理方面无论是选择"大部制""大工业""大农业""大商贸""大文化"管理体制，还是实施"两级政府、三级管理""统一政务服务"，或是2018年年初提出的"大社区"治理等，严格来说不是一种成熟的目标模式，只能看作在某个治理手段或方式而非整体上有创新，更多的是一种介于政府管制和公民自治之间的混合治理模式，是一种过渡形式。之所以如此，就是因为社会转型期受到现代自由、平等、民主和法治价值观念和传统的权威、服从、集中、纪律价值观念的双重影响，其制度体系具有公民自治与政府管制的双重特征，在完全实现公民自治体制之前，社会治理只能在政府管制与公民自治之间寻找平衡点，相应地社会治理工具的选择区间也应当介于政府强制与公民自愿之间，至于这个平衡点和区间选择的具体位置，则需要根据不同国家的文化、社会特点和社会治理的习惯进行综合考量。

从世界范围看，18世纪英国人亚当·斯密提出自由放任主义以后，政府对社会不干预就成为一种社会治理信念。但是20世纪20年代和30年代之交发生的全球经济大萧条，粉碎了自由放任主义者的迷梦，由"罗斯福新政"引起的政府扩权和干预运动持续了近50年，到20世纪80年代开始的新公共管理运动，才又回归到政府放松管制的轨道上来，然而自美国爆发次贷危机开始，奥巴马政府又出现了某种强化政府干预的迹象。尽管如此，社会治理发展的总趋势仍然是政府管制的不断弱化和公民自治的不断强化。隐藏在这种发展趋势背后的主要原因，就是自由、平等、民主和法治的价值越来越具有普遍意义，而权威、服从、集中、纪律的价值越来越被限制于社会治理的特殊条件和特定范围。

从海南地域来看，无论社会治理手段或方式怎么变化，唯一不变的是政府始终把握着社会治理的主导权，海南建省特别是20世纪90年代中后期以来，民间组织有了一定的发展，社区服务、志愿者、民间调解等草根性质的组织相继出现，但由于受到诸多限制，难以真正发挥独立第三方的作用，更不可能提供全面优质的社会服务，目前阶段取而代之的是各类人民团体，如工会、共青团、妇联、科协等，力图在社会治理中扮演非政府组织角色，实质上是执政党和政府联系群众的桥梁和纽带，因此性质上与西方的非政府非营利组织没有等同性，不是纯粹的民间组织，很大程度上作为政府管制（理）的延伸，究其原因，就在于政府过于强势，官方几乎垄断了全部资源，民间组织的作用受到了极大限制，再加上传统文化中的大一统观念的束缚，社会治理仍然摆脱不了政府过度干预的影响。在相当长一段时间，由于海南地情特殊性，以及对社会矛盾凸显和维护社会稳定的压力等因素的考虑，估计政府在社会治理中仍要扮演主要角色，而各类非政府组织只能居于配属地位，因此目前海南社会治理只能选择"混合治理模式"，即政府主导下的公民参与模式，尽量在政府管制和公民自愿之间寻找平衡点。

20世纪90年代美国学者博克斯提出"公民治理理论"，以"公民中心"为治理导向的社区治理模式，它重构了公民、代议者、公共服务职业者的角色定位，打破了以基层官员主导基层公共决策的制定与操作的局面，强调"公民本位"的治理价值观。公民治理的一个重要理论基础就是"治理理论"，即治理是各种公共的或私人的个人和机构管理其共同事务的诸多方式的总和，它是使相互冲突的或不同的利益得以调和并采取联合行动的持续的过程；从治理理论出发，博克斯进一步探索公民、选任官员和公共服务职业者的角色，公民成为社区的治理者而不是消费者；选任官员的作用在于协调公民参与治理的种种努力，而不是替他们做出决策；实践者关注的焦点是帮助公民实现其社区治理/目标，而不是着力于控制公共权威机构。博克斯把"公民治理"分为"完全型公民治理"和"不完全型公民治理"，前者是指作为社区主人的社区公众，不仅主导社区公共事务的决策，而且参与社区治理的全过程，即社区居民既是社区治理的决策者，也是社区政策的执行者；后者是指社区居民只是社区公共事务的决策者，而把社区政策的具体执行交给社区公共管理者。

公民治理是美国社区的基本治理形态。按照博克斯公民治理模型，在社区治理中，公民成为社区的治理者而非消费者；选任官员的作用在于协调公民参与治理的种种努力，而不是替他们做出决策；实践者关注的焦点是帮助公民实现其社区治理目标，而不是着力控制公共权威机构。公民成为社区真正的主人，自行管理社区和积极参与公共事务，抵制国家和州政府以及本地政治、经济精英对社区政策过程的控制，回归创建国家时社区治理的历史价值，即"地方控制而不是州或国家控制的公共治理；小而富有回应性而不是庞大臃肿的政府；

公共服务职业者是公民的咨询者和帮助者,而不是公共组织的控制者"①。博克斯的"公民治理模型"意在倡导公民直接参与公共事务,在基层社会实现最大限度的"强势民主",公民治理所彰显的直接民主,就是要求公民以社区为载体,通过对社区公共事务自主性治理的民主实践成为社区真正的主人。②

综上所述,海南社会治理现代化的目标模式是"多元主体、分权自治"的公民治理模式,以公民对自由和平等的信仰为核心,充分发挥公民自我管理作用,淡化政府管理角色,形成一套自我约束、自主管理和自动调节的制度和规则,真正实现由管理型政府向服务型政府的转化。为此,从观念上、实践上要实现三个主要转变:一是社会治理主体由单中心向以政府为主导的多中心转变,其社会治理主体包括政府、社会非营利组织、市场化组织等;二是社会治理的手段由平面化向网络化转变。共治共享共识是网络化管理的明显特征;市场原则、公共利益、社会认同之上的政治国家与社会的合作、政府与非政府组织的合作、公共机构与私人机构的合作、强制与自愿的结合等广泛的合作和协商民主,是网络化管理运作的基本路径;三是社会治理目的由工具化向价值化转变,表现为在效率实现的基础上体现社会公正、保障和实现公民的基本权利、追求人的全面发展。

海南农村普遍实行了以村民自治为核心的基层社会组织管理,它彰显了直接民主的治理精神,提倡人民当家作主,鼓励人民群众在基层治理中充分发挥自己的主观能动性和创造性,自主性管理社区公共事务。公民自主性管理社区公共事务是我国人民群众在基层社会真正实现人民当家作主的基本形式,也是践行"民主选举、民主决策、民主管理、民主监督"以期实现群众自治目标的基层社会治理的基本要求,为"公民治理"的推行奠定了前提和基础,目前看来海南治理现代化的重点、难点在基层城乡社区。党的十八大明确指出,要"加快形成党委领导、政府负责、社会协同、公众参与、法治保障"为基础的"五位一体"的社会管理体制;十八届三中全会提出了"推进国家治理体系和治理能力现代化",而活力源泉也在基层,要以维护好发展好人民群众利益为根本出发点和落脚点,以城乡社区为重点,以加强党的建设为根本,进一步夯实基层社会治理的基础。

海南"公民治理"目标的实现可以分两步走:

---

① 博克斯. 公民治理:引领21世纪的美国社区 [M]. 孙柏瑛,等译. 北京:中国人民大学出版社,2005.
② 史云贵. 公民治理与群众自治:中美两国基层治理理论与实践比较研究 [J]. 人民论坛,2014 (14):24-27.

第一步（2018—2035年）是"政府治理+公众参与"多元合作治理格局时期，或称"混合式治理模式"时期，是海南社会治理现代化的过渡性阶段。这一时期，以"大社区"建设为牵引平台，实行"党委领导、政府负责、社会协同、公民参与、法治保障"的多元合作治理格局，为下一步"公民治理"积累经验。基本思路——坚持中国共产党的领导地位，为公民治理提供方向指导和力量支持；推动政府职能转变，在国家"放管服"要求大背景下积极推进省域"多规合一"改革，抓紧成立海南省规划委员会，抓好与国家部委沟通对接，争取尽快批准《海南省总体规划》，加快相关立法和修法工作，加快综合行政执法体制改革，抓好"多规合一"改革干部培训工作，努力推进政府治理体系和治理能力现代化建设；完善政府服务职能，提高行政效率和服务水平；大力加强社会组织建设，改革注册登记制度，吸纳更多的公民加入社会组织，培育公民进入"公共领域"能力，积极推进基层民主建设，规范民主选举，倡导公民参与，同时规范政府与民众有效交流的方式，在保证社会治理主体多元化的前提下，最终实现"政府治理+公众参与"的过渡模式。

第二步（2035—2050年）实现"党委领导、社会主导、政府协同"公民治理模式。不同于西方完全的公民自治或地方自治，党委领导是中国特色社会主义社会治理的必然要求，能够保证社会发展的正确方向，切实保障广大民众的根本利益，维护社会的稳定和发展，这也是中国社会治理现代化的一个重要内容和前提条件。基本思路——建立多单位联席会议制度，由政府相关部门牵头，政府人员、社会组织、民办非企业单位、民间协会等代表参加，定期召开协调会议；大力培育社区成员代表大会、社区居委会和社区协商议事会等群众性自治组织，绝大部分成员由群众民主选举产生，代表居民利益管理社区公共事务，拥有自主决策、自主管理、自主监督的权利，对社区重大事项召集和组织居民进行讨论并做出决定。需要强调的是，提供政务类公共服务的社会组织需要成立基层党组织，以起到协调、监督的作用。政府不再是社会事务管理者的身份，准确来说充当了政策法律制度、社会服务购买、社区保障体系等角色，为实现居民组织的自我管理、自我教育、自我服务等保驾护航。按照美国地方治理专家博克斯教授的概括，"公民治理模式"必须体现三点核心价值：①更活跃公民参与下的地方控制；②小而富有回应性的政府；③作为专业咨询家而不是领导中心的公共管理者。概言之，其意义在于确立公民资格为中心的地方自治，削弱政府在社区的主导性，发展参与式的"公民治理"。

（二）海南社会治理现代化过程中的障碍、问题

十八届三中全会提出"推进国家治理体系和治理能力现代化"，其中，国家

治理体系是指在党领导下管理国家的制度体系,包括经济、政治、文化、社会、生态文明和党的建设等各领域体制机制、法律法规安排,也就是一整套紧密相连、相互协调的国家制度;国家治理能力则是运用国家制度管理社会各方面事务的能力,包括改革发展稳定、内政外交国防、治党治国治军等各个方面。

推进国家治理现代化,必须适应时代进步潮流和国家现代化总进程,既改革不适应实践发展要求的体制机制、法律法规,又构建新的体制机制、法律法规,使各方面制度更加科学、更加完善,实现党、国家、社会各项事务治理制度化、规范化、程序化。要更加注重治理能力建设,提高党科学执政、民主执政、依法执政水平,提高国家机构履职能力,提高人民群众依法管理国家事务、经济社会文化事务、自身事务的能力,从而把各方面制度优势转化为治理国家的总体效能,全面把握这个总目标,是贯彻落实各项改革举措、不断推动社会主义制度自我完善和发展的关键。

目前,推进海南社会治理现代化面临很多艰巨而又困难的矛盾和问题,无论从治理理念、手段、方法、模式,还是从法律制度、政策法规、大众心理等方面障碍重重,某些方面更是可能遭遇无法解脱的桎梏,因此社会治理现代化的道路是一个较漫长的过程。

(三)海南社会治理现代化的着力点

海南社会治理现代化是一项艰巨的系统工程,需要从转变社会治理理念、建立健全社会治理格局、加强和完善基层社会治理和服务体系、加强社会主义核心价值体系建设、建立健全和完善社会治理制度体系、改革司法体系等方面着手。

1. 创新社会治理理念,避免出现"实践先行、思想拖后"的怪现象

当前,改革进入深水区、发展进入新阶段,利益格局深刻调整,社会关系错综复杂,群众诉求日益多样,社会治理面临许多新情况新问题新挑战。面对错综复杂的社会问题,必须根据社会发展和社会治理转型的实际,以创新的社会治理理念引领社会建设实践,一定要避免以下几种倾向:一是单纯地把社会治理理解为就是"维稳";二是片面的"经济至上论""唯 GDP 论";三是简单地把社会治理理解为"管控";四是把社会治理看作是上层设计的专利,滋生"等靠懒要"思想。

新的社会治理理念的核心要素包括以下内容。

(1) 党的领导是中国特色社会主义制度的最大优势,中国共产党是社会治理的领导力量和根本政治保证。党代表了最广大人民的根本利益,最能够兼顾地区之间、部门之间、群体之间、公民之间的社会治理利益关系的协调发展,

最能够动员整合各方面资源,推动社会治理创新发展。坚持党的领导,必须贯彻全面从严治党要求,不断增强党的创造力、凝聚力、战斗力,不断提高党的执政能力和执政水平,确保我国社会治理始终保持正确方向。党的十八大报告指出:"要围绕构建中国特色社会主义社会管理体系,加快形成党委领导、政府负责、社会协同、公众参与、法治保障的社会管理体制,加快形成政府主导、覆盖城乡、可持续的基本公共服务体系,加快形成政社分开、权责明确、依法自治的现代社会组织体制,加快形成源头治理、动态管理、应急处置相结合的社会管理机制。"①"中国特色社会主义社会管理体系"的提出及其架构的形成,体现了党探索中国特色社会主义社会管理的重大成就,为党的"社会治理"理念形成做了重要铺垫。2013年,党的十八届三中全会提出"加快形成科学有效的社会治理体制"的任务,并明确要求:"改进社会治理方式。坚持系统治理,加强党委领导,发挥政府主导作用,鼓励和支持社会各方面参与,实现政府治理和社会自我调节、居民自治良性互动",至此,"社会治理"取代"社会管理",成为党的治国理政理念升华后对社会建设提出的基本要求,成为党领导社会建设的基本遵循。党的基层组织是党在基层社会的战斗堡垒,是党的全部工作和战斗力的基础,在社会治理格局中发挥着领导和引领作用。坚持党的领导,不仅要加强对社会的思想引领、利益整合,还需要不断加强党的基层组织建设、强化基层党组织整体功能,不断创新社会治理、筑牢党的执政根基。

(2) 人民利益至上是社会治理的根本出发点。十八大报告指出:"我们任何时候都必须把人民利益放在第一位"②,深刻揭示了中国共产党人的根本价值立场和价值取向。加强和创新社会治理的过程是实现社会善治的过程,是促进社会公平正义,实现好、维护好、发展好最广大人民根本利益的过程。必须坚持以人民为中心的治理理念,把增进人民福祉、促进人的全面发展作为社会治理的出发点和落脚点。

(3) 全民共建共享是社会治理的基本格局。社会治理方式强调从单一向多元、从命令向协商合作、从强制向引导转变,强调合作、互通、共享理念,强调要打造社会治理人人有责、人人尽责的命运共同体,这就意味着社会治理的多元主体要各归其位、各担其责,推动形成政府治理和社会调节、居民自治良性互动局面。要在发挥好党委领导、政府主导作用的同时,创新多方参与机制,

---

① 胡锦涛. 坚定不移沿着中国特色社会主义道路前进 为全面建成小康社会而奋斗:在中国共产党第十八次全国代表大会上的报告 [J]. 前线,2012 (12):6-25.

② 胡锦涛. 坚定不移沿着中国特色社会主义道路前进 为全面建成小康社会而奋斗:在中国共产党第十八次全国代表大会上的报告 [J]. 前线,2012 (12):6-25.

构建以规则公平、权利公平、机会公平为内容的多元主体参与社会治理的机制,更好地动员企事业单位、社会组织、人民群众参与社会治理,引导社会成员增强主人翁精神,激发社会自治、自主、能动力量,努力实现社会事务社会治理,让大众的问题由大众来解决,让自己的事情由自己管、自己办。通过党委、政府、社会、民众等多元力量携手共创,建设平安中国、美好家园,使经济发展和社会变革成果能够在更大范围内惠及全体民众。

(4) 社会治理法治化是社会治理的基本方式。2014年,党的十八届四中全会决定把"推进法治社会建设"作为全面依法治国的重要内容,并进一步将"坚持系统治理、依法治理、综合治理、源头治理"作为提高社会治理法治化水平的基础,将"加快保障和改善民生、推进社会治理体制创新法律制度建设"作为提高社会治理法治化水平的必要条件。加强社会建设,必须充分发挥法治的保障、服务和促进作用,确保把社会治理纳入法治轨道,按照法治原则、规范、程序进行。用法治精神引领社会治理,用法治思维谋划社会治理,用法治方式调节社会关系、解决社会问题,强化法律在维护群众利益、化解社会矛盾中的权威地位,推动形成办事依法、遇事找法、解决问题靠法的良好社会氛围,有效维护社会和谐稳定、增进人民福祉。

(5) 社会治理精细化是社会治理现代化的内在要求。2015年,党的十八届五中全会通过的《中共中央关于制定国民经济和社会发展第十三个五年规划的建议》提出了创新发展、协调发展、绿色发展、开放发展、共享发展的新发展理念,并就加强和创新社会治理做了全面部署,提出:"完善党委领导、政府主导、社会协同、公众参与、法治保障的社会治理体制,推进社会治理精细化,构建全民共建共享的社会治理格局。健全利益表达、利益协调、利益保护机制,引导群众依法行使权利、表达诉求、解决纠纷。增强社区服务功能,实现政府治理和社会调节、居民自治良性互动"①,党的十八届五中全会关于构建全民共建共享的社会治理格局和推进社会治理精细化的重要论述,是继"提高社会治理法治化水平"之后党领导社会治理的又一理念创新。在社会治理实践中应当以人为本、尊重科学、推崇理性、强调精确、注重细节,把精细化、标准化、精准化理念贯穿于社会治理全过程,拓宽社会治理边界,提高社会治理精度,降低社会治理成本,实现社会治理活动的全方位覆盖、全过程监管、高效能运作,不断增强民众满意度。

(6) 社会治理住处化是社会治理现代化的必然要求。2015年政府工作报告

---

① 十八届五中全会公报发 [EB/OL]. 央广网,2015-10-30.

中，李克强总理提出制订"互联网+"行动计划，这是"互联网+"首次出现在政府工作报告中，也是中央战略布局层面的顶层设计。作为社会生活的重要领域，由互联网构建起的虚拟领域无论对于社会经济发展，还是对于个体生活，都起到了重要作用，因此，"互联网+"的提出为社会治理理念创新提供了新的方向。利用移动互联、云计算、大数据共享为核心的互联网工作平台具有的公开、平等、求新、求变等特点，构建"互联网+"的社会治理模式，推动阳光政府、法治政府和服务型政府的理念更加深入人心，用法治框架下的大数据监管管理公共权力、公共资金、公职人员和公共空间，可以进一步强化社会治理的"规矩"意识，可以进一步强化社会治理的程序规范意识，可以进一步强化社会治理的舆情与回应意识。虚拟网络的平台身份及空间虚拟特征使主体可以充分地直接表达自己的观点，加之平台公共性与私人性高度融合使民生关注及话语权得到最为直接的体现和释放，共同形成了活泼、生动的舆情民意，这为政府充分掌握民意提供了条件，有利于坚持需求导向、问题导向和民生导向，增强回应性，强化治理和服务实效，可以进一步强化社会治理的公众参与意识。社会转型、城镇化加速，市场规则及机制不健全，社会力量发育迟缓，公共产品和公共服务需求日益多元，公众价值取向及意识形态日益离散等，这些都对政府治理能力和水平提出了更高的要求，迫切要求政府转变单一中心主导局面，最大限度发挥公众参与的积极作用。

2. 积极培育多元治理主体

就目前而言，海南社会治理一定要注重培育多元主体。

（1）发挥政府主导作用。强化政府研判社会发展趋势、编制社会发展专项规划、制定社会政策和统筹社会治理方面的制度性设计、全局性事项管理等职能，发挥好政府在社会治理中的主导作用。推进政社分开，放开市场准入，凡是社会能办好的事项尽量交给社会力量承担，充分发挥社会力量在社会治理中的积极作用。各级政府应完善社会治理考核机制和指标体系，确保责任到位、政策到位、工作到位。

（2）明确市场主体社会责任。提倡市场主体开发更多就业岗位，吸纳高校毕业生、农村转移劳动力、城镇困难人员、退役军人就业。鼓励市场主体承办公益慈善事业或以多种方式参与慈善、扶贫活动。教育和引导市场主体诚实守信，杜绝假冒伪劣生产经营行为，保护消费者权益。明确市场主体在社区建设中的责任，探索驻社区市场主体参与社区治理的有效途径，共建和谐社区。

（3）增强社会自我调节功能。创新社会治理体制，必须增强社会自我调节、自我规范等功能。加强社会公德、职业道德、家庭美德、个人品德教育，培育自尊自信、理性平和、积极向上的社会心态，引导人们自觉履行法定义务、社会责任、家庭责任，自觉维护社会秩序。依靠工会、共青团、妇联、基层群众自治组织和社会组织，开展形式多样、方法灵活的平等对话、协商谈判、规劝疏导，化解不同利益主体之间的矛盾和冲突。推进行业规范、社会组织章程、村规民约、社区公约等社会规范建设，充分发挥社会规范在协调社会关系、约束个体行为、保障群众利益等方面的作用，通过自律、他律促使公民、法人和其他组织的行为符合社会共同行为准则。

（4）深化城乡居民自治。深入开展以居民会议、议事协商、民主听证为主要形式的民主决策实践，以自我管理、自我教育、自我服务为主要目的的民主治理实践，以村务公开、居务公开、民主评议为主要内容的民主监督实践，全面推进居民自治制度化、规范化、程序化。鼓励居民参加社会组织活动，动员居民参与社会治安综合治理，开展群防群治，调解民间纠纷。支持居民协助基层政府或其派出机关、服务机构做好劳动就业、社会保险、社会救助、社会福利、优待抚恤、计划生育、文教体卫、消费维权等工作，依法保证居民对基层社会治理的知情权、参与权、决策权、监督权。[①]

3. 改革社会组织管理制度，激发社会组织活力

（1）实行四类社会组织直接登记。目前社会组织培育发展不足与规范管理不够问题并存，需要改革社会组织登记管理制度。成立行业协会商会类、科技类、公益慈善类、城乡社区服务类社会组织，除根据法律法规和国务院决定需要前置审批的以外，可直接向民政部门依法申请登记。在这四类社会组织监督管理上，民政部门依法履行登记、备案、年检、监督、执法和组织第三方评估等职能，行业主管部门负责业务指导和行业监管，相关部门负责财务税收、信贷融资、社会保障、查处违法违规活动、审计等管理工作。

（2）尽快实现行业协会商会与行政机关彻底脱钩。目前，一些社会组织尤其是行业协会商会行政化倾向明显，政社不分、管办一体、责任不清。应加快推进行业协会商会与行政机关脱钩工作。厘清行政机关与行业协会商会的职能边界，行政机关将适合行业协会商会行使的职能采用竞争方式转移给行业协会商会，去除行业协会商会的行政色彩，发挥其积极作用。

（3）推进政府向社会购买服务。这是推动政府职能转变、增强社会参与意识、激发经济社会活力、提高公共服务水平和效率的有效方式。应建立健全政

---

① 李立国. 加快向现代社会治理转变：深入学习习近平同志关于全面深化改革的重要论述［J］. 中国民政，2014（3）：9-10.

府向社会购买服务机制,及时、充分地向社会公布政府购买服务项目、内容以及对承接主体的要求和绩效评价标准等信息。承接政府购买服务的主体,包括依法在民政部门登记成立或经国务院批准免予登记的社会组织,以及依法登记成立的企业和机构。制定政府向社会购买服务的指导性目录,明确政府购买服务的种类、内容和方式,并及时进行动态调整。建立健全由购买主体、服务对象及第三方组成的综合性评审机制,对购买服务项目数量、质量和资金使用绩效等进行考核评价,并将评价结果向社会公布。

4. 加强和改善城乡社区管理服务

(1) 加强和改善城乡社区管理服务是创新社会治理体制的重要内容,需要统筹协调、齐抓共管。民政部门是城乡社区管理服务工作的牵头部门,要敢于负责、主动作为,与有关部门密切配合、积极协同,在做好深化城乡居民自治、激发社会组织活力等工作的同时,切实加强和改善城乡社区管理服务工作。

(2) 构建基层综合服务管理平台。统筹推进城乡社区建设,理顺社区关系,整合社区资源,着力构建为社区居民和流动人口提供公共管理服务的综合性平台,统一承担人口登记、职业介绍、义务教育、计划生育、公共卫生、社会保险、社会救助、文化健身、居家养老等方面的管理服务。

(3) 加强减灾示范社区建设。经常进行减灾宣传教育,定期开展避灾救灾演练,使城乡社区居民熟悉灾害知识,掌握救灾自救技能。坚持平时宣传、灾前预防与应急处置并重,推进常态减灾与非常态救灾结合,健全部门协同、基层组织负责、居民参与的社区减灾体制机制,提高城乡社区的防灾减灾救灾能力。

(4) 发挥社区预防和化解社会矛盾的基础作用。在城乡社区建立有效的利益协调机制、诉求表达机制、矛盾调处机制、权益保障机制,探索化解社区矛盾、维护社区安定的新方法、新途径和新机制,努力把矛盾化解在基层社区、把问题解决在萌芽状态,切实维护社会和谐稳定。

(5) 立足心理干预开展志愿服务和专业社会工作服务。支持和发展社区志愿服务组织,发挥专业社会工作人员作用,开展专项社会关爱行动,对残疾流浪儿童、精神病人、艾滋病机会性感染者、吸毒人员、刑满释放人员等特殊人群进行专业心理疏导和矫治,帮助他们回归社会。①

---

① 李立国. 加快向现代社会治理转变:深入学习习近平同志关于全面深化改革的重要论述[J]. 中国民政,2014(3):9-10.

5. 社会治理网格化建设

当今时代的社区，应朝着信息化的方向发展，通过构建网络信息平台，引进电子政务系统等方式实现现代化的发展。

(1) 网格化管理模式。在网络化的大背景下，建立网格化的管理模式是必需的。网格化管理模式就是设置"区—街道—社区"这样的组织架构，依据辖区的面积或者常住人口的数量等指标，将管理的区域划分为单元网格，在此基础上社区利用信息化和数字化的手段，实现资源综合配置、信息收集、公共服务提供和事务处置等功能。

(2) 社工组织进社区。社工组织的工作人员是具有专业知识、掌握专业技能的人员，他们可以开展一系列活动来丰富社区的建设。例如通过开展道德大讲堂、舞蹈室、书画室、图书室等活动来提升居民的道德素质；开展困难家庭爱心帮扶、关注青少年健康成长，加大对老年人、残疾人、流动人口等关爱服务活动的力度；开展健康知识培训、心理咨询、义诊、健身与康复等活动；利用居民议事厅为居民搭建议事、说理、交流、矛盾调解的平台。

(3) 建立网络服务中心。社区可以建立网络服务中心，对居民反映或咨询的包括社会养老保险、民政政策、计划生育业务、老年优待证受理、医疗救助与经济适用房申请等问题进行答复，给辖区居民带来便捷和实惠。同时可以将各项工作的业务流程、所需证件及主办人员联系方式等在网上对外公开，为社区居民咨询政策、办理各项业务提供最大限度的方便。

(4) 建立虚拟养老院和服务点。目前老龄化问题是社会面临的挑战之一，老龄化的问题加重了国家财政预算的负担，也导致了年轻一代的就业问题，因此社区可以建立虚拟的养老院来减轻社会的负担。虚拟养老院的特别之处在于不是将失去自理能力的老人集中起来，而是让老人依旧居住在自己家中，服务中心将社区老人的资料统计登记在案，在老人需要服务时求助社区服务中心，服务人员入户为老人提供所需的服务，这种虚拟养老的成本可能比传统养老的费用高，但这样可以为老人提供高效服务的同时还能让老人与家人相处在一起，社区也可以建设服务点，为社区居民提供餐饮、休闲娱乐的场所，这种发展可以让社区顺应时代发展的要求，与时俱进。

以海口为例。据《南国都市报》2014年5月13日报道，2014年2月28日，海口市完成了1148个网格内154个居（村）委会辖区实有房屋的清查、核实、登记和入库工作，截至5月13日，共登记录入房屋619686间，已对207776间房屋进行人口数据登记，录入系统467640人，完成33.5%。2014年6月底完成人房数据采集工作，建成社区网格化信息化系统并投入使用；10月底前完成全市计生、社保、公安、城管等大多数行业的数据比对，更正核实改缺补漏，确保海口市基础数据的准确，同时逐步对居民的诉求进行市区街三级部门的响应。同年底，海口主城区社区网格化将全面运转，每个网格配备一名"网格服务员"，一种"你下单我跑腿"的生活方式即将实现。

社区网格化后，网格员每天必须在网格内走访，为网格居民服务，对网格内的民情、民意、民生进行观察，为网格居民到政府办事提供代办服务、为网格居民享受社区福利提供服务；为网格居民到水、电、气等公共服务部门提供代办服务，为网格居民困难或意见提供直达的上传服务等。

6. 积极推动司法体系改革，为海南社会治理现代化保驾护航

司法体制是指以司法为职能目的而形成的组织体系与制度体系，或者说是司法机构组织体系和司法制度的统称。司法体制是国家法律制度的重要组成部分，也是国家政治体制的重要组成部分。司法体系、司法组织体系由各级司法机构（机关）构成，包括最高国家审判机关、最高国家检察机关和地方各级国家审判机关、检察机关；也包括具有司法职能的中央和地方各级国家司法行政机关、公安（警察）机关、安全机关以及这些机关的内部机构设置，它们一同构成了有中国特色的社会主义司法体系。

司法体制改革是指国家司法机关（组织体系）和国家司法制度（法律制度），在宪法规定的司法体制基本框架内，实现自我创新、自我完善和自我发展，建设有中国特色的社会主义现代司法体系和司法制度。司法体制改革的概念与内涵，涵盖了国家司法机关（组织体系）、国家司法制度（法律制度）、宪法规定的司法体制基本框架、司法体制的自我创新、自我完善、自我发展，建设中国特色社会主义现代司法体系和司法制度等各项要素。

司法体制改革不仅是中国政治体制改革的重要组成部分，而且在某种意义上成了中国政治体制改革的突破口。把司法体制改革作为政治体制改革的突破口，赋予司法体制改革在整个政治体制改革中更加重要的地位，承载起探索依法治国条件下在法治轨道上用法治方式完善中国政治体制的使命，探索依法循序渐进推进政治体制改革的路径。

十八大以来，顶层设计密集出台各种举措。2013年年底，全国人大常委会表决通过关于废止有关劳动教养法律规定的决定，延续半个多世纪的劳教制度正式退出历史舞台，彰显了我国人权司法保障制度的进步。十八届三中全会《决定》明确提出"让人民群众在每一个司法案件中都感受到公平正义"① 的目

---

① 中共中央关于全面深化改革若干重大问题的决定 [EB/OL]. 新华网，2013-11-15.

标，并从维护宪法法律权威、深化行政执法体制改革、确保依法独立公正行使审判权检察权、健全司法权力运行机制和完善人权司法保障制度等多个方面推动司法体制改革。中央全面深化改革领导小组第二次会议审议通过《关于深化司法体制和社会体制改革的意见及贯彻实施分工方案》，明确了深化司法体制改革的目标、原则，制定了各项改革任务的路线图和时间表，第三次会议审议通过《关于司法体制改革试点若干问题的框架意见》和《上海市司法改革试点工作方案》，对若干重点难点问题确定了政策导向。

全面深化司法体制改革，要着力从根本上破除体制性、机制性、保障性障碍，克服司法行政化、地方化问题；推进以司法责任制为核心的四项改革试点；完善法官员额制等基础性改革的配套制度；推进诉讼程序制度和审判机制改革；积极推进人民法院组织机构改革；扎实推进人民陪审员制度改革试点；切实加强改革中的思想政治工作；在诉讼程序和法院各项工作中，不断加强和创新制度建设，进一步提高审判质量效率。

党的十八大以来，党中央从推进政治体制改革、实现国家治理体系和治理能力现代化的高度全面推进司法体制改革，加快建设公正高效权威的社会主义司法制度。司法改革的目的，是依法建设"公正、高效、权威"的司法制度，让人民群众在司法改革中有更多的公平正义获得感。2014年12月18日，中央确定的7个试点省市的司法体制改革方案已全部获得中央政法委的批复同意。作为国家司法体制改革首批七个试点省市之一，海南按照中央改革精神，紧密结合自身实际，围绕重点难点问题，积极稳妥推进司法体制改革。

中央、省委批准的司法体制改革试点"两方案"，主要涉及司法人员分类管理、司法责任制、法官检察官职业保障和省以下法院检察院人财物统一管理等四个方面内容。就法院内部而言，改革任务主要是前两项，通过法官选任，使能者上，把法官人数减下来，对法院工作人员实行分类管理；改革案件管理体制和审委会工作模式，变案件审批制为司法责任制，还权于合议庭、还权于主审法官，真正实现"谁审理谁裁判、谁裁判谁负责"，让入额的院庭长回归审判一线，落实以庭审为中心的司法公开要求，让广大人民群众在公开审判中直接体验、感受公平正义，感受法治建设的进程。海南最高院院长董治良说，中央、省委司改"两方案"核定海南法院法官、司法辅助人员、司法行政人员分别占专项编制的39%、46%、15%。从历年司法统计的情况看，海南法院案件数量，基层法院多，高、中级人民法院少，考虑到司法改革五年过渡期满法官遴选要自下而上进行，高院党组在具体分配各级法院法官员额时，要求倾斜基层，因此，三级法院的实际比例并不一样，其中高院和中院（含海口海事法院）法官员额比例少一点为38%，基层法院为40%。

2015年1月5日，海南召开全省法院推进司法体制改革试点工作动员部署电视电话会议。1月17日举行全省法院法官选任考试。海南法院原有法官1540人，经过选任考试、考核、考察，遴选委审核投票决定和人大任命后，最终入额法官1116人。

2015年2月，海南省高院成立专门的案例编选委员会，历时4个月，最终选定刑事案例73个、民事案例136个、行政案例67个、国家赔偿案例8个、执行案例34个，共收录318个案例，编印形成《海南法院类案参考》。

2015年3月1日，《海南省法院完善司法责任制实施办法（试行）》施行，明确了主审法官、合议庭及其成员的办案责任，案件不再经过院庭长的审批，除审判委员会讨论决定的案件外，裁判文书不再由院庭长签发，即使院庭长参加合议庭审理的案件，未担任主审法官也不得签发法律文书；主审法官和合议庭在案件办理中起主导作用，有效解决司法行政化问题。明确主审法官的定位和角色，落实了主审法官、承办人、审判长"三合一"新的司法责任制。重大疑难案件试行多人陪审制度等，标志着司法责任制改革试点工作拉开帷幕并有序展开。

2015年6月30日，召开新闻发布会发布《海南省法院司法责任制职责清单（试行）》，自7月1日起试行，明确各类人员职责。司法责任制在全省推开后，海南法检两院大刀阔斧进行"去行政化"改革，扫除影响司法公正和司法公信力的体制机制障碍。海南省检察机关打破"股、科、处"的行政划分，将机构整合为刑事检察局、民事行政检察局、政治监察部等六局一部。海南省检察院政研室主任李梦林说，五家先行试点的检察院，内设机构从原来的14至18个，减少为6到8个，避免了因内设机构过多、办案力量分散，加剧案多人少的矛盾。

设立"法官会议""检察官联席会议"制度是海南司法改革的尝试性举措之一。会议由资深法官、检察官和有经验、能力比较强的优秀法官、检察官组成。海口市中院院长吴剑平说，主要是帮助主审法官及合议庭迅速厘清办案思路，找准裁判的切入点，有利于统一案件审理尺度，维护司法公信力。

2015年7月1日起试行的《海南省法院司法责任制职责清单（试行）》分八章共四十条，规范审判权运行中的主审法官、合议庭、人民陪审员、调解法官、调解专员、审委会委员合议庭，及审判委员会、院庭长、廉政监督员、赔偿委员会和审判辅助人员的权责范围，明确各类人员在审判工作中的职责和行使的权力事项。职责清单按照司法体制改革的要求体现了"还权"于主审法官、合议庭的基本原则，同时明确了法律法规规定的应由院庭长行使的权力事项，以及为了保护法官，确保案件质量，维护司法权威，维护既判力等因审判管理工作需要由审委会和院庭长行使的权力事项。

2015年7月22日，海南省委六届八次全会审议通过了《中共海南省委关于深化改革重点攻坚加快发展的决定》，对全省"多规合一"改革、司法体制改革、海南农垦改革和行政审批制度改革进行了全面部署，强调要积极稳妥推进司法体制改革，提高司法公信力，并指出海南司法改革已进入"深水区"，下一步的目标是完善司法体制，着力解决影响司法公正、制约司法能力的深层次问题，确保法院、检察院依法独立公正行使审判权、检察权，提升司法队伍的专业化、职业化水平，提高司法效能和办案质量。成立海南省法官、检察官惩戒委员会，建立和完善法官、检察官违法违纪行为惩戒制度，实行办案质量终身负责制。同时，要实行法院、检察院办案人员"权力清单"制度，健全内部办案监督工作机制，加强人大和党委政法委对司法活动的监督，强化司法公开，接受社会监督。

自2015年以来海南三级法院结合立案登记制改革，积极推动诉讼服务中心建设，让当事人到法院立案、信访、查询、诉讼费收退费等都能够享受"一站式"服务。

海南积极推进司法领域信息化改革，加快建设"智慧法院"，2015年3月案件终身识别码系统上线运行，各级人民法院的审理案件后面必须附上"案件唯一码"以供查询，群众只要扫描二维码就会得到一个案件的全部可公开信息，如诉讼费、案件进度、主审法官、判决时间、判决文书等，而且这个二维码与该案信息终身绑定，实现了终身识别。此外，海南司法系统大力加强"司法+互联网"建设，在提供更优更多便利服务上下功夫，如推动诉讼服务中心、网站、热线等渠道的整合，构建服务大平台，推进网上立案、网络视频远程开庭等措施，从根本上改变过去司法机关"门难进、脸难看""立案难""执行难"等问题，让群众少跑腿、少受累。

按照"让审理者裁判、由裁判者负责"的原则，重点推进主审法官、合议庭、主任检察官办案责任制改革；抓紧建立海南省法官、检察官惩戒委员会，建立和完善法官、检察官违法违纪行为惩戒制度，健全内部办案监督工作机制。

支持司法机关依法独立行使职权。严格执行领导干部干预司法活动、插手具体案件处理的记录、通报和责任追究制度，严格执行司法机关内部人员过问案件的记录和责任追究制度。

建立法官、检察官员额动态调整机制，根据各级法院、检察院辖区经济发展水平、人口数量和执法办案任务等,科学合理地测算、核实好法官、检察官员额;要充分发挥省法官、检察官遴选委员会的专业把关作用,完善法官、检察官职业准入、统一招录、逐级遴选、等级晋升机制;要着力解决员额制后法院、检察院案多人少的矛盾。

推进省以下法院、检察院的人财物省级统一优化管理改革。根据全会精神,在财务管理方面,省以下法院、检察院的经费、资产、债权、债务统一上划省级财政管理,建立、完善省以下法院、检察院经费由省级财政部门直接管理的预算管理体制和经费保障体制,落实"非税收入"收支两条线管理,规范涉案财物管理,加快建设全省统一的跨部门涉案财物管理中心,探索建立跨部门涉案财物集中管理信息平台,统筹规范法院、检察院基本建设项目政府投资管理等工作。

司法体制改革具体思路:

第一,完善机构设置,优化司法职权配置。改革司法机关相互关系以及刑事诉讼、民事诉讼和行政诉讼中职权配置,在侦查、公诉、审判等职权中使决定批准权、执行权和监督权予以合理配置。同时要改革司法机关内部权力运行机制,进一步优化人民法院、人民检察院内部工作机构设置和管理机构的分工,合理划分上下级审判、检察机关的工作职能,理顺上下级审判、检察机关的关系,建立以审判权、检察权为中心的管理体制,形成配置科学、运行顺畅、公开透明的司法工作机制。

第二,坚持不懈地推进司法队伍建设,建设合格的、高素质的司法人员队伍。应当坚定不移地坚持和完善国家统一司法考试制度,建立有利于法官、检察官、律师形成"法律职业共同体"的制度。应当加快司法机关工作人员分类管理制度的改革,完善有利于各类工作人员各尽其能的管理体系。改革司法人员培训、管理和保障制度,不断提升司法人员办案和独立行使职权抵御不当干预的能力。改革法官、检察官培训体系,实行任职前定期培训制度,新任司法人员不仅必须通过司法考试,并且必须经过一定时期专门司法实务的培训方可担任法官、检察官。健全司法人员行为规范,规范司法人员行为,确保司法人员形成公正不阿、清正廉洁的司法作风。

第三,改革司法保障制度和司法监督制度。没有司法保障,也就没有司法公正。坚持党的领导、人大监督和司法机关独立行使职权的有机统一,坚持任何行政机关、社会团体和个人不得干涉司法活动的原则,采取有效措施保证司法机关和司法人员依法独立公正办理案件,结合中国实际情况,强化有效抵制各种不当干涉的司法体制和工作机制。依照司法规律和司法实践的客观需求,强化对审判权、检察权的监督机制建设，完善人大监督、社会监督和舆论监督的制度，确使司法机关得到有效的监督，又防止各个方面的不当干预。改革当前司法保障体制，应当伴随中国经济社会发展和综合国力进一步提高，财政制度进一步深化改革才能实现。完善不同地区、不同部门经费保障制度和标准，建设司法经费正常增长机制，逐步使司法保障制度成为维护司法公正的有利条件。

三、他山之石

（一）美国社会治理模式

美国从建国以来实施的一系列行政改革，逐步明确了政府、企业、社会组织分工合作的社会治理模式，尤其是强大的非营利组织发挥着重要作用，成为美国社会治理的突出特点和优势，其特点主要体现在以下方面：

第一，政府大力支持，社会发展支出在公共支出中的比重大

社会保障是美国促进社会和谐的重要手段，也是美国生活方式的一个必不可少的组成部分。美国政府通过合理的公共服务项目支出，建立较为完备的社会保障制度，实现社会资源和财富的有效调节，从经济基础层面稳定社会和调节利益冲突。美国自"罗斯福新政"立法以来，政府担负起了保证每个美国人的最低生活标准的责任，并逐渐形成了一套比较完善的社会福利体系和社会安全网。目前，在美国联邦财政中，各类保障支出占总支出的比例一般保持在46%—52%之间，州和地方政府财政支出用于教育的支出占总支出的34%以上；其公共福利支出占总支出的比例超过16%，最高达18.2%，这充分说明了美国财政支出的公共服务性。2016财年，社保、医疗保险和医疗保障支出占美联邦政府预算支出总额的48%，占2016财年GDP的10%，这种财政支出结构保障了民众的生存、安全、教育和医疗等基本生活需求，保证了社会的相对稳定。

第二，注重非营利组织和私人在社会管理中的重要作用

美国社会管理中鼓励社会组织、依靠社会组织为民众服务、化解社会矛盾，实现社会管理职能社会化。在美国，非营利组织是独立于政府之外的非营利、自律、志愿性组织，其功能十分广泛，主要包括：维护特定群体或特定地区的利益、支持技术创新和制度创新、充当政府与商业部门的中间人、提供宪法禁止政府从事的服务、监督政府与市场、满足社会多元化需要等。非营利组织所提供的服务占全部社会服务的一半。在美国社会管理过程中，将非营利组织和私人部门纳入进来，不仅使得最困难的人群得到救助，而且使得参与各方都获

得一定的利益,体现了一种机制性的社会责任关系。政府和非营利组织之间建立起了战略伙伴关系:一方面,政府通过外包、补助制度、抵用券制度等方式将一些公共服务转移给非营利组织,从包揽社会事务的重负中解脱出来,主要发挥监督者和设计者的作用,提高社会管理的水平和质量。另一方面,非营利组织可使公民广泛地参与社会经济事务,促使政府倾听民意,从而凝聚民心、安定社会。

第三,通过社区建设实现社会融合

美国是西方国家中最早开展社区建设、发展和管理研究工作的国家之一。美国的社区组织从20世纪20年代开始初步形成,到60年代基本形成了政府指导监管、社区组织和民间团体主办、私人部门积极参与的运作构架。作为一个文化多元、种族复杂的国家,社区建设是美国政府满足社会需求、应对社会挑战、实现民族融合的主要方法,社区建设与管理在美国已经比较系统和成熟。政府对社区的规划呈现出明确的计划性和目标指向,每年都对社区建设草拟一系列的工作计划和发展规划,包括工作内容、组织措施和目标要求等。参与社区建设的非营利组织不仅直接提供服务,还多方筹款,通过社会捐助、收取有偿服务费等方式解决社区发展方面资金不足的问题。最初,美国的社区管理强调国家、地方和社区各种服务机构的协调和联合,社区资源和人的需求之间的平衡,20世纪后期,社区建设开始强调广泛的社区参与,强调提高社区居民的自我依赖、自我完善、自我发展能力,增强解决社区问题的能力。美国民众拥有志愿服务和慈善捐赠的良好传统,政府也通过相关机制加以鼓励,从而为非营利组织的顺利运转提供了充分的人力和资金保障。据统计,2012年,26.5%的美国成年人参加了志愿活动,平均每个志愿者提供义工服务193小时;美国95.4%的家庭均进行慈善捐款,慈善捐赠总额3162.3亿美元,其中个人捐赠占72%。①

第四,通过健全法律制度加强预防和监管,完善反腐败体系

1883年美国国会通过《彭德尔顿法》,将文官制度由政治分肥制转为功绩制,此后相继通过了多个关于竞选筹款限制、经费公开和禁止文官参与政党活动的法案,较好地遏制了腐败蔓延,"水门事件"后,美国反腐败体系进一步完善、定型,并沿用至今。一是健全法制。1971年通过《联邦选举法》,此后又多次修订,建立了全面的竞选经费管理制度。1978年通过《政府道德法》,要

---

① 王喜梅,张桥云. 美国社会管理对中国的启示:以住房保障为例 [J]. 当代世界与社会主义, 2013 (1): 23-28.

求高级官员申报财产,并对官员离职后的从业行为做出规定;1989年修订该法,将适用范围从行政部门扩大到立法和司法部门。1992年颁布《行政部门雇员道德行为准则》,在利益冲突、礼物、滥用职权、兼职等方面做了详细规定。二是设立机构。1978年设立政府道德办公室,成为美国联邦政府廉政建设的领导和指导机构。同年制定监察官制度,规定政府各部门设立监察官办公室,监督调查本部门官员的欺诈、滥权和浪费等行为。联邦调查局和司法部等机构也拥有对腐败行为的调查起诉权。三是重在预防。美国反腐败的重要原则是防止"利益冲突",即官员所任职位的责任与其个人利益之间存在实际或潜在的冲突。对官员的提名、任命、培训和财产申报制度均着眼预防这一冲突,从而在源头上降低官员腐败的概率。四是严于监督。被称为"第四权力"的美国媒体在进步主义时期就掀起了著名的"黑幕揭发运动",在"水门事件"中的作用更是至关重要。其严密的监督和执着的精神足以威慑腐败者,成为美国反腐败的重要一环。此外,美国强调权力制衡、政党竞争的政治制度以及健全的社会信用体系也在一定程度上有利于制约和发现腐败行为。

第五,政府与民众共同重视和维护环境与食品安全,改善生活环境

在美国快速工业化的过程中,"西进运动"和企业的片面逐利行为导致自然资源遭到严重破坏,假冒伪劣食品横行,生态环境和食品安全成为严重的社会问题。美国政府将解决这两个问题作为重要任务,坚持不懈地推进,逐步形成了一整套行之有效的做法。一是制定法律。1872年通过的《设立黄石国家公园法案》开启了环境立法进程,此后陆续通过了大量相关法律,内容涵盖水、空气、噪声等污染控制以及保护濒危物种、湿地、水土、森林和野生动物等。在食品安全方面,1938年通过并经多次修改的《联邦食品、药品和化妆品法》是同类法中最全面的一部,同时还出台了关于肉、禽、蛋等各类食品及营养品、药品的专门法律,制定了非常具体的标准和监管程序,实现了"从农田到餐桌"的全程监控。二是政府作为。一方面健全机构,1970年成立的环境保护署是美国最核心的环保和执法机构,白宫设有总统环境质量委员会,内政部、农业部、司法部等联邦机构也分别承担部分环保职能。卫生和公共服务部下属的食品药品监督管理局是美国负责食品药品安全的主要职能部门,农业部、环保署等也兼有部分职能。另一方面全面施策,既要"惩恶",提高违法成本,对违法者严惩不贷;也要"扬善",通过优惠、奖励等手段鼓励企业强化环保和食品安全意识。同时,科学规划,综合运用行政和经济政策,帮助企业在资源开发与环保、提高效益与确保产品质量之间找到平衡。三是唤醒民众。美国民众普遍具有极强的环保和食品安全意识,这不仅有赖于政治家的引导,也归功于专家学者以

及媒体以高度社会责任感进行的普及和推广。1901年和1906年先后出版的《我们的国家公园》和《屠宰场》，就是唤醒美国民众绿色环保意识和对食品安全关注的标志性著作，从而推动了政府采取相关举措。目前，美国媒体、非政府组织和民众在环保和维护食品安全方面享有广泛的参与、知情和监督权，形成了全民自觉践行环保理念、维护自身权益的良好社会氛围。

美国推进国家治理体系和治理能力现代化过程的启示。[①]

第一，将立足本国国情与借鉴外国经验、维护基本制度与动态调整相结合，不断推进国家治理体系的改革和完善。美国国家治理体系的调整和完善是一个持续的动态过程，一方面，维护基本制度稳定，确保政策连续性且保持本国特色和优势。美国宪法自制定后从未修改，而是以增加修正案的形式进行必要补充，200多年中仅有27项修正案被通过并增补进入宪法，其国家治理体系从未发生根本变化。另一方面，随着形势变化不断调整创新，力求完善。在政府、市场、社会三者关系，以及经济社会各领域具体治理方式方面，始终保持动态平衡，不断提高治理能力，实现国家治理体系和治理能力现代化。

第二，政府和政治精英善于"掌舵"，始终在推进国家治理体系和治理能力现代化过程中发挥引领作用。美国虽秉持"有限政府"理念，但政府在推进国家治理体系和治理能力现代化过程中始终发挥着"掌舵"的核心作用。首先是敏锐把握形势发展和民众需求变化，找准方向，主动引导国家治理体系的调整完善。其次是做好顶层设计，推动相关立法，制定政策并贯彻落实。更多引进专家学者参与决策，更多倾听社情民意，达成政治共识，使政策设计符合实际，达到科学化和系统化治理的目的。再次，政治精英在此过程中始终发挥引领作用。在南北战争、进步主义改革、大萧条、公共管理改革等一系列重要危机和转折时期，林肯、西奥多·罗斯福、富兰克林·罗斯福、里根等总统及其身边的精英人物均发挥了关键领导作用。

第三，充分发挥市场和社会作用，坚持多元主体共同参与治理，不断为国家治理体系注入活力。美国经济社会治理模式的突出特点是政府与市场、企业、非营利组织、民众等多元主体共同分享权利、分担责任。一方面，以市场和社会为主体，充分开展自由竞争、自我治理，培育、发展和利用好企业、媒体、非营利组织、志愿者等民间力量，充分调动市场和社会的积极性、主动性，最大限度释放其活力和创造力；同时，在政府与民众间建立起沟通桥梁和缓冲地

---

① 张晓明.美国国家治理体系和治理能力现代化的过程、做法及启示[J].当代世界与社会主义，2015（2）：13-17.

带,有效避免政府过多卷入具体事务和纠纷,缓解社会矛盾。另一方面,政府找准定位,做好"裁判员",既不缺位也不越位,在提供基本设施和制度保障的基础上,重点通过法律法规和经济社会政策,对企业、非营利组织的行为进行调控、监管和服务。

第四,完善法律法规,培养全民法治意识,保障国家治理体系有序、顺畅运行。法治是贯穿美国国家治理体系和治理能力现代化进程的关键要素。一方面,切实加强法律制度建设。美国治理体系首先以宪法形式确定下来并保持长期稳定,其任何调整和改革都首先寻求立法保障。法律制度全面、具体,确保一切经济社会活动都有法可依。另一方面,在全社会牢固树立法治意识,崇尚法治精神。美国在公民教育中始终重视提升公民法治意识和整体素质,民众具有根深蒂固的宪法至上观念,普遍自觉尊重、遵守、维护和运用法律,政府、市场和社会的一切活动都在法律框架下进行,保证国家治理体系运行顺畅。

第五,建立完整的价值观和理论体系,重视治理理念发展创新,支撑国家治理体系和治理能力现代化建设。美国国家治理体系建立在深入本国民心的美式价值观基础上,二者相互渗透、互为支撑,受到民众高度认可和自觉维护,因而基本治理体系得以长期存续,并在世界范围内产生广泛影响。美国国家治理体系中具体制度的调整、改革,也同样与社会思潮、理论研究和治理理念创新密切结合。一是从社会舆论中及时发现问题所在、民心所向并顺势而为。二是选择适应现实需求的研究成果为政策制定和调整提供理论依据。美国政府在历次经济危机中的重大政策调整背后均有相应经济学理论支持,保证了政策的系统性和科学性。三是主动引导民意,与民众充分沟通,做好宣传、解释工作,保证国家治理体系调整得以顺利进行。

(二) 日本社会治理

日本的社会管理经过了较长时期的演进。早在明治政府时期,日本政府对社会体系力量开始进行严格规制,1896 年,明治政府颁布日本近代史上的首部民法并在其第 34 条中规定:"凡与祭祀、宗教、慈善、学术、技艺以及其他公益事业相关且不以营利为目的的社团或财团,必须获得政府主管部门的许可方可注册为社团法人或财团法人",由此开启了日本长达 100 余年的"公益规制冰河期"。

二战结束后,日本"以天皇制核心的国家主义体制"转变为"以强有力的官僚体系为中心的规制体制",日本政府强有力的官僚支配体系,通过在公共事务中占据垄断性地位。然而,20 世纪 60—70 年代,以抵抗或反对包括填海造田、工厂建设、水库建设以及机场、公路建设等大规模经济开发所引发的环境破坏与污染为目的，各种市民运动不断兴起，著名的案例如"大阪空港诉讼案"与"名古屋新干线诉讼案"曾影响一时，迫使日本政府不得不大规模推行和普及"市民参与"政策，由此推动日本从"统治"走向"治理"。

进入20世纪80年代以后，伴随公共财政赤字危机、人口减少与老龄少子现象严重以及市民需求的多样化和复杂化，日本政府越发难以提供以养老服务为代表的公共服务。在此背景下，"市民活动团体"或"志愿者团体"等任意团体（非法人身份）开始诞生并逐步成为公共服务的重要供给力量。例如，20世纪80年代各大都市中心地带诞生的"居民参加型、市民互助型居家福利服务运动"，以会员制为基础，采取无偿或有偿服务的形式，向社区孤寡老人等提供家务援助与护理服务，最终获得日本政府的高度认可。但是，囿于旧公益法人制度的严厉规制，市民活动团体普遍难以获得法人资格。1998年，在市民力量与相关国会议员的通力合作下，日本政府以议员立法的形式出台《特定非营利活动促进法》（简称NPO法），为日本各种民间结社提供了非常宽泛与便捷的合法性制度平台，使得市民活动团体均能快捷地注册为"NPO法人"，NPO法的实施终结了日本长达100余年的社会体系规制冰河期，并以此打破政府长期主导公益慈善事业的"大一统"局面，迅速推动特定非营利活动法人（简称NPO法人）在灾害救助、社区营造、社会福利、环境保护以及海外救援和发展中国家开发援助等诸领域的兴起和发展，进而正式开启日本社会治理的进程。

二战后日本"公民社会"的发展主要经历以下时段：①二战后到20世纪70年代末，各种形式的社会运动蓬勃开展，包括男女平等、民权、反战和环境保护等多种主题，但未形成规模较大和影响较持久的公民组织。②20世纪70年代末到90年代中期，公民组织开始成长起来，包括一些援助型国际非政府组织和大型基金会的发展，并逐渐从工会、商会等传统形式向其他多元形式发展。有学者称之为"日本公民社会增长和多元化的重要标志"。③20世纪90年代中期至今，日本社会组织进入快速发展时期。1995年阪神大地震极大激发了公民参与社会治理的热情和责任感，被称为"志愿者元年"；1998年日本颁布《特定非营利活动促进法》，降低了公民社团的注册准入门槛，推行税收优惠，加大政府信息公开，提高司法系统的地位，成为日本政府向公民社会开放更多社会空间的重要标志。

进入21世纪后，面对前所未有的财政赤字危机，日本政府被迫推行以新自由主义为意识形态的行政改革，即所谓"新公共管理改革"。2006年日本政府正式颁布"公益法人改革关联三法"，主要围绕以下3点展开：第一，将法人资格的取得与公益性的认定进行剥离,并采用"准则主义"创设法人登记更为简易的非营利法人制度;第二,构建全新的公益认定体制,即组建由民间有识之士组成的"公益法人认定委员会",并授权其对一般社团/财团法人的公益性进行认定;第三,为了改革行政业务代行型法人,重新划定行政委托事业的范畴并削减补助费和委托费的支出。通过改革,更大限度地放宽社会体系的法律规制,极大激活社会体系的正能量,加速日本社会治理的发展。

从2010年10月起,日本内阁府开始在全国范围内实施专门支援社会治理主体(包括NPO法人、志愿者团体、公益法人、社会福利法人、学校法人、地缘组织、协同组合法人等)的"新公共支援事业"。

2013年4月25日至5月27日,日本内阁安倍政权连续召开4次名为"互助社会构建之恳谈会"的国家级官民协力研讨会,主要围绕NPO法人等面临的组织人才缺乏、活动资金不足以及社会信用度不够三大问题开展讨论,旨在探讨NPO法人等市民社会组织所面临的新课题并提出相应对策,力图通过政府与市民社会领导人的全面讨论和充分协商,从而推动日本社会治理的进一步发展。

"公民社会"与"地方自治"是日本社会治理的两大关键词,尤其是20世纪90年代以来,加强"公民社会"建设和推进地方分权改革逐渐成为日本各界的共识,究其原因:一是20世纪90年代泡沫经济破灭后经济持续低迷,各项国家职能向中央过度集中,中央集权的行政管理体制无法满足公民日益多样化的需要。在此背景下,他们试图通过重新划分中央与地方政府的职责的行政改革,实现从中央集权到地方分权的转变;二是日本政府财政困难,希望减轻社会福利方面的财政负担,期待地方组织和公民团体有所分担,凭借公民的力量运营经济;三是以前的日本属于群体社会,随着传统意义上的生活共同体衰退,人际关系淡薄化,迫使人们一方面探求地方公共事务的社会化个性化管理,另一方面寻求其他"寄生"方式,于是民间非营利组织等民间组织成长起来。

日本社会治理的启示:[1]

1. 有效社会治理需要调动民间社会积极性

随着工业化和城市化进程的加快,社会呈现人群阶层化、需求多样化等特点,新生代人群的思想观念和行为模式较之以往发生了巨大变化,治理难度大大增加。中国不仅面临着上述转型期的变革阵痛,在并不遥远的未来也可能面临当下日本所遇到的少子高龄化、国际化推进等类似的社会发展难题,充分发挥民间社会积极性和参与新时代社会治理的诉求更显迫切。改革开放以来,中

---

[1] 陈承新. 日本社会治理管窥 [J]. 国外社会科学,2012(2):70-75.

国公民组织在数量和涉及领域上有了极大发展。2008年的汶川地震后,大量公民自发组织到灾区救助受灾群众,公民的公益精神经受了一场考验。与1995年日本阪神地震的结果类似,2008年被定义为中国的"志愿者元年"。2011年的"7·23"动车相撞事件则爆发出以博客在内的网络形式在公民政治参与和民意疏导中的巨大力量,催生中国公民有序参与社会管理和危机处理的新课题。

激发基层参与热情,需要地方自治做好两件大事:一是畅通民众参与社会管理的渠道,有效推进民主政治的发展;二是提高地方政府的行政效率,包括依法明晰府际权责、监控府际财政分配、强化地方政府自治责任、建立新纠纷处理体系等。改革开放以来,在处理中央与地方政府关系的问题上,从"放权让利"到"分税制"已经取得了一定的积极成果,也存在事权划分欠明晰等不少问题。

2. 有效社会治理需要法律保障

日本的经验表明,社会治理需要有法律明晰权责,方能有效运行。日本的教训也同时表明,有效的社会治理需要规避法理矛盾,需要注意松紧适度。

公民社会健康发展,需要良好的制度环境。日本的《特定非营利活动促进法》通过明晰法人资格和活动条件,加快民间组织的注册程序,开启了日本社会组织注册管理制度发展的新时期。但它也因为暗含对民法乃至宪法的法理矛盾和表松实紧的税收制度,使得民间组织对注册认证和发展前途持观望态度。目前,中国公民社会组织发展的制度障碍包括审批注册制度、双重管理制度,这两个制度的设计初衷源自政府在管理公民组织时对于国家安全和社会稳定的顾虑,考虑到可能会有其他势力介入而对国家整体发展不利。是否需要将审批注册制度转变为备案注册制度,将双重管理制度转变为单一管理制度以形成制度突破,深圳等地已开始出现审批注册制向备案注册制转变的类似改革,但这一制度变化目前尚未在中国全面铺开。

完善中国的地方自治制度,同样需要法律保障。当前紧要任务是加快制定《中央与地方关系法》,用法律来规范、界定和保障权力的调整界限及其运作过程,明确规定中央与地方政府的法人地位。制定《中央与地方关系法》,是落实宪法所规定的民主集中制原则的需要,也是克服现有体制缺陷的需要。新中国成立后的中央与地方关系也做过多次调整,由于主要依据政策而非法律来进行,结果差强人意。此外,从历史经验看,中央与地方关系能否正确划定,对任何体制国家来说都是一个生死攸关的问题。苏联解体的原因之一就是联邦职权过于分散,联邦职能下放的过程就成为加强分散化的国家主义的过程,因此,依照法律正确处理中央与地方关系是加强国家政权的需要。

3. 有效社会治理需要执政党、政府的正确支持引导

西方关于公民社会的观点多数基于逻辑推理或欧美发达国家的政治发展实践，遭遇许多后发国家政治实践的挑战。中日公民社会变迁的起点都是强国家弱社会的传统结构关系。虽然具体特征存在差异，但核心实质非常相似，即都是国家主导型社会，国家在公民社会的成长和发展过程中发挥着重要的创建、监督和指导功能。日本的"公民社会"就其实际存续状况而言，不如称为延伸政府职能的非政府组织或民间组织。如通过 NPO 法案，如保证 NPO Plaza（非营利组织广场）的场地来源，凡此种种，日本"公民社会"的成长一直有赖于政府的制度化功能。

地方自治牵涉中央与地方关系调整，更离不开当局的正确引导支持。日本地方分权改革推进的每一步，都离不开自民党政府应对社会需求变化做出及时回应。目前，日本地方主权战略能否顺利取得进展，也要看自民党政府能否提出明确可行的规划措施。

成就中国有效的社会治理，需要多方协力创造条件，包括一个能保障公民权利和控制失范行为的法治构架，一个有利于生产力发展的市场体制，一个能实现自我治理的公民社会，一种能扶持民主实践的政治文化和生活方式，等等。而一个权能配置合理、对内能有效履行政府基本职能、对外能有效应对安全威胁和全球化进程的政府是成就有效社会治理的关键制度因素，又对其他个别要素担负整合功能。办好中国的事情，关键在党。中国共产党及其领导的政府，通过加强构建畅通的政府—社会沟通机制，并注意提高自身行政效率和回应性，正努力探索一条中国社会治理的新路。

（三）新加坡社会治理

新加坡自 1965 年独立以来，在实现经济腾飞的同时，也保持了长期的政治稳定和社会和谐。新加坡先进的社会治理理念、健全的社会组织网络、人性化的社会民生服务、强有力的政府机制创新以及多元的社会文化建设，是造就新加坡成功社会治理的重要源泉，对于转型时期中国构建和谐社会与创新社会治理具有重要的启示价值。

新加坡的社会治理经验：[①]

1. 先进的社会治理理念

新加坡执政党——人民行动党执政 40 多年来，在推进和谐社会构建的过程中，逐步确立了包容和法治两大先进的执政治理理念，这两大理念涉及新加坡

---

① 刘中起. 新加坡的社会治理经验及其启示 [J]. 理论文萃, 2012 (1): 27-35.

执政治理的各个领域。为新加坡和谐社会的构建提供了重要的文化认同基础、社会共生前提和政治清廉环境。

包容理念集中体现在和谐的种族民族和劳资政关系方面。新加坡是个多元种族民族包容、多种语言文字融合的社会。新加坡独立时，国民总人口中，华人占77%，马来人14%，印度人7.6%，其余为阿拉伯人、苏格兰人、荷兰人、阿富汗人、菲律宾人、缅甸人以及欧亚混血种人。新加坡从1989年开始推行种族居住计划，规定任何新的政府组屋区，种族比例的上限要求是：华人84%、马来人22%、印度人10%。任何一个种族都不应该超过以上比例。语言方面，为了不引发争议，新加坡独立后，政府先为英文源流学校引进华文、马来文和泰米尔文三大母语教学；同时也为华文、马来文和泰米尔文学校引进英文教学，以平衡整个局面。在采取这些措施的基础上，政府一方面要求平等对待各语言源流教育的教师和学生，另一方面又精心培植马来语作为新加坡的国语和共同语。在执政党和政府的精心策划下，新加坡国民学会了不分种族、语言和宗教在一起和谐相处。

新加坡依法治国、法治社会的理念也早已深入新加坡国民的内心世界与日常生活。为了建立良好的社会生活秩序，新加坡制定了详细具体的法律法规。现行法律有400多种，深入社会生活的每一个角落，大到政治体系、经济管理、商业往来、公民权利与义务，小到停车规则、公共卫生、行路、抽烟，都有相应的法律规定。

为了杜绝腐败和刑事犯罪，新加坡政府十分注意对发现问题苗头的及时查处。在新加坡执政治理理念和制度安排中，无不贯穿着"防微杜渐"的法治精神。如在禁止吸烟的地方吸烟、乱扔烟头纸屑等杂物和随地吐痰，将受到500—1000新元的高额罚款。1960年，政府修改了殖民地时期的防贪污法律，规定当局不必证明受贿者能够给予行贿者所要求的便利，任何人一旦受到调查，所得税局局长就必须提供有关他的资料。1963年，政府又制定法律，规定任何证人若受贪污调查局传召，都必须前往据情实报。严格的法治使大多数新加坡人能自觉地约束自己的行为，也使新加坡在建国后很短时间里，便由一个脏、乱、落后的殖民地变成了市容整洁美观、社会秩序井然、人民有礼守法、官吏廉洁高效、人民积极向上的国家。

2. 健全的社会组织网络

在新加坡，除政府直接负责国家和社会治理职能外，非常注意调动全社会的积极性，通过健全的社会组织网络，发挥各类社会组织、社区和国民自我管理机制的作用，在社会治理的过程中，逐渐构建起政府、基层组织、公民共同管理国家的良好机制，特别是各种半官方的组织网络承担起加强政府与民间组织和公民联系沟通的桥梁。

新加坡基层执政治理的政府责任部门是社会发展、青年及体育部，负责社区发展的政策制定、职能策划；下辖人民协会、社区发展理事会（CDC）、市镇理事会（TC）三个指导机构。从职能上来区分，人民协会是法定机构，重视社区基层组织管理，为执政党奠定了深厚的社会基础；社会发展理事会承担了社区福利工作，偏重于公共职能，但其定位是社团组织而非公共机构；市镇理事会为社团借鉴新加坡的社会治理经验及其启示的法人，是非政府组织，承担市政物业管理职能，协助政府和执政党出面与民间保持联络沟通，成为化解各种社会矛盾和稀释、缓解复杂问题的社会"缓冲器"；社区发展理事会是各区的地方行政机构。新加坡在全国设五个社区发展理事会，承担推展社区计划、扶持弱势群体、提供老年服务等公共服务职能，理事会在各政府部门授权下为民众提供各种援助计划。由于理事会就在人民中间，较了解居民的实际情况和真正需要，能对群众疾苦和社会问题做到对症下药。

3. 人性化的社会民生服务

新加坡政府执政的一个显著特点就是对民生、民意、民权的高度重视，奉行"治国如治家"，对待国人如对待家人，社会保障措施比较配套完善，其社会保障体系的四大支柱——公积金制度、"居者有其屋"计划、就业奖励花红和培训计划以及医疗保健储蓄政策集中体现了这一人性化的社会民生服务精神，新加坡这一集退休养老、医疗、住房、教育、投资等多功能为一体的综合性社会保障制度体系，为国民提供了多样化的社会保障。为了更加便利居民的生活需要，经过对服务范围、服务设施、服务对象事前进行测算，把与居民日常生活需要贴近的商业和生活服务设施集中起来，设立"邻里中心"，既满足了人们多层次的需求，又保证了居民不因商业而受影响。在社会治安方面，新加坡设立"邻里警署"，发动民众广泛参与，降低了社区发案率，增强了社区的安全感和归属感。

4. 强有力的政府机制创新

在主导新加坡现代化的历史进程中，新加坡政府不断加大制度建设和机制创新的力度，通过强有力的法治、财政、监管、沟通和整合等政府机制，为铸就"新加坡奇迹"提供了重要的制度环境和体制机制上的保证：其一，法治机制。通过推行严刑峻法，确保社会秩序安定。新加坡立法的严明、严密，执法的严实、严正以及惩罚的严厉、严峻，举世闻名，加强社会治安综合治理力度，严厉打击各类违法犯罪活动，全力维护社会政治秩序和社会治安秩序，保持社会和谐稳定，营造良好社会氛围。其二，财政机制。通过积极推行中央公积金制度，汇集民间财力为政府所用。中央公积金制度是新加坡政府一项通过强制储蓄方式实行的制度，经过40多年的改革、补充和完善，它不仅成为公民养老、保健、教育和购房等多方面用途的社会保障制度，而且成为政府汇集民间财力进行公共投资的重要措施，政府则可以利用这笔可观的资金大力投资建造公共组屋，填海造地，兴建港口、码头以及改善道路交通等。其三，监管机制。尤其是以国家规范的公务员制度和廉政制度来确保公务员队伍的素质和廉洁，以国家相关法律和制度来确保政府严格依法行政。新加坡为保持政治合法性和政府公信力，采取多种措施不断加大对政府自身的监管和监督力度，其中最重要的是《反贪污法》和《公务员指导手册》，前者规定了详细的违法行为和严厉的处罚措施，后者则对公务员日常工作和生活做出严格的规定和限制，同时建立和充实反贪污腐败的执法机构贪污调查局，严厉而又快捷地惩治贪污腐败。其四，沟通机制。政府拓宽利益表达的渠道，完善信访制度、民意调查制度及交流对话制度等。如新加坡议员和部长定期访问选区制度，就是一项人民行动党及其政府加强与人民"共生关系"的制度安排。

5. 多元的社会文化建设

作为一个典型的移民国家，新加坡汇聚了世界各主要族群，因国小、人少、种族多而有"世界人种博物馆"之称，同时，新加坡地处东西方交通的交会点，这一特殊的地理位置以及长期受到英国殖民统治的历史，使得新加坡成为东西方文化冲击、交汇和融合的桥头堡。1965年12月8日，新加坡第一届国会召开时总统尤索福即宣告"新加坡将以更大的决心，实现多元种族、多元语文、多元宗教的容忍社会"，执政的人民行动党更是将"建设一个多元民族多元文化的国家，主张民族平等、宗教信仰自由和多种语言文字并重"的内容纳入建国纲领之中。为实现这一宏伟目标，新加坡政府通过政治架构的制度安排、公共政策组群以及开展各种"教化运动"等，在培育、发展共识和认同中推进多元文化的良性互动，积极推进"和谐社会"建设。新加坡政府规定每年7月21日为种族和谐日，由各族人民共同组织、参与庆祝活动。2002年1月，时任总理吴作栋提出建立新加坡社会的"族群互信圈"，由选区里的不同族群、各种宗教的信徒以及社区、教育和商业组织的领袖组成，其任务是促进族群之间的沟通，避免让诸如恐怖行动等极端因素破坏社会和谐与族际关系。政府还在就业方面打破各族群职业分离状况，并对传统的种族社团采取限制、改造和取代的政策，淡化社团的种族色彩，增强社团的全民性。

新加坡的社会治理经验对于中国的启示：

一是推进政府廉政建设，全面提高政府社会治理与公共服务水平。新加坡成功的执政治理经验背后有着高效清廉的政府后盾，新加坡严格的法治尤其体现在对政府公务人员的严格监督上。为此，必须深化行政管理体制改革，大力加强廉洁政府建设，全面提高政府实施执政治理和提供公共服务的水平，另外，要不断增强依法行政、高效行政的能力，努力建立一支廉洁高效、负责任的公务员队伍，为和谐社会建设提供坚强的组织保证。同时，认真履行好政府经济调节、市场监管、执政治理和公共服务等职能，建立健全相关配套措施，促进依法行政、廉洁从政。

二是更加注重民生，建立健全与经济发展水平相适应的社会保障体系。在公积金制度的大力支持下，新加坡只用20年左右的时间就改变了建国初许多人无家可归的局面，成为世界上居者有其屋比率最高的国家。同时，我们也应该看到，社会保障制度的发展是一个渐进过程。社会保障体系所提供的保障水平应当与国家的经济发展水平以及各方面的承受能力相适应。

三是发展培育社会组织，充分发挥其在社会治理和公共服务中的作用，完善社会管理格局，改进社会治理方式，既是中国当前加强和创新社会管理的重要内容，又是落实执政党执政治理任务的基本保障，这一成功经验告诉我们，在中国建设社会主义和谐社会进程中，各类社会组织是政府与百姓沟通的桥梁，也是社会成员自我管理、自我服务的渠道和平台，发挥好社会组织的作用，能够有效疏通民意表达的渠道。

四是疏通群众诉求渠道，健全党和政府主导的维护群众权益机制。新加坡的政府运作模式为官民互动和利益表达提供了有效途径。每周一次的议员接待选区民众的活动，是人民行动党的所有议员必须遵守的一项制度，也就是说，在接待日，民众没事可以不来，但议员必须按时到场。通过这些活动，人民行动党强化了议员"权力来自选民，必须对选民负责"的观念。议员在接待室的醒目位置悬挂起"为人民服务"的大字条幅，通过解决一件件关系民众切身利益的大事、小事，拉近了与选民的距离，巩固了党的执政基础。

四、国内社会治理优秀模式

（一）杭州市"开放式决策"

1999年，杭州市政府制定了《关于进一步完善全市经济和社会发展重大事项行政决策程序的通知》，提出坚持决策民主化、科学化的原则，市政府对全市经济和社会发展重大事项的决策，要广泛听取人民群众和社会各界的意见，同时要认真征求市人大常委会、市政协及人大代表、政协委员的意见，同年开通12345市长公开电话。2000年，杭州市政府成立人民建议征集办公室，接受广大市民对城市发展的各种建议和意见，向社会公开征集为民办实事项目方案。2006年，杭州市政府建立杭州市决策咨询委员会，邀请专家参与市领导重点调研课题的论证等。

在"民主促民生"理念指导下，杭州政府加快了政务公开和推进公民决策参与的步子。2007年11月14日，杭州市政府举行第17次常务会议，首次邀请6位市人大代表和政协委员列席，从此正式实施"开放式决策"，即打开政府大门，使普通民众了解政府作为，让公众可以参与政府公共行政决策，至今已逐渐演变为一种制度化的决策机制，有力地推动了透明政府、回应政府、责任政府和服务政府的建立。2010年1月17日杭州市政府荣获"第五届中国地方政府创新奖"，成为此次获得该项殊荣的国内十个政府创新项目之一。

2008年4月2日，杭州市政府举行第26次常务会议打破常规，邀请中央、省级媒体参加，并通过"中国杭州"政府门户网站直播。5月19日，第28次市政府常务会议，在互联网网络直播的基础上加入网民与市长视频互动的环节。7月8日，杭州市第30次常务会议上，6位通过互联网平台报名最后被甄选出来的普通市民代表出现在会议上。12月10日，杭州市政府第39次常务会议结束，由于市民的反对，会上讨论的《杭州市个人信用信息征集和使用管理办法》"暂不通过"。从人大代表、政协委员到普通市民，公众可以直接参与杭州市政府的最高层决策会议；从允许媒体采访、网络直播到网络互动，政府决策走到了公众面前，不仅接受公众的监督，还实现了与公众的互动；从"出席"会议到"参与"讨论再到"影响"决策，公民的权利在逐步扩大。

2009年1月23日，杭州市政府正式出台了《开放式决策程序规定》，对市民参与常务会议的程序做出了明文规定："除依法不得公开或公开后不利于决策实施和社会稳定的决策事项外，市政府常务会议均应通过'中国杭州'政府门户网站、杭州网和杭州华数数字电视等进行全程直播，并与市民代表通过互联网视频连线开展互动，听取意见和建议。根据需要，可视情况将市政府常务会议的视频直播扩大至其他媒体。"① 自此，"开放式决策"走向了程序化、制度化，成为杭州市"开放—参与式"的政府决策模式。

从2007年11月起至2009年年底，杭州市先后共邀请238位代表、委员、市民与专家列席市政府常务会议，110位市民与市长在线交流，38.5万人（次）

---

① 杭州市人民政府. 开放式决策程序规定. 杭政函〔2009〕11号.

网上参与,共同讨论政府工作报告、廉租住房保障管理办法、新型农村合作医疗实施办法等72项决策事项。虽然参与者的数目还是很有限,但作为一项制度创新,已经初步显示出其成效。

杭州市"开放式决策"的发展大致经历三个阶段:第一阶段(1999—2007年),发布《关于进一步完善全市经济和社会发展重大事项行政决策程序的通知》,首创12345市长热线和96666效能监督热线,广纳民意帮助改进政府工作;第二阶段(2007—2009年)是民众参与政府决策"开放式决策"的发展阶段。建立公职人员联系企业家、科技人员等制度,制定重大事务与工程的决策程序和民主参与机制等,通过制度的建设使得开放向纵深发展;第三阶段(2009年以后)是程序化、制度化时期。在市政府常委会做出重大决策或规划时邀请人大代表、政协委员和普通市民参加,并将决策过程中的征求民意提升为双向沟通,进一步完善政务公开制度,利用网络视频直播开通与市民的互动交流,使开放更加常态化。杭州市的"开放式决策"提高了公民参与治理的积极性与能力,实践了"一切权力属于人民,一切为了人民"的宗旨。

杭州市"开放式决策"伴随着杭州城市民主的实践一路走来。然而长期以来,"开放式决策"还没有打破精英治理的模式,专家对调研课题的论证只是扩大了精英的规模,对政府而言,普通公民的参与仅仅停留在信息收集和咨询阶段,离真正参与决策还有一段距离。

(二)武汉市三大社区文化建设模式

武汉市是国内社区建设水平较高的几个城市之一,随着社区的基础设施建设不断完善,社区文化建设开始成为武汉社区建设的新热点。在这十多年的洗礼中,武汉城市社区的居住环境得到明显改善,社区文化设施得到大量补充,社区文化活动从内容上和形式上都更加丰富,社区文化的品位显著提升,使得武汉的社区文化水平在全国处于领先地位。武汉市在推进社区文化建设的过程中不拘一格,各个社区根据自身情况摸索、总结出一些适合自身发展的社区文化建设的新路子,这不仅使得武汉的社区文化建设呈现出多元化的发展状态,也为全国其他地区的社区文化建设提供了良好的示范和参考。

1. 江汉模式

江汉区位于武汉市最繁华的中心城区,是典型的城市社区聚集区。江汉区多次被民政部命名为"全国社区建设示范城区",因此江汉区形成的城市基层社区管理体制和工作运行机制,被誉为"江汉模式",并在全国推广。

所谓"江汉模式",简单说就是在社区建设中,转变政府职能,突出社区自治功能，建立新型的政府行政资源与社区资源整合、行政调控机制与社会自治机制结合、政府管理功能与社区自治功能互补的城市基层社会管理体制。

许多社区在开展文化活动时经常面临形式单一、内容单调的问题，大多局限于组织居民根据自己的文艺爱好开展一些业余的歌舞、戏曲表演等文艺活动。由于活动形式难以推陈出新，导致许多居民的参与热情并不高，也达不到预期的效果。江汉区社区在汉口菱角湖公园举行"健身秀"活动，有"家庭趣味体育比赛""猪八戒背媳妇""托乒乓球""呼啦圈接龙"等项目，吸引不少居民踊跃参加。江汉区通过组织开展花草认养、花卉节、绿色阳台评比等多种活动，不仅丰富了社区绿色文化的展现方式，还减轻了社区工作的压力，提高了工作效率。此外，还有为帮助困难学生举行的"利废助学"活动；为外来务工人员开展的普法知识讲座教育活动；以建立邻里互信互助为目的而举办的主题聚会活动，等等。为了维护公共秩序，江汉区社区加强出入管理控制和维护，配合政府部门开展相关的管理工作。另外，江汉区以促进社区居民健康为重点，全力推进社区基本医疗保障和社区卫生服务网络建设。

江汉区在社区文化建设方面走在全国前列，可以看出社区建设必须坚持解放思想，大胆创新，充分依靠居民自身，让居民成为社区文化建设的核心力量。

2. 百步亭模式

百步亭社区作为全国知名的示范社区，在社区建设方面有着最耀眼的成绩，为全国的社区建设提供了宝贵的经验。

百步亭社区曾经是一片荒芜的烂泥地，经过二十年的发展成为武汉市最大的社区。百步亭社区在社区文化上体现了企业的巨大作用。以往的社区文化活动基本上以自发性和公益性为主，这样的活动形式经常会受到居民参与度不高、居民素质有限和资金无以为继的影响，往往不能持久，然而，百步亭社区在这方面却不存在问题，社区在开展各类文化活动的时候都会有各类企业的加入，为社区提供人力物力的支持，与此同时，这些企业也是看中了百步亭的金字招牌，希望通过与百步亭社区的合作来提升自身的影响力。例如，有教育机构在百步亭花园温馨苑开办了"育心经典"国学诵读班，教授小孩子诵读国学经典，该机构在正式开班招生之前在推广期间向居民们免费提供课程，这样一来，社区的小朋友通过这种活动能够近距离接近国学教育，该机构也能够通过这种活动为自己做宣传，一举两得。

除了这种市场与社区的自然融合以外，百步亭集团在完善社区功能的同时也推动了企业自身的多元化发展。在集团的主持下设立了百步亭物业公司、百步亭酒店、家政服务公司、社区、学校和社区志愿者机构，使得百步亭社区的居民的几乎所有日常问题都能在社区内部得到解决。与此同时，百步亭集团通过集团的内部效应还为社区居民提供各种信息，如最近刚上线的"江岸爱社区"App，为社区居民提供了各类生活服务、社区居务等功能，为居民提供最便利的社区生活，加强社区居民之间的交流，为社区形成强大的凝聚力。

百步亭社区充分了解自己居民的需求，在互相信任的基础上通过自发的活动解决他们的文化需求，就像市场经济里的"无形的手"。

3. 文化创意新区模式

文化创意产业是 21 世纪最有发展前途、最具增长潜力的"朝阳产业"。党中央、国务院及各级政府都意识到发展文化创意产业的重要性，明确文化创意产业在我国发展战略中占有重要地位。文化创意产业园区是发展文化创意产业的重要载体，可以为文化创意企业发展提供良好环境，为文化创意人才集聚提供场所。

武汉市近年来出现了一些以创新概念为引导的新型社区，其中最具特色的文化创意新区当属"武汉天地"——位于江岸区永清街，是一个集居住、商用和娱乐为一体的新型小区，小区的居民可以在享受优质的居住环境的同时体验到高端的饮食、娱乐和购物享受。

昙华林街区是武汉市武昌区别具一格的文化创意新区。昙华林保留了大量的晚清和民国的历史建筑，更有许多历史人物曾居住于此，有人称是昙华林孕育了武昌首义，可见其历史意义重大。武昌区政府在规划开发昙华林的时候就提出了"推进艺术村发展、促进居民生活宽裕、重建古街区人文风貌"的总体要求，在此基础上，引进了一批文化创意产业，大到研究所小到经营创意产品的小铺都能在昙华林找到适合发展的土壤。在着力发展文创产业的同时，昙华林还大力保存了传统的生活原貌，在保护老街区、老建筑的基础上尽量保护了原来居民的日常生活不受影响。正是这种市民文化与高雅艺术的融合使得昙华林成为武汉新的旅游地标，居民的生活水平也由此改善。

除此之外，武汉还有龟北路、"江城壹号"等创意为先的新型社区在发展，这些社区将创意和理念作为建设的前提，由于在先天上具备了独特的文化特质，社区文化自然能得到充分发展，使得这些社区文化的影响不仅仅囿于社区内部，更影响了更多人的生活。虽然不是每个人都能消费高雅的艺术，然而每个人都需要体验生活，这便也是社区文化这种与日常生活息息相关的文化所具有的独特影响力。

第五章

海南发展新战略与海南社会治理

第一节 自由贸易试验区战略与海南社会治理

2018年4月11日《中共中央国务院关于支持海南全面深化改革开放的指导意见》①（以下简称《指导意见》）提出：赋予海南经济特区改革开放新使命，建设自由贸易试验区和中国特色自由贸易港，解放思想、大胆创新，着力在建设现代化经济体系、实现高水平对外开放、提升旅游消费水平、服务国家重大战略、加强社会治理、打造一流生态环境、完善人才发展制度等方面进行探索，这是习近平总书记在新的历史条件下，亲自谋划、亲自部署、亲自推动海南成为新时代全面深化改革开放的新标杆，形成更高层次改革开放新格局，探索实现更高质量、更有效率、更加公平、更可持续的发展的重大国家战略，必将对构建我国改革开放新格局产生重大而深远的影响。

一、自由贸易试验区的设立给海南社会治理提出的新任务、新要求

《指导意见》关于海南全面深化改革开放的总体要求提出，要"解放思想、大胆创新……在加强社会治理、打造一流生态环境、完善人才发展制度等方面进行探索"，明确了海南社会治理的三步发展目标：第一步，到2025年"治理体系和治理能力现代化水平明显提高，公共服务水平和质量达到国内先进水平，基本公共服务均等化基本实现"；第二步，到2035年"现代社会治理格局基本形成，社会充满活力又和谐有序"；第三步，到21世纪中叶，"率先实现社会主

---

① 中共中央国务院关于支持海南全面深化改革开放的指导意见［EB/OL］．新华网，2018-04-14.

义现代化，形成高度市场化、国际化、法治化、现代化的制度体系，成为综合竞争力和文化影响力领先的地区，全体人民共同富裕基本实现，建成经济繁荣、社会文明、生态宜居、人民幸福的美好新海南"。《指导意见》中的"第七条、加强和创新社会治理"战略性提出海南社会治理现代化的三个关键点。一是要健全改善民生长效机制。坚决打赢精准脱贫攻坚战，建立稳定脱贫长效机制，促进脱贫提质增效；深化户籍制度改革，有序推进农业转移人口市民化，推动基本公共服务覆盖全部常住人口；开展激发重点群体增收活力改革试点，推进事业单位改革和人才评价机制改革，在国家政策框架内，加快完善与自由贸易试验区和自由贸易港建设相适应、体现工作绩效和分级分类管理的机关事业单位工资分配政策；创新社会救助模式，完善专项救助制度，在重点保障城乡低保对象、特困人员的基础上，将专项救助向低收入家庭延伸；建立和完善房地产长效机制，防止房价大起大落；继续深化医药卫生体制改革。二是要打造共建、共治、共享的社会治理格局。加强预防和化解社会矛盾机制建设，正确处理人民内部矛盾；加强人口动态数据收集分析，建立人口监测预警报告制度；推动建立以社会保障卡为载体的"一卡通"服务管理模式；探索行业协会商会类、科技类、公益慈善类、城乡社区服务类社会组织依法直接登记制度，支持社会组织在规范市场秩序、开展行业监管、加强行业自律、调解贸易纠纷等方面发挥更大作用，推进行业协会商会脱钩改革；全面加强基层治理，统筹推进基层政权建设和基层群众自治，促进乡镇（街道）治理和城乡社区治理有效衔接，构建简约高效的基层管理体制；全面推进社会信用体系建设，加快构建守信激励和失信惩戒机制；围绕行政管理、司法管理、城市管理、环境保护等社会治理的热点难点问题，促进人工智能技术应用，提高社会治理智能化水平。三是要深化行政体制改革。全面贯彻党的十九届三中全会精神，认真落实《中共中央关于深化党和国家机构改革的决定》《深化党和国家机构改革方案》，坚决维护党中央权威和集中统一领导，率先完成地方党政机构改革；深化"放管服"改革，在进一步简政放权、放管结合、优化服务方面走在全国前列，推动自由贸易试验区和自由贸易港建设；推进海南行政区划改革创新，优化行政区划设置和行政区划结构体系；深化"多规合一"改革，推动形成全省统一的空间规划体系；积极探索与行政体制改革相适应的司法体制改革。

习近平同志在"4·13"讲话中强调：海南要坚持开放为先，实行更加积极主动的开放战略，加快建立开放型经济新体制，推动形成全面开放新格局。海南全岛建设自由贸易试验区，要以制度创新为核心，赋予更大改革自主权，支持海南大胆试、大胆闯、自主改，加快形成法治化、国际化、便利化的营商环境和公平开放、统一高效的市场环境。要更大力度转变政府职能,深化简政放权、放管结合、优化服务改革,全面提升政府治理能力。海南要站在更高的起点上去谋划和推进改革,下大气力破除体制机制弊端,不断解放和发展社会生产力。要坚持解放思想和实事求是的有机统一,一切从国情出发、从实际出发,既总结国内成功做法又借鉴国外有益经验,既大胆探索又脚踏实地,敢闯敢干,大胆实践,多出可复制可推广的经验,带动全国改革步伐。要坚持问题导向,从群众关心的事情做起,从群众不满意的地方改起,敢于较真碰硬,勇于破难题、闯难关,在破除体制机制弊端、调整深层次利益格局上再啃下一些硬骨头。①

2018年9月24日国务院印发的《中国(海南)自由贸易试验区总体方案》(国发〔2018〕34号)提出,要加快政府职能转变:一是深化机构和行政体制改革。赋予海南省人民政府更多自主权,深化"放管服"改革。探索建立与自贸试验区建设相适应的行政管理体制;支持自贸试验区探索按照实际需要加大同类编制资源的统筹使用;深化完善综合行政执法体制改革;实行包容审慎监管,提高执法效能。二是深入推进行政管理职能与流程优化。全面推行行政审批和行政服务标准化。调整完善省级管理权限下放,推动关联、相近类别审批事项全链条取消、下放或委托;推行"极简审批"改革;精简投资项目准入手续,探索实施"先建后验"管理新模式;实行建设项目联合验收,实现"一口受理""两验终验",推行"函证结合""容缺后补"等改革;清理规范基层证明,对暂不宜取消的实行清单管理。三是全面推行"互联网+政务服务"模式。整合资源与数据,加快构建一体化互联网政务服务平台,涉及企业注册登记、年度报告、项目投资、生产经营、商标专利、资质认定、税费办理、安全生产等方面的政务服务事项,最大限度实行网上受理、网上办理、网上反馈;实施全程电子化登记和电子营业执照管理;围绕行政管理、司法管理、城市管理、环境保护等社会治理的热点难点问题,促进人工智能技术应用,提高社会治理智能化水平。

上述意见给海南社会治理发展提出了如下几点新要求。

第一,开放思想、创新思维。海南社会治理的目标模式选择与体系构建,必须打破固有思维桎梏,以敢闯敢试、敢为人先、埋头苦干的特区精神,在海南社会治理创新方面进行先行先试,探索建立切合海南实际又领先国内的现代

---

① 习近平. 在庆祝海南建省办经济特区30周年大会上的讲话 [EB/OL]. 新华网,2018-04-13.

化、开放式的全新治理模式或格局。具体来说，在充分借鉴国内外先进治理经验和做法的基础上，融入现代治理理念和网络信息技术，实行更加积极主动的开放战略，新的目标模式至少应包含社会自治、多元主体、政府协同等关键词。

第二，聚焦短板，积极推进和实施均衡发展的总体战略。十八大以来，随着经济发展"新常态"、供给侧结构性改革、法治政府、社会治理体系和能力现代化等全面深化改革的展开和深入，"五位一体"的总体战略日臻成熟，稳步、均衡推进的态势日趋开朗，但就海南而言，社会建设和发展的滞后性较为明显，虽然在某些方面做过大胆的尝试或创新，如建省初期的"小政府、大社会"、2008年的省直管县、2015年省域"多规合一"试点省份，以及"网格化"管理机制等，但没有根本触动行政化管理体制的框架，没有根本改变"强政府、弱社会"的总体管理格局，"管控"思维根深蒂固、"碎片化"管理盛行、"维稳"意识浓于改革创新等，导致了海南社会治理从理念、模式、体制、机制、社会组织等方面的全方位落后，制约了海南改革和发展的整体推进。

第三，提升链式创新的"雨林效应"，突出原创式、引领式创新。就海南社会治理而言，必须凸显创新"雨林效应"，打造"基础研究、理论成果转化、政策实施"创新链条，涉及两个关键点：一是创建由知名学者、专研人员、各级各类行政机关公务人员、公众代表等组成的科研团队，加强基础性理论研究，特别是海南社会治理目标模式的选择与构建，经过小范围试点后，形成较为成熟的经验总结，最后转化为实际生活中的具有领先性的政策在海南全域实施，切实推动海南社会治理体系和治理能力的现代化。二是参考和借鉴国内外治理模式时切忌仿效和跟随，应该高起点、高标准地在世界视野内构建开放式、国际化、强兼容的社会治理目标模式和运作机制。

第四，始终坚持以人民为中心的发展观，充分体现人民主体思想。《指导意见》指出："完善公共服务体系，加强社会治理制度建设，不断满足人民日益增长的美好生活需要，形成有效的社会治理、良好的社会秩序，使人民获得感、幸福感、安全感更加充实、更有保障、更可持续。"海南社会治理中的人民主体地位应该体现在以下方面：一是通过建立什么样的体制机制确保人民在社会事务中的自主组织、自主决策、自主管理，遵从人民主体意志，根本摆脱长期以来处于管理客体且相对弱势的尴尬处境。二是如何实现分权？现代社会治理的本质是分权式治理，要打造城市社区、村民组织等共建、共治、共享的社会治理格局，根本前提就是促使"全能型政府"向"有限政府"特别是"公共服务型政府"转变，列出权力清单，改革长期以来行政"管控"的传统做法，坚决杜绝发号施令、随意干预的传统陋习。三是社会共同体成员共同参与共同体建设和共同体治理。无论是城镇、街道、社区，还是乡镇、村庄等，大家的事大家办、大家管，每一社会共同体"公共物品"的具体管理机构、管理人员均由共同体全体成员通过协商民主方式产生，其一切管理行为遵循共同体全体成员的意志，共同体"公共物品"运作产生的所有利益，均为共同体全体成员共同享用。

二、自由贸易试验区背景下海南社会治理现代化创新战略的几个关键点

（一）做好海南社会治理创新顶层设计①

创新社会治理体制，具有非常鲜明的整体性、综合性和广泛性，是一项系统工程，必须总揽全局，统筹规划，而不能搞"碎片化"改革。②

首先，结合政府改革，完善机构设置和体制设计。③ 不仅要研究不同层级政府之间、政府部门之间、条块之间社会治理的职能划分和统筹问题，而且还要研究党委系统与政府系统社会治理部门之间的职能衔接和统筹协调问题，更重要的是要研究党委、政府如何从体制机制上领导和统筹协调好社会治理，形成海南党政一把手牵头、党政部门齐抓共管、有序协调、高效运转的格局。

其次，明确创新社会治理体制的目标。长远目标应该着眼于现代化社会建设，同时满足人民群众教育、卫生、养老、住房、就业、文化需要的全方位设计。

再次，建立创新社会治理体制的具体制度。当前，完善基层社会治理的制度建设刻不容缓，对民生事业、城乡规划、旅游市场、物价监控、食品药品安全和公用设施治理等都需要建立健全治理制度，通过制度建立起相应的保障性措施，真正向有法可依、有法必依、执法必严、违法必究的法制化层面迈进。

（二）完善海南社会治理体制机制④

第一，理顺社会治理组织运行体制。成立社会治理创新领导机构，作为领导社会治理工作的常设机构，并确立其法律地位，保证其正常运作，以此为基础建立健全全省社会治理组织架构。建立社会治理工作项目化推进机制，确定主要工作体系、若干重点项目和子项目，并制定具体推进方案，加强对项目的

---

① 戴鸿. 强化"顶层设计"创新社会治理 [J]. 新西部（中旬刊），2015（3）：71-72.
② 彭森. 改革要避免行政化部门化碎片化倾向 [R]. 北京：中国经济与国际合作年会暨新"巴山轮"会议，2016-11-26.
③ 张治国. 创新海南三亚社会治理的对策建议 [J]. 社会治理，2016（4）：99-104.
④ 张治国. 创新海南三亚社会治理的对策建议 [J]. 社会治理，2016（4）：99-104.

组织实施、指导督促、检查验收和总结推广。

第二，落实责任制和协调配合机制，按照"谁主管，谁负责"和"属地治理"的原则，严格落实工作责任制，明确前端治理部门、监管服务部门和末端处置部门的职责任务，处理好条块关系，整合各种资源力量，加强沟通、协调和统筹，防止出现各自为政、推诿扯皮等问题，形成齐抓共管的合力。

第三，完善社会治理监督机制。社会治理创新领导机构要做好社会治理督察工作，全程督查工作落实情况。另外，从社会各界聘请若干社会监督员，负责收集、梳理、反映人民群众关心的热点焦点问题，形成纵横覆盖全范围的社会治理督查监督网络。还要建立社区监督体制，社区居民和社区党员围绕扩大基层民主、维护群众利益、构建和谐社区等内容，做好对延伸到社区的政府工作（如依法行政、公共服务等）的监督。[1]

第四，创新社区治理体制。注重工作机制的完善到位，切实明确社区治理工作职责，确保居委会工作人员、社会工作志愿者等人员待遇、工作经费及时到位。注重组织机构的职能发挥，积极转变社区体制改革服务方式，发挥社区党组织的核心作用，拓展社区党建工作领域，强化社区服务便民功能。还原社区居委会自治职能，在体制上理清居民委员会的职责，大力培育服务性、公益性、互助性的公共社会组织，发挥社会工作者桥梁作用。注重建设投入的统筹考量，保障社区改善社区环境、公用设施等资金到位。

（三）形成以人民为中心的社会治理习惯

第一，加快推进各项社会事业建设。社会治理的根本目的是必须以人为本、服务群众，必须加快推进以保障和改善民生为重点的社会建设，政府职能重心放到公共服务与社会治理上来，建立公共服务投入稳定机制。着力解决当前群众反映强烈的教育、就业、收入分配、社保、医疗、住房等民生问题，使发展成果更好惠及全体人民。

第二，完善社会保险体系建设。进一步完善城乡养老保险制度，推进新农保试点工作，争取实现国家试点全覆盖。继续完善城镇职工基本养老保险制度，加快解决历史遗留问题。制定机关事业单位编制外人员、城镇居民、被征地农民、民营企业务工人员参加养老保险办法和监管办法，逐步实现城镇居民养老保险和新农保制度的统一。完善工伤预防、补偿与康复"三位一体"的工伤保险机制。扩大失业保险基金使用范围，规范失业保险金申领办法。

第三，完善城乡社会救助体系。规范城乡最低生活保障制度。完善临时救

---

[1] 张治国. 创新海南三亚社会治理的对策建议 [J]. 社会治理，2016（4）：99-104.

助制度，推进低保制度、专项救助制度与社会保险制度的有效衔接。提高农村五保供养服务水平，推进五保供养服务机构建设。统筹城乡医疗救助制度，逐步形成五位一体的城乡医疗救助体系。

（四）加强社会治理创新服务平台建设

全面建设有利于化解矛盾、维护稳定、构建和谐的社会治理创新服务平台，不断提高社会治理服务的效率和水平。建议全面推行网格化治理，继续抓好"两项建设"（实有人口服务管理建设、"两新组织"服务管理建设）和"三项工程"（特殊人群"感化""康复""关爱"工程）。①

第一，全面推行网格化公共服务治理体系。原海南省委书记刘赐贵同志高度重视社会治理的信息化水平，要求各地各部门既要加快政务信息的整合与共享，又要重视对信息的分析和应用，构建信息资源共享体系，为群众提供更多便利服务，促进党委政府科学决策管理，切实提升社会治理体系和治理能力现代化水平。目前，海南已经建成省"数据大厅"，实现"平时协同，战时指挥，随时展示"，信息系统共享率达99.46%，实现省级政府部门无纸化办公100%全覆盖。政务信息整合共享工作取得可喜进展，现已完成九个子系统建设，即"进出岛管控""多规合一""互联网+防灾减灾""全域旅游监管服务""精准扶贫""网上分层和授权审批""椰城市民云计算""三亚旅游监管服务平台""省政府'网上督查室'"。刘赐贵指出，建设全省政务信息数据平台，是贯彻落实习近平总书记关于推进国家治理体系和治理能力现代化这一重要指示的一种载体。海南要争创中国特色社会主义实践范例，在未来的改革开放中成为排头兵，必须在数字经济上走在全国前列，而数字经济的基础就是数据的整合应用。各地各部门要进一步明确目的，从顶层设计上统筹考虑，真正把数据用活，以更少的人力、物力，满足群众更多的需求，提升治理能力现代化水平。在学习借鉴其他省份先进经验的同时，海南要立足创新，发挥自身岛屿属性的优势，准确把握物流、人流、资金流各类进出岛信息。在充分掌握、整合数据的基础上，科学分析、应用，以百姓的需求、企业的诉求为方向，以问题为导向，用信息化手段感知社会态势、畅通沟通渠道，从而实现科学决策管理，构建信息资源共享体系，让海南真正成为数据岛、数字岛、智慧岛、智能岛。

第二，做好实有人口服务治理。全面推行居住证治理制度，统筹流动人口在现住地的登记治理、社会保障和公共服务，落实均等化。抓好流动人口服务治理机构和流动人口协管队伍建设，搭建以社区为单位的服务治理平台。以建

---

① 张治国．创新海南三亚社会治理的对策建议［J］．社会治理，2016（4）：99-104．

立国家人口基础信息库为契机,以公安人口信息系统为基础,积极构建融合人口计生、人力资源社会保障、建设、民政、司法、教育、工商、税务、统计等部门和金融系统、通信系统等信息数据的流动人口基础信息库。

第三,搞好"两新组织"服务治理。着手建设类似三亚市"两新组织"基础信息库,推动"两新组织"党的建设和工会、共青团及妇女组织等群团组织建设,实现党的领导和政府治理全覆盖,将"两新组织"纳入创先争优活动范围。进一步明确"两新组织"服务治理的主体和责任,开展等级评估,把分级分类服务治理落到实处。进一步建立健全登记审批、日常监管、税务稽查、违法审查、信息披露、公共服务、行政处罚等综合治理机制,实施登记和备案双轨制、完善激励和推出机制。尽快建立由民宗、民政、业务主管单位和公安、国家安全等部门对敏感类"两新组织"治理的内部会商机制。

第四,促进社区共融,营造良好文化环境。党的十八大报告提出"让人民享有健康、丰富的精神文化生活,是全面建成小康社会的重要内容"①。在社区建设中,要以培养文明新风、满足文化需求、普及科学精神、形成社会共同价值观为目标。采用科学有效的方式,丰富多样的形式,提高社区居民法律素质、道德素质和科学素质,同时要把解决居民的实际需求和提高居民的素质结合起来。

第五,实施特殊人群"三项工程"。实施"感化"工程,做好刑释解教人员安置帮教和社区矫正工作。全面落实刑释解教人员就业、户籍、税费减免等各项衔接政策,维护其合法权益,落实必接必送、造册建档、定期走访、签订帮教责任书等措施,把责任落实到社区。实施"康复"工程,做好肇事肇祸精神病人、吸毒人员等高危群体的服务治理。实行监护人和常住地配套治理,加强公安、司法、民政、卫生、医疗、财政等部门间配合,落实排查、登记造册、收治、矫正、帮扶救助等措施,定期检查,掌握动态。实施"关爱"工程,做好重点青少年群体服务治理。对刑释解教的未成年人,开展就业指导和技能培训工作,落实各项社会保障措施,定期开展回访、辅导和矫治;高度关注中学、中职学校的不良行为青少年,加强一般教育和专业力量教育;对服刑人员未成年子女、单亲家庭未成年人、留守儿童、流浪未成年人、社会闲散青少年,组织公安、教育、团委等力量,开展"一帮一"结对帮扶、普法解困等活动;坚持开展校园及周边治安综合治理,让专(兼)职法制副校长制度落到实处。

---

① 胡锦涛. 坚定不移沿着中国特色社会主义道路前进 为全面建成小康社会而奋斗:在中国共产党第十八次全国代表大会上的报告[J]. 前线,2012(12):6-25.

(五) 加快推进社会治理基层基础建设①

深入推进和普及"平安三亚"建设经验，加快基层综治平台转型，解决好市级基层基础工作薄弱的问题。

第一，加强政法队伍建设。紧紧围绕加强党的执政能力建设、先进性和纯洁性建设这条主线，抓班子、带队伍，科学配置警力，加大资金投入，以提高专业化、职业化、正规化水平为重点，以提升创造力、凝聚力、战斗力为目标，加强"做好新形势下群众工作能力、维护社会公平正义能力、新媒体时代舆论引导能力、科技信息化应用能力和拒腐防变能力"五个能力建设，建立健全政法干警职业道德教育和业务教育培训体系，不断提升政法队伍整体素质和执法水平。

第二，加强社会治理组织建设。以服务群众和协调各方利益为目标，推进综治维稳组织、经济合作组织、基层民主自治组织和基层党组织全覆盖；贯彻落实中央、省委有关要求，加强社会治理综合治理机构设置，落实好机构、编制、人员和经费；加强基层群防群治社会组织建设，解决好社会治理（信息员、协管员、志愿者）队伍发展问题，加强公安、司法、民政、卫生、医疗等部门的发展壮大。

第三，进一步健全社会矛盾纠纷化解体系。严格落实风险评估相关规定，防止因决策不当、政策不合理引发社会矛盾。要切实解决损害群众利益的突出问题，严肃查处侵占惠民补贴、土地补偿等专项资金以及擅自处置集体资产资源、侵吞集体收益的案件，严肃查处违规征地拆迁、严重侵害群众人身权利的案件，维护群众合法权益。进一步完善矛盾纠纷排查调处工作网络、工作制度和工作机制，拓宽基层社情民意诉求表达和矛盾纠纷收集反馈渠道，积极构建"党政主导、综治协调、各方参与"的大调解工作格局。

第四，加强应急治理。健全分级响应的应急指挥系统，制定总体应急预案，健全完善公共突发事件监测预警、信息共享、风险评估、应急救援、社会动员和舆论引导机制。提高突发公共事件的预测预警与应急处置能力，掌握对突发事件的信息发布艺术。

第五，加强社会治安综合治理。着眼动态环境下维护治安稳定的需要，坚持打防结合、预防为主、专群结合、依靠群众的方针，以社会化、网络化、信息化为重点，积极建立健全打防管控结合、点线面结合、人防物防技防结合、

---

① 张治国. 创新海南三亚社会治理的对策建议 [J]. 社会治理，2016 (4)：99-104.

网上网下结合的立体化社会治安防控体系。继续深入开展"六五"普法宣传教育，营造人人学法用法的良好氛围，不断提高法制化治理水平，推进依法秩序。积极推进"三轨联控工程"建设，提高办案效率。大力推进社会面视频监控系统建设、健全动态防控机制，实现治安防控动态化治理。

第六，加强交通整治，改善交通环境。治理城市交通拥堵问题，最根本的对策是从调整城市规划入手，提高整体交通运行效率。对全市交通路网进行整体、科学规划，合理设置单行线路，建设人行道路，保证短距离步行出行者利益；大力发展公共交通，实现公共交通系统智能化，公交车辆运行的信息化和可视化，实现面向公众乘客的完善信息服务，提高公共交通方便程度和舒适程度。

(六) 建立国际旅游环境整治长效机制

以全域旅游标准化建设为契机，逐步建立各行业标准明晰、可操作性强、行业规范自律的旅游环境整治长效机制。

第一，加强信息整合，建立联席会议制度。各相关职能部门，充分利用条块资源，按照"各司其职，各尽其责"的原则，切实形成工作联动机制，对难点重点问题、游客关切的问题进行研究。多部门定期召开工作例会，通报项目职责落实整治情况，反映工作中出现的整治难点和治理盲区，搭建整治工作信息交流和沟通的平台。

第二，加大执法力度，成立综合执法机构。建立旅游综合执法机构，或在综合执法局增设旅游执法支队，完善旅游综合执法体制机制，明确旅游综合执法部门与相关职能部门权责、执法范围，赋予旅游综合执法机构现场的临时处置权，及时快捷地处理旅游纠纷案件，维护广大游客的合法权益。

第三，加快制度出台，提高购物点、海鲜排档透明度。在先前试点的基础上，加快制度出台，推行购物点、海鲜排档监管信息化建设，在购物点、海鲜排档全面设立价格电子公示屏和服务评价系统，提高购物点和海鲜排档的透明度和监管力度。

第四，充分发挥媒体对旅游市场的监督作用。建立新闻媒体定期、集中曝光非法经营行为制度，充分发挥媒体对旅游市场的监督作用，通过媒体监督提高行业自律。

(七) 推动社会智库与政府、企业和社会组织的联盟

随着科学技术的高速发展和网络信息的全球化传播，知识爆炸、信息爆炸现象表明，没有任何人能够同步跟上知识的更新速度，因此，一方面，在社会

变化万千的时代,任何一级政府、企业、社会团体要进行决策,都不可能仅仅依靠自己的力量完成,另一方面,准备承担政府委托项目的知识创造者,或已经完成项目的结题鉴定,都必须有第三方作为论证机构,这样在社会上出现了一个崭新的职业——社会智库。

根据中共中央办公厅、国务院办公厅印发的《关于加强中国特色新型智库建设的意见》(以下简称《意见》),提出在"2020年"建成"50至100个"国家智库,其中包括社会智库,要求政府要切实建立新的制度保证智库的建设和运行,如"落实政府信息公开制度""完善重大决策意见征集制度""建立政府购买决策咨询服务制度"等,这些加强国家智库建设的信息,体现出党和政府对外脑或智囊团高度重视,充分发挥他们的作用,有助于推进社会治理能力现代化。

在海南,社会智库集中在海南大学、海南师范大学等高等院校,也分布在政府研究机构和科研院所,针对海南国家旅游岛发展战略,组建了海南国际旅游岛智库联盟,该联盟在2017年发表招标选题,见表5-1。

表5-1 2017年海南国际旅游岛智库联盟招标选题一览表

序号	课题名称
1	海南热带特色高效农业供给侧结构性改革研究
2	海南发展离岸金融与建设离岸公司注册地研究
3	规范海南农垦土地流转和培育新型经营主体研究
4	加快海南医疗健康产业发展对策研究
5	供给侧结构性改革背景下海南旅游品牌打造研究
6	基于海南建设全域旅游示范省背景下的生态环境承载力研究
7	关于构建琼港澳合作机制与提升城市管理水平比较研究
8	发挥琼籍华人华侨在"一带一路"建设中的重要作用研究
9	海南房地产市场调控机制与政策支撑体系研究
10	深化海南历史文化名村(镇)保护与发展研究
11	加快海南小城镇特色化发展研究
12	关于提升海南国际旅游岛国际化水平研究
13	海南推进生态移民与生态环境综合治理研究
14	提升海南对外传播能力研究
15	泛南海经济合作模式构建与路径研究

续表

序号	课题名称
16	海南强镇扩权与提升乡镇政府服务能力研究
17	海南省"多规合一"改革政策配套研究
18	海南省总体规划实施机制研究
19	21世纪海上丝绸之路背景下南海水下遗产保护研究

从上述招标选题可以发现，这些选题具有超前性，通过专家的研究，其结果可以为决策者提供参考方案，或借鉴或启示。这些选题也具有某一层面的广泛性和代表性，在国际旅游岛的基础生态环境、民生、医疗、衣食住行、旅游基础设施建设、旅游政策、旅游产品的特色、旅游文化及其传播，乃至城市、乡村和荒野生态保护等方面，都对海南现代化发展具有重要的价值，由此，政府、企业、社团和智库形成社会治理结构，能够推动和实现社会治理能力现代化。

第二节 国际旅游环境与海南社会治理

一、政策优势

《中国（海南）自由贸易试验区总体方案》（国发〔2018〕34号）明确提出，按照海南省总体规划的要求，以发展旅游业、现代服务业、高新技术产业为主导，科学安排海南岛产业布局。要发挥海南岛全岛试点的整体优势，紧紧围绕建设全面深化改革开放试验区、国家生态文明试验区、国际旅游消费中心和国家重大战略服务保障区，实行更加积极主动的开放战略，加快构建开放型经济新体制，推动形成全面开放新格局，把海南打造成为我国面向太平洋和印度洋的重要对外开放门户。

《国务院关于推进海南国际旅游岛建设发展的若干意见》（国发〔2009〕44号）（以下简称《意见》），标志着国家把海南定位为国际旅游岛建设并上升为国家战略和重大需求，同时也使海南面临新的历史挑战。迎接挑战，积极探索国际旅游战略与海南社会治理之间的关系，推进海南社会的生态转型，是能否抓住机会并转变成机遇的关键。

为此，海南省委、省政府曾组织编制了《中共海南省委海南省人民政府关于海南国际旅游岛先行试验区管理体制与运行机制若干问题的决定》《海南国际旅游岛建设发展规划纲要（2010—2020）》（简称《纲要》），《纲要》按照《意见》的战略定位、指导思想、发展目标和重点任务，在分析海南国际旅游岛建设发展的内外部条件的基础上，从空间布局、基础建设、产业发展、保障措施、近期行动计划等方面做出具体部署和工作安排。由此，《纲要》作为海南国际旅游岛发展的顶层设计，在理论上，在推动海南发展进入新发展阶段过程中将起到引领作用，但在实践上特别是在海南"十二五"新发展阶段也凸显出海南社会治理面临的新情况新问题。

海南发展国际旅游的六大优势：第一，它是我国旅游业改革创新的试验区。可以充分发挥国家赋予海南经济特区的资格、名分和权利，大胆实验，"发挥市场配置资源的基础性作用，加快体制机制创新，推动海南旅游业及相关现代服务业在改革开放和科学发展方面走在全国前列"①。第二，把海南岛打造成"世界一流的海岛休闲度假旅游区"。由此，按照国际通行的旅游服务标准，海南全力"推进旅游要素转型升级，进一步完善旅游基础设施和服务设施，开发特色旅游产品，规范旅游市场秩序，全面提升海南旅游管理和服务水平"②是当务之急。第三，把海南建设成全国生态文明示范区。在生态示范省的基础上，继续保护和利用好资源和环境优势，"在保护中发展，在发展中保护，推进'两型社会'——资源节约型和环境友好型社会建设，建设低碳经济示范区，探索人与自然和谐相处的文明发展之路，使海南成为全国人民的四季花园"③。第四，海南将成为国际经济合作和文化交流的重要平台。为此，"发挥海南对外开放排头兵的作用，依托博鳌亚洲论坛的品牌优势，全方位开展区域性、国际性经贸文化交流活动以及高层次的外交外事活动，使海南成为我国立足亚洲、面向世界的重要国际交往平台"④。第五，海南也是南海资源开发和服务的重要基地。配合国家并取得国家支持，"加大南海油气、旅游、渔业等资源的开发力度，加强海洋科研、科普和服务保障体系建设，使海南成为我国南海资源开发的物资供应、

---

① 张扬，颜芳，韩泉山.海南发展全域旅游SWOT分析研究［J］.旅游纵览（下半月），2007（8）：117-118.
② 张扬，颜芳，韩泉山.海南发展全域旅游SWOT分析研究［J］.旅游纵览（下半月），2007（8）：117-118.
③ 张扬，颜芳，韩泉山.海南发展全域旅游SWOT分析研究［J］.旅游纵览（下半月），2007（8）：117-118.
④ 张扬，颜芳，韩泉山.海南发展全域旅游SWOT分析研究［J］.旅游纵览（下半月），2007（8）：117-118.

综合利用和产品运销基地"①。第六，把海南建设成国家热带现代农业基地。"充分发挥海南热带农业资源优势，大力发展热带现代农业，使海南成为全国冬季菜篮子基地、热带水果基地、繁育制种基地、渔业出口基地和天然橡胶基地。"②

总体来看，海南国际旅游岛建设取得较大发展。展望未来，旅游业发展正在从观光旅游向综合休闲旅游转变。随着国家消灭贫穷、全面小康社会的实现，居民收入相对增长较多，人们对幸福感和生活质量的关注度增加，以15%高收入人群，以及35%以上的中等收入人群在旅游和休闲乃至在异地养老等方面的消费规模将逐步扩大，特别是全国对海南国际旅游岛的消费需求将呈刚性增长趋势。从旅游人群对旅游的需求变化来看，人们正从感性的"走马观花"式旅游迈向感性与理性互动的审美欣赏以及个人生活参与和共鸣的"重旅游品质的休闲游"；从旅游经济格局看，多年以大陆型观光产品为主的中国旅游正在走向海洋，滨海旅游业在全国旅游经济格局中占据了约1/3的市场份额。面对游客日益多元化的需求，以"大三亚"为代表的高品质旅游可以考虑唱响新常态下"消费需求"的主题曲，由此，海南省可以借助《总体方案》《纲要》作为指导思想的理论基础、实践准则和工作规范，紧紧抓住消费时代旅游品质升级、转型的关键机会，动员社会智库并征集和下达相关的调研项目，在社会智库"外脑"的辅助下，政府能够主动为培育旅游新业态及新亮点出台新政策、新制度奠定基础，从而为海南社会发展进入新发展阶段鸣锣开道。

（一）国际旅游发展战略推动海南进入新发展阶段

1. 海南不可能走大工业主导的产业集群发展的道路

无论是传统的机械工业，或新兴的电子信息产业都不适合在海南作为主导产业生根，一个主要原因就是海南社会发展的阶段还主要处于农业社会向工业社会的转型期，农业作为第一产业在海南民生中仍然占有重要地位，工业化大生产的那种纪律严格的工厂制度和高效率的生产方式没有办法在海南落地，更不可能发芽生长，这不仅是由于没有文化土壤，更重要的是没有跨越农业时代嫁接现代化大工业的桥梁，即人脉。广东深圳有这样的土壤，也有这样的人脉，那是由于深圳原来就是一张白纸，建起今天深圳的是外来文化、外来人脉。海南就不同，海南有历史传统，有海南的文化和适合生态环境和自然资源的发展

---

① 中华人民共和国国务院. 关于推进海南国际旅游岛建设发展的若干意见. 国发〔2009〕44号，2009.
② 莫壮才，陈德江，辛俊桦. 海南热带现代农业发展情况及农发行信贷支持建议［J］. 海南金融，2014（3）：60-64.

方式。当然海南人的观念也不是一成不变的，人们的观念也正在发生变化，但是，无论怎样变，我国古人俗话说的"天时""地利""人和"，仍然是决定海南发展什么、怎样发展的立论基础。

2. 海南国际旅游发展战略的定位是正确的、实事求是的

海南有地利优势——海南岛位于东亚和东南亚的中心位置，靠近国际海运主航道，地处热带，拥有沿海、沿边、岛屿等地缘优势。海南岛森林覆盖率达到62%，天然草原面积142.5万亩，空气质量总体优良，基本保持国家一级水平。82.8%的河流和88.9%的湖库水质达到或优于国家地表水Ⅲ类标准，86.7%的近岸海域海水水质符合国家一、二类标准。海南岛的地理区位以及生态环境和气候条件，都具备发展旅游业和现代服务业的良好条件；海南有资源优势——海南富集海、岛、山、河，资源丰富多样、组合度好，在相对较小的范围内集中了滨海沙滩、热带雨林、珍稀动植物、火山与溶洞、地热温泉、宜人气候、洁净空气、民族风情等丰富的自然资源和人文资源，为发展休闲、旅游、观光、度假和养老，既提供了放松心境的美好环境，也提供了文化交流和欣赏自然景观与品味历史文化遗产的机会；海南有人和优势——海南岛是我国最大的经济特区，全省实行省直管市县的行政管理体制，中央赋予了特区立法权，尤其在国际旅游岛建设发展方面给予了一系列先行先试的政策支持。海南还有历史悠久的黎族和其他少数民族，他们与海南的生态环境形成不可分割的联系，他们有尊重自然的文化传统，有适应自然、利用自然的本土经验和地方知识，海南定位国际旅游岛符合海南少数民族热情好客的优良传统。

3. 以旅游业为龙头的现代农业和服务业已经成为海南经济的重要支柱产业

作为海南第一产业的农业，主要是热带现代农业；第二产业是工业，主要是服务于国家在南海开发的工业产业；第三产业是新兴的服务业。2017年三类产业的比例是21.6∶22.3∶56.1，热带现代农业和服务业加起来占88.2%，成为海南发展旅游业的核心支柱产业。如果把2009年的三产之比与2017年的三产之比相互对照，可以发现第一、第二产业变化大，但第三产业增长相对较快，见表5-2。

表5-2 2009年与2017年"三产"比例关系一览表

2009年"三产"比例			2017年"三产"比例		
第一产业	第二产业	第三产业	第一产业	第二产业	第三产业
28	27	45	21.6	22.3	56.1

从表 5-2 可以看出，国际旅游岛国家战略实施以来，服务业包括旅游业已经成为海南主要发展产业，正如《纲要》所评价的那样，海南"建省办经济特区 20 多年来，海南已从昔日落后的边陲岛屿发展成为初步繁荣的经济特区。海南作为我国唯一的热带岛屿省份，比较优势突出，发展潜力巨大"。

（二）新发展阶段凸显的社会治理新情况新问题

1. "十三五"期间海南的新发展

海南在"十二五"期间新发展阶段的战略定位，可以概括为"一个目标，六大战略"。"一个目标"是国际旅游岛建设，"六大战略"是"三地、两区、一平台"——"三地"即世界一流的海岛休闲度假旅游目的地、南海资源开发和服务基地、国家热带现代农业基地；"两区"即我国旅游业改革创新的试验区、全国生态文明建设示范区；"一平台"即国际经济合作和文化交流的重要平台，这种在"十二五"期间新发展阶段的战略定位，是海南中长期经济和社会发展的战略定位，有学者认为体现了海南生态文明与绿色崛起的合理性与可操作性，正是生态文明与绿色崛起的本意所在。① 时任海南省委书记罗保铭在省第六次党代会上对海南总体形势进行了乐观的估计，他说："经过建省办经济特区 20 多年的发展，以人均生产总值 4429 美元为标志，今天的海南已经站在了一个新的历史起点上，进入了更有条件、更加自觉地实现科学发展的新阶段：我们手中的财富足以保障生存和温饱，现在更有条件调整经济结构、转变发展方式，更有条件保护生态、普惠民生，更有条件深化开放改革、加强社会管理。"②

2. "十三五"期间的新发展凸显社会治理的新矛盾

"十三五"以来，海南省委、省政府坚持以科学发展、绿色崛起为主线，以建设国际旅游岛为主抓手，认真贯彻落实《意见》（2009）和《纲要》（2010）的要求，积极推进"六大战略定位"的目标和方向，稳步发展，成效主要表现在经济基础、产业结构调整、生态环境建设、基础设施、民生建设等方面。③

---

① 王毅武，高盈盈. 论生态文明与绿色崛起：以海南国际旅游岛建设为例［J］. 海南大学学报（人文社会科学版），2012（6）：122-126.
② 新起点新征程省第六次党代会特刊. 罗保铭在省第六次党代会上的报告摘要与解读之二：坚定不移地走科学发展、绿色崛起之路［N］. 海南日报，2012-04-26（A06）.
③ 牟爽，朱华友. 产业兴省 绿色崛起——海南"十三五"发展的思考［J］. 中国经贸导刊，2015（21）上：48-50.

2017年底，海南GDP总量达到4462亿元，较上年增长了7.0%（见图5-1），①2017年海南固定资产投资4125.4亿元，是自2013年来增长速度最慢的一年，但较上年也增长了10.1%（图5-2）。

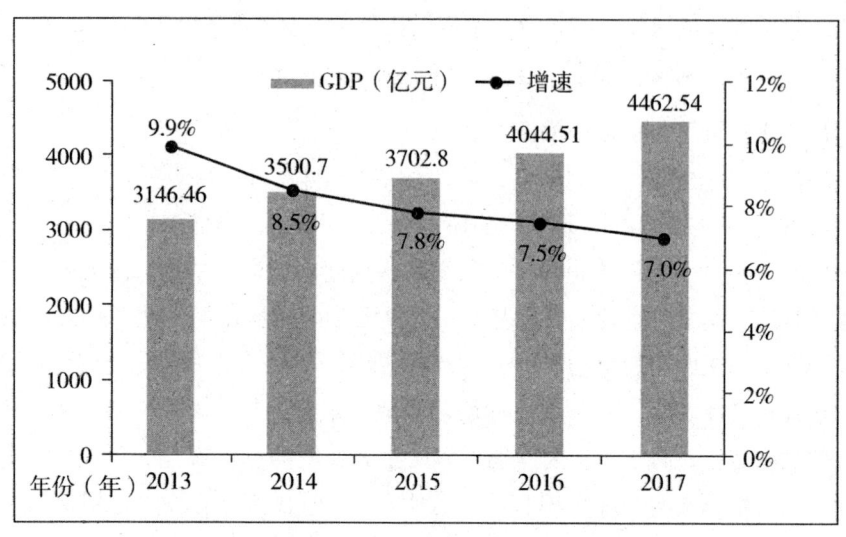

图5-1　2013—2017年海南GDP及增速情况

从海南的产业结构调整来看，资料显示：三次产业比重，到2017年达到21.6∶22.3∶56.1，按照全域旅游主导产业的部署，未来还有较大的上升空间。

从基础设施建设来看，一批重要的交通、能源、水利等项目陆续建成或加快建设。环岛高铁、"田字型"高速公路以及全岛路网建设加快，路网密度为73公里/百平方公里，是全国公路密度46.50公里/百平方公里的1.6倍；2016年6月海南文昌卫星发射中心首次建成投入使用；"四方五港"建设布局基本形成，沿海港口泊位133个；美兰机场二期扩建和三亚机场迁建前期工作进展顺利，博鳌机场开工建设；核电、抽水蓄能等电源建设全面推进，跨海联网一回工程建成，电网主网架建设基本完成，目前西南部电网已并网发电；大广坝水利水电、红岭水利枢纽及灌区等大型水利工程建设步伐加快，农业生产基础条件逐步改善。

海南经济社会发展了，是否人们的满意度就增加了呢？国家统计局网站

---

① 海南省统计局，国家统计局海南调查总队. 海南统计年鉴2018［M］. 北京：中国统计出版社，2018：4.

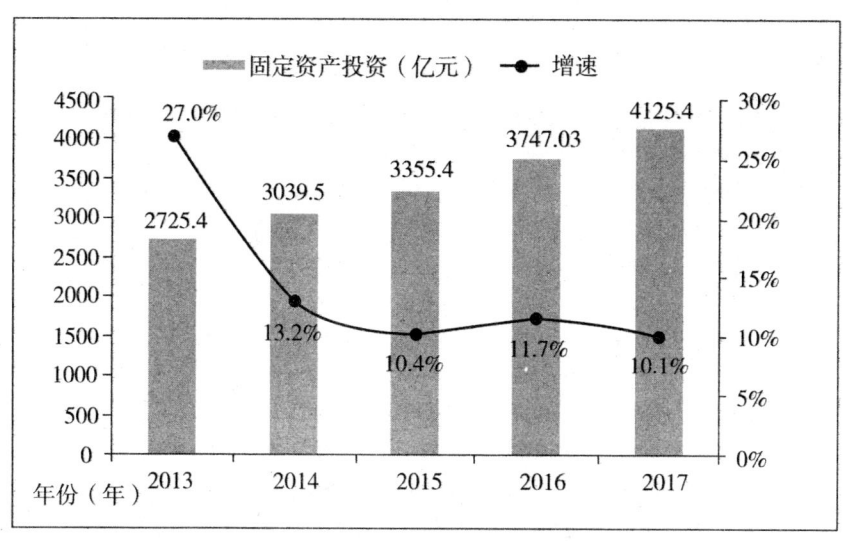

图 5-2 2013—2017 年海南固定资产投资情况

2017年12月26日发布《2016年生态文明建设年度评价结果公报》①，其中海南环境质量指数排名第1位，但是，公众满意程度排名第3位，绿色发展指数排名第6位。由此看出：第一，人们收入增多了，但人们对生活未必满意；第二，环境质量高，但环境效益不一定高。绿色发展关联绿色生活，应当与绿色发展成正比。衡量绿色发展性质和数量的指标是绿色发展指数，它是根据"地区资源利用、环境治理、环境质量、生态保护、增长质量、绿色生活"这6项计算出来的，其中这6项是定向在金山银山还是绿水青山，还是金山银山就是绿水青山，还是绿水青山就是金山银山？这是一个大是大非的问题。显然，按照国家生态文明建设的要求，以及海南绿色崛起的国际旅游岛战略定位，选择的是

---

① 这个公报是严格按照《生态文明建设目标评价考核办法》规定进行，年度评价按照《绿色发展指标体系》实施，主要评估各地区资源利用、环境治理、环境质量、生态保护、增长质量、绿色生活、公众满意程度7个方面的变化趋势和动态进展，共56项评价指标。其中，前6个方面的55项评价指标纳入绿色发展指数的计算；公众满意程度调查结果进行单独评价与分析。国家统计局，国家发展和改革委员会，环境保护部，等. 2016年生态文明建设年度评价结果公报. 北京：统计局网站，2017.

绿色发展道路，但是，全国绿色发展指数比较，海南却排在了第6位①，这是在国际旅游岛战略发展中出现的新情况新问题之一（见图5-3）。

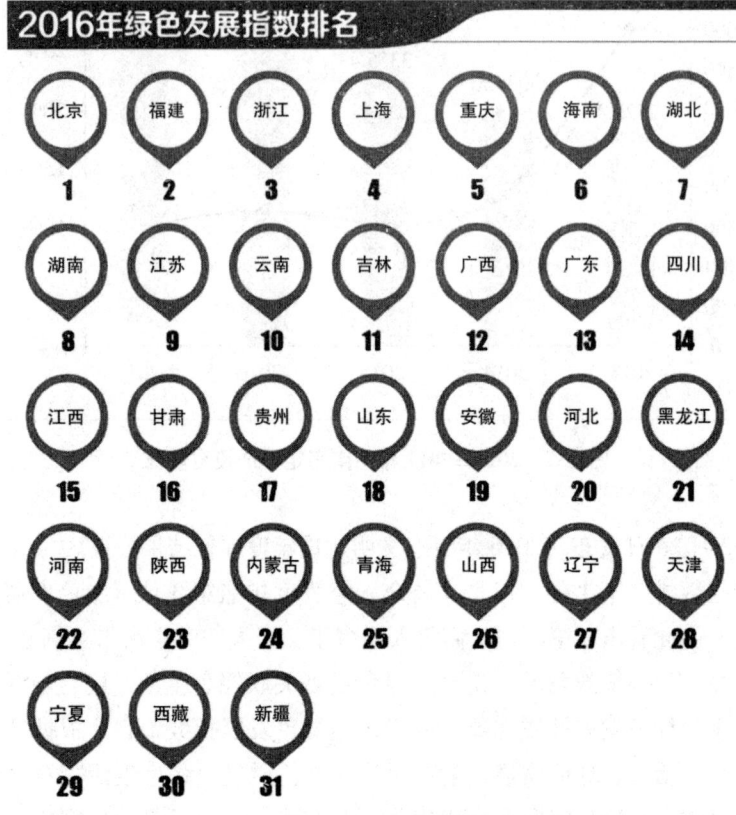

图5-3　海南绿色发展指数排名第6②

首先，此次国家委托北京师范大学课题组进行指标的量化是有道理的，它们选择的评价指标是各个城市共有的指标，而且各城市之间横向是可以比较的指标。如在生态文明建设上，绿色发展指数指标考察的是增量或"上升率"，如投

---

① 从构成绿色发展指数的6项分类指数结果来看，资源利用指数排名前五5的地区分别为福建、江苏、吉林、湖北、浙江；环境治理指数排名前5位的地区分别为北京、河北、上海、浙江、山东；环境质量指数排名前5位的地区分别为海南、西藏、福建、广西、云南；生态保护指数排名前5位的地区分别为重庆、云南、四川、西藏、福建；增长质量指数排名前5位的地区分别为北京、上海、浙江、江苏、天津；绿色生活指数排名前5位的地区分别为北京、上海、江苏、山西、浙江。国家统计局能源统计司. 绿色发展指数计算方法. 2017.

② 21世纪经济报道. 中国首次发布绿色发展指数排名：京闽浙居前三［R/OL］. 网易，2017-12-27.

资增长率，研发支出占 GDP 的比重，第三产业占 GDP 的比重，战略性新兴产业增加值占 GDP 比重等指标，而在资源消耗、节能减排等指标使用"减量"即"降低率"的指标。显然，北京这几年花大力气进行社会综合治理，"单位 GDP 能耗、水耗下降率，化学需氧量排放总量减少、氨氮排放总量减少、二氧化硫排放总量下降""直接反映空气质量的指标，比如地级及以上城市空气质量优良天数比率等，不是很多。而在各个环境和资源降低率方面，北京取得的进展确实很大"①。其次，绿色发展指数有"资源利用、环境治理、环境质量、生态保护、增长质量、绿色生活、公众满意程度"7 个指标，但在实际操作中，前 6 个纳入"增量"或"减量"选取，第 7 个"公众满意度"则采取"随机电话采访或问卷"方式。

此外，海南在"公众满意度"上排名第 3，排名第 1 的是西藏，排名第 2 的是贵州。西藏和贵州尽管地理位置、发展方式和人民生活水平不同，但有一个共性值得吸取，那就是他们都高度重视民生问题。由此，我们海南在民生方面特别是在日常生活方面，如在恩格尔系数、可支配年收入增长率、物价因素等方面，还存在不尽如人意的问题。

这些新问题不仅来源于优势转化缺少中介环节，还来源于现实海南作为国际旅游常规生活方式如何定位的问题。事实上，海南岛是中国唯一一个穿越亚热带和热带的南部边疆岛屿，在现时代的中国人眼中，是旅游、休闲、度假、观光、养老和健康养生的好地方，但是，对于外国人而言，海南岛并不是唯一选择，还有夏威夷、巴厘岛等，因此，要成为国际旅游岛，就要有国际的视野和国际一流的服务。显然，我们现在的视野和服务距离国外知名岛屿旅游的视野和服务还有较大差距，此外，服务是有内容的，内容是有特色的。在饮食、居住、游玩、购物、旅行、观光、学习、交流和参与等方方面面，怎样有我们海南的特色、质量和品位，这也确实存在值得讨论的问题。

中国人的生活有句俗话："靠山吃山、靠水吃水"，其本意不是说真正的吃山，也不是说真正的吃水，而是说顺应山水流转，即中国古人讲的顺应风水，以及适应当地本土资源特点并加以合理利用的生活方式。这是中华民族的传统习俗和人民常规生活的惯例。但现实是，海南作为国际旅游岛发展以来，在物价方面居高不下，高于全国城镇 1.8 倍，高于全国农村达 2.3 倍，仅就蔬菜价格，甚至比北京、上海和广州等大城市都高，这一点从国家统计局关于价格因

---

① 中国首次发布绿色发展指数排名：京闽浙居前三 [EB/OL]. 21 世纪经济报道，2017-12-27.

素影响人均可支配年收入的折扣上可以反映出来,见表5-3。

表5-3 2017年海南省城镇和农村居民价格因素与全国相对比较一览

海南省	城镇居民		农村居民		全国	城镇居民		农村居民	
	人均收入同比增长	扣除价格因素增长	人均收入同比增长	扣除价格因素增长		人均收入同比增长	扣除价格因素增长	人均收入同比增长	扣除价格因素增长
	8.3%	5.0%	8.9%	6.9%		7.3%	8.3%	6.5%	8.6%
价格因素所占比例	3.3%		3.0%			1.8%		1.3%	

表5-3反映出一个突出问题,就是民生大问题,这也是一个悖论:海南城镇居民可支配年收入、农民可支配年收入均低于全国同类平均水平,可是物价却是高于全国平均值的1.8—2.3倍。由此,物价作为指挥棒,全国各地的物资按照资本增值的逻辑,只要在海南的市场上有利可图,就有人在运作。事实上,不仅局限在物资领域有利可图,也会刺激融资投资在新技术研发上,仅就蔬菜而言,在海南有资本投入,就可以吸引国内著名农业专家来岛上大搞蔬菜培育乃至多种农作物栽培试验,海南社会的治理不仅在于节流和管控,更在于开源和创造良好的社会创新环境,但这对社会治理而言,是一种新情况新问题。

物价问题有它发生发展的规律,其中价值与价格、价格与社会必要劳动时间都紧密相关,起因于"流动",在改革开放以前的海南岛是一个"独立王国",主要处于农业社会,没有什么工业,人们的生活很自然,自然性大于人性,所以,海岛外流人口(包括出国)多于进来的人口。改革开放以后,特别是户口放开了以后,东北人大量移民到海南,从那时起海南的物价就开始上涨,直至今天,这种人口流动维持着物价居高不下。有人说海南物价高是旅游业造成的,有人说是房地产拉动的结果,还有人说是全国人民都想到海南岛来的愿望和需求与海南岛有限的时空的矛盾导致的,这些说法都不无道理,可是我们担心的是:海南岛的物价与内地物价之差,强化了资本逻辑,资本逻辑形成资本垄断——资本主义弊端横行,不平等、不平衡的发展问题就会越来越突出,这就给海南的社会治理带来前所未有的挑战。

如果真是那样的话,不仅海南特有的古朴简约的亲自然的适宜性土著文化乃至地方环保知识和经验即使存在,也等于不在。那种外来的原始资本积累般不择手段地走向市场的拼搏,像不断投入平静湖面的石子,原来那个安详、静谧和自由自在的海南不再平静，本来沉睡的土地被不断地推到市场上，村民还没有做好准备却一夜之间就成了城市人，就得到了一大笔好处，殊不知他已经像一个木偶一样不知不觉地被抛向了金钱的角斗场，那样的话，海南岛就成了各种商家寻求投机的舞台。

然而，从生态哲学视域考察海南国际旅游岛战略，我们认识到：一方面，海南岛的每一寸土地都与这个岛不可分割，这个岛知道它的过去、今生和来世，知道它的命运走向，任何人都是匆匆忙忙的过客；另一方面，海南岛的人民爱海岛，特别是当地祖辈传承、世世代代、生生不息地生活在海岛的土著居民，他们的生活更接近自然，他们的生活更简约，他们对大自然的变化能辨别出类似人所具有的喜怒哀乐，他们与海岛生态环境形成了不可分割的联系，最能体会到人与自然的关系，一荣俱荣、一损俱损的真正价值和意义。因此，海南岛的社会治理必须遵循海南岛的自然生态规律和海南土著人民祖辈传承的与自然和谐生存与发展的规范，控制海岛人口规模、生产方式、生活方式，实现资源节约、环境友好、人民富裕、生态安全，以及自然和文化历史遗产保存良好的一种区域社会管理科学和艺术。需要确立以人民为中心，而不是以资本为中心；需要坚持绿色发展，而不是单纯的经济发展；需要既从海南的生态完整、稳定和美丽的尺度，也需要从子孙后代的尺度，是与国际旅游战略相配套的海南社会治理的最终根据，有此依据的社会治理，不是传统的社会治理，而是适应新阶段的新发展的社会治理，即"新常态"的社会治理。

二、国际旅游环境下海南社会治理的新要求

从国家赋予海南为国际旅游岛批复的《意见》、海南制定的国际旅游岛发展规划《纲要》，再到海南被国家批准为第一批全域旅游国家级示范区，由此制定的《海南省全域旅游建设发展规划（2017—2030）》（简称《规划》），以及《海南省创建国家全域旅游示范区工作导则》（2017）、《海南省创建国家全域旅游示范区认定标准》（简称《标准》）、《中国（海南）自由贸易试验区总体方案》（国发〔2018〕34号）等，这些纲领性的指导方针和实施细则，标志着海南国际旅游岛战略进入"全域旅游"的"新常态"，特别是有两个"国家赋予的优势条件"：一是海南是国家21世纪海上"丝绸之路"规划发展的重要枢纽，有潜力打造成为"环南海旅游经济圈"的综合服务平台；二是海南作为全国省域"多规合一"试点省份，因此，在海南开展全域旅游实践过程中，可以综合经济、政治、文化、社会、生态环境等社会治理因素，并入"多规合一"综合考虑，把海南社会治理推向新阶段。

(一) 全域旅游需要系统的社会治理

全域旅游不仅仅是旅游经济过程,更是实践国际旅游战略开创的海岛经济、政治、文化、社会和生态环境等全方位的联动过程,也是围绕着旅游主体展开的社会系统治理的过程。全域旅游与以前搞国际旅游岛建设不同,以前是仅仅突出个性和特色,现在是全域旅游示范省建设,既要突出个性,也要突出差异中的共性和同一性、统一性乃至一般性的示范作用,因此,全域旅游是一个规模和范围的限定,也是以旅游为主导产业,带动其他产业和服务业协调发展、全方位发展的含义,而且作为"示范省",是为国家"打样",做先导示范,所以,开展全域旅游工作,基于《导则》和《标准》,围绕"三大目标"和"三大愿景",综合全域旅游工作重点、四大方面、三十六条具体任务,由此预示着海南社会治理进入新的发展阶段(见表5-4)。

表5-4 传统旅游、全域旅游与社会治理新发展一览表

传统旅游	全域旅游	社会治理新发展
单一景点景区建设管理	综合目的地统筹发展	点、线、面整体治理
门票经济	产业经济	与之配套的多元治理
导游必须由旅行社委派	导游自由有序流动	法律、伦理和民俗治理
粗放低效旅游	精细高效旅游	精准治理
封闭的旅游自循环	开放的"旅游+"融合发展	多主体、多方位、多层次系统治理
旅游企业单打独享	社会共建共享	关键共享治理
景点、景区内部的"民闭式"治安管理、社会管理	全域旅游依法治理	上岗资格管理
部门行为	统筹推进	整个系统联评制度
景点景区接待国际游和狭窄的国际合作	全域接待国际游客、全方位多层次国际交流合作	互利、互敬、共赢治理

1. 围绕旅游主导产业形成互动集群的社会治理

围绕着旅游服务业作为主导产业建设主导产业群的同时,进行社会治理能力建设。所谓全域旅游,是指在一定区域内,以旅游业为优势产业,通过对区域内经济社会资源尤其是旅游资源、相关产业、生态环境、公共服务、体制机制、政策法规、文明素质等进行全方位、系统化的优化提升,实现区域资源有

机整合、产业融合发展、社会共建共享，以旅游业带动和促进经济社会协调发展的一种新的区域协调发展理念和模式。要保证这种全域旅游模式贯彻落实，需要全社会、全方位、全过程、全员总动员，要改变传统的政府一言堂的社会治理方式，建立与全域旅游相配套的社会治理多元主体、多过程参与、多元调控、多层面合作和支撑的社会治理整体系统。

2. 全域旅游凸显社会治理多主体的能动性

在点上：要以户自立、以村自立、以乡自立。在线上：要从始点到终点一条龙多元、多层、多点服务到底。在面上：要打破本位主义、地盘分割、一方独大的旅游政策和体制，建立协调、互利、共赢的旅游利益共同体，建立政府、企业和公众参与的社会整合和联动协调的治理机制。

3. 全域旅游渗透整体论的社会治理方式

全域旅游对应全域社会治理。要改变传统的条块分割的旅游资源配置，要从乡谋划村和户的旅游服务方式，要从市谋划县和乡的旅游特色和服务方式，要从省或整体海南岛谋划国际旅游在世界旅游岛屿中的地位和价值，谋划全省、地级市、县市级旅游的总体布局和特色发展优势，以及旅游整体性、多样性和协调性的关联方式。由此，在社会治理方面也相应要跨越原来限定的行政区划的限制，按照旅游的关联紧密型、松散型、间断型等旅游方式配置相应的社会治理方式，形成主体转换、责任交接、绩效不断的社会治理体制，并利用好手机微信群把控和了解人们的心态和可能滋生的风险。这里需要强调的是，必须改变传统的单一旅游事项的报批方式，如原来旅馆报批与旅行社无关，考察旅馆主要看房产、使用的面积、安全设施和服务设施，对服务员和老板没有上岗的要求，现在按照与全域旅游相配套的社会治理制度，要提高服务质量和服务态度，就要建立上岗制度和年终考评制度，以提高服务员和老板的个人修养和服务水平，也可以通过以评促建，以评相互学习和借鉴，显然针对全域旅游，与之相配套的社会治理也必须走向新的发展。

（二）全域旅游伴随社会治理转型和风险治理过程

1. 全域旅游过程也是社会治理转型过程

全域旅游包容并发展传统分散旅游，促进社会经济和文化转型，也推动社会治理的政治转型。首先就要抓全域旅游及其社会治理示范区建设并瞄准"九个转变"和"十大突破"。"九个转变"：一是实现从单一景点景区建设管理到综合目的地统筹发展转变；二是从门票经济向产业经济转变；三是从导游必须由旅行社委派的封闭式管理体制向导游自由有序流动的开放式管理转变;四是从粗放低效旅游向精细高效旅游转变;五是从封闭的旅游自循环向开放的"旅游+"融合发展方式转变;六是从旅游企业单打独享到社会共建共享转变;七是从景点景区内部的"民团式"治安管理、社会管理向全域旅游依法治理转变;八是从部门行为向党政统筹推进转变;九是从仅是景点景区接待国际游和狭窄的国际合作向全域接待国际游客、全方位多层次国际交流合作转变。要致力于"十大突破":一是在综合管理体制改革上要有突破;二是在规划上要有突破;三是在以旅游厕所为代表的公共服务设施供给上要有突破;四是在"旅游+"上要有突破;五是在旅游扶贫上要有突破;六是在旅游富民上要有突破;七是在文明旅游上要有突破;八是在旅游市场监管上要有突破;九是在旅游数据上要有突破;十是在旅游外交上要有突破。

2. 全域旅游激发和建立社会风险治理机制

针对上述示范区的"九个转变"和"十大突破",要建立转轨机制,从一种松散的旅游业态转换到全社会旅游状态,即全域旅游状态,需要社会治理的导向和调控。因为,如费孝通所说,"自上而下的命令,谁也不能保证是人民乐于接受的"①。由此,要进入社会风险治理,提倡控制和自治相结合的社会治理模式,特别是在示范区,这种社会风险治理的过程和结果,至少体现七个鲜明特征:第一,综合管理体制到位,形成官学商、产学研,以及政府、企业、公众联动机制。第二,食品安全、持证上岗、定期评估制度;第三,公共服务配套完善,小到厕所分布合理、功能齐全、卫生舒适,大到星级宾馆的全域旅游服务制度的完善;第四,城乡旅游环境优美,定期督查、年终评比制度健全;第五,全域旅游要"多规合一"政策、措施保障、奖惩严明有力;第六,示范区综合贡献突出先导作用显著;第七,安全保障全域落实,文明有序全域张扬,要有标语、要有警示、要有地方和本土特色。

此外,也要特别注意社会治理的控制和自治相统一模式在摆脱和限制风险方面的局限性。首先,管理来自上级,自治来自基层,在政府体制内倡导上行下效。在传统的社会治理结构中,无论是纵向还是横向关联,都有一个不证自明的公理,即下级服从上级。社会治理的主体是各级政府、企业和事业单位,公众或利益相关者则不被纳入社会治理结构。社会治理结构的新发展要求把公

---

① 曹正汉,张晓鸣. 郡县制国家的社会治理逻辑:清代基层社会的"控制与自治相结合模式"研究[J]. 学术界,2017(10):216-227.

众和利益相关者纳入考虑，这是一个进步，但是，这仅仅是利益协调和综合统筹的意义上，在风险治理上，还不能就此解决问题，因为做决策，特别是社会治理的决策，有不少情况都是在知识缺乏或信息破缺的情况下做出的，决策往往采取的是少数服从多数的组织原则。这种情况有两种可能：一种是冒险，还有一种是保守。要改变这种风险决策，需要引出第三方，即政府、企业和事业单位的外脑——智囊团或智库。其次，智库的外脑，在中国特别是在海南发展得不健康，原因是政府不需要，或很少需要第三方智库，需要的是我们"第一方"自己的智库，以保证心连心，这种情况的智库是危险的，教训是深刻的。再次，社会风险治理不仅在于第三方智囊团的辅助，更重要的是要发挥利益相关者的作用。所有的社会治理，包括全域旅游也包括生态文明建设等方方面面，要实现新旧社会转型，最终都是触犯到利益相关者，因此，社会治理的好坏，在于利益相关者——群众是否满意，这种考虑风险的社会风险治理是社会治理的新发展，值得进一步深入研究。

03

下篇

| 策略探索篇 |

第六章

社区社会治理

社区是社会的细胞，是社会治理的基本单元，社会安定有序、国家长治久安离不开社区的有效治理和服务。推进社区治理和服务创新是社区建设领域全面深化改革的时代主题。社区治理是社会治理的基础工程，也是国家治理的基础工程，社区治理体系和治理能力现代化是国家治理体系和治理能力现代化的实现前提。党的十九大报告提出的"提高保障和改善民生水平，加强和创新社会治理"[①]则从根本上明确了社区社会治理在未来中国社会发展中的特殊地位。

第一节 社区社会治理的研究背景与理论依据

十九大报告中，"民生"再度成为反复被提及的热词，报告指出"保障和改善民生要抓住人民最关心最直接最现实的利益问题"。[②] 作为人民最基本的生活单位，社区治理一直是我国政治生活、社会生活的重要内容之一，社区的稳定直接关涉到社会生活基本生态链的发展活力。

一、社区社会治理研究的历史背景

过去很长一段时间，"强政府、弱社区"这样的不平衡状态一直是我国社会发展的制约因素之一。当前反复提及的"社会治理"概念，不仅是对过去政府与社区不平衡状态的解决，更突出了党和政府治国理政观念的现代化转型，即把以人民为中心的民生放在第一位，社会治理更加强调了"服务"而不是过去

---

① 习近平. 决胜全面建成小康社会 夺取新时代中国特色社会主义伟大胜利：在中国共产党第十九次全国代表大会上的报告 [J]. 理论学习，2017（12）：4-25.
② 习近平. 决胜全面建成小康社会 夺取新时代中国特色社会主义伟大胜利：在中国共产党第十九次全国代表大会上的报告 [J]. 理论学习，2017（12）：4-25.

的"管理",民众通过社区表达自身的主体意识也逐步得到了加强,这正是现代型国家与社会发展的基本要求之一。

现代化之城市化进程加速了社区社会治理改革。作为居民社会生活基础单位,我国城市化进程凸显了社区社会治理的重要性,这一社会发展过程中产生的社会问题以及公共服务需要的增长是探讨社区社会治理的时代背景。虽然我国城市化起步较晚,但发展速度极快,根据国家统计局的最新统计,截至2017年年底,城镇常住人口81347万人,比上年末增加2049万人;乡村常住人口57661万人,减少1312万人;城镇人口占总人口比重(城市化率)为58.52%,比上年末提高1.17个百分点。[①] 人口的流动以城市化进程为开端,以农村密集劳动力流向城市为主要特征,流动规模和范围都呈迅速扩大的态势,城市圈成为主要的人口流入地。

随着城市人口的增加,作为城市人口基础单位的社区,社会治理的要求也随之提升,甚至可以说,社区社会治理的好坏,直接影响着城市化乃至我国现代化进程的质量。城市化作为现代化的重要标志,实际上也把现代化进程中的两面性展现得淋漓尽致:一方面,城市化意味着社会资源的汇集,人口的流动促进了经济和文化的发展,社会发展的活力、创造力、想象力在这个过程中完全激发出来;另一方面,由于社区这样的基层组织建设较之于经济发展速度的相对缓慢,城市基础社会治理的矛盾与问题开始凸显出来,若是无法合理解决,社会的稳定性将会受到极大的挑战。当我们说城市化问题也是发展的问题的时候,如何真正贯彻好"发展就是第一要务"与"稳定压倒一切",是我们国家进行现代化改革、发展和稳定的关键所在。经济的发展确实解决了社会物质基础匮乏这样一些根本性问题,但新的问题也随之产生,稳定和发展的关系重新以新的方式呈现在我们面前,从根本上来说,这应当就是社区社会治理思考的方向。在新的历史时期,社区社会治理与社会经济发展的相适应程度,成为需要思考的核心问题。

在我国,社区社会治理改革是逐渐发展而来的。在这一过程中,国有单位制度改革、基于资本市场快速运转而生的城市流动人口,以及农民工城市化问题的产生,构成了我国社区社会治理改革的直接原因。新中国成立后很长一段时间,我国是以单位制为主、街居制为辅的基层社会管理体制,"单位即社会""单位即社区"是最重要的特点,在很大程度上,居民的工作单位就扮演了社会治理的基层社区角色,单位与社区或社会在绝大部分上是相互重合的,单位不

---

① 2018年国民经济和社会发展统计公报[EB/OL].国家统计局网站,2019-02-28.

仅仅是工作的地方,更承担了职工福利、医疗、教育等等方面的社会保障。单位办医院、单位办学校、单位设派出所等,几乎所有职工的社会活动都跟单位有着直接的关系,在当时社交尚不普及的年代,单位实际上就是职工的"社会""社区"。可以说,作为我国成立初期社会管理、社会发展的特殊产物,单位已经融合了政治动员、行政审批、社会发展等一系列职能,国家通过单位这一实体形式实现了对整个社会的管理,而当时的街道、居委会等,只是作为管理社会闲散人员、失业救济、民政优抚等这样的管理和服务,与如今的街道、社区的是无法同日而语的。单位制的强势,在某种程度上来说,已经将社会各种优质资源集中到了生产部门,处于弱势的街居社区实际上因缺乏资源而无法承担居民的社会服务职能,这一职能实际上是由单位制来提供的。应当说,单位制是新中国成立初期我国政府管理社会的一种特殊模式,这种管理模式的一个重要特点就是,政府权力是通过单位进行社会管理的,政府并未直接对应作为居民生活载体的社区,单位实际上是作为居民集体的人格实体出现的。

可以看到,新中国成立初期的国家社会管理模式是通过单位的人格化,事实上将高度同质的社会居民整合起来,这样的好处是国家治理成本相对较低,在新中国成立初期我国经济实力尚显薄弱的时候,这种社会管理模式起了很大的作用。但随着时间的推移,问题也逐渐产生。由于单位在事实上作为独立的人格实体,职工成为单位发展的手段,个人的主体自我意识得不到充分的发挥,最明显的后果就是职工对单位的过分依赖、社会人员流动的缓慢、单位内部运行低效、社会生产缺乏活力等,这实际上也是后来国家进行国企改革的重要原因之一。

1978年12月,十一届三中全会召开,我国拉开了对内改革、对外开放的帷幕。1992年十四大提出建立社会主义市场经济体制目标,非公有制经济开始得到恢复和发展,单位制越来越不适应经济社会发展的要求,逐步走向解体,随之而来的是一系列具有重要历史意义的改革的开启,政企分离、社企分开、政社分开的进一步实施,我国的社会主义计划经济体制开始转向社会主义市场经济,封闭的社会开始转向开放,特别是单位中的社会职能逐步剥离单位本身,单位职工的"单位人"开始转变为"社会人""社区人"。与此同时,伴随着城镇化进程中大量农民进城务工,社会人员的流动性、多元化、异质性等新的社会现象开始出现,传统的街居制已经无法承担起日益增加的非单位人员的社会管理和服务职能,正在进行机构精简的政府也不可能通过扩大自身的职能来实现问题的解决,在这种情况下,新的城市基层社会治理体制开始出现,社区社会治理开始成为全社会关注的内容。

应当说，我国社会现代化进程是伴随着城市化发展起来的，而城市化本身则是以社区建设、社区服务为基础而发展起来的。社会发展中的"社区"概念在我国的不断丰富，是从1986年民政部引入城市管理开始的。在政府的大力支持下，经过三十多年的发展，我国社区建设取得了令人瞩目的变化，各地的实践和创新，也形成了社区社会治理的众多模式，丰富了我国城市化的发展，城市社区组织架构得以形成并运转起来，承接了大量的政府职能转变过程中还给社会的职能和单位制剥离的社会职能，在城市基层社会管理和社会服务中发挥了重要的作用。在国家治理体系和社会治理现代化的新要求下，继续推进和深化社区社会治理成为其中重要的内容，城市社区也成为全面深化改革的重要落脚点。作为基层社会治理的基本内容，社区社会治理在国家治理体系中居于"小基层""大舞台"的战略位置。"社会凝聚力不能在民族（或国家）层面运作的国家来保证，但可以通过能生产忠诚感、社区认同与归属感的地方政府来维持。"① 社区社会治理作为国家治理体系的重要组成部分，为国家治理体系的现代化发展提供了承载和依托，因此，社区社会治理的研究需要在国家治理体系的总体框架内加以考察。

二、社区社会治理研究的理论依据

社区社会治理属于社会治理的基本内容，有关社会治理问题的探讨有着悠久的历史。以城市化为标志的人类社会现代化，社会的组织与治理问题始终是人们关注的核心内容。现代化的进展不断为人类带来了新的问题，有关社会治理的问题就成为学术界探讨的重要内容之一。有关社会治理理论的深入探讨，为我们知道社会治理实践、深化社会发展改革提供了重要的理论支撑。作为社会的最基层生活单位，社区社会治理一直是人们关注的焦点，构建现代化和科学化的社会治理体系对实现社区稳定乃至社会繁荣有着重要的价值和意义。

社区社会治理实践离不开理论本身的发展，西方社会治理理论的发展与基层社会治理实践的经验总结，为我国社会治理理论的构建提供了重要借鉴。我国社区社会治理理论一方面要借鉴和吸收西方相关理论与经验的优秀内容，另一方面则需要将理论与中国具体实际和历史文化相结合，即理论联系实际，开辟属于中国特色的社区社会治理道路。

英文中"治理"（Governance）一词最早可以追溯到古希腊和拉丁文中，本

---

① 桑德斯.自由社会的公民身份［M］//特纳.公民身份与社会理论.郭忠华，蒋红军，译.长春：吉林出版集团有限责任公司，2007：92.

意包括控制、引导和操纵的行动或者方式。① 早期的西方学界中，学者们常常将"治理"与"统治"互相使用，在一定程度上造成了主客体的模糊，直到20世纪80年代，西方学者开始规范"治理"的含义，西方的社会治理理论开始逐渐形成。作为一门综合性的人文社会理论，西方社会治理理论包括了经济学、哲学、社会学、法学等多重维度视角内容。在公共管理领域，治理理论创始人罗西瑙首先提出，"治理"不同于"统治"，治理包含着丰富的政府与非政府的治理机制，甚至"没有政府也是可能的"②；罗伯特·罗茨则从管理学角度认为治理是"一种新的管理过程，或者一种改变了的有序统治状态，或者一种新的管理社会的方式"③。斯托克为治理理论给出了五个论断：第一，治理的主体包括政府和社会公共机构与行动人；第二，治理解决社会经济问题时的界限与责任模糊；第三，集体行动各行为主体之间权力相互依赖；第四，治理强调行动者网络的自治；第五，治理中政府更多运用新的工具和技术来调控和引导。④ 皮埃尔·塞纳克伦斯认为，"治理"是一个相对模糊的概念，"各国政府不完全占据一切合法权力，社会上的社会组织和机构也负责秩序的维持，调节经济和社会。现在行使这些职能的是政府性和非政府性组织、私人企业和社会运动，这些一起构成国内外政治、经济和社会的具体调节形式"⑤。

结合西方社会历史发展的背景，西方社会治理理论的盛行至少有以下三方面因素：第一，20世纪70年代开始，西方社会科学已经无法用理论解释社会出现的种种问题，原有的学科解释范式已经无法满足现实的社会需要，甚至在学术上出现了与现实不相符的错误理论，至此，不少学者提出摆脱以往的学科界限和自身的局限性，回归问题本身，在跨学科的视角上重新审视西方社会的问题，西方社会治理理论适时逐渐形成。第二，国家和社会发展过程中内在局限引起了学术界对本来就已经存在、但在某一时期为人们所忽视的治理理论的关注。⑥ 19世纪末20世纪初，弗雷德里克·温斯洛·泰勒创立的科学管理理论和

---

① 吴志成. 西方治理理论述评[J]. 教学与研究, 2004, 6(6): 60-65.
② 罗西瑙. 没有政府的治理[M]. 张胜军, 刘晓林, 等译. 南昌: 江西人民出版社, 2001.
③ 俞可平. 治理与善治[M]. 北京: 社会科学文献出版社, 2000: 88.
④ 斯托克, 华夏风. 作为理论的治理: 五个论点[J]. 国际社会科学杂志, 2019(3): 23-32.
⑤ 塞纳克伦斯, 冯炳昆. 治理与国际调节机制的危机[J]. 国际社会科学杂志(中文版), 1999(1): 91-103.
⑥ 吴志成. 治理创新——欧洲治理的历史、理论与实践[M]. 天津: 天津人民出版社, 2003: 67.

亨利·法约尔创立的管理过程理论，共同开创了西方古典管理理论的先河。第三，全球化的深入以及世界政治经济格局的深刻变化，使得西方社会治理理论出现了新的理论生命力，一种适应时代的全新解读范式开始出现于大众的视野中。20世纪90年代，安东尼·吉登斯就提出了"第三条道路理论"，试图在新自由主义和新保守主义之间找到平衡点，他认为，社会发展的推动不再仅仅是政府的事情，而是政府与社会双方双重力量的共同作用的结果。桑德斯在《社区论》中就提出了社区研究的三种模式，即社会体系论、社会冲突论、社会场域论，这三种模式其实都属于社会学视域下研究社区治理的典范，其中，社会体系论按照研究社会系统的方式对社区进行研究，以结构主义的思维方式进行的社区研究，而社会冲突论则是研究社会冲突理论在社区研究中的应用，社会场域论则认为社区是一个社会活动与互动的场域。综合三种社区研究模式，就其本质而言，社区社会治理旨在帮助城市更好地协调公共服务供给和协作解决社区问题。

当代西方社区社会治理理论的核心观点可以做如下概括：一是治理主体多元化。主体不再是过往的单一政府主体，而首先是个人，其次是相应的社会组织、公共部门、市场主体；二是社区社会治理的公权力超越了传统的公权力，社会的干预和市场的力量已经在治理过程中发挥了重要作用；三是西方社区社会治理理论提出的治理方式和治理手段逐渐现代化；四是西方社区社会治理理论有着明确的目标指向，即建立和谐有序、安定平稳的社会环境。总体而言，西方有关社区社会治理理论强调了政府主导与社会组织辅助的多元化分层治理相结合，这在某种程度上也和西方多党制和分权制的政府治理模式有关。随着西方政府推行的小政府、分权和私营化为核心的一系列改革，各种私人营利组织和非营利组织被更多地允许参与到社会服务的提供中来。

与西方社区社会治理模式不同，我国社区社会治理体制则经历了一个逐步发展和完善的过程。改革开放以来，社区社会治理开始由政府单一主体治理转向多元主体参与的共同治理方式，而这一转变与我国的经济社会发展状况是密切相关的。就社会发展的宗旨而言，中国共产党领导下的各级政府始终强调"以人民为中心"的核心理念，同时以社会发展和建设为基础，带动社区社会治理的改善，进而实现"善治"。在基层组织上，随着我国经济社会的高速发展带来社会结构变革和城镇化进程的不断加快，基层社区社会面临的治理环境和治理结构发生了很大改变，出现了诸多治理问题，社区社会基层组织发挥显得日益重要。

第二节　社区社会治理发展现状及其问题

改革开放 40 多年来，我国取得了令世界瞩目的经济成就，然而社会的发育相对滞后，而如果没有平衡的社会建设与社会发展，市场机制的发展也难以完善，所以，相对而言，社区社会治理机制的创新与完善就显得尤为关键。

根据相关调查，当前社区社会治理至少存在 6 方面的状况和特征：

第一，基层社会、基层社区的类型呈现出多元化的变迁，而现有的治理体制还没能适应全新的局面。改革开放之前，我国的基层社区大致包括三大类型，即普通街道居民区、单位大院社区、农村社区。改革开放以来，普通街道居民区经历了城市化改造与变革，演变为商品房小区、老旧小区，有些甚至变成了被开发商甩尾的脏乱差社区，当然也有的被定义为"旧城文化保护区"；公有住房体制改革导致大部分企业单位大院解体，形成多种类型的"后单位制社区"，有些甚至成为没有物业管理的老旧社区；农村地区则随着城镇化的进程演变为各类"开发区"、新型农村社区、回迁房小区、城乡接合部的复杂社区，以及城中村等，所有这些不同类型的社区面临着不同的治理问题，提高了基层社区治理的复杂性和难度，对于社会治理提出了一系列新的挑战。

第二，基层社区内部的组织结构发生巨大变化，而我们的管理体制尚未与之相适应。体制改革以前的社区内部，社会关系相对简单，与公有制住房相对应的是比较简单的社会管理体系；体制改革以后，随着社区内部利益开始多元化，社区内部组织也呈现多元化特征，特别是市场机制的引入也产生了社区治理的全新机制和平台。目前，很多新生社区中的组织体系比较复杂，有居民委员会（党支部、服务站）、业主委员会、物业管理公司以及社团组织等不同治理组织，此外，在城乡接合部，还存在街道组织与乡镇政权并立的局面，而且各种组织相互之间的关系还没有完全理顺。表面上组织体系好像比较发达，但是，由于权限不清晰，也常常出现"三不管"的局面，有时候甚至出现了管理上的真空地带。因此，社区人群关系的巨大变化需要建立新的社区治理结构，以理顺不同主体的权责关系和填补社区治理的空白。

第三，基层社会、基层社区转型后，原有体制"行政化"色彩突出的社会惯性还在持续，社会自组织能力还很薄弱。原有的管理体制，即街道和居委会（党支部、服务站），虽然也在努力应对新局面，但由于功能定位未及时调整，往往行政负担过重，疲于应对上面布置的多重任务，难以真正了解老百姓的需求,难以发挥社区公共事务"牵头者""组织者"和基层社区治理的协调平台的作用。一些居委会在转型社区的治理中权责不清,缺乏充分的自治能力和自主性空间,同时又难以获得社区居民的信任与认同,管理、协调能力薄弱,难以体现居民自治组织的内涵。

第四,传统的社会组织还不能适应新变化,新生社会组织还比较弱小。新中国成立后,在共产党领导下,曾经联系群众最为密切的社会组织,应该首推工会、共青团和妇联,但是,今天的工青妇组织往往自认为隶属于政府,固守着原有的体系,与广大的工人、数以亿计的农民工、数以亿计的流动的青年人及女性脱离或脱节。工青妇组织在国家制度定位中属于群众自治组织,而且在历史上曾经发挥极其重要的联系广大人民群众的功能,然而在今天其作用早已不复当年。另一方面,新生的社会组织如社团组织等,还有水土不服的现象,尤其是不少地区,社区社会组织力量比较弱小,还有待发育和培育。

第五,新生成的市场机制尚有很多不完善之处。随着经济体制改革和住房市场化,市场力量逐渐进入社区。市场主体在参与社区治理过程中不可避免地存在着片面追求自身利益,缺乏监督、规范和引导的问题,例如物业管理公司与业主委员会之间的矛盾等,本质上是一个市场失灵的问题。市场以平等交易为原则,市场行为以盈利为目的,在提供商品和服务方面市场具有不可忽视的优势,比如市场运作的效率往往很高,然而市场只能解决社区生活的一部分而非全部,基层社区需要的不只是商品,还包括公共物品和公共服务,单靠市场力量难以解决,于是形成了市场主体与居民之间的矛盾。

第六,居民参与度较低。在基层社区治理中、在社区的公共事务中,多数居民还没有参与进来,其中一个重要原因是在社区巨大变迁中,居民还缺少"社区认同"。改革开放以来,随着居民迁移普遍化,新搬入社区的居民和互不相识居民的比例剧增,社区成员异质性增大,社区成员观念与利益诉求日益多元化,社区成员对社区公共服务的需求也呈现出巨大的差异,这些都增加了协调与整合的难度。另一方面,社区成员的流动,使原有社会关系破坏,日益"原子化"的社区居民个体之间缺乏有效整合和再组织,尚未形成真正的"生活共同体""利益共同体"和"价值共同体",居民社区参与的广度和深度均十分有限,当然也就谈不上社区认同。

综上所述,随着社会的变迁,利益格局日益多元化,基层社区问题层出不穷,传统的主要依托行政力量的社会管理思路已经不适应时代发展。随之而来的是,社区的公共空间如何使用、公共事务如何安排、社区商业如何布局、如何制定社区规则,如何处理新居民关系、业主关系、外来人口关系、物业公司关系等等都需要更好发挥政府、市场与社会三方面的作用,特别要注重培育社会自我调节能力和居民自治能力。

第三节　中国社区社会治理组织新模式

改革开放以来,我国经济发展取得了举世瞩目的成就,相比之下,社会建设、社会发展相对滞后,发展不平衡问题比较突出。在政府、市场与社会三者之中,社会显得最为弱小。随着社会的变迁,利益格局日益多元化,基层社区问题层出不穷,传统的主要依托行政力量的社会管理思路已经不适应时代发展。因此,创新社会治理,改进和改善基层社区治理成为进一步深化改革的关键。

一、中国城市社区治理模式的三种主要类型

（一）上海模式:"两级政府,三级管理"

上海社区建设最大的特点是将社区定位于街道,实现街道和居委会一体化,一体化的进程中用行政权力进行社区建设。1996年,上海市委和市政府召开"城市工作会议",下发了《关于加强街道、居委会建设和社区管理的政策意见》的文件,提出了理顺管理条块体制,将城市管理体制逐步由"两级政府,两级管理"过渡到"两级政府,三级管理"的新体制。

这种模式将社区定位于街道,形成了"街道社区"的格局,在这一过程中加大对街道办事处的权力和职能的强化,有以下经验值得学习。

一是"以块为主,条块结合"。上海将街道行政权力的中心定位于街道办,放权于街道,加强街道办统一管理社区公共事务的权力。随着权力的下放,街道办事处具有了以下权限:部分城区规划的参与权、分级管理权、综合协调权、属地管理权等,街道办成为街道行政权力的中心,"以块为主、条块结合"。与此同时,为了有效地克服各块分割,建立了由街道办事处牵头,派出所、房管所、环卫所、工商所、街道医院、房管办、市容监察分队等单位参加的城区管理委员会,定期召开例会,商量、协调、督查城区管理和社区建设的各种事项,制定社区发展规划。城区管委会作为条与块之间的中介,发挥着重要的行政协调功能,使"条"的专业管理与"块"的综合管理形成了有机的整体合力。

二是分工明晰,明确权责。上海模式在街道内设定了四个委员会:市政管理委员会、社区发展委员会、社会治安综合治理委员会、财政经济委员会。其

具体分工是：市政管理委员会负责市容卫生、市政建设、环境保护、除害灭病、卫生防疫、城市绿化；社区发展委员会负责社会保障、社区福利、社区服务、社区教育、社区文化、计划生育、劳动就业、粮籍管理等与社区发展有关的工作；社会治安综合管理委员会负责社会治安与司法行政；财政经济管理委员会对街道财政负责预决算，对街道内经济进行工商、物价、税收方面的行政管理，扶持和引导街道经济，这种以街道为中心组建委员会的组织创新，把相关部门和单位包容进来，就使得街道在对日常事务的处理和协调中有了有形的依托。

三是充分发挥居民自治能力。由辖区内企事业单位、社会团体、居民群众及其自治性组织构成，它们通过一定的组织形式，如社区委员会、社区事务咨询会、协调委员会、居民委员会等，主要负责议事、协调、监督和咨询，从而对社区管理提供有效的支持。

此外，将居民委员会这一群众性自治组织作为"四级网络"，抓好居民委员会干部的队伍建设，充分发挥居委会的作用，推动居民参与社区管理，维护社区治安稳定，保障居民安居乐业。

上海模式的价值在于政府部门充分地发挥了自身的优势，协调各方力量，劲往一处使，形成强大的合力。社区的建设完全依靠行政力量来推动，在居民的内生需求和共同体意识尚处于发育阶段的情况下，利用强大行政组织和行政资源迅速构造出一个新型的社会。政府在社区层面的人力、财力、物力的投入，一是提高了政府在基层社会的行政权威，强化了政府对社会的控制力；二是对于社区建设而言，可以迅速取得比较显著的成绩。但我们也发现，这样的模式也有自身的缺点：上海模式是全能型政府的社区治理模式，社区管理的权力中心是单一的政府，政府通过强制性的国家权力、科层制的权力网络将所有的公共事务放置于自身的管理之下，被管理对象是一种无奈的接受和被动的服从，这种做法不利于基层民主自治，因此，这种社区管理模式在其发展过程中逐渐表现出效率低下，人们对它的认同感逐渐降低。

(二) 沈阳模式："社区自治，议行分离"

从1998年下半年起，沈阳市在和平、沈河两区试点的基础上，开始在全市展开社区体制改革，重新调整了社区规模，理顺了条块关系，构建了新的社区管理组织体系和运行机制，形成了颇具特色的沈阳模式，在全国产生了广泛的影响，主要措施如下：

一是明确社区定位。沈阳将社区定位在小于街道办事处、大于原来居委会的层面上，主要是考虑到原有的居委会规模过小、资源匮乏，如将社区定位在居委会则不利于社区功能的发挥,而街道办事处是政府的派出机关,在街道层面上组建社区又会影响社区的自治性质,因此,将社区确定在街道与居委会之间的层面上,可以避免两方面的弊端,有利于社区资源的利用与功能的发挥。

二是合理划分社区。沈阳市将社区主要分为四种类型:一是按照居民居住和单位的自然地域划分出来的"板块型社区";二是以封闭型的居民小区为单位的"小区型社区";三是以职工家属聚居区为主体的"单位型社区";四是根据区的不同功能特点以高科技开发区、金融商贸开发区、文化街、商业区等划分的"功能型社区"。

三是建立新型的社区组织体系。这个组织体系由决策层、执行层、议事层和领导层构成——"决策层"为社区成员代表大会,由社区居民和社区单位代表组成,定期讨论决定社区重大事项;"执行层"为社区(管理)委员会,它与规模调整后的居委会实行一套班子、两块牌子,由招选人员、户籍民警、物业管理公司负责人组成;"议事层"为社区协商议事委员会,由社区内人大代表、政协委员、知名人士、居民代表、单位代表等组成,在社区代表大会闭会期间行使对社区事务的协商、议事职能,有权对社区管理委员会的工作进行监督;"领导层"为社区党组织,即根据党章规定,设立社区党委、总支和支部。

应当说,沈阳模式体现了"社区自治、议行分离"的原则,符合现代社会民主政治的发展方向,对社区的发展具有十分重要的意义。这种基于多元合作理论和治理理论而形成的合作型社区,在其治理实践中,政府和各个社区治理主体之间相互合作、共同协商,架构成一个有效的网络体系,各个治理主体之间彼此依存,互为制约,因此,这种分散性的权力运作过程和多元化的治理主体,以及多层次的管理层级,使得决策和执行是分开的,有利于对分散的社会资源进行整合;居民的生活质量也得到了改善,他们作为社区主人的意识不断提升,参与社区建设的积极性得以提高。这种设置体现了协商民主精神,适应市场经济制度下权力平等、遵守契约的要求。合作型社区这种共驻共建、资源共享的治理模式有利于基层民主的扩大以及人们对于社区的认同感。但是,该种模式虽然已经开始注重社区自治功能的发挥,但其产生的影响和程度却是远远不够的,这种模式虽然强调各个治理主体相互之间的协商与合作,但是由于自身目标以及各个主体自身发展的不协调,这种合作难以形成比较长久的稳定的合作关系,同时,行政权力的强制性在社区中的存在也对这一模式的建构和发展起了一定的迟滞作用。

(三)江汉模式:"小于街道,大于居委会"

这是指武汉市江汉区社区制实践的经验。江汉区在学习借鉴沈阳模式的基础上重新将社区定位为"小于街道、大于居委会",通过民主协商和依法选举,构建了社区自治组织,即社区成员代表大会、社区居委会和社区协商议事会(与沈阳模式不同的是,江汉模式没有把社区协商议事会作为社区成员代表大会的常设机构),并明确提出社区自治的目标,而实现这一目标的路径选择则是转变政府职能和培育社区自治,它的主要做法有:

一是对社区进行重新定位,选择社区治理的平台。这种模式是在沈阳模式的基础上发展而来的,根据有利于行政调控机制与社区自治机制相结合、行政功能与自治功能互补、行政资源与社会资源结合、政府力量与社会力量互动的原则,以户数在1000—3000户之间的规模,按照"小于街道、大于居委会"的思路,界定清楚街道办以及政府相关部门和居委会的权责界限,实现居委会的基层自治。

二是重新建构社区内的微观组织,培养社区组织。江汉区社区在自治机制方面下大力气,注重对于民主选举、决策、管理、监督的落实。在学习沈阳模式的经验后,江汉根据自身城市的现状和特征,创新运用,构建了完善的社区自治组织。自治组织包括社区成员代表大会、社区居委会、社区协商议事会以及社区党组织,并通过制度建设明确了这四个组织机构之间的关系,使这四个机构之间通过权力的相互制约,实现社区组织行为的规范化。江汉区明确了街道办事处和居民委员会之间的关系是一种"指导与协助、服务与监督"的关系,社区不再和街道办事处有目标化的协议,社区内的人事、财政不需再向街道负责,而是向社区成员代表大会负责并接受其监督。

三是权利和责任匹配,经费和事务同步。区街政府需要社区居委会的帮助以办理有关事情时,不仅仅需要有关部门的准许,而且还须获得社区组织的同意,在这一过程中所需的各项权利由政府给予、经费由政府提供;区街政府部门完成不了的职能,向社区转移的过程中,应该保证相关的权利和经费同时转向社区,做到"事费统一、权随责走",这样一来就保证了社区在协助政府工作以及承担某些公共服务职能时,享有必要的权利,拥有资金的支持。通过创新社区运行机制,江汉区建立了一种行政调控机制与社区自治机制结合、行政功能与自治功能互补的社区治理模式。①

自治型社区中,社区事务的治理主体是社区居民委员会,政府的外在动力和内部组织的内在动力的合力构成了社区建设的动力。因此,在自治型社区管

---

① 陈伟东. 城市基层社会管理体制变迁:单位管理模式转向社区治理模式——武汉市江汉区社区建设目标模式、制度创新及可行性研究 [J]. 理论月刊, 2000 (12):3-9.

理中的协作方式就是"指导与协助、服务与监督"。社区中的自治组织，与政府部门和社区党组织之间通过协作，按照民主选举、民主决策、民主管理、民主监督的机制对社区事务进行管理。但是，尽管江汉模式已经有了社区的自组织，并实现了自组织和居民以及政府之间的良性互动，但这与城市社区治理的目标还有差距，最大的弊端在于忽视了三者之间的民主协商机制的构建，因此当社区内的诸多权力关系难以调和时，就需要外部的强制力量进行干预。①

二、总结与反思

通过对中国城市社区三种治理模式的总结，可以得出，中国城市社区的治理过程是一种良性的发展过程，其每一次的改革和创新都契合了社会的发展要求，上述三种模式都是在改革开放后，计划经济向市场经济转轨的过程中出现的。新的形势给社会管理带来了巨大的变化，单位制的解体，大量"单位人"逐步向"社会人"过渡；城市中老龄人口剧增，老龄化问题严重；二元户籍制度的解体使得大量的外来人口来到城市，给城市带来了新的诸如就业、治安等社会问题；大量新的社会组织随着多种所有制经济的蓬勃发展而产生，个体、私营业主、自由职业者等新的社会阶层出现并给城市带来了新的问题，原有的单位体制和街居体制在面对新的社会问题时，已经失效。因此，寻找一种新的社会管理体制，解决新的形势下的众多的社会问题已经成为城市社会管理工作的迫切需求。制度变迁是一种政府行为，目前中国社区治理模式中政府的官方色彩十分浓重，城市社区的治理依然是在政府的指导和支持之下完成，政府仍旧是社区治理的主导力量。但是，政府要对社会进行整合，必须控制资源和投入，将公民社会吸附在政府组织体系内，而这一过程中的行政管理成本就很高②，也就是说，行政化的治理过程使得公民社会组织和成员对于社区认同感不高、参与意识淡漠等，这些都不利于基层民主的顺利开展。那么，政府在社区治理中究竟应该扮演什么角色？权力边界如何规划？值得深思。

---

① 陈伟东. 社区自治：自组织网络与制度设置 [M]. 北京：中国社会科学出版社, 2004：4.
② 徐勇. 论城市社区建设中的居民自治 [J]. 华中师范大学学报（人文社会科学版），2001, 40（3）：5-13.

第四节　加强和创新社区社会治理的几大着力点

中国社区治理模式问题的实质,是国家与社会之间的关系。采用何种治理模式,首先要明确的就是国家和社会之间应该是一种怎样的关系?二者之间的权力界限应该怎样划分?即在应然和实然之间找到合适的突破口和改良路径,也就是说,定位合适的国家与社会之间的关系,是其制度选择的必要前提。

以人民为中心,这是新时代中国共产党治国理政智慧的核心要义。按照十九大报告的展望,完善公共服务体系,保障群众基本生活,不断满足人民日益增长的美好生活需要,不断促进社会公平正义,形成有效的社会治理、良好的社会秩序,这是使人民获得感、幸福感、安全感更加充实的有效保障。

(一)发挥社区党组织的领导和协调作用

中国的社区治理过程中,治理主体除了政府以及广大的公民社会外,党组织也是一个具有重大而又特殊影响的治理主体。党不仅组织领导全国人民进行政治经济建设和社会的改造,是国家政治经济文化发展的领导力量,同时也是国家建设和社会改造的组织基础。国家各项事务的开展、国家各种制度的建设和运行都与党的领导密不可分、紧密相连。中国的社区治理或自治离不开中国共产党的领导,因此,在社区建设和治理上,必须坚持党组织对社区内各种组织和各项工作的领导核心地位,党的领导必须涉及社会生活的方方面面。因此,社区内党建工作的开展不仅仅是党的自身发展的问题,更加关乎基层社会治理和社区的发展。

中国共产党的宗旨是全心全意为人民服务,将这一宗旨落实至社区治理过程中的各个行为主体,将各个行为主体有效联系在一起,用自身的思想政治优势进行有效整合,形成一张强有力的有效治理网络,是社区党建的主要任务和目的。基于此种目的,党建就需要抓住以下两个关键点,一是不断健全党的各个层级的组织,二是发展和巩固党的群众基础,完善党的基层组织和活动方式是巩固和发展党的群众基础的前提,而党的群众基础得到加强和巩固则是健全和完善党组织的价值所在。

在处理社区建设中的具体事务时,社区党组织所扮演的角色不仅仅是对党员进行教育和管理,更重要的是要探索一种有效的领导机制,在政府职能部门和社区自治组织之间担起一种组织协调的作用,当二者的意见有分歧时扮演调节者的角色，当任何一方存在越权的行为时，扮演法官的角色，及时制止，这种做法有助于保证党在基层社会的领导地位。社区党组织应该将自身的先进性融入社区之中，途径就是让党员和干部依法参选，进入社区管理的决策和执行机构，用其先进的思想和文化领导社区事务的开展。在社区事务的日常管理过程中，社区党组织应该动员党员和社区群众积极参加到这一过程中来，形成党组织领导、党员以身示范、居民积极参加的社区治理过程。

当然，必须明确，党的领导是政治和思想上的领导，不是对社区事务的大包大揽。党的意志进入社区层面必须遵循法定的程序，党组织应该首先保证社区的自治性，这种自治性在法律上是有明确规定的，社区自治组织对社区中的各项事务拥有决策权，对各项事务的开展拥有组织管理权，因此，党组织所起的作用是指导社区自治组织对社区事务进行管理。①

（二）构建完整的社区组织体系，去除居委会的行政化

第一，构建完整的社区自治体系，去除基层自治组织的行政化色彩。城市社区传统组织中的主体是居民委员会，决议权和执行权都由居委会掌控，这种设置不仅很大程度上阻碍了居民对利益诉求的表达、居民顺利参与社区事务的管理，而且居民对于居委会的监督制约缺乏有效的制度途径，因此，完善居民自治组织体系，实行"议行分设"是很有必要的。决议权和执行权掌握在不同的机构手中，不仅可以增加居民参与社区事务的途径，而且可以对居委会的决议实行行之有效的监督，使得社区事务的发展更加科学化、合理化。

第二，去除居委会的行政化，还原社区的自治地位。必须理顺基层政府与居委会之间的关系，明确二者的关系是一种指导与被指导的关系，而并非是一种领导与被领导的上下级之间的关系。当某些事务必须由社区和政府共同完成时，或政府在下派给社区一些行政事务时，所下放的权利和义务、权利和责任必须是相称的，"所谓'权随责走''费随事转'，承担多少义务，就赋予多少权利；担负多大责任，就应该享有匹配的权力"②。

（三）转变政府职能、科学定位政府角色

市场经济条件下，全能政府逐渐失效，传统意义上的政府大包大揽的做法已经难以适应社会的发展。建设社区的过程中，政府在多元化的治理主体中处

---

① 冯敏良. 我国社区行政模式的选择 [J]. 淮北煤炭师范学院学报（哲学社会科学版），2003，24（5）：87-90.
② 夏学銮. 中国社区建设的理论架构探讨 [J]. 北京大学学报（哲学社会科学版），2002，39（1）：127-134.

于一种天然的优势地位,与其他治理主体的地位很不平等。如何定位城市社区治理中的政府角色,寻找行政权和自治权结合的平衡点;如何确定行政权力的范围,让其张弛有"度",值得思考。

1. 改变原有观念,树立科学治理理念

在城市社区的治理过程中,受传统思维和行政惯性的影响,政府仍然把手中的权力看得过重,不肯将权力分放至地方,社区治理中普遍存在政府越位的现象。基层自治在强大的政府行政权力左右下难以实现,因此,在面对市场经济和新的时代要求时,政府应该改变原有的管理观念,树立科学的治理理念:在社区治理过程中应该从事无巨细、全盘控制的政府转变为宏观指导的服务型政府,从政府主导、集中管理转变为多元化的协作关系,从政治经济的全盘统筹转变为制度平台的搭建。

2. 转变政府职能,从制度层面明确政府和社区的权力边界

现实的社区治理过程中,政社不分是一种普遍的现象。政府对于社区事务大包大揽,无论是社区内的选举,还是社区经济生活的开展,都有着强烈的行政色彩。城市社区居民自治说明管理社区事务的权力应该掌握在居民手中,因此,城市基层社会治理的权力版图就得重新规划和划分,政府应当下放部分权力,让社区居委会真正成为社区治理的主体。政府积极引导社区居委会对社区的治理,让社区居民参与到这一过程中来;政府充分履行有关政策法规的制定、基础设施的建设、财政投入的职能。明确权利边界,是社区治理过程中,政府和社区职责和分工明晰的前提。长久以来,中国的城市社区管理的态势一直是"治理城市的权力全部集中于政府及准政府组织"[1],社区中的自治组织所扮演的角色一直是政府的"腿",无论从政府层面还是从社区层面,都认为基层政府和社区之间是一种领导和被领导的关系,基层组织的自治性仅仅具有表面意义上的自治。因此,基层自治决定了社会权利的回归,政府不应该再用传统的管理逻辑和思路左右具体的基层治理事务,而应重新定位自身和基层组织的权力边界,寻找行政权力和自治权力的平衡点,并用制度化的方式来保证这种平衡的实现。

(四)壮大社区中的非营利性组织

非营利性组织是公民社会不可或缺的组成部分,是社区治理的重要主体,它们的良好发展可以更好地为社区的公共服务和经济发展发挥作用。政府的支

---

[1] 张立荣,李莉. 当代中国城市社区组织管理体制:模式分析与改革探索 [J]. 华中师范大学学报(人文社会科学版),2001, 40 (3): 14-19.

持和鼓励是非营利性组织发展壮大的保证：首先，应尽快实现社区中非营利性组织与政府组织的分离，让其发展回归市场，保证其独立性。政府应该制定必要的法律法规，给予非营利性组织以法律上的保障；其次，提供必要的政策支持。政府应该降低行政准入门槛，让更多的非营利性组织进入社区层面，并为它们提供必要的政策支持和财政政策，使其发展保持持续性。

(五) 积极畅通社区社会治理的参与渠道

社区治理的过程，不仅需要政府以及非政府组织对社区发展的努力，更重要的是居民为社区的发展献计献策。社区居民参与社区治理的过程，是居民民意表达的一个重要的体现，因此畅通居民参与的通道对于中国的社区发展有着积极意义：第一，创新居民的内在参与动力机制。内在动力，指的是居民对于所在社区有一种主人翁意识，对于社区有认同感和归属感，而要实现这一点，就必须提升社区的服务，给不同层次的人群提供不同的服务，不仅要提供社区内的文化和公共设施的建设，还应该给特定人群提供特定服务，诸如下岗职工这一类人群的就业培训和社区教育等。当居民在社区中寻找到自身所需要的关怀和帮助时，对社区的关注度就会提升，在心理上就会对社区产生归属感和依附感，其内在的参与社区治理、为社区事务的发展建言献策的动力就会大增，他们就会把自己看作是社区的一分子，主动关心社区的发展，因为社区的发展良好与否与他们的生活息息相关。第二，创新居民参与的外在动力机制。首先是依法办事——居民自治虽在法律上有明确的规定，但现实生活中从居委会的选举到日常事务的开展等都摆脱不了政府的影子，这与法律上对居民自治的要求是相悖的，因此，将属于社区的自治权力给予社区，是保证居民参与社区治理的先要条件；其次是法治建设——居民参与社区治理的载体是大量的社区组织，而这些组织在法律上的地位就成为其正常开展各种活动的保障。当拥有了法律上的地位时，社区内的机构就可以在法律的保护下健康发展，在提供给居民参与社区治理途径的同时，社区内的经济组织对社区的财政的贡献也会大幅增长，这就在一定程度上保证了社区治理开展所需要的经费，可以摆脱对基层政府的财政依赖，实现真正意义上的自治。

第七章

农村社会治理组织与党建

党的十九大报告指出:"农业、农村、农民问题是关系国计民生的根本性问题,必须始终把解决好'三农'问题作为全党工作的重中之重。要坚持农业农村优先发展,按照产业兴旺、农村宜居、乡风文明、治理有效、生活富裕的总要求,建立健全城乡融合发展体制机制和政策体系,加快推进农村现代化。"[①]由此可见,乡村因素在国家发展中处于十分重要的地位,实施乡村振兴战略,是全面建设社会主义现代化国家的必然选择,在这样的背景下,研究农村社会治理具有重要的理论意义和实践意义。目前我国理论界对农村社会治理中的党政主体已做了比较充分的研究和论证,但对于基层民众组成的社会组织的研究,尤其是海南农村社会组织治理的研究,相对较少。本章着重研究近年来海南新兴农村社会组织的构建与运作。

第一节 海南农村社会(自治)组织的发展演变

自1949年新中国成立以来,粗线条来看,海南农村村民自治与社会组织的变化演进,可以划分为以下几个阶段。

第一阶段是1949—1978年。在这个阶段,全国的农村社会结构基本上是相似的,即人民公社,它们的组织形式是集政治、经济和文化为一体,具体而言,它们以生产队为单位,以集体劳动、赚取工分为形式,在这样的生产活动中,个人的形象基本上同质化于集体生活之中,或者说政治组织或生产组织之外,没有其他。因此,这个阶段的海南农村社会组织,如果有的话,那应是内嵌于

---

① 习近平. 决胜全面建成小康社会 夺取新时代中国特色社会主义伟大胜利:在中国共产党第十九次全国代表大会上的报告[J]. 理论学习,2017(12):4-25.

党领导的集体劳动或人民公社中的生产队，以及作为隐形存在（尚未完全丧失的宗族观念）的宗族管理。

第二阶段是1978—1988年。在这个时期，海南作为广东省的一个行政区，它处于一个过渡阶段：一方面，广东作为改革开放的排头兵，其思想和动作都超前于全国其他地方，经济发展速度和水平也逐渐与其他省份地区拉开距离，海南作为它的行政区，显然会受到广东其他地区开风气之先的影响，但是由于隔着琼州海峡，交通不便、人才资源流动不畅通，所以导致海南地区一直处在追赶甚至拖后腿的处境；另一方面，海南自古以来就是天高皇帝远的蛮荒地带，它不仅无法与广东其他有着长期工商业积淀的行政区相比，也难以与南方其他省份地区相比，可以说整个海南地区的工业甚至农业都是非常落后的。在这样的基础上，即便海南地区和全国其他地方同受改革开放之风的熏染，但它的区域优势不大，本地人才匮乏、外来人才过少，因此在这个阶段上的海南，其农村原有的社会组织处在松动状态，但是新的社会组织（比如作为当时社会组织的一种特殊形式——乡镇企业，在海南农村并不多见）并未建立起来。在这个时期，海南农村的治理模式大体上与全国其他地区相似，也在一般意义上经历从解放初期合作社、人民公社化到家庭联产承包责任制，或者说历经"乡政并立""政社合一"和"乡政村治"三个阶段。① 在这个过程中，国家权力在农村基层社会的治理中也基本经历了一个下沉、全面渗透和向上回抽的过程。②

1982年，国家修订颁布的宪法第111条正式提出了"村民自治"这一概念，开启了农村治理的新篇章，也成为农村三级纵向结构建设的起点，加之20多年来对《选举法》《村民自治条例》《中华人民共和国村民委员会组织法》等相关法律法规的修订与完善，目前为止，中国农村已经基本形成了一整套由基层党组织、村委会、村民会议、村务监督机构、基层群众组织等组成的村民自治组织体系。③ 从结构上来看，村民自治制度在乡（镇）村政治结构上重新界定和规范了我国的乡村关系，主要表现为两种形式，并分别对应着两种原则：一是乡镇政府与村委会在村民自治范围内的指导与被指导关系，体现的是村民自治原则；二是乡镇党委与农村党支部之间的领导与被领导关系，体现的是党的领

---

① 尹峻，陈永正. 中国共产党农村社会治理模式的历史分析：以1949—1985年福建为例[J]. 中共福建省委党校学报，2019（2）：68-77.
② 费孝通. 乡土中国[M]. 北京：人民出版社，2008：62-65.
③ 刘义强. 构建以社会自治功能为导向的农村社会组织机制[J]. 东南学术，2009（1）：79-85.

导原则。① 从内容来看，村民理论上可充分享受选举民主、决策民主、参与民主、管理民主、监督民主等诸方面一系列的自治权利。②

第三阶段是 1988 年到现在。海南成为一个省，并成为当时中国最大的经济特区。在这个阶段，海南农村除了和全国其他地方受惠于 20 世纪 80 年代初期在中国大陆农村推行的土地制度改革（其标志是家庭联产承包责任制）外，还受惠于海南省作为最大特区的政策，因此，在这个阶段，海南人（不仅仅是城镇人），都热衷于做各种各样的生意，各类乡镇企业也如雨后春笋般出现。这个阶段，家庭联产承包责任制一方面让每个家庭大致获得了温饱意义上的保障，另一方面也给家庭与家庭、个人与个人为了获得更多收入而进行合作提供了有利条件，加之海南获得办特区的优惠政策，各类乡镇企业在海南省各个地方纷纷落户，相应的正式或非正式的社会组织也纷纷搭建起来。基于主题原因，下面将着重聚焦于这个阶段的考察，以便勾勒其现状与呈现其问题。

这一阶段可进一步区分为两个环节：一是 1988 年到 2009 年，二是 2009 年之后。1988 年至 2009 年期间的一个大事件就是"十万人才过海峡"，来得快走得也快，究其根源在以下两方面：第一，当时城市中的社会组织非常稀缺，以至于它难以分流和承受住如此多的人才；第二，当时农村中的社会组织处于萌芽阶段，所以，未能将部分人流引入农村建设中。由于一段时间内梦想未能成就，迫于生活压力，因此大部分人才最终不得不选择离开海南，这对海南无疑是一大损失，但是留下的少数人才，为海南发展做出了重要贡献。③

1995 年，海南迫于农村经济基础重大变化所造成的社会"治理真空"，吸收广西等地的经验，对村级组织功能、结构等方面进行了大刀阔斧的改革。在领导和推进村民自治过程中，先后审议通过了《海南省实施〈村民委员会组织法〉办法》《海南省村民委员会选举办法》《关于修改〈海南省村民委员会选举办法〉的决定》《海南省村务公开办法》等系列自治法规，从主体上、根本上确立了以村委会为基本载体、村党支部配合开展工作、其他农村社会组织积极参与的自治局面。

由周文彰（1998—2009 时任海南省宣传部副部长、部长）等人于 2000 年开

---

① 李宜钊，李德芳. 村民自治背景下的乡村关系问题与对策：基于海南部分市县的调查[J]. 海南大学学报（人文社会科学版），2010，28（3）：6-10.
② 胡承槐. 完善村民自治制度的实践意义[N]. 光明日报，2017-10-29（07）.
③ 秦建国. 海南：我们的故事[M]. 海口：海南出版社，2003.

始推动的"文明生态村"建设,对海南乡村建设起到很好的推动作用。[①] 他们以优化生态环境、发展生态经济、培育生态文化为主要内容,以提高农民素质、推动农村走上物质文明、政治文明、精神文明和生态文明协调发展之路,推动农村奔小康的步伐为主要目标。就文明生态村建设对海南农村社会组织的影响而言,主要体现在以下几个方面:第一,以生态村建设为抓手,把海南乡村与生态文明的理念相结合,利用乡镇政府、村委会、村党组织等主体作为倡导者及监督者,同时发动各乡镇村民的积极性,自愿投身到乡村生态建设的政策中去,催生了海南农村早期的农协会,以及一些半休闲半公益的农家乐。第二,这股文明生态之风影响了一批年轻的海南人,起到了造血的功能。这些年轻人在读书期间通常被动员参与清理村道卫生,或参与到美化村容村貌的植树造林中,其间返乡大学生的作用也不可忽视,他们举办各种文体活动,并成立各类大学生组织,此时,海南乡村出现了具有新时代意义的民间社会组织,这些组织为乡村支教、乡村文体活动、村图书馆、贫困救助等事项提供了相应的组织上的支持。

近年来,得益于省委、省政府的统一领导,海南村民自治工作取得了比较显著的成效,具体体现在以下几个方面:村民委员会选举依法进行,换届选举走向制度化;村民民主意识逐步增强,干部整体素质不断提高;解决了不少热点难点问题,密切了干群之间的关系;调动了村委会干部的积极性,促进了当地经济和社会的发展,等等。[②] 但是,深入研究海南村民自治现状可以发现,已取得的成果只是阶段性的,已解决的也只是表面的问题,而未解决的则是深层次的难题,主要表现在:重选举、轻治理,缺乏合法高效的治理机制;党的领导与村民自治不尽协调,缺乏"两委"关系协调机制;行政权力干预自治权利,缺乏村民权利保障机制等,这些主要体现为政治层面的农村治理组织及其问题,以下将着重描述非政治层面的或民间的农村治理组织及其问题。

2010年国家给予的"国际旅游岛"优惠政策,为海南迎来了第二次大批人才的涌入,推动了海南城市和乡村的建设和发展。之前的积累已经让海南有了相应的对接形式,因此这些人才无论是投资建设,还是直接来嫁接海南的一些资源,他们都有相关渠道。比如,外地投资者或人才既可以通过政府这个渠道

---

① 詹长智. 周文彰访谈录 [M] //武光前. 海南,我们的故事 (三). 海口:海南出版社, 2011: 207-221.
② 庞京城,丛德生. 一分喜悦几许惆怅——对完善海南村民自治的几点建议 [J]. 今日海南, 2004 (5): 28-29.

进入海南乡村，也可以通过企业组织或其他的民间组织进入乡村建设中，尤其体现在乡镇的变化上，例如由外出务工或大学生组建的"秦氏教育基金会""龙乡创业基金会""爱乡会"等，算是乡村最新的治理模式，它们通过微信群、乡村驻点等多种形式对其乡村施以相应的影响。① 其中"秦氏教育基金会"是秦文化研究会的下属机构，有十多年的创办历史，它在各个城乡有其分会、在海口有其总会，在全省范围内有着广泛的影响；它动员了海南秦氏家族的力量，在每年中考、高考成绩公布后，为秦氏宗族内部的考生提供相应的资金帮助，这是海南农村治理形式的新变化。其他村庄也有类似的协会或基金会，这些新的非正式或正式的农村社会组织，在一定程度上都是传统宗族组织的一种延续，但是它们无论在形式上还是内容上都不同于传统宗族组织。

在外的务工人员虽然生活在城市里，但他们的根在农村，因而他们大多数人至今仍然与家乡的亲人或朋友保持密切联系。以前，他们主要通过支教、投资等形式把他们的知识、资源用来帮助乡村，比如鼓励亲戚好友种植各种农作物或进行养殖，资金、技术由他们来承担，而家乡人则提供场地和劳动力等，现在，他们主要通过乡村书院、有机农庄、项目合作等形式直接参与到农村社会建设与治理之中，与之相应的是他们会注册企业，或者会成立非正式的但又有内在约束机制的组织，比如龙卧村尚未注册的龙乡创业基金会、爱乡会等，这类组织虽然在运行方面还欠缺一定的章法，但已基本具备了一个组织所应当具备的条件，因而可称其为准组织。由此，作为海南当前农村社会治理组织的一个新事物，这类准组织相应存在以下几个问题：首先，这类准组织进行活动时一般都会采用募捐或捐款的方式筹集经费，但这些经费没有相应的法律保障，所以经费出现问题时，难以通过法律途径来追责。其次，以企业为载体、以帮扶同乡人就业为目的的一些半公益性组织，是新时代农村治理的一种方式，这种企业组织具备合法的身份，并且它们以帮扶同乡人就业的宣传形象确实聚拢了一批人，比如某个成功人士把宗族及村中未就业者吸纳到企业当中，为低层次学历者提供了劳动岗位，从而间接提高了农村生活质量和治安水平，体现了一种新的宗族治理模式，但是问题也恰恰来自于此，由于商业利益的驱动力，当企业面临压力时，他们可能会难以把持住自己，从而将手伸向那些成绩不理想的中小学生，把他们变成廉价劳动力，而不是鼓励或帮助他们提升学习能力。第三，就是以某种纽带或事件聚拢发动起来的一些协会。这些协会可以动员捐款来帮助遭遇困难的家乡人，也可以聚合众人之力来抗议那些损害其家乡利益

---

① 以上信息，得益于我与该村朋友的交流，感谢他给我提供了相应的资料。

的事情,但是这些协会的负面功能在于,由于它们没有明确的目标,也没有具体的规章,因而他们可能为了迎合某些人的不良偏好,而把集体的力量引入不合时宜的事情中,比如建庙会助长迷信之风,煽动宗族血缘关系,从而影响农村民主选举结果和民主化进程。

第二节 农村社会治理组织新模式构建与运作

一、模式结构

以上提及的那些组织(比如秦氏教育基金会、龙乡创业基金会等),都算是农村治理的一种新模式,这些组织借助新媒介迅速地聚拢到相关的人员因素,并即时地传播或讨论相关的议题。不应否认,这些组织都还处在成长初期,它们的形象和机制都不够清晰和完善,它们的活动对和谐社会的建设并非全是积极的,但是官方组织不应该去打压它们,相反,应该考虑如何去引导它们。就这类新模式的构建主体而言,它既可以是党政机关,也可以是个体公职人员;既可以是村民自发成立的自治组织,也可以是个体非公职人员,当然也可以是以上诸多主体的联合,由此,在农村社会治理组织新模式构建与运作上,我们需要进行具体化分析。

农村社会治理组织,其传统构建主体多数是党政机关,如村委会。当前,为了应对新时代的各种问题,农村社会治理组织的构建主体朝向多元化发展,并且主体内部构成人员身份也朝向多元化发展。当前为了更好地帮助农村贫困人口脱贫,或保护村文化遗产,或发展乡村旅游等,不仅有政党机关或公职人员成立的组织(比如当前推行的驻村第一书记制度),催生了不少以解决相关问题为导向的非正式或正式的组织;也有村民自发成立的组织,比如上文提到的龙乡创业基金会,它的起源或目的是解决朋友间借钱难还钱也难的问题,以及如何扶持朋友创业的问题;也有公职人员或非公职人员注册成立的组织,它们顺应了李克强总理的"大众创业、万众创新"号召,比如在海南农村如雨后春笋般成长起来的各类休闲旅游农庄或山庄、各类乡村书院或图书馆等。以下是龙乡创业基金会的组织结构图①(如图7-1):

---

① 感谢龙乡创业基金会的秘书长提供的基金会的组织结构图。

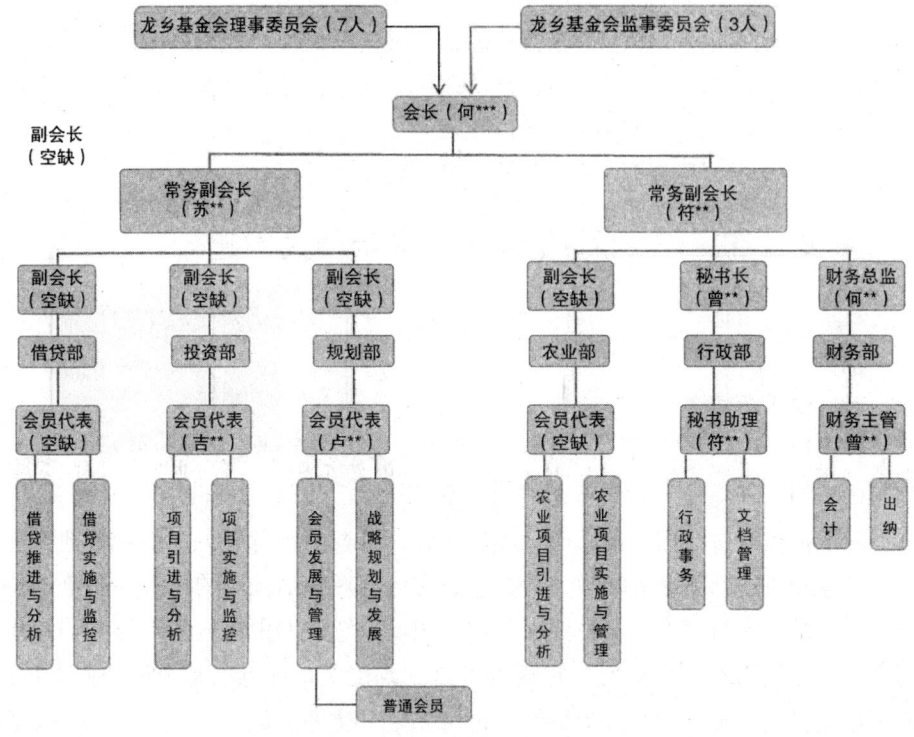

图 7-1　龙乡创业基金会组织结构图①

因为构建主体的多元性，构建组织目的的多样性，因此这些组织的运作方式也是多元的。依据组织的目的，可以将组织的运作方式区别为公益性的、半公益性的、营利性的。公益性组织如乡村图书馆，它们一般是外出创业成功人士以其祖宅改造而成或出资修建，一方面以提升家乡人的文化知识，另一方面也便于建立与家乡的联系；半公益性组织如乡村书院，它们一般是在外从事教育行业的村民返乡创办的教育培训机构，它们有条件地向村里村民及其小孩开放，即它们虽不以营利为目的，但会收取一定会费、借书费或培训费，采用类似公立的职业培训机构或幼儿园的经营方式，以冲抵乡村书院管理运营的成本；营利性组织如各种休闲旅游农庄、种养殖项目等，它们一般是在外成功的企业家借助自身的资源或招商引资，发挥家乡及其连片地区的某方面优势，按照一般商业项目的运作方式来从中获利。

---

① 从龙乡创业基金会的组织结构图来看，它既不是一个金融公司，也不是一个协会组织，而是介于两者之间。在形式上它保留协会组织的架构，但是在内容或运作上则是一个金融公司；它的组成人员是多元化的，有农民、公司职员、企业家、军人、教师等。

依据组织构建的主体成分，可以将农村社会治理组织区分为官方组织、半官方组织、民间组织，相应的运作方式也区分为无偿服务供应方式、半无偿服务供应方式、有偿服务供应方式。无偿服务供应方式（比如村委会的运作方式），处理村中村民各类纠纷问题是他们应尽的责任，或者说村主任、村书记及村干部，他们在处理村民各类纠纷问题时是不收取任何费用的，他们依章办事，按月领取由乡镇政府发的工资（当前实行的是村财乡管）；半无偿服务供应方式（如前文提及的乡村书院的运作方式），它们的运营成本，一半是靠爱乡人士捐助，一半是靠书院从消费者身上获取的收入；有偿服务供应方式（如休闲旅游农庄的运作方式），它们和当前各旅游景区的运作方式没有什么区别，它们独自承担运营成本，主要收入来自农庄的营业收入，比如从提供垂钓服务、采摘服务、住宿服务、饮食服务等项目获取的收入。

二、功能定位

关于农村社会治理组织的功能定位，在前文中已有提及，这节更加具体化地进行表述。农村社会治理组织的定位，这是一个见仁见智的问题，但也是直接关乎到了政府对农村社会治理组织的价值取向问题。就其核心功能而言，可把它定位为如何促进社会和谐的一支力量。[1] 如果这一定位确实是合理的，那么对上文提及的农村新出现的那些组织不应当是堵和压，而是采取疏和导[2]，在这样一个总基调下，即农村社会治理组织的功能是促进和谐社会的一支力量，我们再来细化它到底有哪些具体的功能。

一是治理赌博。从古至今，赌博都是一个社会现象，农村因为疏于管理尤为严重。农村社会治理组织有相应的治赌功能，比如龙乡创业基金会，它的运营模式本身就具有强大的抑制赌博能力，因为该会要求每位会员每月至少给基金会存入500元，这种做法分流了村民手中的可用以赌博的闲散资金，另一方面它要求每个会员若要从基金会借钱不仅要有若干成员的联保，还要考察其信用度，这点从两个层面约束会员的赌博行为：一是经常参与赌博会降低他在其他会员心中的良好形象，导致其他成员不愿意为其借钱担保；二是参与赌博会导致他个人的信用度降低，直接影响到他急需钱时从基金会借款。

二是激励自主创业。农村社会组织很好地促进作为其会员的村民积极进取

---

[1] 吕方. 再造乡土团结：农村社会组织发展与"新公共性"[J]. 南开学报（哲学社会科学版），2013（3）：133-138.
[2] 黄辉祥，刘宁. 农村社会组织：生长逻辑、治理功能和发展路径[J]. 江汉论坛，2016（11）：61-66.

和创业,例如,对于龙乡创业基金会,若有人想种植玉米,但缺乏资金,如果他是该基金会的成员,那么基金会就可以借用众人之力帮助他解决问题;又比如,基金会中的某会员通过其资源整合,获得一个利润可观且风险可控的投资项目,并经由基金会理事会商议并审核通过,则可由此带领所有会员一同投资该项目,同时通过让会员每月存钱这一制度,使会员的资金得到很好的运用和分配,可以说开源节流很好体现在类似于龙乡基金会的社会组织功能当中。

三是促进乡村教育事业发展。前文提及的乡村书院或图书馆、秦氏教育基金会等,不仅是对传统中小学校系统的一个有益补充,也有其自身的独特优势。比如秦氏教育基金会,它有两大非常重要的功能:①能够给升学的秦氏子弟提供资金上的支持,尤其是在中考、高考后家庭急需用钱时给予相应的资助;②具有良性激励作用,比如考上大学或名校的学生及其家长会被邀到基金会每年一度举办的颁奖大会上领奖或发言,起到了良好的榜样作用,这不仅更新了父母的教育观念,并且督促孩子努力读取更高学历,也教育学生努力学习,待学成归来,和秦氏长辈们一起共同为海南教育事业尤其是乡村教育事业做出贡献,同时也间接地激发其他姓氏宗族在教育事业上为其宗族子弟做出应有贡献。以下图片是秦文化研究网上官网的图片。

图7-2　秦文化研究网官网图①

---

① 上图是海南省秦文化教育基金近几年的颁奖仪式照片(网页截图)。

四是帮扶村中弱势群体。前文提及的爱乡会，是当前精准扶贫战略下的一个补充力量。每年春节，爱乡会都会通过各种渠道组织外出务工人员捐款、做善事，为乡村80岁以上老人、五保户、低保户发放慰问物资或现金，不仅在物质上给予村里弱势群体一定帮助，也在精神上慰藉了这些弱势群体，同时也能带动周边的人们为社会和谐做出力所能及的贡献。

第三节 积极推进海南农村党建工作

通过前两节的论述和分析，我们已经大致了解到农村社会组织新模式及其成长过程中彰显出来的作用。当我们从党的方面来看，如上所说，在对待这些新组织上，应当发挥疏和导的作用。在农村的党建，除了要做好党的本职工作外，还要切实落实好疏和导的作用，只有如此才能党群和谐，具体而言，党建工作的落实应当围绕以下几个方面展开：一是积极主动参与到农村自治组织中来，通过交流及其他多种渠道，来增加相互理解，互通信息有无，共同把事情做好；二是要形成相应的常规性机制，建立并畅通对接功能，确保推动有利美丽生态乡村建设的事情，不因人而异，不因人走而政息；三是要有服务意识，给予优秀项目以推介和引进，为此多建立融通渠道，多提供相关政策信息，共同为美丽乡村做贡献；四是要顺应时代潮流，接受共享经济发展趋势，遵循共商共建共享原则，以项目合作为抓手，让项目真正落到实处，既让项目投资者、运作者享有其应有的回报，也真正助农惠农。涉及利益分割的问题，党应当如何取舍，如何去做好工作，如何在思想引领上、在利益的分配框架上，尽量给各类农村治理组织多让利，只有确保了这一点，党群工作才会做好；五是就党建本身而言，既要坚持群众路线，从群众中来到群众中去，也要坚持以公开、公平、公正为新时代做事的理念。

从研究进程来看，党建工作能否最终走向聚焦村民福利，这取决于党建工作是否有一个大格局观。我们应该借鉴先进的理论和知识，更多地引入公平理念来指导党建工作，只有如此，我们的党建工作才能在注意到整体乡村利益的同时，能够很好地、公平地处理各个方面的利益关系问题。

一、目前海南农村基层党建存在的主要问题[①]

(一) 党员队伍结构不合理,后备力量不足

农村基层党组织是农村建设发展的领导核心。有调查发现,村民的入党意愿强烈,党组织具有较强的吸引力,这些为海南进一步加强农村基层党员队伍建设奠定了良好的基础,但是,海南农村基层党员队伍不同程度地存在着队伍年龄结构老化、文化程度偏低等现象。

共青团是党的后备军。受外出务工、学习、参军等多方面因素的影响,使得能够长期坚守在农村参加日常生产生活的青年人才缺乏,通过做好新党员的发展工作来进一步完善党员队伍结构的成效便受到较大影响,海南农村基层共青团的建设存在着组织涣散、功能削弱的问题,在推进社会主义新农村建设的各项工作中,难以对广大的农村青年起到组织、领导作用,也使海南农村基层党员队伍的建设发展潜藏着后继乏人、后继乏力的危险,影响了农村党员干部队伍整体素质的提高。

(二) 党员宗旨意识急需加强,党组织领导创新的能力有待提高

全心全意为人民服务是党的根本宗旨,只有把党的宗旨贯穿在工作全过程,更好地服务于民,才能真正凝聚人心,才能有效推进农村的改革,促进经济的发展和社会的稳定,巩固党的执政基础,但海南农村部分党员的宗旨意识比较薄弱、责任奉献意识不强,习惯于以行政命令的方式开展工作,工作方法简单,工作作风粗暴,不思进取,加剧了党群、干群关系的紧张性。如果不进一步整顿海南农村基层党员干部的思想作风与工作作风,就很难有效发挥农村基层党组织在社会主义新农村建设中的核心作用。

另外,农村基层党组织中还存在着发展创新能力不足的现象,相当一部分党员干部仍然囿于传统经验办事,工作观念较为陈旧,"等靠要"的慵懒思想严重,市场经济意识、改革创新意识不强,导致农村党组织的工作效率低下,没有达到村民们的理想期望水平。更新理念、革新方法,提高领导创新能力,带头致富并能够有效指导农民调整农业产业结构,把握市场信息,增加经济收益,是推进农村基层党组织建设的必由之路。

(三) 领导机制亟待健全,激励保障机制有待改革完善

在建立健全海南农村基层党组织工作机制方面,海南在实践中已经探索出

[①] 杨素稳,李白山. 海南农村基层党建存在的主要问题与对策分析[J]. 海南大学学报(人文社会科学版),2013,31(3):40-45.

不少富有成效的工作经验。但是海南农村党建工作在推进领导机制、改革并完善激励保障机制等方面，还存在着一些突出的问题，表现在领导机制方面，主要涉及"两委"关系、农村基层党组织与农村其他社会组织的关系问题，目前海南农村普遍缺少对"一人兼"的"两委"干部实际上起监督作用的组织。面对村里党员干部违法乱纪的行为，普通村民通常都缺乏相对有效的监督手段，村民们对村干部的工作，特别是财务收支情况，多数人持不信任的态度，这也正是部分村民不赞同"一人兼"做法的重要原因之一。另外，海南农村基层党组织对社会力量的整合性尚存不足，对农村其他社会组织的领导带动力度不够，影响辐射范围较小。

党在农村工作的全部战斗力，关系基层政权的长治久安。加强和改进海南农村党建和组织工作，要从以下方面着手进行建设：建立健全体现科学发展观和正确政绩观要求的干部考核评价体系，选好配强市县乡党政领导班子特别是主要负责人；以开展"强核心工程"建设为载体，强化农村领导班子和干部队伍建设；创新农村党的基层组织设置形式，完善和规范在农村社区、农民专业合作社、专业协会和产业链上建立党组织的做法；健全城乡党的基层组织"互帮互助"机制，构建城乡统筹的基层党建新格局；抓紧村级组织活动场所建设，扎实推进农村党员干部现代远程教育；着力拓宽农村基层干部来源，继续做好农村大学生的选派工作和选聘工作；通过财政转移支付和党费补助等途径，形成农村基层组织建设、村干部报酬和养老保险资金保障机制；广泛培训农村基层干部，切实增强领导科学发展的本领；深入开展"两学一做"学习教育，巩固和发展先进性教育活动成果；扩大党员基层民主，尊重党员主体地位，保证党员按照党章规定履行义务、行使权力；积极组织开展农村党员学习党的理论和路线方针政策、法律法规、实用技术等学习培训，提高党员素质；建立健全城乡一体党员动态管理机制，切实加强流动党员管理；进一步完善党领导农村工作体制机制；切实加强农村基层党风廉政建设；深入推进乡镇政务公开、村务公开和党务公开，全面推行村干部勤廉双述、村民质询和定期评议制度。

二、海南农村基层党建的具体思路①

（一）进一步完善镇村干部坐班制

海南省创新开展试点镇村干部"岗位在村、责在联心、轮流坐班"活动的

---

① 李专.海南国际旅游岛背景下农村基层党组织建设研究［D］.海口：海南师范大学，2012：45-51.

成效明显，按照每周镇驻村干部驻村工作不少于3天、村干部每天轮流坐班的办法，争取在全省范围内推开。完善由各市（县）委统一做出的人员、时间安排，向群众公开驻村坐班的时间、地点、人员、职务、联系电话、岗位职责等一系列制度，自觉接受群众监督。

（二）建立健全农村干部培训制度

一是建立理论学习制度，全面提高党员队伍特别是农村干部的素质。制定好学习方案，组织好党员集体交流，举办学习后的行动效果评选，通过坚持不懈地抓理论学习，党员的思想政治素质会不断增强，理想信念、党性观念会更加坚定，工作热情会更加高涨，党组织的凝聚力和战斗力会得到进一步提升。

二是健全思想管理办法，增强农村党员的党性观念，带动农村干部为人民服务的自觉性。加强思想管理，是坚持党要管党、全面从严治党的基本内容，是党建工作的重中之重：首先是要在党内学好有关文件和安排；其次是严格生活制度。结合党中央的党建重点工作安排，认真落实"三会一课"制度，自觉坚持民主生活会制度和民主评议党员制度；再次是发挥骨干作用，重视农村干部工作能力的培养，使之成为推动海南农村社会建设的骨干力量。

三是完善激励机制，突显党员的奉献精神，解决农村干部的后顾之忧。要注重对优秀农村基层干部从物质上、精神上给予表彰和奖励，注意引导社会舆论和新闻媒体客观公正地宣传评价农村基层干部，营造良好的舆论环境和社会氛围。通过民主评议党员、评选年度优秀党员等工作，褒奖先进，激励后进。对个别党员由于自律不严在工作中出现的问题，通过个别谈心、支部会上沟通交流等方式，对其提出严肃批评，帮助其查找思想根源，对其进行批评教育，也使全体党员引以为戒，自觉提高自律意识。

四是完善农村干部的业务培训常态化、科学化，提高工作水平。一方面是加强培训海南省委、省政府相关方针政策知识，另一方面是对农村基层党组织建设所牵涉的特别是农村相关工作的业务知识的培训，需要让一线的农村干部入脑入心，提高做好农村基层党组织各项工作的水平和能力。

（三）继续完善农村党员帮扶制度

组织党政机关、街道社区、企事业单位等城市党组织进行深化开展与农村党组织已经建立联系的"结对共建、对口帮带"等多种形式活动，帮助农村党组织理清发展思路，壮大集体经济，增加农民收入，加快发展步伐。同时，结合农村的实际，建立起机关党组织与农村党组织"结对帮扶"机制，地方市（县）四套班子领导干部、每个市（县）直机关都结对帮扶一个行政村，帮扶实绩列入干部年度考核内容，作为干部选拔任用、监督管理的重要依据。针对社会结构变化导致人员流动性大的现实，考虑在开展城乡基层党组织互帮互助、结对共建的同时，建立流动党员联络站、大中专毕业生党员协管服务中心，与党员输出地形成对接，做到流入城市的农村党员城乡共管。建立"三联三问三帮"工作机制，通过地方市县四套班子成员、市（县）直单位以及党代表联系帮扶镇、村及困难党员群众，有效促进人才、智力、教育、信息、经费等要素向农村流动。

（四）完善基层组织的保障和监督

一是加大队伍建设、阵地建设、制度建设等经费投入。为进一步加强农村基层党组织建设，近年来，海南省委不断加大农村基层党建经费投入力度，"强核心工程""联村进企"等一系列政策的实施极大地加强了农村基层党组织建设，保障了农村基层党建工作的顺利有序进行。但随着农村经济的发展，农村基层党建工作重心下移，行政村（社区）部分已成立了党委，自然村（村小组）已普遍成立了党支部，这就意味着大量的支部活动及基层党建工作要由自然村（村小组）党支部来承担，然而目前保障机制的重点主要是行政村（社区），对自然村（村小组）党支部则基本没有涉及，如自然村（村小组）党支部书记没有任何报酬，如果不及时研究解决，任其长期存在，必将影响党的地位、党的形象，影响最基础、最基层的党组织建设。因此，各级财政应该把农村基层党建包括抓人才队伍、党员活动阵地、各项制度建设的费用纳入预算的办法，依法按经费使用的效果逐年增加。

二是建立机制，加大考核力度。监督机制具有根本性、全局性、稳定性和长期性。按照十九大"全面推进党的政治建设、思想建设、组织建设、作风建设、纪律建设，把制度建设贯穿其中"[①]的要求，在原来工作的基础上，抓规范、抓普及、抓落实，逐步完善农村基层保障监督制度体系，做到用制度管权、按制度办事、靠制度管人。大力推进村务公开，落实村务公开目录，完善村务公开内容，提高公开质量。各地各部门对年度公开、季公开、月公开以及即时公开的事项，要分别做出明确规定；对群众关心的问题，实行点题、点名、限期向群众公开，要在"真公开"上下功夫，突出公开的真实性、具体性，让农民群众看得懂、看得明白。加大对农村集体资产的监管力度，保证农村集体资产保值、增值。要强化对农村集体土地、煤炭及其他矿产、林地、滩涂、水面

---

① 习近平. 决胜全面建成小康社会 夺取新时代中国特色社会主义伟大胜利：在中国共产党第十九次全国代表大会上的报告 [J]. 理论学习，2017（12）：4-25.

等资源的监管，严格执行土地流转制度。要采取各种形式对制度执行情况开展检查。对制度严重不落实的地方，要追究有关领导和责任人的责任。农村基层党委政府必须切实负起全面领导责任，把农村基层监督保障工作摆上重要议事日程，与海南发展新战略、农村基层党组织建设和农村基层干部素质的提升等工作紧密结合起来，认真安排部署，狠抓推进落实。

第八章

"公共政府"与"服务购买"的新机制

第一节 "公共政府"的基本含义

一、什么是"公共政府"？

"公共政府"作为一种公共性的理念型概念，目前在国外公共行政学界尚无统一的界定。李军鹏博士在《公共政府论》一文中指出"公共政府"是指有效提供公共产品的政府，是从事公共行政与公共管理的政府。《布莱克维尔政治学百科全书》认为公共行政是指"提供公共服务的制度性设置"，并将"公共服务"理解为"涉及使用'公共权力'（普通罗马法用这一术语来指驱使、禁止、准许和惩罚的权力）的各种事务，或者是涉及经济理论中'公共产品'三种特性中的某些或全部的各种事务（这三个特性即共同消费，非零和利益，让那些不愿意交钱的人无法获准之不可行性）"，也就是说，公共行政就是政府提供公共产品或公共服务。①

关于"公共政府"的内涵，代表性的观点有以下四种：①公共政府是市场经济条件下有效提供公共产品的政府，是从事公共行政与公共管理的政府；②公共政府就是向社会和人民提供包括公共服务、公共秩序、公共安全、公共设施、公共环境、公共财政和公共规划在内的行政机构。公共政府就是人民政府，人民政府属于人民；③公共政府的目标就在于通过规则和规范为社会提供公共产品——秩序，从而维护社会成员和社会各阶层的共同利益，保障社会成员和

---

① 李军鹏．公共政府论 [J]．学术研究，2001（1）：62-70．

社会各阶层合法地追求自己的利益，这就是政府的公共性之所在，也是政府的本质之所在；④公共政府主要是指为全体公民提供有效的公共服务的政府，它依全体公民的意志和委托而建立，通过行使全体公民授予的公共权力整合社会资源，为全体公民提供公共产品和公共服务，从而达到维护公共利益的目的。透过以上不同的语义表达，关于"公共政府"内涵的理解可以达成以下三点共识：①公共政府是行使公共权力的政府。行政权力是人民赋予的、为人民服务并且受人民监督的，政府公共权力来源于人民的授权和委托，理应受到人民的制约和监督；②公共政府是提供公共服务与公共产品的政府。为人民服务是政府的主要职责，政府活动的主要目的是为社会全体公民提供全面而优质的公共产品，为社会提供公正公平的公共服务；③政府是实现"公共价值"的组织。这一公共价值就是社会公正，或者说社会公平与正义。①

21世纪以来，"公共政府"受到了国内学界的密切关注，原因如下。

一是现实依据。①行政理念。计划经济时期的全能政府管理范式导致了"管制"的行政理念，使政府注重管制而服务意识不强，政府对所有的国家事务、社会公共事务和各种经济活动实行集中的、统一的控制和管理，负责所有社会产品的提供，政府不仅提供公共产品如教育、医疗、劳动保障等，而且提供私人产品服装、彩电、钢材、汽车等，甚至所有的个人、组织、团体都纳入政府的统一权力控制之下，政府对整个社会经济的管理是政策性的、人治性的、政治性的管理，导致了政府管理科学化与法制化的程度较低，政府职能存在着严重"越位""错位""缺位"和"不到位"现象。②行政职能。改革开放以来，我国政府定位于"经济建设型政府"范式，政府的经济职能过于突出，提供公共服务的能力相对较弱。③政府本身的自利性。政府本身的自利性对社会公共利益的侵犯、公共权力的非公共运用，导致公共资源为政府及其公职人员私有，使政府偏离了公共性的目标。

二是理论依据。①契约论的视角。"公共政府"这一理念，来源于西方政治思想史上的"社会契约论"，意思是它来自公共社会的授权，从而行使社会赋予的公共权力。②治理理论的视角。"治理理论对经典的韦伯管理范式的僵化、烦琐、低效提出了挑战"，"以治理理论为核心的关于政府治理范式转换的相关理论，构成了政府治理范式转换的理论基础"。③公共利益的视角。公共政府是维

---

① 刘祖云，汪洋. 公共政府：综述、比较与反思 [J]. 安徽大学学报（哲学社会科学版），2008, 32（1）: 147-152.

护公共利益的政府。公共利益是人类共同体存在的基础,政府行政的目的是实现公共利益,政府应当是公共利益的代表和体现。公共政府的目标就在于通过规则和规范为社会提供公共产品——秩序,从而维护社会成员和社会各阶层的共同利益,保障社会成员和社会各阶层合法地追求自己的利益,这是政府的公共性之所在,也是政府的本质之所在。④公共权力的视角。公共政府是行使公共权力的政府,然而现实生活中,"由于公共权力的'公属'和'私掌',形成了公共权力'悖论'的现象"。①

要全面准确地理解"公共政府"的内涵,必须分析和把握以下两个层面。

首先,何谓"公共性"?

"公共性"是当今学界广泛关注的问题之一,也是被频繁使用的语式之一,但对公共性的内涵界定至今仍无相对统一的范式,歧义颇多。实际上,公共性被深入挖掘并形成世界范围的较大影响始于当代哲学界对近现代社会公共性危机或者公共性丧失的回应,其代表人物为汉娜·阿伦特和哈贝马斯。美籍德裔犹太血统的政治哲学家汉娜·阿伦特提出,公共领域是指作为行动(action)实现的场所,是人们平等对话、参与行动的政治空间(所谓行动是指人们之间不借助于中介而直接交往的活动,它是人类意识发展最高阶段的产物,是优于劳动和工作的真正人类自律)。在《人的条件》一书中,阿伦特将人的基本活动分为劳动、工作和行动,并在此基础上划分了私人领域、社会领域和公共领域。在阿伦特看来,"公共领域"也就是政治领域。公共领域之所以与行动相对应,是因为在这个领域中,人们不再受生活必需品的束缚,成为自由的人,勇敢地走出家庭的范围,结成政治共同体,因此,公共领域的最大特征是自由。阿伦特把公共领域定义为自我展现的地方,在这其中所展现的任何东西都可以被人看见、听见,因此具有最广泛的公共性。"在公共领域中展现的任何东西都可为人所见、所闻,具有可能最广泛的公共性。对于我们来说,展现——即可为我们、亦可为他人所见所闻之物——构成了存在。"②

哈贝马斯"公共领域理论"源于汉娜·阿伦特的"公共领域",而又有所不同,哈贝马斯将"公共性"和"公共领域"紧密联系在一起,"公共性本身

---

① 刘祖云,汪洋. 公共政府:综述、比较与反思[J]. 安徽大学学报(哲学社会科学版),2008,32(1):147-152.

② 阿伦特. 人的条件[M]. 王世雄,胡泳浩,杨凌云,等译. 上海:上海人民出版社,2001:38.

就表现出一个独立的领域，即公共领域。"① 在哈贝马斯看来，公共领域指的是一个国家和社会之间的公共空间，市民们假定可以在这个空间中自由言论，不受国家的干涉，是一种介于市民社会中日常生活的私人利益与国家权利领域之间的机构空间和时间，其中个体公民聚集在一起，共同讨论他们所关注的公共事务，形成某种接近于公众舆论的一致意见，并组织对抗武断的、压迫性的国家与公共权力形式，从而维护总体利益和公共福祉，"公共领域对所有公民无障碍的开放性、公众在公共领域内对公共权力和公共事务的批判性，以及遵循自由、民主、正义原则进行理性商讨所达成的可以促使独立参与者在非强制状态下采取集体行动的共识"，通俗地说，就是指"政治权力之外，作为民主政治基本条件的公民自由讨论公共事务、参与政治的活动空间"。公共领域最关键的含义，是独立于政治建构之外的公共交往和公众舆论，它们对于政治权力具有批判性，同时又是政治合法性的基础。

哈贝马斯与阿伦特的"公共领域"的最大差别在于：阿伦特的公共领域是从政治的概念而来，而政治是在人们之间产生的，不同的人的自由和人的自发性是这个空间产生的前提，政治的意义在于自由，它依据人的多样性这个前提，只有不同质的人才产生对公共空间的需要，而哈贝马斯则是指作为公众的私人聚集在一起，就公共事务进行讨论，最后形成意志，达成共识，也就是说，阿伦特强调观点与意见的异质性，而哈贝马斯则强调取得一致的意见。

按照我国学者刘祖云、汪洋的理解："公共性"是指以政府为主体的公共组织对在现实中由人与人、人与组织的互动构成的公共事务的认知所形成的、具有共同价值取向的理念。

从政府职能定位的角度看，政府的公共性表明政府要以公共利益为出发点和目标，以实现社会正义、提供公共物品与公共服务；从行政主体的角度看，政府的公共性还体现为一种伦理关系，即政府与公民的伦理关系，这种伦理关系的延伸，表现为对政府行为本身的规范与监督，体现为公共性对政府行政的内在的道德的约束性；从公共行政学的角度看，强调了为公众服务的出发点，政府的组织机构、行为方式、运行机制、政策规范等，以及政府与公务员自我内在约束的道德规范等。

赵菊敏认为，"公共"的概念包括四方面的因素，即主体的公共地位、客体

---

① 哈贝马斯. 公共领域的结构转型 [M]. 曹卫东, 王晓珏, 刘北城, 等译. 上海：学林出版社, 1999：2.

利益的公共分享、行为的公开参与、对"善"的不懈追求，公共性构成了现代政府公共权力享有和运行的合理性、正当性基础。公共权力是为了公共利益而创设的，政府必须以公共利益作为其行为取向和衡量标准，随着经济发展与人们日益增加的公共需求，政府发布命令的权力逐渐被满足公共需要的义务所取代。公共服务不是政府为自身利益而提供的服务，政府的任何行为都必须符合为公共利益服务的目的，并以此受制于有限性、公开性、公平性、合法性和目的性标准。

其次，何谓"现代性"？

政府从传统管理向现代治理的根本转变，实质上是一个"现代性问题"，而且这个问题也是治理现代化的应有之义。拉图尔所指出，"对于现代性这个概念而言，不管以何种方式来界定这一概念，他们最终都指向了时间维度。就时间而言，'现代'指称一种加速前进、一种割裂，也是一场革命"，暗含了现代性是对过去的否定，是主体要得到提升与最终完善而不断进步或发展，从这个意义上，现代性意味着人自身的发展与人的物质层面的发展相容共存，包含着创新的意义。此外，哈贝马斯对于"现代性"的诠释是：指引具有主体性的人走向幸福、进步与和谐的理性思维方式和行为准则，其内涵因时而变具有开放性。综上所述，所谓"现代性"是指在全面实现现代化的社会转型过程中，内蕴于现代化过程中并实现于经济、政治、国家治理等现代化进程中的主导性价值理念，涵容了理性、发展性、创新性、秩序性、人本性、生态性，体现在现代性政府的建构及其在引导社会有序发展并推进人的主体性的发展中的行为有效性和路径选择上。

因此，"现代性"政府应该是：①理性政府，即以求真务实的态度，以实际的国家利益和公共利益为政策制定和执行的立足点，超越具体利益并回归社会公共治理本位的政府；②创新性政府，即以强化市场作用为目的，通过对治理理念、行政机制等进行及时的、适应性的创新，提升自我更新能力并引领社会创新的政府；③民生政府，即以实现社会公共利益，解决民生问题为主旨，通过权力的自我限制和制度约束来保障公民基本权利的根本实现，同时在管理上遵循公开、参与和民主精神的政府；④生态政府，即坚持经济发展与环境保护一体化的发展理念，通过提供"绿色"公共物品和"绿色"公共服务，在创新环境、产业和经济一体化治理方式中实现经济生态绩效的政府。①

---

① 赵菊敏. 供给侧改革中的政府再转型：迈向现代性公共政府 [J]. 广西社会科学, 2016 (9): 133-137.

二、何谓"公共服务型政府"?

(一) 内涵

国内政界、学界对"公共服务型政府"的诠释可谓仁者见仁、智者见智，但归纳起来主要有三种观点：第一种认为包括服务方式和工作作风创新，如强调优化行政流程、集中办公、集中服务，提倡便捷服务、亲切服务等；第二种认为包括政府职能和结构的调整，强调政府职责重心应从发展功能的经济建设，转向为社会提供公共产品和服务；第三种认为重点在于对政府性质的重新定位，强调在理念、体制、职能、机构、过程、行为方式等方面，通过"公民本位"的全方位改革，构建新型的政府与社会关系模式。比较全面的阐述是温家宝同志2004年2月在省部级主要领导干部"树立和落实科学发展观"专题研讨班结业式上的讲话："公共服务就是提供公共产品和服务，包括加强城乡公共设施建设，发展社会就业、社会保障服务和教育、科技、文化、卫生、体育等公共事业，发布公共信息等，为社会公众生活和参与社会经济、政治、文化活动提供保障和创造条件"①。这是对公共服务范围的界定和对公共服务型政府含义的描述。2005年3月，温家宝又在《政府工作报告》中再次强调建立服务型政府的重要性，该年"服务型政府"被写进政府工作报告，由此可见，转变政府职能，建立服务型政府是当前政府治理变革的重要组成部分。②

如果用学者们的话语来解读，"服务型政府是在公民本位、社会本位理念指导下，在整个社会民主秩序的框架下，通过法定程序，按照公民意志组建起来的以为公民服务为宗旨并承担着服务责任的政府"，这是迄今为止服务型政府理论研究中引用率最高的一种表述。③

其实，"公共服务型政府"主要是针对我国传统计划经济条件下，政府大包大揽和以计划指令、行政管制为主要手段的管制型政府模式而提出的一种新型的现代政府治理模式，它主要有以下几方面含义：

第一，执政理念。与传统管制型政府的在"官本位、政府本位、权力本位"

---

① 温家宝. 提高认识 统一思想 牢固树立和认真落实科学发展观：在省部级主要领导干部"树立和落实科学发展观"专题研究班结业式上的讲话 [J]. 理论学习，2004 (03)：1.
② 温家宝. 政府工作报告（全文）：2013年3月5日在第十二届全国人民代表大会第一次会议上 [EB/OL]. 人民网，2013-03-19.
③ 何作井. 公共服务型政府建设研究：以浙江省义乌市为例 [D]. 杭州：浙江大学，2008：11-12.

基础上运用公共权力维护统治秩序和对社会实施管制而导致公众和社会的主导性和自主空间缺失不同，服务型政府要求各级政府和官员必须树立"人民本位、社会本位、权利本位"的思想，即人民是国家的主人，政府的权力来自人民的让渡，政府为人民服务是天职，人民的利益至上，政府必须全心全意为人民服务，实现社会公共利益的最大化。与此同时，政府还必须从一味强调按章办事和对特定"功能""权威""结构"的服从到强烈的当事人取向和对"使命""公众"和"成效"的认同，充分考虑公众的具体情况和需求。

第二，服务型政府以服务为宗旨，意味着政府与公众的关系将转化为服务供给者与消费者的关系，政府行使权力的目的是为公众提供更好的服务，同时，服务型政府将以市场即公众需求为导向，提供满足人们合理、合法需求的公共服务。

第三，职能范围。传统管制型政府是适应计划经济的需要而建立的，因此对市场和社会的介入无孔不入，政府职能也无限膨胀，职能设置上的不合理使政府管了许多"不该管""管不好""管不了"的事；服务型政府要求政府职能是有限的，政府要还权于社会、还权于市场，政府主要是做市场和个人不能做、不愿做或做不好的事情，即主要是提供维护性的公共服务和社会性的公共服务，前者主要包括维护市场经济秩序、保护财产权利和公民权利、保卫国家安全和社会安全，这是服务型政府的基石；后者主要是指完善的社会福利体系和健全的社会保障制度，包括教育、医疗、卫生、环境保护、公共事业和社会保障等，社会性公共服务是服务型政府的主要体现。

第四，运行机制。管制型政府向来只从便于自身控制或管理出发，整个社会运行都由政府在主导推动，政府提供什么样的服务，以及怎样提供服务，都是政府独断和一厢情愿的强制性提供，而较少地考虑社会公众的愿望和多样化需求，政府与公众是一种命令—服从式的单向关系，公众只能被动地接受政府的"恩赐"；服务型政府则不同，它要求政府的施政目标必须首先征得服务对象，即民众的同意。其次，还必须经过一定的民主法定程序，即公民参与到决策的过程中，由民众和政府通过双向的交流互动，达成一致来决定，从这一点说，政府只能在法律和人民授权的范围内行事和提供服务，政府必须依法行政，必须是法治政府，而不是任意性的、长官意志型的政府。

第五，管理方式。管制型政府状态下，政府不仅机构臃肿、职责不清，各种审批环节繁杂，效率低下，政府管理手段也主要是单一的行政手段；服务型政府则要求政府必须优化工作流程、使用现代先进的管理手段和方法，本着方便、快捷、高效、亲切的原则为民服务，让民众在接受服务的同时，有享受服务的主人意识。

第六，行为后果。管制型政府的权力本位和官本位思想使政府的行为有很大的随意性，政府的责任心也不强，公众甚至于对个别侵害自身权益的行为也不能得到法律和事实上对政府的追究；服务型政府因其自身的民主特性，必须为自己的行为和所提供的服务负责。对于政府的失职行为，人民有权对政府提出质询、追究甚至罢免。总之，服务型政府与有限政府、责任政府、法治政府、有效政府是紧密相连、内在统一的，后者是前者的必然要求，前者是后者的综合体现。

"公共服务型政府"的基本特征：

第一，竞争力。服务型政府是一个具有核心竞争力的政府，这个核心竞争力就是社会主义的基本价值，就是社会平等、政治民主和以人为本。一个服务型政府，首要的特征就是张扬社会主义的基本价值，实现社会平等、政治民主和以人为本的"制度化形态"，并在社会实践和改革过程中具有切实的可操作性。离开社会主义的基本价值、宪法原则和中国共产党的执政理念谈服务型政府，就是无本之木、无源之水。

第二，负责。服务型政府是一个民主和负责的政府，就是说，是一个人民民主和对人民负责的政府，前者是指政府的性质，后者是指政府的目的。人民民主是共和国宪法所赋予人民的基本权利，特别是"民主选举、民主决策、民主管理、民主监督"的权利，它界定了政府的有限性。宪法规定的这"四个民主"权利，反映了社会主义民主政治的本质，在现实的制度安排中一个都不能少。公民通过正常程序和渠道参与国家治理，表达自己的愿望，是服务型政府的本质特征。

第三，法治。服务型政府是一个法治和有效的政府。依法行政是现代政府的一个基本特征，是建立合理的政府与社会、政府与市场、政府与公民关系的前提。宪法是中国的根本大法，只有尊重宪法并按照宪法原则办事，才能在全社会树立政府的权威，确立政府的社会公信力，一个依法行政的政府必然是一个有效政府，其公共政策才能得到认真的落实。建立服务型政府，核心是政府必须尊重宪法精神，按宪法原则办事，只有这样，人民才会相信政府，政府服务才能为群众所接受，依法行政是提高党和政府执政能力的关键环节。

第四，公共服务。服务型政府是一个为全社会提供公共产品和服务的政府。提供公共产品和服务，核心是在公共财政和预算以及财政转移支付的导向上，要真正关注普通老百姓的利益、需要和愿望，把钱真正用到惠及千百万老百姓的日常生活，使人民安居乐业、心情舒畅、生活幸福的事业上来。政府必须下决心把钱投到以改善人民群众生活质量，关乎千家万户生活命脉的义务教育、公共医疗、社会福利和社会保障、劳动力失业和培训、环境保护、公共基础设施、社会安全和秩序等方面来，这些都是一个服务型政府的最基本组成部分和核心内容，是关乎国家稳定、发展和繁荣的国家战略。

第五，合理分权。一般来说，分权的基本内容主要包括：政府内部各部门之间的分权，上下级之间的权力下放，政府与社会中介组织之间的权限划分，中央与地方政府之间的权限划分等。合理分权是现代政府的一个重要特征，是完善政府治理、优化政府结构的一个重要内容，也是建立服务型政府的重要手段。

公共服务型政府是政府机构改革的一个方向，以提升公共服务质量为目标，以政府职能转变为关键。20世纪70年代以来，英国、美国、新西兰等发达国家进行的以市场力量改造政府绩效的这场运动，为中国服务型政府的建设带来了重要的启示：

第一，英国模式。基本特征是：①雷纳评审。审视政府现有工作，发现英国政府主要存在的两大问题是政府开支过大和工作效率低下，并就此提出不少可行性建议。②"下一步"行动方案。倡导采用更多商业管理手段改善执行机构，以提高服务效率。方案提出应设立执行机构，承担政策执行和服务提供的职能。③公民宪章运动。用宪章的形式把政府对公众的服务承诺和违诺责任确定下来，使公民不再是政府服务的被动接受者，同时也是政府服务质量的监督者。④引入竞争机制。主要做法是私营化、打破垄断、维护正常竞争秩序、市场检验。

第二，美国模式。基本特征是：①重视电子政务建设。美国是电子政务的先驱，其建设的中央政府网站——第一政府网，便是极成功的一个例子。美国通过电子政务建设使公众对信息资源的有效利用率大幅度提高。②适当放松管制。美国原先对国内行业管制极严，抑制了行业成长，也使政府部门疲于奔命，后来美国政府逐渐放松了政府管制，比如1978年出台了《民航放松管制法》。③公共服务市场化。在公共服务领域引入市场机制，将决策、执行相分离并引入竞争机制。

第三，新西兰模式。新西兰政府改革始于20世纪80年代初期，采用管理主义的模式，被誉为行政改革的典范，其基本特征是：①国有企业民营化。原本从事生产"私人物品"的政府部门活动，在市场机制下进行民营化，充分发挥市场比较优势，减少成本。②明确政府部门职责。明确政府、部门、皇家实体机构和公务员的目标，避免责任和职权的冲突或交叉，政府不介入市场和社会能够有效运行的领域。③政府结构变革。政府人员精简化，权力分散，政府部分职能市场化、公司化和私有化等，从而使政府能够集中精力于公共服务。

（二）公共服务型政府的价值取向

政府的价值取向一直是人们关注的焦点。古希腊时期柏拉图提出"正义是政治美德，其他美德都不是"，古罗马时期的西塞罗则主张国家的建立是基于人的自然权利和自然的正义观，古罗马帝国后期的奥古斯丁在《论上帝之城》中提出"上帝建立国家"，对这个问题的回答，到了近代以后才变得成熟而有意义。霍布斯在《利维坦》一书中，多次提到"公共权力""公共安全""公共利益""授权人""委托人""代理人"等概念，说明霍布斯已经具有了近代意义上的政府价值观，但他同时主张社会契约不能对主权者加以任何限制，主权者完全不受拘束，此点决定了霍布斯近代政府价值观的局限性。洛克对近代政府价值取向的研究有独特的贡献，他指出，政府的出现是以人人同意并订立社会契约为基础的，政府的权力来自人民的授权，政府的正当性来自"我"的同意，政府没有绝对权力，主权在人民手中。另外，洛克继承前人立法权与行政权分立的思想，把国家权力分为立法权、执行权、对外权，并且主张立法权居于最高地位，由专门的组织——议会统一行使，议员由人民选举产生。卢梭的社会契约论是政府价值取向的一次实质性突破，主权意味着公意的运用，人民作为主权者是至高无上的，且主权不可转让、不可分割、不可限制，意志不可代表，任何人包括统治者在内都必须服从人民主权，具体是服从由人民制定的、作为公意的正式形式的法律。20世纪80年代以来，世界范围掀起了被称为"新公共管理运动"的行政改革浪潮，它强调"公民为本、市场化、结果导向、分权协作、民主参与、多中心治理"等原则和理念，每一项都是对"官僚制"的反思、修正和突破，成为"当代政府管理的新理念"，修正了官僚制自下而上、对上负责的行为逻辑，着重修正了"政治—行政"两分法中"行政"部分的价值取向，可以说，"保护人权、实现公众的价值"成为政府的基本价值取向，也是公共服务型政府的价值取向。[①]

具体来说，公共服务型政府的价值取向的基本内容包括以下几个方面。

[①] 卜章敏. 我国公共服务型政府的价值取向及构建途径研究［D］. 青岛：中国海洋大学，2007：15.

1. 以公民为中心

以公民为中心，又可称为"公民为本"，回答的是政府的一切活动"到底是为了谁"的问题，其实质上涉及政民关系。它要求公众和政府之间是双向的互动关系，在这种互动之中保持关系的和谐，这种关系产出的结果应该是"公民认为有价值的结果"，而非泛泛而谈的"公共利益"。我们可以将"以公民为中心"理念归结为以下几个要素：①回应公民需求——政府雇员牢记公共部门的公共性质，一切从公民利益出发，前瞻性的预测公共需求并采取行动，而非需求未满足引起危机时被动应付。②倾听公民的呼声——公共服务的设计和安排要倾听公民的呼声和要求。③公民选择权——打破垄断，引进竞争，在服务提供机构和提供方式等方面为公民提供充分的选择机会。④公共服务设计和提供过程中的公民参与。⑤部门绩效评价以公民为主体——部门增强透明性并提供充分信息，绩效优劣主要由服务对象而非上级来评判，强化公众监督和公共部门的公共责任。

2. 以服务为导向

公共服务型政府是把服务作为根本使命的政府。"服务"主要指通过建立公共机构、非营利组织和私人机构的联盟，以达到公民和社区团体之间利益协商和协调之目的，进而实现公民价值的过程，因此，"服务"已不仅是政府的单纯行为，而是政府—市场—社会三者的合作，不仅指政府和公众外部顾客之间，也指政府内部之间的工作关系。

3. 以公平为核心

公共政府必须以社会公平为其核心追求。首先，社会制度与社会结构公平与否直接关系到社会利益的分配公平，必须构建公平的社会制度与社会结构，营造公平的制度环境，以制度与结构公平带动利益分配的公平；其次，必须注重结果公平的调适。社会公平本身就不可避免地蕴含了某种程度的平等倾向，这种平等既是指机会平等，也是指结果平等，而结果公平的实现主要依赖于政府公共财政职能的发挥，也即对国民收入的二次分配应该重点向社会底层的弱势群体倾斜，为其基本生活水平提供强有力的保障；再次，社会公平的价值追求还必须依赖于政府及其官员公平理念的内化。现代社会日趋复杂，变化异常迅速，这也导致政府治理的技术性、复杂性日益增强，政府官员手中掌握的自由裁量权也越来越大，如何保证自由裁量的公正、公平已经超出了社会制度、法律等刚性约束的管辖范畴，必须依赖于政府官员高尚的道德水准，而公平理念的内化正是试图提升官员道德水平的重要途径之一，对于整个政府社会治理的公平、公正的实现有着非常重要的现实意义。

4. 多元化治理

大部分学者将"政府—市场—社会"三者的互动称之为治理,但这并非"治理"概念的全部内涵,它不仅可以指前面提到的三者之间的互动,更可以指某一特定组织的运行方式,因此,多元化治理这一概念,不仅指治理主体的多样性,亦可以指政府治理模式的多样性。

(三)公共政府的建构路径

公共服务型政府并非偶然,而是历史规律的必然,是符合现实发展的结果,正如亨廷顿指出的,"各国之间最重要的政治分野,不在于它们政府的形式,而在于它们政府的有效程度",它的建立与发展应遵循以下途径。

1. 树立"公民导向"的服务理念[①]

科学合理的行政理念,是政府改革成功的关键,必须转变过去的"官本位"和"政府本位"的观念,树立"公民导向"的服务理念,在原有基础上塑造凸现"公民本位"的执政文化,要将"以人为本"的科学发展观落实到行政管理中去,牢固树立执政为民的思想。公共服务型政府在本质上是社会本位、公民本位的政府,政府管什么、不管什么,只取决于社会和公民的需要,并以此作为政府职能定位的依据,它与传统的以官本位、权力本位为特征的管制型政府,有截然不同的管理理念和方式。正确认识服务型政府本质,树立并坚定"以(公)民为本"的全新社会主义执政理念,是建设服务型政府、把握改革前进方向的基本前提,是纠正各类服务异化思维误区的原始起点,观念不转变,服务型政府的建设只能成为泡影。政府要按照人民群众的意愿来开展管理,要进一步加强与人民群众的联系,主动接受人民群众的监督,切实解决与人民群众有切身利益的重大问题。因而,要成功构建公共服务型政府,要以"公民导向"的服务理念取代"政府导向、权力导向"的管制理念;要把公民看成国家的根本,管理者要关注民心的向背,要树立爱民、利民、富民、宽民观念,特别是树立"公民导向"的服务理念。为此,目前应着重解决以下问题。

首先,要加强政府和公务员"民本"观念的教育,这样才能使政府经受住执政和改革开放的考验,真正做到以民为本。要重塑我国行政文化,改变过去那种"官本位"的习惯做法,无论决策、立法、执法和司法都应以公民权利为

[①] 何作井. 公共服务型政府建设研究:以浙江省义乌市为例 [D]. 杭州:浙江大学,2008:46-48.

基本出发点，将人权作为法律的基本价值追求，以提高政府依法行政的自觉性。

其次，要强化公民参与。引导、支持公民参与，就是调动公民发展经济和建设社会主义民主政治的主观能动性和积极性。政府要做什么、不做什么，应该事先听取民意，由民意决定政府应该提供什么样的公共服务。与此相适应，公民参与必须有政府信息公开制度的保障，政府信息公开是政务公开的本质和制度所在，是现代政府治理的一项基本准则，也是建设服务型政府要着力抓好的一项工作。

再次，树立公共行政的责任取向。权力与责任同等重要是公共服务型政府的一条铁定原则。人民授予政府公共权力，其目的是服务于人民，因此，政府也就成了对人民负责的政府，是有责任感的服务者和管理者。政府必须以公共福利为出发点，以广大民众的需求为依归，自觉承担职位责任、法律责任、政治责任和道德责任。责任取向意味着必须要有健全的制度保障，要建立和完善科学严格的决策责任追究制、公开明晰的行政执行责任制、客观公正的政策评估责任制、行政过错追究制、行政监察制度。

2. 深化行政体制改革，创新国家治理体系

首先，以"层级不同，职能有别"为基础，以强化和完善市场在资源配置中的决定性作用为目的，实现中央政府和地方政府的科学分工、合理分权。中央和地方政府的合理分工既坚持改革的顶层设计又强调基层创新，有利于各层级政府"正确地做事"，从而实现政通令行，实现政府有效治理，构筑现代性公共政府的体制基础。

其次，以"简政放权，放管结合"为思路，以增强有效性为重心，改革市场监管方式，实现政府与社会协同的多元化、法治化的市场治理体系的创新。从市场监管到市场治理的转型是现代性公共政府建设的关键环节，关系到政府与市场、社会的关系，中央与地方关系的重大调整，涉及行政权力结构的深层次调整和政府理念的实质性变革，为此，要把政府一元化的市场监管模式转变为政府与社会力量合力监管的市场治理模式，通过运用大数据等现代化监管手段，构筑社会信用基础，推进"审监分离，突出重点，优化结构，行业自律"的体制转型，完善监管的实体法和程序法体系，重构以权威性、独立性和专业性为特征的监管体系，加快现代性公共政府建设的进程。

再次，以"依法行政，廉洁高效"为衡量标准，以塑造品质为中心，推进法治政府与现代性公共政府相结合。现代性公共政府的价值观是"公共的善"，即超越各种特殊利益，并以实现利益均衡为导向。现代法治以其规范性、公平

性、程序性和利益均衡性特征嵌入市场经济运行机制，遏制了政府的自利性，间接重塑了政府的公共性，这个过程也是政府法治化的过程。因此，法治构成政府公共性的根本保证，法治政府建设也成为现代性公共政府建设的制度基础。为此，政府要按照《法治政府建设实施纲要（2015—2020年）》设置的目标和步骤打造法治政府，使政府在立法中创设良法，使每一部法律都能体现公共利益，均衡分配利益，同时保证立法的公开性、科学性和民主性；在执法过程中能兼顾个人自由和社会正义，明晰市场与政府的边界，完善权力运行程序，限制政府的自主性，提升政府的公共性能力。①

具体来说，在政府行政程序方面，要实现公开透明，建设阳光政府。政务必须向公众公开，包括政府组织的使命公开、办事程序公开、常用法规公开，以及办事结果公开等。政府行政功能方面，要建设服务型政府。服务型政府理念要成为政府工作的宗旨，寓管理于服务中，为企业发展创造良好的、公平的竞争环境，为公民提供完善的公共服务。政府行政机制方面，要建设创新型政府。政府是一种自然垄断性组织，只有引入创新、激励和竞争精神，才能提高效率，同时也是为了适应政治、经济全球化的需要，以及为了解决国内经济发展的具体问题，要求政府制度不断创新。政府行政技术手段方面，要建设电子型政府。电子政府是信息化时代的产物，也是建设公共政府体制的重要基础。电子政府的建立，不仅可以使老百姓能够得到更广泛、更便捷的信息和服务，而且可以大大降低行政成本，提高政府服务效率，进一步规范政府行为方式，改变政府与企业、公民之间的信息不对称，做到透明化、公共化，从而减少滋生腐败现象产生的温床。政府行政规则方面，要依法行政，建设法治型政府。市场经济是法制经济，要求政府必须依法行政、依法管理经济与社会事务，摒弃行政过程中的"暗箱"操作，提高行政效率。政府的所有权力要源于法律，源于人民的授权，使行政过程发生在法律和人民的密切监督之下。

3. 推进公共服务的市场化和社会化

要加强政府对公共产品和公共服务的供给，必须改革现有的公共产品和公共服务的供给方式。

（1）公共服务的市场化。通过引入市场竞争来提高政府的效能，是现代政府的服务模式转换的一个流行趋势。国内外经验表明，公共产品和服务的非竞

---

① 赵菊敏. 供给侧改革中的政府再转型：迈向现代性公共政府［J］. 广西社会科学，2016(9)：133-137.

争性和非排他性,并不意味着它们只能由政府直接提供,通过重新设计政府与市场主体的分工,适用"谁受益谁付费"的原则,可以较为公正高效地来加以提供。在公共服务领域引入市场竞争机制,将原来政府承担的相当一部分公共服务职能推向市场,由市场体系向社会提供公共服务,以此打破政府对公共服务的行政垄断,将原来的公共服务行政配置机制改造为市场主导机制,使政府从"划桨人"转变为"掌舵人"。当然,公共服务在一定程度上的市场化,并不意味着政府减轻或放弃公共服务的责任,而是改革和创新政府履行公共服务责任的方式和途径,通过公共服务的市场化,改变政府供给公共服务、市场供给私人服务的二元分离格局,政府也从关注政策执行过程转向关注政府的执行结果。公共服务的市场化体现了公平与效率的原则。公共服务市场化的范围主要包括以下几个方面:第一,在公共工程建设领域,凡是属于经营性或竞争性的项目,应当通过公共招标、内部竞争、合同外包等市场方式营造公正的市场竞争机制;第二,除了公共教育、基础科研、社会保障、公共医疗卫生等必须由政府提供的最基本的公共服务外,在其他公共服务领域,也应当营造竞争环境,利用竞争机制产生的压力促使服务提供主体不断改进服务质量。

(2) 公共服务的社会化。以社会需求为导向,调动社会力量改善公共服务,鼓励各种社会组织参与兴办公益事业和公共服务。要根据不同公共服务项目的性质和特点,实现公共服务供给主体的多元化和供给方式的多样化,同时,随着社会结构日益复杂化,价值取向呈现高度多元化,决定了社会经济管理和服务只能是一种"多中心的治理"方式,公共服务的提供不再由政府独自承担,政府不再是管理公共事务的唯一机构,应该把原来政府承担的大部分公共服务职能转移给非政府组织和私人部门,这些私营部门、独立机构、社会自治半自治组织等都将成为公共物品及服务的提供者,并为提供相同的公共物品和服务展开竞争,尤其是为市场主体提供的各类服务,必须更多地依靠社会组织或行业协会等中介组织来完成,以便提供多层次、多功能的社会和市场中介服务。①

4. 推进制度和组织建设,营造公民参与的氛围

(1) 营造公民参与的政治文化氛围。让公众投身到政策参与的过程中来,就要培育参与型的政治文化,创造良好的政策参与氛围。长期的氛围熏陶,可以使公众熟悉和了解政策参与的途径、方式及其带来的自身利益,提高政策参

---

① 何作井. 公共服务型政府建设研究:以浙江省义乌市为例 [D]. 杭州:浙江大学,2008:52-53.

与的热情。同时，整个政策参与过程也锻炼了公众的参与能力，提升了公众的参与水平，增强了公众的参与行为受到政策系统的认可度。

(2) 构筑有利于公民参与的组织载体。在国际上，拥有社会组织的多寡已成为衡量一个国家和谐程度的重要标志。服务型政府强调政府与公民的良好互动与合作，但是这种合作必须依托一定的组织载体来发挥政府与公民之间的中介桥梁作用，而作为代表公民社会利益的非营利组织的存在恰好解决了政府与公民之间交易成本高的问题，为实现彼此的合作提供了条件，直接或间接影响着政府决策和推动政府改革，发挥其丰富的专业知识的优势，逐步承担起政府智囊的角色。

(3) 完善有利于公民参与的制度。服务型政府倡导的是参与型公民文化，这种参与需要制度化的渠道来疏通，主要从以下几方面入手：一是完善决策听证制度。要通过健全遴选机制，扩大听证范围和增强其公开性等方式完善听证会制度，以达到限制政府滥用政策资源进而监督的目的。二是巩固和加强信访制度。信访制度是增强政治合法性的有效途径。法治社会的大背景下，要充分发挥好其信息汇集功能、民主参与功能和监督功能，同时还要减少参政渠道的中间环节，缩短公民表达的利益需求信息到决策中枢系统的距离，减少公民表达的利益需求信息在传递过程中的损失。

(4) 创造多样化的公民参与形式。第一，发挥大众媒体的作用。一方面政府部门要加强管理和监督力度，引导大众媒体及时、准确传达政府信息，防止或减少信息扭曲、过滤现象的发生，另一方面媒体自身也要进行角色转变，增强表达功能。第二，加强网络化政治参与。网络政治参与以其直接现实性、平等参与性、快捷时效性的三大特点成为政民互动的有效选择。公民通过网络平台参与政治决策，密切了政府与公众的关系，促进了决策的科学化、民主化，有利于实现政治参与权利的自由与平等。然而，要实现网络政治参与的健康发展，就必须加强相关立法工作，大力推行政务公开，保障公民的知情权和参与权，尽力消除其自身的消极因素，构建舆情收集、分析、研判、回应机制，加强相关网络参政的文化建设。

(5) 提高公民参与能力。公民作为政治参与的主体，其知识和技能对参与效果有直接的影响。为此，在公民参政过程中：一是必须加强对公众的教育和培训，增强其参与能力，使其有效地进入参与角色；二是加强对民众的文化教育。广大民众必须树立学知识、长见识的意识，提高自身文化素质适应政治参与需要；三是大力普及义务教育，争取使得每位公众都成为有理性思维的、能运用自身文化知识的政策参与者，从最基础的文化学习之中，不断提高公民参与能力，实现其参与愿望，推动政治决策的科学化、民主化。因此，服务型政府要求政府不仅要代表最广大人民群众的根本利益，为经济、社会等事务服务，认真履行"人民"政府的宗旨，还必须适应经济全球化和世贸规则的需要，坚持公开、公正、合法、透明等原则，用市场经济的观点和方法解决机构设置重叠、职能交叉、政出多门、重复管制等问题，努力把政府工作重心转移到加强市场调节、社会监管、依法行政、公共服务等职能上来，真正达成"阳光政府、创新政府、责任政府、法治政府"等模式交叉、综合渗透的结果。

第二节 政府购买服务的政策主张与途径

一、政府购买公共服务的必要性①

（一）政府购买公共服务是提升国家综合治理能力的必然要求

党的十八届三中全会从我国社会结构、利益格局、思想观念变化的现实出发，将完善和发展中国特色社会主义制度、推进国家治理体系和治理能力现代化作为我国新时期改革的总目标。现代化的国家治理注重契约精神、市场观念、法制观念的落实，同时注重公民参与、平等协商、绩效意识，以实现包括公民在内的有益资源积极参与到国家治理进程中来，这与20世纪80年代兴起的新公共管理运动非常相似，探索了许多政府与市场的合作模式，例如公私合作伙伴关系（Public Privatization Partnership，简称PPP）等。从思路上看，我国当前推行的公共服务购买同西方的PPP模式是一致的，他们都强调将资源和事务交由更为擅长的主体进行配置和解决，所不同的是，后者更聚焦于政府同非政府部门如何进行协同，包括合同设计、付款方式、收益分配模式等，其直接目标是实现经济效益目标和公共服务供给质量；而前者聚焦点在于全过程，包括需求的收集、分类、筛选以及采购主体的确定、项目落实绩效的评估等，其目标是实现国家治理效果的提高和公民公共服务满意度的提升，二者从思路和技术上确实有相似之处，但由于目标和出发点不一样，在政策落实上也有诸多各自

---

① 马海涛，王东伟. 完善政府购买公共服务制度的思考［J］. 中国政府采购，2014（4）：11-19

的特点。

长期以来,受计划经济思想的影响,政府对于国家治理范围的所有公共服务供给主要依靠政府设立机构。随着形势的不断变化,这种政府包办模式使政府既没有精力做好分内事,又做了很多政府不擅长的事情,导致公共服务效率和质量都不尽人意,对政府执政能力的发挥和公信力的提升造成了不好的影响,十八届三中全会的诸多决议和政策恰是解决这一问题的一味良药。从提升政府治理能力和公共服务供给能力角度看,政府购买公共服务的核心是在该领域中重新调配政府和市场、政府和社会的关系,通过发挥市场在资源配置中的决定性作用,激发市场中资源的活力和创造力,让政府集中精力在创造发展环境、维护社会公平正义等擅长的事情上。

(二)政府购买公共服务是建设服务型政府的重要途径

改革开放以来,我国公共服务供给领域中出现了多样化的供给主体和供给方式。经济社会的发展在使人民生活水平逐步提高的同时,也使社会公众对公共服务的诉求范围不断扩大,也要求公共服务质量不断提升,在这一背景下,过去由政府单位直接提供的模式已经无法适应新形势,难以满足人民日益增长的公共服务需求,只有有效调动现有资源、激发潜在资源,广泛地动员社会力量,努力构建多层次、个性化的公共服务供给体系,才能为社会大众提供方便和优质的公共服务。在新的时期,公共服务需求的另一变化是需求的多样化、个性化和专业化特点突出,只有借助市场机制的作用,才可以发挥财政资金的杠杆作用,激发更多的社会资源参与到公共服务供给的进程中来,搭建起适应当前社会大众需求的公共服务供给新平台。

(三)政府购买公共服务是扩大内需的迫切需要

在现代经济社会,服务业的发展水平已经成为经济发达程度的重要衡量指标,在国家经济社会发展中发挥着举足轻重的作用,但我国服务业发展仍旧以传统服务业为主,作为现代服务业重要组成部分的民生服务业,如养老、家政、社会服务所占比重很低,服务业的整体发展层次较低。李克强同志曾指出:服务业是我国产业结构的"短板",也是未来经济持续健康发展的潜力所在,所以,服务业特别是民生领域,是当前和今后我国经济结构调整的重点领域,也是落实改善民生、促进就业的重要举措,在这个过程中,通过政府购买公共服务是将公共服务供给领域打造成现代服务业的重要组成部分。

着重于发挥市场调节作用的政府购买公共服务机制有利于打破行政垄断带

来的效率损失，能有效增加公共服务的供给数量和质量，间接带动服务业发展的层次和水平；与此同时，政府购买公共服务还能激发社会组织的发展，作为解决就业压力的重要手段。国际统计数据显示，社会组织就业人数一般占整个经济社会就业人数的4.4%，而我国这一比重仅为1%，如果按照国际平均水平来测算，通过社会组织的培育，至少可以增加近3000万新就业岗位，所以，适时开展政府购买公共服务活动有利于推动我国服务业发展和开发新的就业项目。

（四）政府购买公共服务是深化财税体制改革、建立现代财政制度的重要内容

十八届三中全会将财税改革置于非常重要的位置，首次将财政定位为"国家治理的基础和重要支柱"，并提出了建立现代财政制度的目标框架。政府购买公共服务作为财政支出的重要组成部分，必然成为下一阶段财税体制改革与现代财政制度构建的重要内容——首先，政府购买公共服务强调需求和结果导向的公共服务供给理念和财政管理思想，可以降低公共服务供给成本、提高财政资金使用效率；其次，将公共服务购买纳入政府采购管理范畴中，推动了公共服务购买工作流程的公开、公平、公正，既能体现预算公开、政务公开的大方向，又提升了财政管理的透明度；第三，通过政府购买公共服务，可以有效处理公平与效率的关系，使公共服务领域内实现更高效率的资源配置，同时还有利于加强政府对公共服务供给过程、结果和资金使用上的全方位监管，提升社会公众对政府的满意度。

二、我国政府购买公共服务的三个阶段

从20世纪80年代开始，政府购买公共服务伴随着我国政府职能转变与社会组织的发展，不断呈现出这种新型公共服务供给方式的活力，因此，政府购买公共服务方式的发展也呈现出了阶段性特征，在此，以政府购买公共服务的典型特征为标准将我国政府购买公共服务方式的发展历程分成如下几个阶段。[①]

（一）准购买阶段（20世纪80年代至90年代）

在这个阶段，由于改革开放的推动和各级政府的支持，大量学会、研究会、协会纷纷成立，并进入出从无到有、从点到面、遍地开花的原始生长期。社会组织的产生使得政府购买公共服务政策有了理论上的承接主体，并在现实中尝

---

① 马海涛，王东伟. 完善政府购买公共服务制度的思考［J］. 中国政府采购，2014（4）：11-19.

试承接部分政府职能,然而,虽然此时的社会组织承接了部分公共服务供给或者政府职能的某些流程环节,但是市场化的概念并不清晰,即没有明确的公共服务标的、规范的购买和竞争流程、公开的合同签订和履约等。由于在这一过程中公共服务供给的职能发生了分离和转移,故本文仍旧将其纳入政府购买公共服务的大框架下,并将其视为"准购买"阶段。

所谓"准购买",是指政府推动了社会组织的产生、界定了社会组织的业务范围,并在其承接公共服务或政府职能过程中给予资金和政策支持。在这一过程中,社会组织的业务开展不是给予契约,而是基于潜在的科层归属关系,政府部门与承接公共服务的社会组织之间很难保持平等的关系,这也决定了此时的公共服务购买受政府部门主管意愿影响较大,缺乏较强的计划性和统筹安排,虽然也能降低公共服务供给成本和扩大政府公共服务供给范围,但由于缺乏制度性规范,呈现出部门化和分散性,公共服务供给质量难以提升。

作为初步试点,1994年深圳市罗湖区政府谨慎地将环卫服务业务外包出去,引导环卫工人建立服务公司,由政府出资购买城市环卫服务,此后其他一些沿海地区相继开展了实践活动。

(二)非竞争购买(1995—2005年)

进入20世纪90年代以后,由于社区化改造,基层民众民生需求的总量和质量要求逐步提高,基层政府的公共服务供给责任随之提升,此时,单单依靠"准购买"阶段的公共服务供给方式已经无法满足民众当前和潜在的民生需求,与此同时,民间社会组织逐步发展,为政府公共服务供给方式的创新提供了组织基础。1995年,上海市浦东新区政府将罗山(会馆)市民中心的运营管理服务交由上海基督教青年会负责,成为我国政府公共服务(职能)由民间组织承接的标志性事件,也是我国公共服务购买历史上的里程碑事件,其重要意义体现在如下两方面:一是承接主体突破政府背景,由民间社会组织承接;二是政府以契约的形式完成公共服务购买行为。2003年,上海市由政法委牵头,本着"政府主导推动、社团自主运作、社会多方参与"的思路,尝试在更多的领域中进行公共服务的购买。此后,政府购买公共服务的行为逐步在深圳、广州、北京等社会组织发展较为繁荣的地区得到进一步普及。

这一时期的公共服务购买和"准购买"时期相比有两大明显的不同:一方面是公共服务购买标的更加明确,另一方面是政府与社会组织之间的购买关系依契约而建立,虽然此时诸多的公共服务还是交由有政府扶持背景的社会组织来承接,但基于契约的购买关系使得政府与社会组织之间形成了形式上的平等关系。这一时期，政府在公共服务购买中仍然没有引入市场竞争机制，原因是公共服务供给市场本身的发展不足以支撑公共服务供给任务，所以，出于风险规避考虑，购买方式主要不是通过招标竞争，而是通过制定、委托等形式挑选社会组织，再通过协商达成契约，此时，政府制定与委托的公共服务承接主体既可以是政府成立的社会组织，也可以是真正民间意义上的社会组织。随着政府开始向民间社会组织购买公共服务，民间社会组织同政府扶持建立的社会组织之间已经蕴含了潜在的竞争关系，只是由于购买范围较小，这种关系没有明显显现出来。

（三）竞争性购买（2005—2011年）

实行非竞争性购买一段时期后，由于社会公众对公共服务质量诉求越来越高以及公共服务供给市场的发展，在公共服务购买过程中引入竞争机制的呼声越来越高。2005年，由国务院扶贫办、亚洲开发银行、江西省扶贫办和中国扶贫基金会联合发起的"非政府组织与政府合作实施村级扶贫规划试点项目"即采用了公开招标的方式遴选NGO作为扶贫项目合作伙伴，这是我国首次以竞争方式产生项目合作伙伴，标志着我国公共服务购买进入规范化试点阶段。除了公开招标，此时期内其他政府采购方式，如询价、竞争性谈判、邀请招标也纷纷在政府购买公共服务过程中使用。2007年，国务院办公厅出台《关于加快推进行业协会商会改革和发展的若干意见》，鼓励行业协会、商会积极参与公共服务购买项目，同时也建议政府通过公共服务购买项目促进协会、商会的改革和发展。

2009年，上海市由民政局牵头开展了上海市社会公益服务购买项目，当年有116个社会组织的127个公益服务项目收到了上海市福利彩票公益金的支持，支持资金总额达到了3983.58万元。随后，北京市、江苏省也陆续开展了通过政府采购手段完成公共服务供给项目承接的实践。2011年12月，民政部出台的《民政事业发展第十二个五年规划》中指出，"十二五"期间要向社会组织开放包括政府职能在内的更多资源，借助社会组织承接公共服务完成部分政府职能的转移和社会治理能力的提升。

（四）全面扩大阶段（2012年至今）

这个阶段最大的特点就是，国家层面出台了一系列关于政府购买公共服务的规章制度和实施细则，政府购买逐步迈入规范化、法制化的发展时期；同时政府购买规模越来越大，2012年的购买规模1214亿元，占当年政府采购规模的8.7%，比上年同期增长36.6%，21世纪以来每年的增长将近25%（见图8-1）。

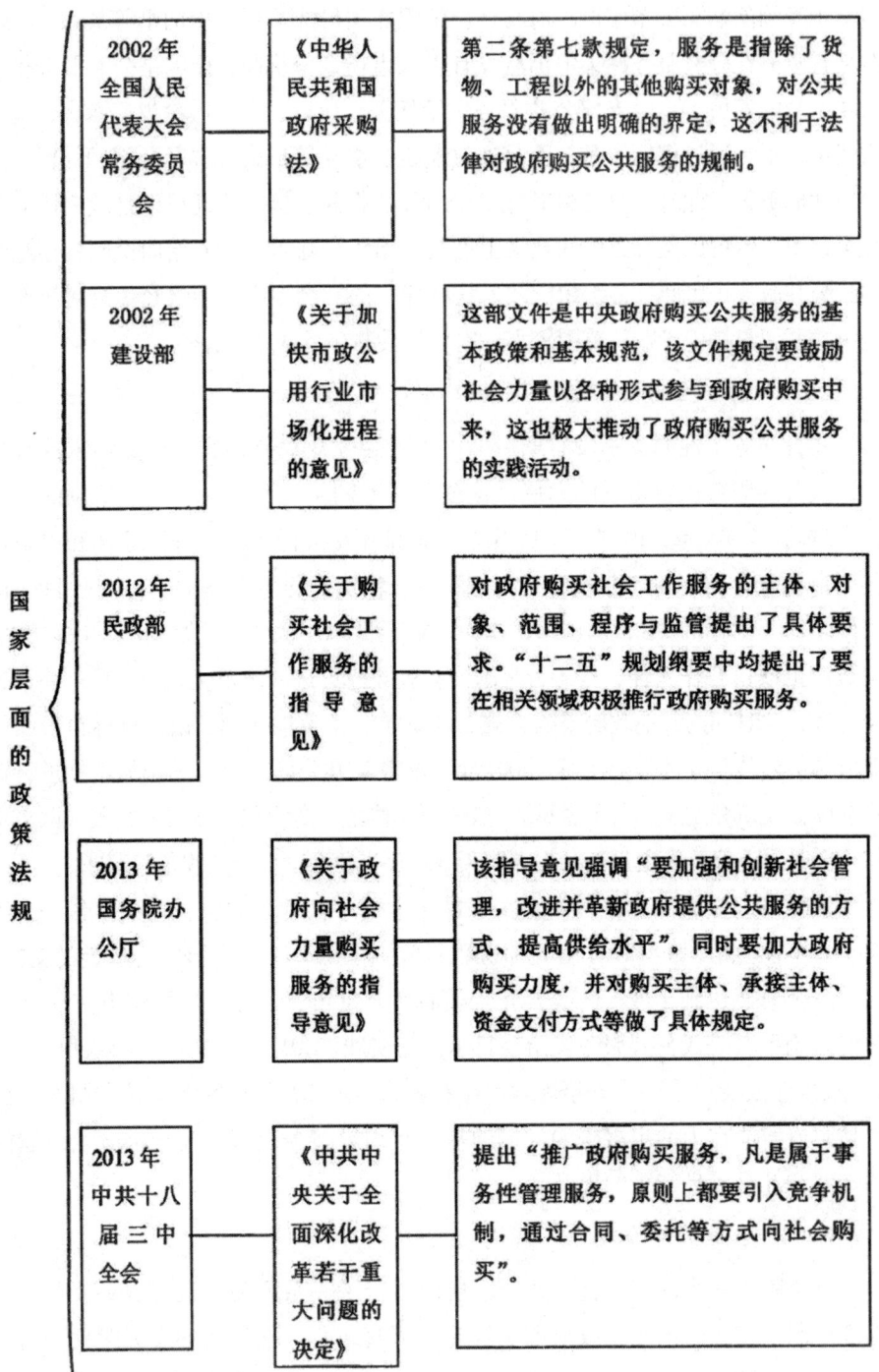

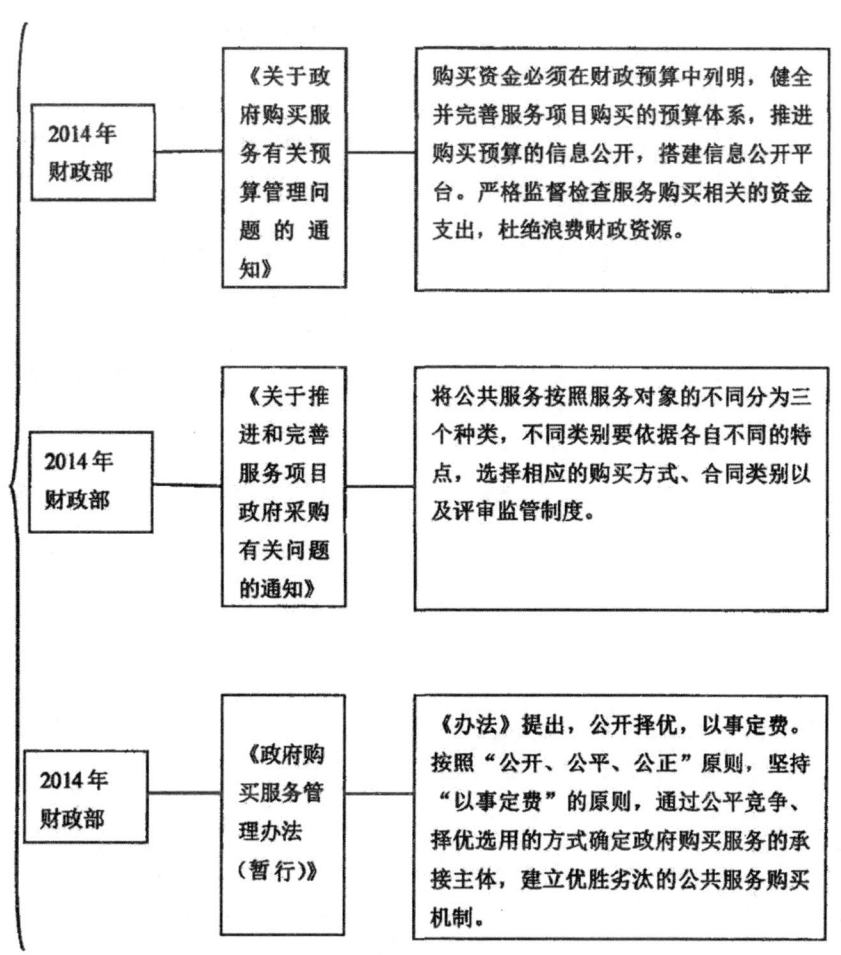

图 8-1　国家层面政府购买公共服务的政策法规

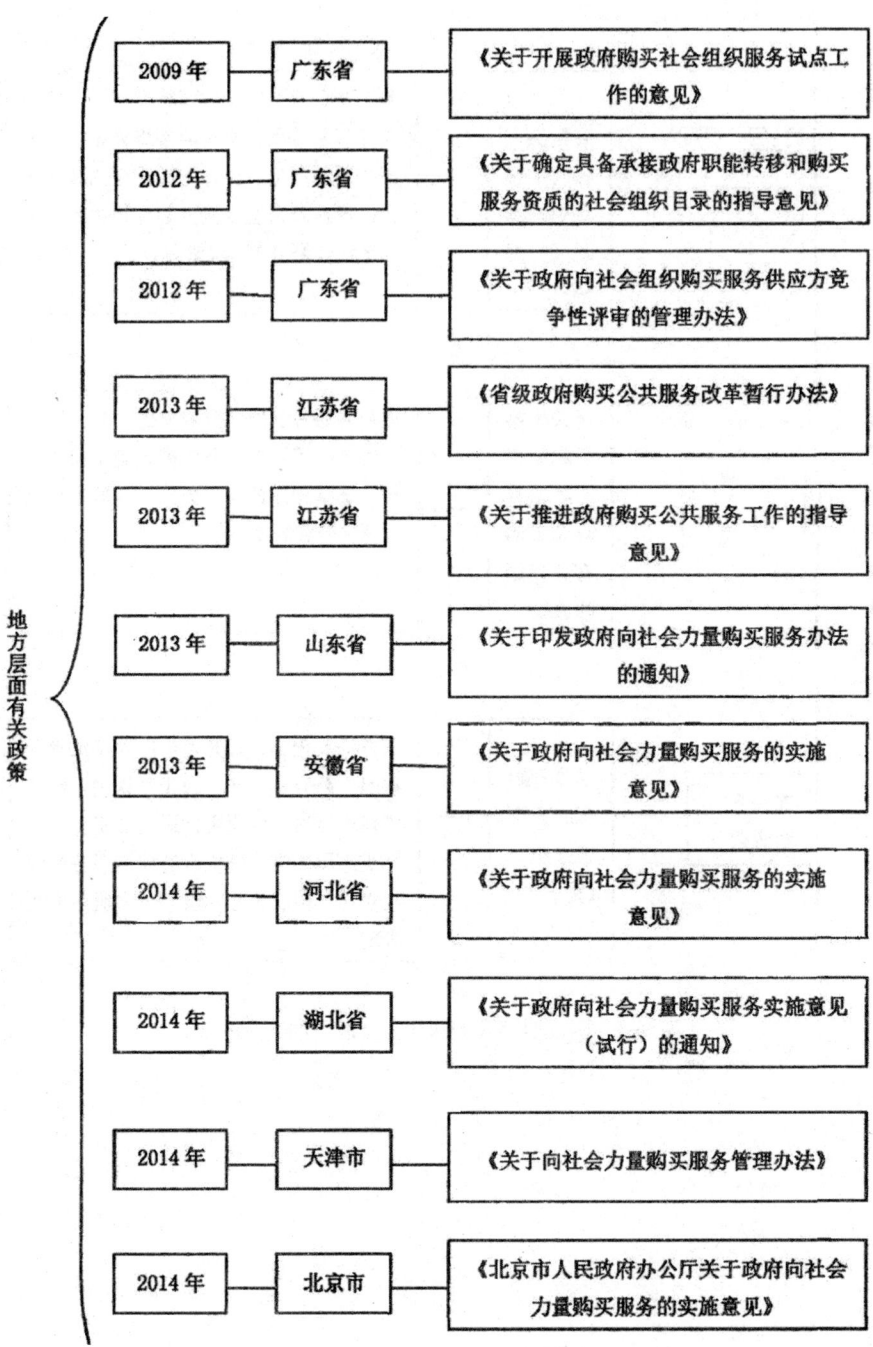

图 8-2 省级层面有关政策

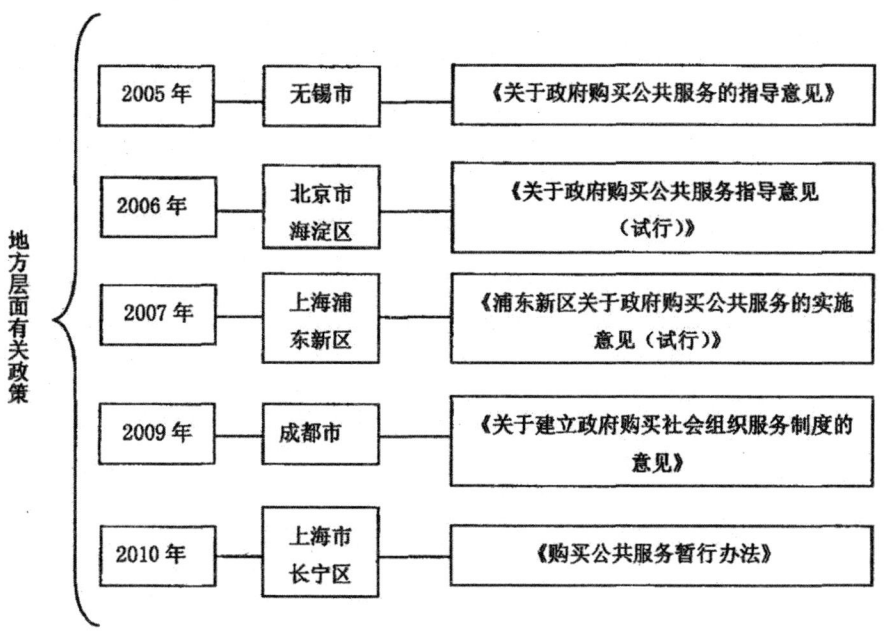

图 8-3　地市级层面有关政策

2012 年 2 月，财政部出台的《2012 年政府采购工作要点》中明确表示要推进和规范服务采购，逐步扩大公共服务、商务服务及专业服务的政府采购实施范围。除此之外，2012—2013 年，中央财政连续安排 2 亿财政资金支持社会组织积极参与政府公共服务购买项目，同时出台《中央财政支持社会组织参与社会服务项目资金管理办法实施细则》，对政府公共服务购买项目的申请、评审和监管等问题进行了明确指导，既活跃了公共服务供给市场，又在公共服务购买过程中培育了公共服务的承接主体；同时，还意味着在未来一段时间内，通过竞争方式选拔公共服务供给主体将是政府公共服务购买的主流。

2012 年 3 月 19 日，温家宝在第十三次全国民政会议上明确表示：政府的事务性管理工作、适合通过市场和社会提供的公共服务，可以通过适当的方式交给社会组织、中介机构、社区提供。2013 年 7 月 31 日，李克强在国务院常务会议上重点研究政府购买公共服务，并于 9 月 30 日出台《国务院办公厅关于政府向社会力量购买服务的指导意见》（国办发〔2013〕96 号），对政府购买公共服务的重要性、总体方向等方面进行了战略性描述，成为我国政府购买公共服务的指导性文件之一。同年 11 月，《中共中央关于全面深化改革若干重大问题的决定》将"政府购买公共服务"上升到国家治理的战略层面,将其作为下一阶段的重点改革任务,标志着我国政府购买公共服务制度正在向制度化和规范化方向迈进。此后,我国一些省份陆续出台有关公共服务购买的指导性意见,政府购买公共服务进入了政府常规化工作日程。

竞争性购买的前提是承接主体有足够的数量和能力。否则,公共服务购买过程中难以形成有效竞争,或者购买结果无法满足社会公众的需求标准。从这个角度上看,当前在公共服务供给市场较为成熟的领域开展竞争性购买是符合实际的,而且通过竞争可以提高财政资金的使用效率和公共服务供给质量。在这种购买方式下,政府与社会组织之间以契约为媒介构建了平等的委托代理关系,同时,也意味着政府在执政理念和社会治理手段上应当有较大的转变,间接推动了服务型政府的实现。

表8-1 我国政府购买服务目录一览表

C01 科学研究服务	C012 房地产服务
C02 信息技术服务	C013 公共设施管理服务
C03 电信和其他信息传输服务	C014 能源的生产和分配服务
C04 租赁服务(不带操作员)	C015 金融服务
C05 维修和保养服务	C016 环境服务
C06 会议和展览服务	C017 交通运输和仓储服务
C07 住宿和餐饮服务	C018 教育服务
C08 商务服务	C019 医疗卫生和社会服务
C09 专业技术服务	C020 文化、体育、娱乐服务
C010 工程咨询管理服务	C021 农林牧副渔服务
C011 水利管理服务	C022 采矿业和制造业服务
C023 批发和零售服务	C029 其他服务

资料来源:中国政府采购网—购买服务

表8-2 2011—2016年政府购买服务规模统计表

年份(年)	规模(亿元)	占政府采购的比重	同期增长
2011	888.60	7.8%	25.3%
2012	1214.00	8.7%	36.6%

续表

年份（年）	规模（亿元）	占政府采购的比重	同期增长
2013	1534.4	9.4%	26.4%
2014	1934.25	11.2%	26.1%
2015	3343.9	15.9%	72.9%
2016	4860.8	15.6%	45.4%

资料来源：历年全国政府采购规模通报

三、政府购买公共服务的方式

（一）按照政府购买公共服务中购买主体和承接主体双方之间关系

1. 直接购买

直接购买方式包括项目申请制、直接资助制和合同制三种类型。

（1）项目申请制。具体做法是：政府根据社会公众对公共服务的需求设计特定购买目标的服务项目，然后由社会主体根据项目的具体要求提供公共服务。

（2）直接资助制。具体做法是：作为购买主体的政府部门对于承担公共服务职能的社会机构给予一定的资助，资助的方式一般包括服务津贴、物资资助、直接拨款等。

（3）合同制。政府制定购买公共服务的计划和资金规模，并与承接主体签订服务合同，合同中载明购买双方各自的责任与义务，以及服务条款等，承接主体必须严格执行合同中的服务条款，不得擅作主张。

2. 间接购买

主要是指政府购买的凭单制，即政府直接向消费者发放服务券，由消费者自行选择公共服务的提供机构，这种方式强化了消费者的主体作用。

（二）根据购买内容，可分如下四种方式

第一，服务机构的补助购买。主要指政府以资金支持、场地和设施扶持、金融和税收优惠的形式，对相关社会服务机构进行扶持，从而实现公共服务的变相购买。

第二，服务项目的委托购买。主要指政府通过授权委托、合同购买等形式针对特定群体基本服务项目购买。

第三，服务人员的岗位购买。指政府向社会招聘社会工作者、助老员等，为需要服务的对象提供专业化服务。

第四，服务对象的补贴购买。政府向符合规定条件的公共服务对象发放凭单，由公共服务的消费者选择服务提供方，并向服务提供方交付凭单，服务提供方持凭单向主管部门要求兑现一定数量的资金，如居家养老服务券、护理券、医疗卫生券、住房券、食品券、教育券、培训券等消费凭单。从各地实践来看，这几种购买方式经常交叉运用，各地政府一般都会选择两种以上方式展开居家养老服务的购买，而且随着实践不断深入，正孕育出养老福利公益创投机制等更多购买方式。①

（三）根据政府购买公共服务的具体操作类型

购买公共服务应该具有明确的购买目标、购买主体与承接主体之间要相互独立，同时在购买过程中还要遵循公开、透明、竞争的购买原则。根据具体操作流程，目前我国各级政府在购买公共服务的实践中，比较常用的购买方式有公开招标、邀请招标、竞争性谈判、单一来源采购、询价等。图8-4所示是2012年我国政府购买中几种购买方式的购买规模以及各自所占的比重，统计口径包括中央级、各省级、地市级以及县（区）级政府。

第一，公开招标。是指政府通过公开程序进行招标，对供应商或承包商的范围不做任何限制，只要符合规定都可以参与投标。然后，依据招标投标程序，从这些供应商中挑选最具资质的承接主体，进行公共服务的生产和提供。

第二，邀请招标。邀请招标也称为有限竞争招标，与公开招标类似，只是由购买主体选择具有资质的供应商参与竞标。

第三，竞争性谈判。是指购买主体以邀请的方式选择承接主体，这样政府部门可以有目标地寻找合作伙伴，商谈所购服务项目，而不必"大海捞针"似的公开招标，可以节省资金，提高效率，同时也更有针对性，容易操作。

第四，单一来源。单一来源采购是指政府直接指定供应商或承包商，并与其通过签订合同或者契约，明确购买的公共服务标的的购买方式，契约双方保持主体独立。

---

① 常敏，朱明芬．政府购买公共服务的机制比较及其优化研究：以长三角城市居家养老服务为例 [J]．上海行政学院学报，2013，14（6）：53-62．

购买方式	数量	占比
公开招标	895.63 亿元	73.78%
邀请招标	23.91 亿元	2%
竞争性谈判	87.91 亿元	7.2%
单一来源	129.49 亿元	10.67%
询价	77.04 亿元	6.35%

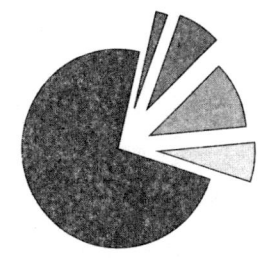

图 8-4　各购买方式的购买规模及比重

资料来源：数据来源于 2012 年政府采购年鉴

从图 8-4 可以看出，公开招标是最主要的购买方式，占比高达 70%。公开招标也是众多购买方式中竞争性最强的一种购买方式，邀请招标购买方式占比最小，单一来源、竞争性谈判、询价等三种购买方式也是比较常用的。虽然，我国政府及社会一直倡导要求要采用竞争性比较强的方式购买公共服务，但是，政府定向购买，国有事业单位垄断等现象仍然存在。

此外，政府采购法规定政府购买公共服务应该以公开招标的方式进行，但是，并不是所有的服务都适合于公开招标等竞争性的购买方式，因为有些服务项目或者难以事先列出详细的质量要求，或者难以事先计算服务成本，如失业救济服务，而且由于公共服务的特殊性（区别于货物，所提供的服务因受益对象不同而不同），即使是同一种公共服务也可能因地区差异而选择不同的购买方式。

四、我国政府购买公共服务的特点①

总体上来说，我国政府购买公共服务的实践呈现出以下特点。

一是购买规模呈迅速上升的趋势，购买范围逐年扩大，2012 年的政府购买规模相比于 2002 年增长了近 12 倍。政府购买实践活动基本上采取"以点带面，分步实施"的方式展开，并且各地区的实践差异较大。东部沿海城市是最早进行政府购买公共服务试点的地区，随着这些发达城市的实践，政府购买活动逐渐在全国范围内掀起浪潮，购买范围逐渐增加，购买方式也日趋多样化。

二是国家层面和地方层面相继出台了一系列关于政府购买公共服务的规章

---

① 陈伟. 我国政府购买公共服务的研究[D]. 天津：天津财经大学，2016：21-22.

制度和实施细则，法治建设逐渐加强，但在全国范围内普遍适用的、统一规范的政府购买法规尚没有颁布。在确立购买范围、购买方式以及监督等方面各级政府部门主要以本地区颁布的地方性的规章制度为主。

三是购买方式呈现多样化，公开招标、单一来源购买以及合同制等日益成为主要的购买方式。政府购买的作用效果从最初功利性节约财政资金开始转向变革政府职能、建立服务型政府。政府购买正逐步建立起完善的信息管理系统，并且取得了广泛的社会效益和经济效益。

四是公共服务的购买支出虽然逐年增加，但公共服务的购买水平以及购买质量偏低，与人民群众日益增长的多元化及专业化需求之间严重不匹配。

五是通过政府购买的方式向社会提供公共服务，比政府直接生产更有效率，每年为财政节约的资金逐年增加。但是在购买流程、购买机制等方面尚没有形成完善的购买体制，各地都是根据自己本地区实践情况进行摸索，呈现出明显的探索性质，这也导致政府购买的独立性、竞争性不强。

五、政府购买公共服务的典型经验

（一）国外经验①

1. 英国"非垄断化的部门改革以及'市场检验'原则"

英国政府在购买服务绩效评价方面有较长的发展历史，无论是在制度设计、框架构建还是实际应用都积累了丰富的经验，值得我们参考和借鉴。

（1）制度保障是绩效评价工作的基础

整体来看，英国购买服务的绩效评价有完善且全面的制度做保障，不同阶段有不同的法律文件或政策性规定，这些文件为绩效评价提供了依据。同时，在法律规章体系不断完善的过程中，绩效评价体制也将愈加规范和全面。此外，英国对购买者（政府）和承接主体的评价是分开进行的。绩效评价的主要原则是关注服务质量本身，对可量化的公共服务和难以量化的公共服务提供不同绩效评估标准，并制定法律予以保障。

（2）设置独立运作的机构

英国政府为了完善政府购买机制，提高公共服务的质量，设置一些专业的、独立运作的机构，如政府部门的执行机构、非政府部门公共执行机构、非政府部门公共咨询机构等，这些独立运作的机构之间协同合作、互相配合，各自履行本机构的职能。各机构每年都会出具相对独立的工作报告，提出评价和改善

---

① 陈伟.我国政府购买公共服务的研究［D］.天津：天津财经大学，2016：21-22.

建议，为绩效评估提供了可靠的机构保障。

（3）构建信息管理平台

英国政府在各类文件中多次明确要构建完善的信息管理、数据支撑平台，从这种重视程度可知，信息管理平台在绩效评估中的作用非同一般。英国政府在各类公共服务体系的官方网站上列示了服务购买支出数据、服务购买数量、监督机构、其他国家和地区提供类似公共服务的相关数据、投诉的通道等所有的相关信息。巨大的网上信息平台不仅方便了服务提供方与使用方，更为绩效评价奠定了完备的信息基础。

为了提高政府购买公共服务的效率和服务质量，英国还建立了相当完备的购买程序和监督机制。

此外英国的合同管理机制也相当完备。我国政府在购买公共服务时，通常是"一包了之"，即把公共服务外包给第三方机构时，不再进行后续监管。而英国非常重视合同的后续管理，以确保买卖双方的利益，同时也是为了保障服务受益对象的利益，这一点也值得我们学习和借鉴。

2. 美国"合同出租"和"公私合作"模式

在政府购买公共服务的过程中，有一个必不可少的环节，那就是政府与承接主体之间必须签订服务购买合同，合同的签订以及在整个购买过程中对服务合同的管理将直接决定公共服务的质量。合同外包是美国最主要的购买方式。据Savas计算，美国至少有200种服务是由承包商向政府提供的；1987年美国人口超过5000人的市镇和人口超过25000人的县99%实行过合同外包，合同管理制度在美国的发展日趋完善，因此，美国的合同管理制度和改革的创新经验值得我们学习和借鉴。

（1）完善的法律制度为合同外包提供了法制保障

在美国，由于公共服务购买的特殊性，对公共服务购买合同有专门的规定，例如《联邦财产和行政服务法》《服务获取改革法》《合同竞争法》等，这些法律对政府签订的公共服务合同有特殊的规定，比如，政府签订合同必须通过全面、公开、透明的竞争程序，竞争程序最为普遍的就是公开招标、竞争性谈判等，这一系列的法律制度为美国的合同外包制度提供了法制保障。

而我国针对公共服务购买合同，并没有特定的法律制度，只有一部《合同法》，合同法是关于市场交易规则的法律，该法具有普遍适用性，但没有考虑到政府购买服务合同的特殊性，服务合同不仅牵涉交易双方，还有第三方——公共服务的受益者。

（2）严格的购买程序为合同外包提供了程序上的保障。美国政府在购买服务绩效评价方面有较长的发展历史,无论是在制度设计、框架构建还是实际应用方面都积累了丰富的经验,值得我们参考和借鉴。

(3) 完善的监督评价机制使合同外包机制实现市场化

因为公共服务在数量和质量上难以衡量和估算,为了确保其在数量和质量上符合要求,美国政府根据公共服务的特征建立了严格的监督管理体系和评价体系,并同时建立性能评价机制,根据评估结果支付报酬。在美国,政府购买服务合同有两种形式:第一类是任务导向型合同,这类合同中明确列示了服务的具体条款、规格和内容等;第二类是结果导向型合同,这一类合同一般很少对具体的服务过程做详细的规定,而是更加注重所提供服务的最终效果,即服务接受者的感受,最后,政府根据服务对象的满意度支付费用。第一类合同形式主要针对那些容易量化的公共服务项目,第二类合同形式主要针对那些难以量化的服务项目,承接主体在执行合同时有更大的灵活性,也更加注重服务接受者的感受。

(二) 国内模式①

1. "上海模式"

1995年,上海浦东新区采用定向购买的方式购买社区服务,为了提高罗山市民休闲中心的管理效率,罗山社会发展局将管理权限委托给上海基督教青年会,这一举措打破了单纯依靠街道办事处和居委会进行社区管理的传统模式,具有里程碑意义。上海市政府于1998年开始将养老服务进行外包,交付给有资质的社会组织进行管理,这一举动不仅缓解了日益加剧的养老困境,同时也精简了政府的职能结构,同时,这种委托非营利社会组织进行运作的模式,对政府购买公共服务的发展和完善具有极大的推动作用。

上海市公共服务购买的特色在于其把公共服务购买作为改善社会管理和公共服务供给的手段,并以此为目标建立了具有上海特色的公共服务购买制度体系。

(1) 树立清晰的公共服务购买思路

上海市公共服务购买的总体思路可以概括为"党委领导、政府负责、社会协同、公众参与",在这一宏观思路下,通过契约的形式,将部分公共服务供给任务或者业务流程交由社会组织承接,也以此方式促进社会组织参与到政府的社会治理流程中。

---

① 马海涛,王东伟. 完善政府购买公共服务制度的思考 [J]. 中国政府采购,2014 (4): 11-19.

(2) 建立完善的公共服务购买制度

为了规范上海市政府购买公共服务行为，上海市各级政府陆续出台了与公共服务购买相关的文件17项，促进了上海市公共服务购买的制度化、规范化。

表 8-3　上海市各级政府与公共服务购买相关的文件

时间（年）	发行部门	规范性文件
2007	浦东新区	《浦东新区关于政府购买公共服务的实施意见（试行）》
2010	闵行区	《关于规范政府购买社会组织公共服务实施意见（试行）》
2011	上海市委办公厅 市政府办公厅	《关于进一步加强本市社会组织建设的指导意见》

借助这些规范性文件，上海市在公共服务购买的指导思想、内涵、原则、程序等方面已经通过试点达成了普遍的共识，特别是2011年4月出台的《关于进一步加强本市社会组织建设的指导意见》，已经明确提出通过市场化竞争的方式选拔合适的社会组织参与到政府社会管理和公共服务供给，而且准备将公共服务购买资金纳入预算管理中，从财政源头确保未来公共服务购买的规模和比例。

(3) 保证公共服务购买预算支持

除了在流程和思路上，政府加大公共服务购买的力度之外，上海市公共服务购买的另一远见性措施是及时把公共服务购买纳入部门预算管理的范畴中：一方面体现出了政府推行公共服务购买的决心；另一方面，从长远来看，将公共服务购买纳入部门预算范畴，有利于对于公共服务购买行为进行全程监督管理。2012年8月25日，上海市财政局出台了《上海市市级政府购买公共服务项目预算管理暂行办法》和《上海市市级政府购买公共服务项目目录（2013年度）》，将目前比较适合进行公共服务购买的项目及时纳入部门预算管理的范畴，使得公共服务购买项目从立项到监管都有相应的部门负责，保证了公共服务购买项目的落实效率。

2. "广东模式"

广东省公共服务购买试点的经验是把政府购买公共服务作为转变政府职能和创新社会组织管理的切入点；同时，借助社会组织改革和政府职能转变的成果，促进政府公共服务购买行为的发展。

(1) 积极培育社会组织

广东省培育社会组织发展的核心手段是促进社会组织发展的市场化。《广东省深化社会组织体制改革工作方案》中明确要求有关社会组织尽快与政府职能部门和事业单位脱离行政归属关系，让社会组织在市场化的进程中实现自身能力的提升。2011年，广东省全省社会组织共承接公共服务购买项目394项，获得政府1.2亿元的资金支持。为了实现各部门联动，广东省由省编办牵头出台政府职能转移目录，由财政厅牵头出台公共服务购买项目目录，明确公共服务购买的范围；由民政厅牵头编制社会组织目录，一方面规范社会组织管理，另一方面为公共服务购买项目把好参与者的资格审核关。

(2) 明确公共服务购买目录

2012年5月，广东省政府办公厅出台《政府向社会组织购买服务暂行办法》，明确指出通过政府购买公共服务实现社会组织培育与政府职能转变，并对公共服务购买范围进行了初步规定。同年8月，广东省财政厅出台《2012年省级政府向社会组织购买服务项目目录》，首次明确指出了广东省省级政府的公共服务购买范围和目录，同时也间接指出了必须由政府履行的责任和义务。明确的公共服务购买目录，为日后公共服务购买项目的立项和采购事宜奠定了坚实的基础，有利于公共服务购买事业的规范化和制度化发展。

3. "无锡模式"

无锡市公共服务购买的特点是将政府采购与公共服务购买相结合，将公共服务购买纳入政府采购的范畴中：用政府采购领域的制度规范约束公共服务购买行为，用政府采购的流程和方法实现公共服务购买的效率性要求（见表8-4）。

表8-4 无锡市纳入政府采购范围的公共服务项目类别

时间（年）	纳入政府采购范围的公共服务项目类别
2006	市政设施养护、环卫清扫保洁、水资源监测、社会办养老机构、城区绿化养护、群众文化活动等11个项目。
2008	覆盖城市维护、社会事务服务科教文卫等各个领域，涵盖市政养护、环卫保洁、绿化管养、信息化服务外包、教育文化卫生体育服务、物业管理、项目代建、设计、监理、审计、培训、会展、保险等16个类别。全市30万元以上的服务类品目全部被纳入政府采购。
2010	市政设施养护、污水处理、路灯设施维护、公共教育培训、文化传播、公益性场馆运行、普惠性及引导性商业保险等公共服务事项也被纳入政府采购范围之内。

（1）扩大政府采购范围至公共服务领域

2006年，无锡市出台《关于政府购买公共服务的指导意见（试行）》，将部分原来由政府提供的公共服务事项纳入政府采购目录，通过政府采购流程选拔非营利组织作为公共服务事项的承接主体；对于一些特殊的公共服务事项，可以暂时通过定向购买的形式予以过渡。初次纳入政府采购目录的公共服务事项有：市政设施养护、城市绿化与保洁、水资源监测、市民养老、群众文化活动等项目。

通过借力政府采购的发展，其公共服务购买项目在社会组织选拔、合同签订和履约方面只需对原有政府采购制度进行微调或单独说明，节约了公共服务购买规范化、制度化的周期。与此同时，为了对新纳入的公共服务购买项目进行约束，无锡市针对性地出台了《关于对政府性资金投资的城市照明项目加强政府采购管理的通知》《无锡市商业保险政府采购管理暂行办法》《政府购买公共文化产品和服务试行办法》和《无锡市城区环卫作业招标工作的指导意见》等文件，使公共服务购买同政府采购无缝对接。

（2）完善政府公共服务购买监管体系

鉴于公共服务采购的复杂性特征，无锡市财政局对公共服务购买项目实行的是分类监管模式。为了调动各预算部门参与公共服务购买项目，无锡市专门搭建了部门集中采购平台。此外，除了对公共服务购买模式进行分类，无锡市还根据公共服务项目分类制定了相应的采购指导意见和考核办法，从实施过程到绩效考核都进行了明确的规定，构建了较为完善的公共服务购买监管体系。

4. 长沙市政府购买养老服务模式①

长沙市政府为了应对长沙市人口老龄化程度的不断加深，以及传统的家庭养老功能不断弱化、社会化养老需求不断增长的态势，于2009年6月30日出台了被誉为中西部地区首个关于居家养老的文件——《关于推进城乡社区居家养老服务工作的实施意见》（长政发〔2009〕13号），提出了"力争到2012年，建立政府宏观管理和扶持、社会各界力量兴办、市场化运作、制度健全、管理规范、服务优化，覆盖全市城乡的基本满足居家老年群体多层次、多样化服务的社会化居家养老服务体系"的目标，按照"社会养老居家化、居家养老社会化"的发展方向，推行"政府主导、社会参与、市场运作、公益服务"的运行模式。

---

① 董陈丽. 长沙市政府购买养老服务中的问题与对策研究［D］. 长沙：中南大学. 2012：21-25.

为弥补目前长沙市机构养老服务设施缺口，充分调动社会力量参与和兴办养老福利机构，长沙市于2012年3月7日起开始实施《长沙市人民政府关于扶持养老福利机构发展的实施意见》（长政发〔2012〕4号）。《意见》指出"凡依照民政部《社会福利机构管理暂行办法》和《老年人社会福利机构基本规范》举办并经县级以上人民政府民政部门、编制部门等依法注册登记的以老年人为主要服务对象的社会福利院、老年公寓、老人护理院、老年活动中心（站、室）、社会福利中心、敬老院、托老所等城乡非营利性养老福利机构，均可纳入扶持范围"，并要求各级政府加大投入，大力新建、改建和扩建市、区市（县）和乡镇三级社会福利机构，形成以养老服务为主要功能覆盖全市城乡的公办社会福利服务体系。目前长沙市政府购买的养老服务主要是针对"三无"老人、高龄独居老人等几类特定的群体开展的。

（1）在居家养老服务购买方面。长沙市政府在《关于推进城乡社区居家养老服务工作的实施意见》中规定了能够享受政府购买养老服务的"六类"老人（见表8-5）需要具备的条件，明确了政府购买的养老服务内容，划定了社会组织参与养老服务购买的范围。

表8-5 长沙市享受政府购买服务的"六类"老人及购买标准

申请享受政府购买居家养老服务的条件	政府购买标准
年满70周岁的散居"三无"老人 年满60周岁且日常生活需要半护理或全护理的散居"三无"老人 年满60周岁且日常生活需要半护理或全护理的市级以上劳动模范	每月200或300元
年满70周岁以上子女不在当地或无力照顾的重度残疾老人 年满60周岁且日常生活需要半护理或全护理且子女不在当地的低保老人 年满80周岁，本人月收入低于上年度本市职工最低工资标准的空巢老人或子女残疾的高龄老人	每月100或200元

（2）在机构养老服务购买方面。长沙市为稳定养老福利机构的运营和持续发展，对社会力量兴办的、接收了符合一定条件的老年人的非营利性养老福利机构（敬老院除外）提供一定数额的运行补贴。按照《长沙市人民政府关于扶持养老福利机构发展的实施意见》提出"经相关部门评估后，按入住满3个月以上本市户籍实住60周岁以上老人数，按照老年人全护理、半护理或自理的情况来给予相应的日常运行补贴"。社会力量兴办的养老福利机构接收城镇"三

无"老人和农村"五保"对象的，则按政策给予补助。若享受社区居家养老政府购买服务的老年人入住养老机构，其享有的政府购买服务可在养老机构使用。居家养老政府购买服务补贴与运行补贴不重复使用，按照就高不就低的原则给予补贴。

（3）在购买资金的投入方面。在居家养老服务购买方面，长沙市政府购买居家养老服务的经费采取市财政承担30%、区财政承担70%的划拨办法，每年将专项购买经费列入年度财政预算。根据《关于推进城乡社区居家养老服务工作的实施意见》的要求，长沙市政府为"六类"老人购买了每个月100—300元不等的居家养老服务，并根据老人的自理能力等级为"三无"老人和特困高龄老人购买每天8—10元日托服务，但不管是哪一类老人每人每月享受的购买服务最高都不超过300元。

（4）在机构养老服务购买方面。为了更好地扶持养老福利机构的发展，长沙市政府把补贴这些机构的专项经费纳入了财政预算，并要求各区、市（县）按1∶1的比例提供配套资金，条件允许的区、市（县）还可以适当增加投入比例。按照《长沙市人民政府关于扶持养老福利机构发展的实施意见》（长政发〔2012〕4号）中的相关规定，长沙市对完全新建的验收合格投入运营的非营利性养老服务机构，一次性给予每张床位最高4000元的建设补贴，该项补助的经费总额最高200万元；而在原有建筑设施的基础上改建而成的养老福利机构，政府则一次性提供每张床位最高2000元的建设补助，该项补助总额上限为100万元。上述的补助只是政府为鼓励社会力量兴办养老服务机构而提供的建设补助，为稳定养老福利机构的运营和持续发展，长沙市还为这些养老服务机构的日常运营提供了一些经费保障。长沙市对评估验收的非营利性养老福利机构，按入住老人的情况给予相应的补贴。对于60周岁以上、入住非营利性养老服务机构满3个月且拥有长沙市户籍的老人，长沙市分别按人头向相应的养老服务机构提供全护理100元/月、半护理80元/月和自理60元/月的日常运行补贴。

除了上述的采取传统服务方式的养老服务中心承接政府购买的养老服务项目之外，还有一些新兴的非营利性的中介组织也能够成为政府购买养老服务的对象。它们大多拥有一个集成了社区医院、110、119、120呼叫，家政服务、健康养生、购物指南等信息的服务平台，由政府出资为符合条件的老人购买安装呼叫终端，老人便可通过这些中介组织负责联络相应服务。例如，长沙市开福区社区助理服务中心就是这样一家社会组织。它通过"安易佳一点通"信息呼叫平台为老人联系家政服务、家电维修、餐饮、卫生医疗、搬运物流、购物指南等服务项目。"安易佳一点通"服务系统是由开福区民政局规划的一个为老服务项目，办公地点设在开福区四方坪社区，它是一种求救求助呼叫系统，用户使用时不需要记录任何电话号码，通过按下终端呼叫器的专用按键就可以与呼叫中心的客服人员直接对话，在几秒钟之内即可获取医疗等各项社区服务信息，紧急情况下客服人员还会同步通知该用户预先设定的紧急联系人，让社区老人及时获得帮助。

第三节 海南推进公共服务购买政策的策略

一、海南省政府购买公共服务的情况

为了适应转变政府职能、深化社会领域改革、促进服务业发展和服务型政府建设，以及为人民群众提供更好公共服务的需要，海南省人民政府根据《中共中央关于全面深化改革若干重大问题的决定》和《国务院办公厅关于政府向社会力量购买服务的指导意见》（国办发〔2013〕96号）精神，2014年制定和印发了《海南省政府购买服务实施办法（暂行）》（琼府办〔2014〕76号）文件，从购买供给量、供给力度、规范管理、法制化建设等方面促进了海南省购买公共服务的总体发展。

根据2017年海南省经济统计年鉴的数据，2016年海南社会服务单位数达到了9501个，从业人数为76947人，其中，提供住宿的服务机构为66个，职工1229人，特别是老年人与残疾人服务机构较多，达到55个，职工数1089人；不提供住宿的服务机构31个，职工数1726人（见表8-6）。

表8-6 2016年海南省社会服务基本情况

上级指标	分解指标	单位数（个）	职工人数（人）
社会服务		9501	76947
提供住宿的服务机构		66	1229
	老年人与残疾人服务机构	55	1089
	城市养老服务机构	15	636
	农村养老服务机构	19	67

续表

上级指标	分解指标	单位数（个）	职工人数（人）
	社会福利院	4	206
	光荣院	9	59
	军队离退休干部疗养所	8	121
	儿童收养机构	1	11
不提供住宿的服务机构		31	1726
	老龄事业机构	7	232
	为残疾人提供工作岗位企业	7	417
	其他为残疾人服务的福利机构	7	969
	救助、低保服务机构	3	17
	救灾储备机构	2	12
	福利彩票发行单位	3	51
	军队离退休人员管理中心	1	18
	烈士陵园及烈士纪念馆	1	10
其他社会服务组织		27	351
	婚姻登记服务机构	3	24
	殡葬	16	258
	其他事业单位	8	69

（一）领导机制

根据《海南省政府购买服务实施办法（暂行）》（琼府办〔2014〕76号）文件第五条规定：各级政府要按照政府主导、部门负责、社会参与、共同监督的要求，建立政府统一领导，财政部门牵头，民政、工商管理以及行业主管部门协同，职能部门履职，监督部门保障的工作机制，规范有序开展政府购买服务工作。

财政部门牵头负责建立健全政府购买服务相关制度，会同有关部门研究制定本地政府购买服务指导性目录，监督、指导政府购买服务的主体（以下简称购买主体）依法依规开展购买服务工作，做好政府购买服务的资金管理、绩效评价和监督检查等工作；机构编制部门负责审核政府购买服务的范围和目录，做好政府购买服务与机构编制衔接管理工作；民政、工商管理及行业主管等社会力量登记管理部门负责牵头制定培育社会组织等社会力量的政策措施，对承接主体进行分类管理，制定具体办法，并按照职责分工，将承接政府购买服务行为纳入企业年度报告、评估、执法等监管体系，负责核实社会组织、机构、企业等的资质及相关条件，向购买主体提供承接主体名录；监察部门负责对政府购买服务工作进行监督；审计部门负责对政府购买服务资金的使用情况进行审计监督。

购买主体负责政府购买服务的具体组织实施，建立健全内部监督管理制度，公开本部门的政府购买服务事项，跟踪监督承接主体提供的服务，项目完成后组织考核评估和验收。

（二）购买主体和承接主体

《海南省政府购买服务实施办法（暂行）》（琼府办〔2014〕76号）文件第六至第八条规定：购买主体是各级行政机关和参照公务员法管理、具有行政管理职能的事业单位，其他纳入机构编制管理且经费由财政负担的群团组织，也可根据实际需要，按照本办法的规定实施购买服务。

承接主体包括在民政部门登记或经国务院批准免予登记的社会组织，以及依法在工商管理或行业主管部门登记成立的企业、机构等。承接主体应具备以下条件：①依法设立，具有独立承担民事责任的能力。②治理结构健全，内部管理和监督制度完善。③具有独立健全的财务管理、会计核算和资产管理制度。④具备提供服务所必需的设施、人员、专业技术能力和相应的专业资质等级。⑤具有依法缴纳税收和社会保险费的良好记录。⑥通过年检、资质审查合格，社会信誉、商业信誉良好。⑦法律、法规规定以及购买服务项目要求的其他条件。

鼓励通过政府购买服务推动事业单位分类改革，推动事业单位与主管部门理顺关系和去行政化，推进有条件的事业单位转为企业或社会组织。逐步理清政府购买服务与事业单位机构编制管理和财政经费安排的关系，不得一边购买服务，一边养人办事。

（三）购买内容

政府购买服务应根据政府职能范围，与经济社会发展进程和承接主体发展水平相适应，按照事权与支出责任相统一的原则，合理确定购买服务的内容和边界。凡属政府的事务性管理工作，原则上都要逐步通过政府购买服务的方式解决。

政府购买服务的内容为适合采取市场化方式提供、社会力量能够承担的公共服务和管理事项,突出公共性和公益性。除法律法规另有规定,或涉及国家安全、保密事项以及行政行为等不适合向社会力量购买,以及不属于政府职能的服务项目外,公共服务、社会管理服务、行业管理与协调、技术服务以及政府履职所需辅助性事项等可纳入政府购买服务指导性目录,逐步交由社会组织、机构和企业等承担。

(四)购买程序和方式

购买主体根据政府购买服务目录,于申报部门预算或申请专项资金时编报政府购买服务计划,经财政部门审核同意后组织实施;购买主体在同级财政部门下达购买计划后,要主动向社会公开购买服务项目的主要内容、承接标准和目标要求等信息;购买主体应按照《中华人民共和国政府采购法》等相关规定,通过公开招标、邀请招标、竞争性谈判、询价、单一来源采购等方式确定承接主体。

通过以上方式确定承接主体后,购买主体应及时签订购买服务合同,明确购买服务的范围、标的、数量、质量要求以及服务期限、资金支付方式、权利义务和违约责任等内容,严禁转包行为。承接主体要严格履行合同义务,按时完成服务项目任务,保证服务数量、质量和效果。

但是,相对于全国其他地区,北京、上海、广州、浙江等地自2003年以来向社会组织购买公共服务的探索不断增多,形式更加多样,购买的领域涉及教育、公共卫生和艾滋病防治、扶贫、养老、残疾人服务、社区发展与矫正、环保、政策咨询等诸多方面,且购买资金逐年增加。与之相比,海南在购买社会公共服务方面存在不少的问题,主要表现在:

第一,供给总量不足,发展滞后。据民建海南省委2013年关于加大政府购买社会服务力度的提案中指出,海南省在购买公共服务方面投入力度和服务范围均较落后,海南民办社会工作服务机构只确认了2家,服务人数才几十人,海南安排购买社会工作服务资金不足100万元,暴露了海南购买社会公共服务的供给明显不足,与社会化服务需求不相匹配。

第二,政府购买社会服务主体能力不足。海南社会服务机构偏少,服务市场发育不成熟,专业化能力不强,缺乏参与社会公共服务的经验,服务意识、能力、水平、质量和公信力等都有待提高,个别方面虽有自己的做法,但面较窄,如海口社区居家养老服务项目"送时服务"做得较有起色但覆盖面并不大,仅限于3个街道办的27个社区的221位老人。另外,某些社会服务工作机构数量和职工人数甚至出现负增长（见表8-7）。

表8-7　2015—2016年海南省有关社会服务情况变化

指标	2015年		2016年	
	单位数（个）	职工人数（人）	单位数（个）	职工人数（人）
城市养老服务机构	18	657	15	636
农村养老服务机构	44	82	19	67
社会福利院	4	215	4	206
军队离退休干部疗养所	8	124	8	121
儿童收养机构	2	20	1	11
救灾储备机构	4	13	2	12
烈士陵园及烈士纪念馆	8	17	1	10

资料来源：2017年海南省经济统计年鉴

表8-7中7类社会服务工作机构的单位数和职工人数有了变化，2016年相比上年均出现负增长，其中最典型的是"烈士陵园及烈士纪念馆"，2015年有8个，2016年减少到了1个，职工人数从17人减少到10人；"农村养老服务机构"则从2015年的44个减少到2016年的19个，职工人数从82人减少到67人；"救灾储备机构"从2015年的4个减少到2016年的2个，幅度都比较大。另外，"社会福利院""军队离退休干部疗养所"虽然单位数不变，但职工人数均有减少。

第三，政策设计、制度建设不完善。尽管海南省相继进行了一些探索，如省民政厅出台《关于改革创新社会组织登记管理体制的若干意见》《海南省政府购买服务实施办法（暂行）》等，但政府购买社会公共服务还没有纳入法制化轨道，没有用好用足海南经济特区立法权，建立统一规范的政府购买社会公共服务法律框架，包括《海南省政府转移职能目录》和《海南省政府购买社会公共服务目录》（分年度公开）等有待加快编制和实施。

第四，服务机制不健全。购买程序规范性不高，合作随意性很大，未把"公开竞争"作为购买社会服务的基本原则，并列入招投标程序运作；服务评价与监督机制不完善，购买双方地位不平等，购买标准不清、责任模糊，购买行为内部化、人情化、关系化，存在较大的腐败风险等。

二、推进海南政府购买公共服务的几点策略

政府购买公共服务是指政府通过公开招标、定向委托、邀标等形式将原本由自身承担的公共服务转交给社会组织、企事业单位履行，以提高公共服务供给的质量和财政资金的使用效率，改善社会治理结构，满足公众的多元化、个性化需求。政府购买公共服务是政府采购的一部分，必须遵守《中华人民共和国政府采购法》的相关规定。根据《中华人民共和国政府采购法》第二条规定，政府采购是指各级国家机关、事业单位和团体组织，使用财政性资金采购依法制定的集中采购目录以内的或者采购限额标准以上的货物、工程和服务的行为。可见采购对象包括货物、工程和服务，其中"服务"的行为应该包括公共服务，这样，政府购买公共服务就有法可依了。政府购买公共服务是民营化的重要方面，著名学者萨瓦斯认为，民营化可界定为更多依靠民间机构，更少依赖政府来满足公众的需求；欧文·E.休斯强调民营化是指从整体上减少政府的介入，减少生产、供给、补贴、管制，或这四种工具的任意组合。

党的十八大报告提出："改进政府提供公共服务方式，加强基层社会管理和服务体系建设，增强城乡社区服务功能，强化企事业单位、人民团体在社会管理和服务中的职责，引导社会组织健康有序发展，充分发挥群众参与社会管理的基础作用。"① 目前海南公共服务购买机制，多数以政府为中心，政府的意图和职责不断强化，而服务消费者在显示需求偏好、参与价格听证和民主监督方面的作用较弱，服务生产者在参与竞争、回应顾客和接受监督方面作用也不到位，三者之间沟通和协作存在较多问题，因此，如何逐步推进海南公共服务购买机制的多元化、规范化与法治化，大胆探索社区性公共服务、第三方公共服务、公共文化服务等各类公共服务的购买制度，构建多层次、多样化的公共服务体系，并使之成为促进政府职能转变和改善民生服务的重要途径，是关系到海南社会治理体系和能力现代化的重要课题。

（一）探索建立海南公共服务分类体系

公共服务的分类过程，是认清在供给过程中政府与市场优势的过程，是一个基础而关键的工作。根据《关于政府向社会力量购买服务的指导意见》（国办发〔2013〕96号）、《海南省政府购买服务实施办法（暂行）》（琼府办〔2014〕76号）文件要求，目前海南向社会力量购买服务的内容为适合采取市

---

① 胡锦涛. 坚定不移沿着中国特色社会主义道路前进 为全面建成小康社会而奋斗：在中国共产党第十八次全国代表大会上的报告 [J]. 前线，2012（12）：6-25.

场化方式提供、社会力量能够承担的公共服务，突出公共性和公益性，而教育、就业、社保、医疗卫生、住房保障、文化体育及残疾人服务等基本公共服务领域的购买服务力度相对不足。

当然，从国外公共服务购买经验来看，并不是所有的公共服务都适宜进行购买，而且，同一公共服务在不同的社会环境下也可能做出不同的购买决策，即是否适合购买，必须根据当时的实际情况，从公共服务的性质、公共服务供给市场发展情况等方面进行综合考虑。例如，美国就认为政府固有职能只适合政府提供，不适合进行购买。理论上的纯公共服务、混合公共服务分类，以及政府与市场边界的分析已经给公共服务购买搭建了一个原则性的框架，政府公共服务实际购买范围主要还要依赖于市场机制的完善水平、社会组织成熟程度、政府监管水平而定。

从长远看，应当在政府购买公共服务实践经验基础上，加强省级高层设计，探索建立海南公共服务分类体系，明确不同服务类型的权责归属、供给方式。可以先从那些市场较完善、购买计划明晰的养老、培训、医疗等服务入手积累经验，随着采购理念和购买技术的提升，逐步扩展到比较复杂的公共卫生、教育、文化等方面，总体上，公共服务分类体系的建立对规范海南购买公共服务行为，提高政府公共服务水平，推动公共服务体系制度建设和政府职能转变具有重要意义。

（二）探索多样化的公共服务购买方式

所谓多样化的公共服务购买方式，是指在实际公共服务购买合同的订立上，应该综合考虑公共服务特点和当地实际情况，灵活运用流程外包、公私合作、政府津贴、凭单支付等方式。例如，对于一些技术通用性程度高、质量标准比较明确的公共服务，如园林绿化、城市环卫等，可以采取服务或者业务流程外包的方式；需要基础设施或者其他资源投入才能完成的公共服务项目，可以考虑流程外包，或者公私合作（PPP）方式，如公共交通、扶贫计划等；对于消费群体范围明确、需求量大、技术要求低的公共服务，可以采取凭单式购买的方式。

此外，可根据服务的质量标准、价格与监管成本的清晰情况，选择不同的购买方式和供给主体。如果以上三个指标都非常清晰，便于通过市场化竞争的方式提高供给效率，可尽量采用竞争型招标方式，供给主体可考虑包括企业在内的一切组织；如果以上三个指标都不清晰，公共服务供给质量可能更多依靠社会组织的责任感和信念，可酌情考虑协商委托的方式，可能具有慈善和公益背景的社会组织是更为合适的供给主体。①

（三）构建合理的公共服务购买决策体系

公共服务购买的目的旨在提高公共服务水平，满足社会公众需求，在公共服务购买决策的制定过程中创建相关机制以保障公众的有效参与，这是实现政府采购目标的基本要求。以英国为例，英国政府公共服务开放计划中贯彻"放权"原则，将购买服务的决策权放置在适合决策的最小一级单位上：个人服务项目交给个人，而社区服务项目交由社区相关组织（Neighbourhood services）进行决策。

思路：先搭建一个公共服务购买的评价体系，一级指标为公共服务市场成熟度、技术通用性、公共服务购买计划确定性程度，再根据一级指标设立次级指标，并形成公共服务评价指标体系，再选用评价方法对不同的公共服务进行评价，最终形成针对某一时段的适合进行公共服务购买的范围（见表8-8）。当然，一些被现实反复证明的适合或者不适合进行购买的范围是较为固定的，根据现实情况进行权变购买的范围是实时变化的。②

表8-8 2015—2016海南省有关社会服务情况变化

◆确业公共服务购买范围
◆合理定位政府职能
◆加强公共服务购买合同管理
◆研究将公共服务购买项目纳入政府采购管理框架中
◆积极培育公共服务供给市场
◆完善政府购买公共服务的法律体系
◆加强公共服务购买监督管理

同时，要对公共服务购买方式有一个平实的认识。公共服务购买只是公共服务供给方式之一，不是一个通用的和万能的公共服务供给手段；即使有些公共服务当前采用购买的方式提供非常有效，也不能因此放弃政府垄断供给的可能性，随着环境的变化，政府与市场在公共服务供给上的优劣势也会随之发生变化，这需要政府实时关注公共服务所在市场和供给技术的变化，适时根据环境的变化调整公共服务供给策略。另一方面，从发达国家经验来看，政府购买

---

① 马海涛，王东伟. 完善政府购买公共服务制度的思考［J］. 中国政府采购，2014（4）：11-19.

② 马海涛，王东伟. 完善政府购买公共服务制度的思考［J］. 中国政府采购，2014（4）：11-19.

公共服务（或公共服务外包）在一定程度上会因为公民个人购买力差异造成服务的两极分化，需要政府采取转移支付等手段保障公民基本公共服务，因此，政府应当加强对宏观层面的公共服务提供的管理，不断提高政府公共服务水平，提高社会治理能力。

（四）完善政府购买公共服务的法律体系

1. 明确政府公共服务购买的原则和目标

公共服务购买的原则应当同政府采购的原则是一致的，至少应当包含"公开、公平、公正、诚实信用"，合理规划各方利益和风险的分担。一方面，在购买费用支付方面，不能采取竭泽而渔策略，要尽量保证各类社会组织的合理利润空间，提升其积极性；另一方面，政府要加大投入，大力培育社会组织和公共服务市场，通过相关政策进行合理引导。

需要指出的是，政府向社会力量购买公共服务意味着政府配置资源的权力扩大，因此，除非有明确的法律依据，政府不能向"社会力量"购买公共服务，而交给市场主体来完成。正确的做法应该是：政府以自己的力量提供公共服务，或者政府依照法律规定通过招标拍卖的方式向市场主体购买公共服务，只有在特殊的情况下政府才能向社会力量购买公共服务。

2. 确立政府公共服务购买的流程

合理、流畅的公共服务购买流程是落实政府购买公共服务原则的保证。按照西方国家政府购买公共服务的经验，基本流程是：首先，政府对购买服务进行可行性和必要性研究，按照一定的程序选定购买的公共服务的范围、项目，并确定相应的预算；其次，向社会公布政府购买的项目、购买价格、预算安排以及质量要求和各项服务指标等；再次，对投标进行资质认定，并运用招投标和委托等方式选定供应商、签订合同并实施相应的过程管理和监督；最后，对这些组织进行绩效考核并按照绩效进行结算。当然，具体到每个国家而言，其流程可能也会有所不同。比如在美国，政府购买公共服务至少由6个环节构成：制定统一的单据格式、招标公告以及表述格式、对招标工作人员统一定位，详细制定招标采购操作规程，确定合格的供应商名单，招投标，交货追查，进行采购审计和管理审计。英国的政府采购程序则包括8个阶段：制订采购计划，确定采购总负责人和配备律师、会计师或审计师，律师起草和在指定刊物上公布信息，接受咨询，按标准确定合格供应商名单，招标或直接采购，按照合同监督供应商完成服务，独立审计。但不管怎么变化，实现政府对非营利组织和社会服务组织公共服务的购买，"按照选定服务项目—社会公布—资质认定、招标管理—过程管理、监督—绩效考核—结算"都是最基本的流程。

3. 完善我国政府购买公共服务法律体系

加快立法进程，为政府购买公共服务提供法律基础，主体内容包括明确政府购买公共服务的标准、服务对象的界定原则与方法，私营企业、社会组织等市场主体承接公共服务的资质认证办法，公共服务购买的方式和程序、招投标方法、资金审核与管理办法，公共服务购买的财政预算管理制度等。从全国范围来看，有关公共服务购买的法律法规尚有缺失，2010年年初出台的《政府采购法实施条例（征求意见稿）》没有把公共服务列入政府采购的对象，因此，从国家层面必须尽快制定相关法律，补充《政府采购法》中的公共服务购买部分，海南可从地情出发，有针对性地制定公共服务购买原则、公共服务质量标准和购买流程等条例和办法，为海南地方政府开展公共服务购买行为搭建法律框架。

（五）培育社会组织等公共服务供给主体①

为了能提供更优质的公共服务，将公共服务的模式契约化，政府通过引入竞争机制，将部分公共服务转交给依法成立且符合条件的社会组织特别是非营利性的组织来承接，不仅有利于实现多元主体，还能提高公共服务供给的效率，实现提高公共服务质量的目标。所以，政府提出了要进一步鼓励和支持社会组织使其更好参与到公共服务和社会管理的工作中去，努力创建一个更加合理的市场准入机制和参与机制。由此我们可以这样说，要想实现公共服务体系的市场化和社会化，我们就要努力发展社会组织。具体来说，培育和发展社会组织应该做到以下几点。

第一，支持非营利性的组织加入社会公共服务购买的行列中去，并使发源于民间的非营利性组织成为公共服务承接者的一分子，尽可能地扩大购买的市场，形成强有力的市场竞争体系，从而使购买时的服务效率得到更进一步提高。加大对非营利性组织的登记和管理环节的改革，避免双重管理，促进执行效率的提高，使组织获得更大的自主权。例如，在2012年的时候，北京市政府就率先放宽了关于民间组织成立的一些规定，取消了原有的在民间组织设立时的一些门槛和硬性约束条件，并且进一步加强管理，对财务混乱、管理缺失的组织予以取缔。

第二，对非营利性组织的在组织章程、税务管理等涉及公共服务的行为进

---

① 姚思. 政府购买公共服务法律制度之完善 [D]. 长沙：湖南师范大学. 2015：29-30.

行了规范,并考量了购买服务时的各类注意事项以提高社会组织的公信力。政府通过有效的管理可以使非营利组织发展的方向更好,以确保其社会管理和公共服务的优势。

第三,在发展公共服务购买的同时,也要加强对非营利性组织工作能力的培养。通过设置专项的资金来提高非营利性组织的工作组织能力。因为,就目前的情况而言,我国政府只是一味地关注公共服务项目是否完成,却忽视了对社会组织自身实力和工作能力的发展,所以,只有提高社会组织自身的工作水平,才能提高公共服务的完成质量。要想提高社会中非营利性组织的工作能力和水平,政府要加强对其的培训力度,经常组织一些相关的培训。

第四,政府在对非营利性组织进行培训和扶持应该坚持适度的原则。尽量做到一碗水端平,不要只花大力气支持几个组织的发展,或是直接利用政府的权力设置一两个组织,果真如此的话,极容易破坏正常的社会秩序,影响其他非营利性组织的发展。对于个别领域的非营利性组织存在缺失或是发展较弱的情况,政府可以给予适当的帮扶,但仍然要以保证社会组织的独立性为前提。

(六)建设网络信息化平台,促进公共服务网络治理

在公共服务购买过程中,信息不对称是网络协同治理的难点。购买政策咨询、购买信息发布、服务质量反馈、第三方评估、多渠道监管等对完善公共服务购买机制至关重要,它们的实现不仅取决于政府相关法规和政策是否考虑周全、制定完备,主要还有赖于实施的技术可行性。政府购买公共服务过程中,服务消费者、提供者和生产者三方分离,三者之间存在双重委托—代理关系,三者的组织优势、价值取向、行为目标和行为方式不同,这既可促进服务的专业化分工效率,也会带来责任风险、道德风险和寻租风险,只有通过激励、竞争、监管、评估等完善的机制建设,才能明确多元主体职责分工、实现信息对称、推进互动合作、避免运作风险(如图8-5),最终实现社会效益最大化目标。

因此,必须大力加强信息网络平台建设,通过政府单项服务信息化建设项目的招标或社区服务网络"云服务"平台促进公共服务的网络化治理,降低公共服务信息沟通、回应、反馈、统计的时间和资金成本,推动政府为中心的公共服务购买逐步向消费者为中心的购买转型,也可以使政府"为产生付费"的合同购买向"为结果付费"的绩效型外包转变,即政府治理能力提升、信息化平台开发、多元协作网络建设等都是推进购买机制不断优化的重要条件。

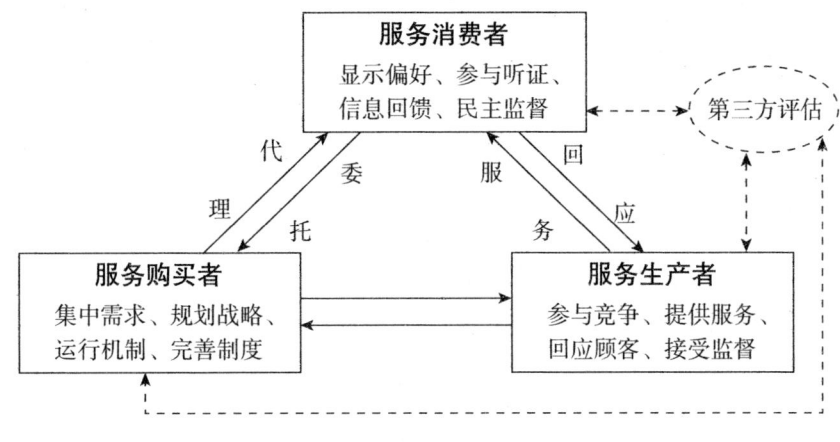

图 8-5 服务消费者、购买者、生产者三方关系

(七) 加强公共服务购买监督管理

推进公共服务购买体系建设，必须建立强有力的监督体系，涵盖服务项目的申请、评审、立项、招标、订约、实施、调整、结项、评估、反馈等环节在内的动态管理与监督，特别是加强财政、审计等部门对购买服务资金的监督，引入专业的第三方监督机构对公共服务相关利益主体进行监督，利用信息技术、网络大数据优势，推动购买过程透明公开，实现包括公众、专家、媒体等在内的全部利益相关者的全方位监督，需要注意以下三大重点。

1. 培育独立的第三方评估机构

2003 年，"中国非营利组织公信力标准"出台，虽然实施效果不佳，但反映出了我国社会组织第三方评估方面的萌芽。

实际工作中对公共服务购买的监督要确定明确的职能分工：财政部门侧重政府购买公共服务的资金监管，监察、审计、民政、工商等部门侧重本部门职能范围内的事务，对于一些政府监控职能之外、公共服务供给流程之内的事务不应当出现监督的盲区，引入第三方评估机构，即处于社会组织、民众之外的另一方非政府机构一般是具有相当权威性和专业性的中间组织或机构。一个成熟的第三方机构往往被视为行业内的领导者，且具有良好的社会认可度，能根据行业特征开发相应的评价标准，组织行业内考核。

2. 建立完善的公共服务购买质量控制制度

(1) 积极推进公共服务供给听证制度

听证制度是公民参与公共服务购买监督的重要途径，同时也有利于促进社会组织信息披露制度的实现，具体而言，就是通过法律形式规定：社会组织的年度报告和财务信息必须采取无条件公开、有偿获取的方式。另外，可以开拓广泛的群众参与手段，如电话、邮件等，而且处理结果必须在网上公开，以建立制度化的公众监督。

（2）公共服务质量评价标准中引入社会公众投诉指标

对公共服务质量进行科学评价是非常困难的，因为有的服务效果不是即时性的，而是长期性的，很难找到合适的指标去解释。本文建议在公共服务质量评价指标中，包含进社会公众投诉内容。当然，为了保护投诉客体的合法权益，还应当建立社会公众投诉有效与否的认定机制和社会组织的申诉环节。

3. 培养公共服务购买的专门人才

所谓人才培养，不应当仅着眼于政府内部的工作人员、领导，还应当包括作为承接主体的社会组织，以及作为评估主体的第三方评估组织。

第九章

海南社会治理的和谐保障机制

第一节 社会组织及其发展

一、社会组织及其界定

由于各国政治经济文化背景的差异,以及学者们研究视角和习惯用语的不同,"社会组织"一词至今尚未形成统一的概念界定。从狭义上来理解,我国官方当前所称的"社会组织"与西方国家所称的"第三部门(The Third Sector)""非政府组织(NGO)""非营利性组织(NPO)""公民社会组织""志愿组织""公益组织"等概念的含义近似,只是这些概念强调和突出了不同的侧面。十六届六中全会我国首次提出"社会组织"这一概念,代替了之前"民间组织"的提法,从而使"社会组织"成为颇具中国特色的语境概念。从广义上来理解,"社会组织"是指人们在具有一致目标的基础上,按照一定的宗旨、制度、系统建立起来从事各种共同活动的共同群体的形式,包括政府、军队、家庭、氏族以及学校等形式。

目前我国社会组织主要包括六类:一是在各级民政部门登记注册的基金会,二是在各级民政部门登记注册的社会团体,三是在各级民政部门登记注册的民办非企业单位,四是在城市社区开展活动并在街道办事处备案的社区社会组织,五是在各级工商管理部门登记的非营利组织,六是其他未经登记而实际开展活动的社会组织。近年来这些社会组织的发展呈现出三大倾向:一是总的数量增长明显,特别是活跃于城乡基层社区的各类社会组织增长显著;二是社会组织内部结构呈优化趋势,基金会等资助型组织、支持型组织发展迅速,民办非企业单位等服务型组织空前活跃;三是各类社会组织之间的横向联系趋于紧密,社会组织网络化趋势加强。① 为便于理解，这里所指的"社会组织"特指我国官方对社会组织的三种分类，即社会团体、民办非企业单位和基金会，是指除了政府和市场之外的第三部门，起到一个桥梁和中介作用，它可以依托自身的性质和优势解决公共领域、私人领域和交叉领域的诸多问题。

2011年2月19日，胡锦涛同志在中央党校省部级领导干部社会管理研讨班发表关于加强和创新社会管理的重要讲话，强调要完善"党委领导、政府负责、社会协同、公众参与"的社会管理格局，加强社会管理法律、体制、能力建设，维护人民群众权益，促进社会公平正义，保持社会良好秩序，建设中国特色社会主义社会管理体系，确保社会既充满活力又和谐稳定，这次"2·19"讲话被称为系统提出创新社会管理战略思想的重要标志。2011年9月16日，国务院正式成立中央社会管理综合治理委员会，将社会管理创新和社会治安综合治理两大职能交由中央政法委统一协调，其后全国各地陆续成立了由党委、政法委统一协调的社会管理与社会治安综合协调体制。党的十八大报告首次提出了"在改善民生和创新管理中加强社会建设"，强调社会建设是社会和谐稳定的重要保证，要以保障和改善民生为重点加强社会建设，同时加快推进社会体制改革。十八大报告具体部署了加强社会建设六个方面的重要任务：一是要努力办好人民满意的教育，二是要推动实现更高质量的就业，三是要千方百计增加居民收入，四是要统筹推进城乡社会保障体系建设，五是要提高人民健康水平，六是要加强和创新社会管理。② 2013年3月10日，十二届全国人大一次会议讨论了关于国务院机构改革与职能转变，强调要通过简政放权推进政府职能向社会组织的转移，转变政府与社会的关系，更好地发挥社会力量在管理社会事务中的作用。在随后全国人大通过的《关于国务院机构改革和职能转变方案》中，明确提出改革社会组织管理体制，加快形成现代社会组织体制并全面推进社会体制改革。3月26日，国务院办公厅就具体落实该方案发出通知（《国务院办公厅关于实施〈国务院机构改革和职能转变方案〉任务分工的通知》），要求2013年年底修订完成关于社会组织的三大条例，全面启动社会组织管理体制改革，并要求在五年内基本形成现代社会组织体制，以此为标志，社会管理创新的核心命题转向了以社会组织管理体制改革为突破口的社会体制改革。

可以说，随着改革开放向纵深发展，社会管理创新成为新时期国家建设中

---

① 王名. 中国社会组织管理体制改革：理论研究和实践发展 [J]. 第一资源, 2013 (6).
② 胡锦涛. 坚定不移沿着中国特色社会主义道路前进 为全面建成小康社会而奋斗：在中国共产党第十八次全国代表大会上的报告 [J]. 前线, 2012 (12): 6-25.

越来越具有战略意义的重大任务。自2011年年初开始,从中央到地方,围绕社会领域的改革创新开展了大量积极和富有成效的探索,不仅形成了较为系统的战略思路和政策框架,而且涌现出了许多先行先试的实践案例。党的十八大报告在总结近年来理论和实践两个方面的经验基础上,提出"在改善民生和创新管理中加强社会建设",明确提出要在政社分开、权责明确、依法自治的前提下加快形成现代社会组织体制,突出强调了"改善民生"和"创新管理"是社会管理创新的两个关键着眼点,并将社会管理创新的根本任务落脚在"加强社会建设"上。十二届全国人大一次会议通过的《关于国务院机构改革和职能转变方案》(以下简称《方案》)进一步提出了推进社会体制改革的战略部署,从而将社会管理创新提高到深化改革的战略高度。

党的十八届三中全会通过的《中共中央关于全面深化改革若干重大问题的决定》进一步提出深化社会体制改革,这意味着社会体制改革将会在更大的领域推进,这不仅包括社会组织体制改革,还将包括社会服务体制改革、社会治理体制改革,其中,社会组织体制改革主要是指改革双重管理体制、建构现代社会组织制度,把"组织"还给社会;社会服务体制改革是指改革事业单位体制,建构现代社会服务体制,把"服务"还给社会;社会治理体制改革是指改革人民团体体制,建构现代社会治理体制,将"治理"还给社会。从创新社会管理到加强社会建设,再到深化社会体制改革,体现了社会领域改革创新之难,也反映了在推进社会管理创新实践中战略重点逐步调整和战略思路臻于完善。

针对行业协会商会存在的政企不分、管办一体、治理结构不健全、监督管理不到位、创新发展不足、作用发挥不够等问题,2015年中共中央办公厅、国务院办公厅印发《行业协会商会与行政机关脱钩总体方案》(中办发〔2015〕39号),以切实加快转变政府职能,实现行业协会商会与行政机关脱钩,促进行业协会商会规范发展。

十九大报告提出:"打造共建共治共享的社会治理格局。加强社会治理制度建设,完善党委领导、政府负责、社会协同、公众参与、法治保障的社会治理体制,提高社会治理社会化、法治化、智能化、专业化水平……加强社区治理体系建设,推动社会治理重心向基层下移,发挥社会组织作用,实现政府治理和社会调节、居民自治良性互动。"[①] 其中提到的社会组织主要是指非营利性组织或民间组织,是指在政府部门和以营利为目的的企业之外、不以营利为目的

---

① 习近平. 决胜全面建成小康社会 夺取新时代中国特色社会主义伟大胜利:在中国共产党第十九次全国代表大会上的报告[J]. 理论学习, 2017 (12): 4-25.

的一切志愿团体、社会组织或民间协会，是介于政府与营利性企业之间的"第三部门"，涉及教育、艺术、慈善、学术、环保等领域，具有非营利性、民间性、自治性、志愿性、非政治性、非宗教性等重要特征。2006年年底，为了规范社会组织的统计管理，中国民政部在借鉴和参考联合国推荐的国际分类体系的基础上，针对我国社会组织的不同发展阶段特点，以社会组织的活动领域为出发点，把社会组织（社会团体、民办非企业单位、基金会）划分为经济、科学研究、社会事业、慈善和综合5个大类，工商服务业、农业及农村发展、科学研究、教育、卫生、文化、体育、生态环境、社会服务、法律、宗教、职业及从业者组织、国际及涉外组织、其他14个门类。

在一个社会主义市场经济体制正在日益走向完善的转型社会中，社会领域的改革创新首先要得到党政部门的重视，特别是得到党政一把手的强力推进，这使得许多地方开始探索建立一把手负责的社会管理创新党委领导体制。但是，解决纷繁复杂、矛盾丛生的社会问题必须有社会的广泛动员和群众的主体性参与，政府改革的深化与职能转变需要有更多的各类社会组织发挥积极作用，加强社会服务供给、增强社会诚信建设普遍缺失也需要大量具有公益和非营利导向的社会组织，从而使得社会领域的改革创新很快从体制内走向体制外，表现为以广泛的社会动员、群众参与和培育发展各类社会组织等为主要内容的社会建设。总之，要全面推进社会建设，必须改革现行社会体制，特别是改革束缚社会组织发展的社会组织管理制度，让社会组织充分发挥其在社会建设中的重要作用，而改革社会组织管理制度是社会体制改革的第一步，也是最具战略意义的一步。通过改革旧的管理制度并尽快形成现代社会组织体制，能够为社会组织的发展及其作用的发挥释放巨大的体制空间，进而推进社会服务体制和社会治理体制的改革，最终实现让人民群众依法通过社会组织实行自我管理、自我服务和参与社会事务管理，发挥人民的主人翁精神，从而推动整个社会的和谐发展。[①]

社会组织作为社会管理创新和社会建设中越来越重要的力量，近年来在中央和地方各级党政部门大力推动的社会管理创新实践中发挥了重要作用，不仅在数量上呈现显著增长的趋势，而且在结构优化、体制改革、购买服务、社会创新等方面表现出诸多特点，涌现出新一轮的发展高潮。根据2018年的数据，我国社会组织总数817330个，其中社会团体366234个，占44.81%；民办非企业单位444092个，占54.33%；基金会7004个，占0.86%（见表9-1）。

---

① 王名.中国社会组织管理体制改革：理论研究和实践发展[J].第一资源，2013（6）.

表 9-1 2018 年我国社会组织分类统计

指标	社会团体（个）	基金会（个）	民办非企业单位（个）
科学研究	14838	504	14665
教育	10102	1511	240012
卫生	8707	177	30882
社会服务	49409	2311	73024
文化	41835	295	26614
体育	33722	42	19986
工商业服务	42510	224	5437
农村及农村发展	64745	86	3060
其他	100366	1854	30412
合计	366234	7004	444092

资料来源：2018 年民政事业发展统计公报

这里需要强调的是，社会组织还是必须产生收益以提供其活动的资金，但是因其收入和支出往往由公、私部门捐赠来获得，所以通常受到很大的限制。按照联合国根据资金来源的界定，如果一个组织一半以上的收入不是来自以市场价格出售的商品和服务，而是来自其成员缴纳的会费和支持者的捐赠则是非营利组织（由于各国在资金来源结构上存在较大差异，此标准并不具有普适性）。英国对非营利组织的认定标准如下：①该组织为公众而非私人利益设立；②该组织雇用一些志愿服务、不领薪水的人员；③领薪水的人员放弃应有的报酬（如接受比一般行情低的薪水）；④盈余不得分配给会员；⑤不支薪会员的理事负责管理该组织事务；⑥其资金来自不同的组织。日本法律规定，非营利组织是指不以营利为目的，并且其收入不得用于分发给成员的社会组织，但非营利并不意味着不能参加营利性经营活动，而是必须把各种收入用于公益事业。

从目前来看，社会组织包括社会团体、民办非企业单位、基金会三大类（有学者提出涉外组织、部分中介组织、社区活动团队和农村专业经济协会等可以考虑归入这一范畴），遍布城乡各地，涉及各个领域，在联系群众、紧密贴近群众、直接服务群众，反映群众呼声、理性表达诉求、保障公民权利、化解社会矛盾、促进社会公平、维护社会稳定等方面发挥着重要作用，能够有效解决社会群体复杂多变的矛盾和问题；各行业协会、商会充分发挥行业自律、行业维权等方面作用，维护了会员的合法权益，规范了行业发展；各学术类社会组织充分发挥理论研究、学术交流等方面作用，加快了理论成果向现实生产力转化；各社区社会团体积极开展互帮互助、志愿服务等活动，促进了社区和谐，提高了居民生活幸福感。实践证明，社会组织能够凝聚各方力量治理社会事务，调节社会利益，促进社会有序运行，是社会矛盾的缓冲剂和调节剂，对于推进社会治理现代化发展具有十分重要的意义。

二、海南社会组织的现状与问题

海南建省以来，社会组织有了比较快速的发展，这些组织涉及行政、经济、文化、教育、卫生、科技、环保、金融、信息、工业、农业、旅游、贸易等各个领域，初步形成了门类齐全、层次多样、覆盖广泛的社会组织体系。此外，在我省农村还活跃着数以百计的农村互助合作经济组织。我省的各级各类社会组织在促进海南科学发展，促进我省改革开放、经济成长、教育发展、文化繁荣、科技创新、精神文明建设和社会文明进步等方面都做出了积极贡献；在激发社会活力、促进社会公平、倡导互助友爱、舒缓就业压力、推进公益事业、反映公众诉求、解决贸易纠纷、化解社会矛盾等方面起到了不可替代的作用，对我省经济、政治、文化和社会生活各个领域产生了广泛影响，已成为海南和谐社会建设、社会主义新农村建设和经济文化可持续发展的一支重要力量。[①]

从表9-2可以看出，海南社会组织在近几年有了快速发展。通过统计海南历年的经济统计年鉴，2018年社会组织的数量比2010年多了4490个、职工人数多了49791人，分别相当于2010年的2.61倍和3.66倍，年均增速分别为17.83%和29.59%。此外，社会组织所属的社会团体、民办非企业单位、基金会数量都有较大的发展，2018年相比2010年，社会团体和民办非企业单位的年均增速分别达到了39.29%、23.96%，均居全国前列（见表9-2）。

---

① 冯陵. 海南科学发展与社会组织建设［C］//海南省社科类社团秘书长培训暨社团工作研讨会文集. 海口：海南省社科类社团秘书长培训暨社团工作研讨会，2009.

表 9-2 海南省近几年社会组织发展情况

序号	年份（年）	总数（个）	社会团体（个）	民办非企业单位（个）	基金会	年末职工数（人）	社会团体（个）	民办非企业单位（个）	基金会（个）
1	2010	2797	1613	1156	28	18695	6864	11697	134
2	2011	3213	1863	1319	31	23608	8060	15408	140
3	2012	3714	2018	1657	39	25243	8221	16857	165
4	2013	4170	2162	1958	50	26947	9320	17430	197
5	2014	4847	2334	2457	56	45476	21475	23721	280
6	2015	5357	2445	2850	62	52898	25644	26869	385
7	2016	6293	2693	3520	80	55246	24445	30300	501
8	2017	6873	2792	3992	89	57159	20716	35934	509
9	2018	7287	2915	4275	97	68486	31098	36919	469

究其原因，在于海南省为社会组织发展提供的良好政策、社会环境等。近年来海南大力推进社会组织登记管理制度改革，利用经济特区的立法优势，出台了一系列走在全国前列的法律文件：第一，为促进社会组织的发展和规范化建设，近年来，海南省政府相继出台了《关于改革社会组织管理制度促进社会组织健康有序发展的实施意见》（琼办发〔2017〕48号）、《关于培育发展农村专业经济协会的指导意见》和《关于培育发展社区社会组织的指导意见》，以及省民政厅印发了《海南省省级社会组织等级评估实施办法》，专门成立社会组织评估委员会，建立社会组织评估专家组，评估结果直接影响政府给出的优惠政策；第二，省民政厅分别于2012年5月下发《关于公益慈善类和社会福利类社会组织试行直接登记的通知》《关于对四类社会组织实行直接登记的通知》等文件，在全省范围内进一步简化社会组织登记管理程序，今后除法律、行政法规规定需要前置审批之外，对行业协会商会类、科技类、公益慈善类、城乡社区服务类等四类社会组织实行直接登记制，进一步激发社会组织活力；第三，2014年3月26日，省民政厅出台《关于行业协会商会与行政机关脱钩试点方案》，不断完善行业协会商会规范发展的长效机制；第四，从2014年开始，海南省对社会组织年检方式进行改革，率先在全国实行社会组织年度报告制度，

海南社会团体与民办非企业单位不再每年花几千元为年检做审计报告,只需向省民政部门提交年度报告,并通过民政部门的电子政务公共服务平台公示,供社会公众查询;2018年10月建成首个省级社会组织孵化基地并投入运行,着力孵化培育、助力发展与海南自贸试验区和中国特色自贸港建设相适应的社会组织。

目前,海南省社会组织已经从单纯的数量增长转变为合理布局、优化结构、提高质量的协调发展,基本形成了优胜劣汰、进退有序的社会组织发展机制,社会组织的布局日趋合理、结构进一步优化。社会组织登记数量不但逐年增加,登记范围也在不断扩大,初步形成了横向到边、纵向到底、门类齐全、层次多样、覆盖广泛的社会组织体系。

三、国内优秀社会组织培育模式

(一)北京市"枢纽型"社会组织管理——政府主导型培育模式

2005年以后,不同NGO组织网络出现萌芽。一方面,组织之间出现越来越多的交流与合作,构成较松散的"网状结构",组织间松散平等的合作关系,建立了经常性的网状交流机制;另一方面,一些组织或个人以创办网站、出版物的形式,专门进行NGO领域的信息交流,此类型组织交流的形式在某种程度上成为枢纽型或支持型社会组织的雏形。

枢纽型社会组织也称支持型社会组织、伞状组织、组织联盟等,是专门为其他社会组织提供服务和支持的一类社会组织,它们的目标和宗旨是服务于其他民间组织,是其他民间组织的网络平台。

当前,随着社会转型不断加快,新生组织元素日益壮大,社会组织尤其是自组织呈爆发式增长,公民"自组织化"生存状态明显增强。在新形势下,如何加快推进社会组织的政社分开、管办分离,整合社会组织力量,北京市创造性提出"枢纽型"社会组织的概念,以工青妇等群团组织为骨干和主要依托,将全市社会组织分类、分批、分级逐步联合起来,凝聚到党和政府周围。

2008年9月,北京市社会工作委员会(也称北京市社会建设办公室,成立于2007年12月)出台《关于加快推进社会组织改革与发展的意见》,提出构建枢纽型社会组织工作体系的新思路,并于2009年3月颁布《关于构建市级"枢纽型"社会组织工作体系的暂行办法》,标志着以政府力量为主导的社会组织培育新模式的兴起。2009年4月,北京市政府认定首批10家市级枢纽型社会组织,其中包括市团委、市总工会、市妇联等,2010年则认定了市工商联、市志愿者联合会、市律师协会等 12 家单位，2012 年认定了市对外友协、市民间组织国际交流协会等 5 家单位，2014 年再次认定了北京人民调解员协会、北京社会工作者协会等 9 家单位。截至目前，前四批 36 家市级"枢纽型社会组织"通过相应的工作网络，共联系和管理北京市各级各类社会组织近 3 万家。

北京市政府进一步加大改革力度，着力推进政社分开、管办分离，基本思路是：适合社会组织承办的政府事项，应通过政府购买服务等形式委托社会组织办理；社会组织能够提供有效服务的领域，不再设立新的事业单位。各级行政管理部门要分期分批实现行业协会商会与行政机关真正"脱钩"，并交由相关枢纽型社会组织进行日常服务管理。党政机关、事业单位、公有制企业在职和离退休领导干部，未经组织部门批准，一律不得在社会组织任职。

此外，北京市政府积极稳妥推进社会组织登记制度改革，重点培育和发展行业协会商会类、科技类、公益慈善类、城乡社区服务类社会组织，其成立时可直接到民政部门依法申请登记；引入竞争机制，探索"一业多会"；取消社会团体分支（代表）机构设立、变更、注销登记审批；提高社会组织登记审批效率，限期办结登记审批手续。

在北京市的示范效应下，上海（2011）、广东（2012）等省市也先后以规范性文件方式，仿效北京模式着力打造一批类似的枢纽型社会组织，目前，这种枢纽型社会组织新形式在全国各地得到了广泛推广和复制，并已经扩展至社区层面。构建枢纽型社会组织是政府与社会关系协调发展的有益尝试，其意义在于充分利用组织的社会中间角色与社会整合功能，将政府对社会的管理和培育有机统一起来，推动社会和谐发展。

（二）上海"恩派"公益组织发展——社会主导型模式

恩派（NPI）是在政府主管部门、国内外资助型机构、企业界、学界等关键"拥护群"的支持下发展起来的一个公益支持性组织集合体。2006 年 1 月，"上海浦东非营利组织发展中心"成功注册为民办非企业单位，登记单位和管理单位均为浦东新区民政局，法人代表为吕朝，它成为恩派的第一个注册机构，机构以"助力社会创新，培育公益人才"为己任，旨在为初创期和中小型民间公益组织提供切实的支持。

上海首创恩派"公益孵化器"概念并运作成功，后又通过发起"恩派"系列机构使该模式在上海（浦西）、北京、成都、深圳等地成功复制，至今，这一带有全国示范作用的创新模式已获得来自政府、资助机构、NPO 业界、媒体和各方专家的高度肯定，被誉为近年来公益领域的重要制度创新。目前，NPI 每年在全国范围内孵化30个左右的民间公益组织,为他们提供能力建设、场地设备、小额补贴、注册协助等多方面的帮助,在此过程中NPI积累和开发了大量适用于中国本土NPO的课件和案例,并借此成为国内重要的能力建设机构和案例中心。随着城乡社区服务需求的不断涌现,NPI于2007年开发了公益组织"社区服务平台"业务模式,通过从政府手中托管社区服务中心等公共空间,整合政府、企业、居民等各方力量,切实提升社区服务水平,同时为各类服务型NPO进社区开展业务提供帮助和便利。

经过十余年的发展壮大,恩派除了"公益组织孵化器"这一核心业务功能之外,还包括社区服务平台、联合劝募平台、公益创投、公益广交会、社会创新创意园、企业社会责任和公益咨询等多样化的业务模块,可以说,恩派在不断尝试新版块的同时形成了独具特色的管理格局,即以"注册独立、品牌共享、资源整合、业务互补"为特征的联合舰队型管理格局。2007年,"三林世博家园市民中心"作为上海最大的社区服务中心受恩派托管,经恩派的不断发展,此中心已成为上海乃至全国社区服务平台的示范窗口,通过不断扩大自己在社区服务领域的影响,已经把其发起的屋里厢社区服务中心等模式,并将该模式推广复制到广东、四川等地的二十多个城乡社区中心,受到了一致好评。2009年,以恩派为主要力量发起成立了上海公益事业发展基金会——"联劝",旨在探索新型的联合劝募和公益资助模式,整合更多社会资源服务于新兴公益组织的成长需要。2010年,恩派建立综合性社会创新创意园区的创想付诸实施——上海社会创新孵化园("凤巢")正式开园,另外,恩派推出的"公益广交会""企业公民在行动"等大型活动也都成为业内的重要景观。除此之外,恩派先后与企业、基金会、政府合作开展了若干"公益创投"和"公益大赛"项目,不断实践公益创投项目,掀起了一个民间公益创业的热潮,不仅如此,恩派通过与联想、诺基亚、康师傅、英特尔、帝亚吉欧、招商局等大型企业的合作,大力倡导企业社会责任(CSR)理念,促成大量高质量企业公益资源流入草根组织,支持社会创新,实现了各方多赢,此模式开启了企业与民间公益的联姻。

从行动分析的视角看,在获取资源方面,恩派主要有三大来源:一是政府购买服务,包括提供免费场地;二是类似基金会等资助性组织的扶持,如南都公益基金会、福特基金会、亚洲基金会、上海市慈善基金会、世界银行等;三是与大型企业合作开展公益项目,如联想集团、万科集团、英特尔等。恩派通过与这些大型组织实体建立多元合作关系,不仅保证了恩派资源的多样性,也避免对政府或其他主体资源的单一依靠,从而在行动上具有了充分的自主空间。

从培育对象的选择上看,恩派所培育和支持的社会组织主要集中于公共服务类社会组织,其核心理念是一方面强调"政策导向和政府支持"的评估要素,另一方面确保公益组织孵化的成功率。到目前为止,经由恩派成功孵化的社会组织,主要涉及扶贫发展、老年服务、青年发展、儿童发展、环境保护、助残服务、社区服务、医疗卫生等社会需求较为突出的领域,较为符合政府意志和公共需求。在培育方式上,恩派特别注重行动力,始终把"行动倡导"作为其生存根基,在参与社会活动的同时,恩派专注于用行动、案例或业绩而非通过倡议、游说、呼吁或其他直接政治参与的方式来影响政府的行为和政策,其目的就在于强化其公共服务提供功能的同时,有意识地回避政治参与或公共利益表达,以获取生存性的空间。

恩派不仅致力于公益组织自身的建设能力培养,在社会组织能力建设、社会研究能力等方面的能力也十分突出。近几年,恩派在业内组织了大量专业培训、专业咨询、专业评估等活动。除此之外,恩派还在研究国内外社会组织经验的基础上通过开设系列课程完善自身建设,开设的课程包括战略规划、治理、公信力、领导力、项目管理、财务管理、法律法规、筹款、志愿者管理、信息技术、项目与组织评估、社会企业与社会创新等,为数十家社会组织及其项目进行了评估。此外,恩派还自主创办了与社会组织建设有关系的系列出版物《社会创业家》,并主编了《他年花开》《中国非营利组织管理案例集(2009)》《草根组织法律事务指南》等专业性书籍,并于2011年编制发布了《2011年中国公益资源匹配报告》,展示了其具有建立高度可靠的数据资源的能力。①

(三)南京"爱德"社会组织——基金会主导型模式

爱德基金会成立于1985年4月,由一群具有强烈民族责任感的爱国人士发起创办,其主要面向海外募集资源,致力于中国扶贫和医疗卫生等领域的工作,旨在促进我国的教育、社会福利、医疗卫生、社区发展与环境保护、灾害管理等各项社会公益事业,帮助缺医少药、教育落后的穷困地区开展脱贫工作,促进生态保护。迄今为止,爱德基金会项目区域累计覆盖全国31个省、市、自治区,逾千万人受益,最为醒目的特点在于其不具备官方背景,属于典型的民间组织或草根社会组织,享有独立的决策权,强调群众参与的原则,同时积极寻求与致力于促进中国社会发展、提高人民生活水平的部门或团体的合作,包括

---

① 丁慧平,吕方. 社会组织培育模式的分类与比较——以三种类型的支持型社会组织为例[M]//廖鸿. 中国社会组织理论研究文集. 北京:中国社会出版社,2016:251-268;许小玲,马贵侠. 社会组织培育:动因、困境及前瞻[J]. 理论与改革,2013(5).

政府组织、地方政府、专业机构、大专院校、教会及其他宗教团体等，与各级政府及其职能部门、社区群众、各行各类社会组织之间建立了多维度、多层面的信任关系，树立了良好的行业口碑，获得了高度的公信力。

针对南京市社会组织存在的服务类别少、理念落后、专业水平低、公益资源匮乏等发展困境，爱德基金会与南京市民政局多次沟通对话并达成合作意向，于2009年10月正式揭牌成立"爱德社会组织培育中心"。该中心得到了南京市民政局、建邺区民政局以及社会各界人士的关注和支持，并由建邺区南苑街道免费提供办公场地，专门用于开展社会组织培育工作。

从培育中心的工作流程来看，大概包括申请→评审→入驻→培育→评估→完成等步骤，培育的内容主要包括：办公支持、战略规划、专业培训、业务咨询、宣传策划、小项目支持等。从外部环境来看，因为凭借多年在南京本土的深耕，爱德社会组织培育中心的母体——爱德基金会（2005年1月，爱德重新申请注册登记为江苏省公募基金会）拥有各方面良好的关系资源；从内部环境来看，爱德社会组织培育中心对筛选的中小型社会组织天然地具有一种指导和管理功能，但是它们之间的关系与上述枢纽型社会组织及其隶属社会组织之间的关系又具有显著的不同，前者不存在行政隶属关系，因而更为平等。

2013年11月，栖霞区民政局发起创办栖霞区社会组织培育发展服务中心，并委托爱德基金会进行全面管理和运营，面向社会组织开放展示、创益、助力、资源、运营和分享六大空间，充分整合政府、企业和社会资源，促进跨部门合作与创新，发挥行政支持、能力建设和公益资源三大平台的综合服务功能。该中心立足栖霞社会服务需求，发挥政府、企业和专业社会组织的优势，以"政府支持、社会参与、独立运作"为原则，为栖霞区社会组织和社会服务的发展提供全面支持。中心下辖三个部门：研发部——主要负责能力建设、项目评估以及培育督导；项目部——主要负责项目策划与运作、公益创投以及社区大学；资源部——主要负责宣传、资源拓展及行政财务，部门之间分工明确、职责清晰，各司其职、通力合作。该组织的基本特征是政府力量在这一合作体系中居于主导地位，而爱德基金会在其中的角色类似于受聘用的职业经理人，在进行组织决策时，爱德社会组织培育中心与政府（主要是市、区民政局）之间存在一定的博弈和妥协，但相比2009年的爱德社会组织培育中心而言组织架构更为科学和严密，规章制度更为详尽明了，程序也更为具体清晰。

四、海南社会组织发展的思路

社会组织的发展涉及管理观念、行政监管体制、政策环境、支持保障机制，以及内部机构与运行、人员素质等方面，是一项庞大且复杂的建设工程，但无论如何，必须适应经济社会发展要求，特别是社会治理体系和能力现代化的需要。党的十八大报告明确提出，要在政社分开、权责明确、依法自治的前提下加快形成现代社会组织体制。《中共中央关于全面深化改革若干重大问题的决定》再次指出，"正确处理政府和社会关系，加快实施政社分开，推进社会组织明确权责、依法自治、发挥作用"①。

（一）改革现行监管体制，构建政府与社会组织的伙伴关系

现代"治理"理念则认为，公共治理的主体是多元的，公民社会组织是政府和市场之外的重要治理主体。一种良性的治理结构，需要不同治理主体的合理分工、合作努力，不同主体要形成一种良性的"伙伴关系"。应该充分认识到社会组织在提供公共产品、搭建政府与社会之间沟通的桥梁、参与政策制定、保护弱势群体、促进社会民主化进程等方面发挥着积极作用。政府应将社会组织作为"合作伙伴"，接纳为"体制内"的建设力量，促进社会的多元治理体制的实现。

第一，改革社会组织监管体制，实行"政社分离""管办分离"，转变政府职能，政府不再担当全能型、干涉型角色，积极完善社会组织的培育和发展机制，努力建立与快速发展的社会发展相配套的现代社会组织体制，改变社会组织行政化倾向。省民政厅2012年5月下发的《关于公益慈善类和社会福利类社会组织试行直接登记的通知》和2014年3月出台的《关于行业协会商会与行政机关脱钩试点方案》文件规定：行业协会商会类、科技类、公益慈善类、城乡社区服务类四类社会组织实行直接登记制；厘清行政机关与行业协会商会的职能边界，行政机关将适合行业协会商会行使的职能采用竞争方式转移给行业协会商会，去除行业协会商会的行政色彩，发挥其积极作用等，有利于激发社会组织活力，促进社会组织的发展，但这些显然不够，不能从制度上保障行政部门对社会组织的干涉和影响，因此必须进一步加大改革力度，制定和实施更具创新意义的政策措施，如实行第三方委托代管制。

我省社会组织管理目前沿用的是"登记注册"和"业务主管"双重管理体制，两个地位平等、等级平行的单位，互不隶属，互不制约，但又各自成体系、各自立规建章，遇到问题又各自推脱责任。实践证明，这种双重管理体制不利于管理部门认真履行职责，真正担负责任。要切实有效解决这个问题，就必须改革创新我省社会组织的管理体制：一是由"双重管理"变"合二为一管理"，

---

① 中共中央关于全面深化改革若干重大问题的决定［EB/OL］．新华网，2013-11-15.

即将社会组织的登记注册机构管理和业务主管单位的分散管理统一起来,纳入一体化的高效能的科学管理;二是由"多头业务管理"变"一头业务管理"。成立"行业协会社会发展局",统一行使业务主管单位的职能。为了理顺各种业务关系,可将各业务主管单位转为业务指导单位,不仅社会组织可以得到一个自主宽松的环境,业务主管单位也可以解脱出来,从而集中精力抓好本行业业务;三是统一业务管理是最好的选择。从我省各厅(局)、各市(县)社会组织业务主管单位的管理现状看,只有省社科联、省科协两个业务主管单位有社会组织管理职能部门和专职管理人员。从管理的实践看,这两个业务主管单位所辖的社会组织,无论是社会组织自身建设,还是社会服务的社会作为都比其他没有设立专门职能部门和专职人员的业务主管单位好。设立统一的强有力的业务主管单位是社会组织规范、科学、有效管理的最好选择,是社会组织快速、健康、稳定发展的最好选择。

海南省各级民政部门要把社会组织的培育发展作为工作重心,重点推进登记制度改革,对社会组织实行分类指导,大胆创新,为社会组织的发展营造宽松的环境。2012年,海南省民政厅草拟了《海南省关于改革社会组织登记管理体制的实施方案》(代拟稿)上报省政府;印发了《海南省民政厅关于对公益慈善类和社会福利类社会组织试行直接登记的通知》,从2012年5月开始对公益慈善类和社会福利类两类社会组织试行由民政部门直接登记。在2012年对公益慈善类和社会福利类社会组织试行直接登记的基础上,海南大胆开展社会组织登记管理制度改革,2013年11月印发了《海南省民政厅关于对四类社会组织实行直接登记的通知》,从2013年11月开始,对行业协会商会类、科技类、公益慈善类和城乡社区服务类等四类社会组织实行直接到民政部门登记的政策,进一步降低社会组织登记门槛,促进社会组织快速发展。

第二,建立政府与社会组织在公共服务供求上的合作体制,即政府与社会组织在政策制定及执行等相关话题上的协商互动、联合行动等合作体制。具体来说:首先,政府与社会组织在公共服务供求上的合作体制,主要是基于政府向社会组织购买服务等各种外包项目,形成政府与社会组织之间围绕公共服务供给所建构的合作伙伴关系及相应的制度形式;其次,政府与社会组织在政策制定及执行上的合作体制,主要是在各级政府推进政策民主化、专业化、规范化和合理化进程中,社会组织利用其广泛的民意基础和深厚的专业基础,发挥政策倡导功能,积极影响政策的制定和执行,并与各级政府之间建构起制度化的恳谈会、座谈会、委员会等政策咨询机制;最后,公共部门与社会组织在相关话题上的协商互动、联合行动等合作体制,在现阶段主要是通过社会组织负责人加入各级政协、人大及党代会,积极建言献策、协商议政等。

有一种思路:建立政府部门、社会组织、第三方机构等的"联席会议制度",由政府相关部门牵头,定期召开由各方代表参加的会议,主要讨论、制定、审核并通过涉及社会组织的相关政策规定,包括管理程序、成立条件、机构设置、运行方式、人员设置、经费来源等,按照多数有利原则形成决策,可以很大程度上免除行政干涉,保证社会组织的独立性和自主性。

第三,现代社会是充满协商、对话、沟通的多元共治社会,基于自治和共治的需要,应在政府引导及社会广泛参与下建构并形成的一种社会公共制度。

一是关于社会组织协同治理的体制及规范。协同治理强调的是社会组织以对话、协商、合作、倡导等各种机制参与社会公共事务,在经济调节、市场监管、社会管理和公共服务等政府职能的各个主要方面发挥协同作用,在有效提高政府问责性的同时,通过广泛的公众参与提高政府绩效。协同治理一方面要求政府建立适于协同治理的各种规章制度,并通过转变职能、精简机构等推进政府的改革创新,另一方面要求社会组织具有参与协同治理的较高的公共管理与公共政策能力。

二是关于公众参与和社会监督的制度及规范。尽管各种形式的社会组织彼此之间有很大不同,但一般而言,社会组织通过会员制、志愿者制等形式形成广泛和开放的公众参与机制,并通过信息公开、财务透明等接受来自社会公众和媒体的广泛的社会监督。

三是关于网络化治理的模式及规范。网络化治理是在自治和协同基础上形成的更高程度的多元化共治体系,通常由多个具有自治能力的组织按一定宗旨及程序构建起来,其主体包括社会组织、政府和企业等,它们以特定的契约关系结合起来,利用各自的资源优势相互协作,以实现共同追求的公共价值。社会组织的网络化治理模式强调的是社会组织作为网络化治理的参与方之一,在与政府、企业等其他相关组织的深度合作中创造社会组织特色的网络化组织(群),这种组织(群)以项目为导向、以契约为联结基础、以跨部门协商和共同参与及共同行动为基本行为模式,努力实现公共利益、协调互动和互利互惠。[1]

(二)积极培育和引导社会组织健康发展

1. 推进政府向社会购买服务

政府向社会购买服务是一举多得的好事:一是便于政府跳出烦琐事务圈,

---

[1] 王名,乐园. 中国民间组织参与公共服务购买的模式分析 [J]. 中共浙江省委党校学报,2008,24(4):5-13.

提高办事效率；二是便于政府降低成本，节约费用；三是便于政府科学决策，减少不应有的失误；四是能够促进行业协会的发展。中央财政自2012年起开展面向社会组织的购买服务公开招标活动，上海、北京、广州、深圳等向社会组织购买服务已成为许多公共服务的主要提供方式，政府出资兴建的公益孵化基地、培育中心、枢纽型组织等创新形式层出不穷，税收减免等优惠政策逐步落实，城乡社区社会组织备案制等试点工作也全面展开。海南必须跟紧形势，出台相关指导意见，加大向社会力量购买公共服务的力度，这是推动政府职能转变、增强社会参与意识、激发经济社会活力、提高公共服务水平和效率的有效方式。海南建省以来，先后采纳中国（海南）改革发展研究院、省企业家协会、省人才战略研究会、省金融学会、省农垦经济学会等协会的政策建议数十项，近几年来，农业农村厅先后安排相关经费，委托省香蕉协会进行农民实用技术培训和编写技术规程，收到了较好效果，既支持了协会的发展，又使农业农村厅自身摆脱了具体事务，值得认真总结与推广。今后应建立健全政府购买服务机制，及时、充分地向社会公布政府购买服务项目、内容以及对承接主体的要求和绩效评价标准等信息；承接政府购买服务的主体，包括依法在民政部门登记成立或经国务院批准免予登记的社会组织，以及依法登记成立的企业和机构；制定政府向社会购买服务的指导性目录，明确政府购买服务的种类、内容和方式，并及时进行动态调整；建立健全由购买主体、服务对象及第三方组成的综合性评审机制，对购买服务项目数量、质量和资金使用绩效等进行考核评价，并将评价结果向社会公布。

2. 加快行业协会商会改革发展步伐

按照"自愿发起、自选会长、自筹经费、自聘人员、自主会务"和"无行政级别、无行政事业编制、无现职国家工作人员兼职、无业务主管单位"的原则深化行业协会商会改革；扶持外埠商会加快发展，优化行业协会布局，允许一业多会，公平竞争。

3. 大力发展公益慈善类社会团体

以保障民生和群众需求为导向，加大对公益性社会团体和基金会的扶持力度；支持和引导公益慈善组织在社区建设"安老扶弱、助残养孤、扶危济困、救助赈灾"等服务项目。

4. 有重点地推进民办非企业单位有序发展

着眼于人民群众普遍关心的就学、就医、文化活动、娱乐健身等问题，重点做好教育科技、文化体育、医疗卫生、福利事业、生态环保、服务社区的民办非企业单位的规划、培育和发展，形成"民办社会事业和公办社会事业相互促进、共同发展"的格局。

5. 要积极发展城乡基层社会组织

大力培育农村专业经济协会,精心打造一批特色明显、作用突出、具有较大影响力的知名协会;积极扶持城市社区社会组织,支持和鼓励社区居民成立形式多样的慈善组织、群众性文体组织、科普组织和为老年人、残疾人、困难群众提供生活服务的组织。探索农村社区社会组织发展的有效方式,充分发挥其在推进村民自治、参与村务管理、建设社会主义新农村中的积极作用。

6. 突出培育重点社会组织,落实社会组织税收优惠政策,建立优胜劣汰、进退有序的发展机制,进一步优化结构

把与海南现代发展相关的社会组织作为培育和扶持重点,如成立老年养生协会、海钓运动协会、旅游房产协会、游轮游艇协会、高尔夫运动协会以及各类养老、养生院等40多家,这些社会组织在促进海南经济社会发展中发挥了积极作用。积极协调省财政厅、省税务局开展非营利组织免税资格认定和公益性捐赠税前扣除资格认定工作。截至2013年年底,共有154家社会组织获得非营利组织免税资格,38家社会组织获得公益性捐赠税前扣除资格。

7. 规范宗教类、联合类等社会团体发展

积极稳妥地发展宗教类社会团体;规范学术类、联合类和境外社会团体地方代表机构的活动内容和发展方向;加强对通过网络开展活动的网络社会团体的登记管理,引导其健康发展。

(三) 加强社会组织自身建设,积极引导社会组织发挥各自功能作用

2010年以来,我省各类社会组织广泛参与社会管理和服务,积极发挥提供服务、反映诉求、规范行为的作用,维护公共利益,促进政府职能转变,形成了社会管理和社会服务的合力,在经济社会发展中的作用日益明显,已经成为我省经济、政治、文化、社会、生态文明建设的一支重要力量。在经济建设领域,社会组织通过提供信息、技术、资金、产品流通等中介服务,为会员解决"信息难寻、技术难求、资金难找、产品难销"等问题,不但促进了产业升级和产业可持续发展,也增加了农民的收入,如海南省琼海市瓜菜专业技术协会采用"五统一"和"四优先"等创新管理模式,通过"协会+公司+农户+基地+品牌+市场"的方式,培育科技示范户1850余户、带动合作农户8500多户,年实现销售收入1.9亿多元,使一批又一批合作农户走上了共同致富的道路;在政治建设领域,社会组织通过参政议政,为党委政府科学决策建言献策,充分利用社会组织人才优势,承接政府部门的课题研究,如省旅游发展研究会承接

的省委宣传部重点课题《海南省乡村旅游研究》被评审专家组认为是国内研究乡村旅游中的一个突破性成果。充分发挥桥梁纽带作用，帮助群众表达利益诉求、维护群众利益，成为政府联系群众的桥梁和纽带，如省民营企业家协会，近年来先后协助企业会员维权 80 多宗，积极向政府有关部门反映情况，及时为企业排忧解难，既维护了企业的合法权益，也维护了社会的稳定；在文化建设领域，开展学术交流，传播科学文化，研究、挖掘、整理历史文化遗产和乡土文化，弘扬民族精神，倡导健康文明风尚，如省民间文化研究会组织会员挖掘、整理海南民间文化艺术，编写的《海南民间文化丛书》力求保持民俗文化的原创性和通俗性，全面介绍了海南的乡风民俗，传承了历史文化，提倡了社会文明。开展城乡文化活动，丰富人民群众的文化生活，如省合唱协会经常性组织合唱团走进社区、广场、学校举办演出、交流等丰富多彩的活动；在社会建设领域，社会组织积极承接社会管理和社会服务职能，使社会的多样化需求得到进一步满足，如省安全生产协会组织专家对矿山、危险化学品建设项目的安全论证和评审，对安全生产员进行安全知识培训，协助政府部门对各类生产安全事故原因进行调查取证等。社会组织参与公共卫生管理、社会治安联防、青少年道德教育、残疾人爱心互助、老年人料理服务和邻里纠纷调解等，主动承担社会责任，热心社会公益事业，如省青少年希望基金会开展的"海南希望工程圆梦行动"，曾在 3 年时间内筹集社会捐款 6439.5 万元，帮助 9201 名贫困大学生圆了大学梦。

今后相当长一段时间，海南社会组织自身建设的着重点如下。

1. 建立健全内部各项制度

建立和完善以章程为核心的内部管理制度，完善法人治理结构——健全会员大会（会员代表大会）、董事会、理事会（常务理事会）、党的建设等工作制度，建立健全换届选举制度，建立重大活动向登记管理机关请示报告制度，提高社会组织的规范化、制度化、民主化管理水平。社会组织应面向社会开展自律与诚信建设活动，定期公布业务活动有关信息，实行承诺服务，不断提升社会组织的社会公信力；加强与政府、企业和其他社会组织的相互信赖与合作，强化社会责任；依托各自的专业优势和资源优势，积极开展形式多样的公益活动，为社会提供优质服务，树立社会组织良好社会形象。

2. 发挥社会组织提供服务的作用

行业协会商会主要围绕经济建设，引导会员企业积极招商引资，搞好项目对接，加强经贸交流；学术类社会团体要加强学术研究和交流，促进科研成果向现实生产力转化，增强服务社会能力；公益慈善类社会组织要广泛开展社公益活动，帮助困难群众排忧解难，为保障改善民生提供优质服务；民办非企业单位要主动承担社会责任，实施公益项目，弥补政府财力不足；城乡社区社团和农村专业经济协会要发挥邻里互助、居民议事、治安联防、文化娱乐以及带领农民增收致富的作用，增强自我管理、自我发展、自我服务能力。

3. 发挥社会组织反映诉求的作用

行业协会商会要反映行业呼声，维护会员权益，在解决贸易纠纷中代表会员企业参与谈判、诉讼等活动，保护会员企业利益；学术类、联合类社会团体围绕会员合理需求，加强与政府及相关部门的联系，帮助解决科研、经费、项目等方面的实际问题；民办非企业单位要反映人民群众对公益事业的需求，维护单位职工的合法权益，在职工的保险、劳资、职称、生活等方面帮助解决存在的问题；城乡社区社团根据人民群众利益诉求日益多样化的需求，搭建党和政府与人民群众联系的桥梁和纽带，引导人民群众理性表达诉求、合理维护自身权益、有序扩大政治参与，积极化解社区矛盾，**维护基层社会稳定**。

4. 发挥社会组织规范行为的作用

行业协会商会要通过制定行规行约把会员企业组织起来，规范同业竞争，促进行业信用体系建设和行业守信自律，形成公平合法、竞争有序的市场环境；公益慈善类社会组织要完善各项规章制度，建立规范、公开的财务管理制度和信息披露制度，自觉接受社会各界监督；民办非企业单位以信息公开和承诺服务为重点，规范从业行为，增强社会责任和社会公益意识，提高服务质量，逐步建立自律诚信长效机制；城乡社区社团发挥根植群众、广泛联系群众的优势，组织引导人民群众自我教育、自我监督，为实现政府行政管理与基层群众自治有效衔接和良性互动提供有效平台。

（四）切实加强对社会组织建设的组织领导

社会组织中党组织建设薄弱是全国普遍现象。我省在推进社会组织登记管理制度改革中，特别强调党的组织建设，在全国率先成立中共海南省社会组织工作委员会，专门负责社会组织的党建工作。2010年以来，社会组织党建工作以开展创先争优活动为重点，积极探索加强社会组织党建工作新路子，逐步构建起组织覆盖、工作覆盖和作用覆盖的社会组织党建工作新格局，促进了社会组织健康发展。截至2013年年底，我省共有社会组织党组织385个，占全省社会组织总数的10%，比活动前增加了62个，应建必建率达到100%。

各级党委、政府应把发展和管理社会组织作为贯彻落实全面深化改革、加强社会治理创新、促进海南发展现代化的重要任务，加强领导，加大投入，将社会组织纳入国民经济和社会发展整体规划，认真研究社会组织存在的问题和解决办法；切实发挥党对社会组织的领导作用；依托登记管理机关，组建社会组织党工委；加强基层党组织建设，提高党组织的覆盖面；积极扩大社会组织有序政治参与，在党代会、人代会增加社会组织代表比例，在政协增加社会组织功能界别，进一步发挥社会组织在协调利益关系、反映群众诉求方面的作用。

（五）鼓励社团参与公共治理，支持社团从事公益事业

长期以来，社会公共事务、公共治理、社会公益事业等都是由政府包办或政府主导的，不仅分散了政府的精力，也提高了政府的成本。要建设一个有限、高效、服务型的政府，就必须将社会团体纳入社会公共事务参与、社会公共治理、社会公益事业实施的战略目标中，让民间在维护不同群体自身权益的同时，成为政府有效管理与社会治理的替代品，以弥补政府因管理力量不足而导致的管理失效。要实现这样的目标，政府必须制定鼓励和支持社团进行社会公共治理的政策措施：一是在社会公共事务、公共项目建设上，政府应置社会团体于企事业单位同等地位，不得排斥、歧视，让其同等参与、公平竞争；二是政府财政应有公益财政援助预算。凡行业协会策划实施的事关我省全局性、长远性战略利益的公益事业，政府应进行适当的资金援助，使社会组织和政府形成牢固的合作伙伴关系，从而更好地施加政府的影响，体现政府利益，实现政府目标；三是银行贷款应将行业协会纳入其中。由于行业协会是非营利性的组织，它策划组织实施或主导建设的项目一般都具有公益性，如省自然保护发展研究会策划和主导的"世界文化林"项目、省人才战略研究会策划和主导的全省"中小学校园禁毒禁烟宣传教育长效工程"等，都是事关海南全局和社会公共利益的公益性项目，政府应对这些项目的银行贷款实行财政担保；四是政府税收应最大限度地向社会组织倾斜。除了继续对行业协会实行免税政策外，还应对行业协会主导开展的某些经营性项目进行税收优惠，让其积聚组织社会资源的能量，提高在社会生活中发挥作用的能力。[1]

社会组织动员和调动社会"志愿者"参与和建设公益事业，其对社会的无偿奉献和公共价值是难以估量的，从而起到了政府不可替代的作用，所以政府应在充分认识社会组织这方面积极作用的同时，给予必要的法律保障和政策倾斜，促进社会组织健康成长、发展壮大。

---

[1] 冯陵. 海南科学发展与社会组织建设［C］//海南省社科类社团秘书长培训暨社团工作研讨会文集. 海口：海南省社科类社团秘书长培训暨社团工作研讨会，2009.

(六) 完善扶持政策，加大扶持力度

按照政府转变职能的要求，逐步将群众性、社会性、公益性、服务性等社会管理职能转移给社会组织，建立和完善政府授权、定向委托、合同管理、评估兑现的运行机制，加快形成社会组织协同参与的社会管理新格局。

海南作为现代社会组织体制改革的先行先试区，得到了民政部和财政部等部委的肯定，从2012年开始，国家财政曾连续支持我省社会组织开展社会服务示范项目，如2012年立项资金240万元支持5个社会组织，2013年立项资金376万元支持11个社会组织，2014年立项资金407万元支持12个社会组织，三年累计立项支持资金达到1023万元。服务内容涉及少数民族农村建设新燃料使用发展、少数民族地区学生视力筛选、贫困家庭儿童烧伤医疗救助、为偏远少数民族地区低收入糖尿病患者义诊捐药、偏远地区乡村医生身心健康关爱行动、社区居家养老服务等十多个方面。从2015年开始，海南被纳入"中央财政支持社会组织参与社会服务项目实施"的"发展示范项目（A类）"，每个项目资助金额最高可达25万元。

1. 建立政府购买社会组织服务制度

对政府委托社会组织承担的社会管理和公共服务事项，通过政府采购的方式，向符合条件的社会组织购买。根据社会组织提供服务的数量、质量、绩效等情况，进行考核评估，并根据考核结果对社会组织予以奖励和资助。

2. 加大政府向社会组织购买服务的力度

可以采取合同承包、委托经营、直接补助和公益券等多种形式。同时，按照"费随事转"的原则，建立健全以项目为导向的政府购买服务机制，鼓励社会组织积极参与公益招投标，使社会组织有事做、有收入。

3. 制定和完善相关配套政策

财政、法律、税务等部门研究制定鼓励和支持社会组织发展的税收优惠政策和财政扶持政策；完善社会组织法律体系建设，重视法律实效，促进社会组织监管的法治化建设。人事部门研究制定政府职能向社会组织转移的具体办法，根据社会组织章程规范社会组织收费行为；人力资源和社会保障等部门进一步研究解决社会组织的人才引进、职称评定、资格认证、社会保障等问题；金融部门应积极为社会组织项目引进、技术合作提供金融服务；农委、供销社等部门应支持农村专业经济协会开展农产品标准制定、信息发布、产品推介、名牌评定等活动。通过完善社会组织发展的各项政策，逐步建立起我省社会组织培

育发展的法规、规章、政策体系。①

第二节 社团的治理与创新

一、社会团体与治理

（一）定义

所谓社会团体，根据国务院1998年10月25日颁布的《社会团体登记管理条例》（以下简称《条例》）第2条的规定，指由公民或者单位自愿组成，为实现会员共同意愿，按照其章程开展活动的非营利性社会组织，一般简称为社团，不包括工会、共青团、妇联、残联、工商联、中国红十字会、中国福利会、中国保护儿童委员会、社联、文联、科协、宗教团体等。宪法（1982年）第35条规定了公民的结社自由，公民依法自愿组成社会团体的权利是结社自由的一个重要方面。

按照性质和任务的不同，社会团体可分为以下几类。

第一，学术性社会团体，由专家、学者和科研工作者自愿组成，为促进自然科学、人文社会科学、交叉科学教学研究的深入，普及科学知识，培养人才，促进科学和社会经济的可持续发展，维护自身合法权益而开展活动的非营利性社会组织。学术性社会团体的名称参照《中华人民共和国学科分类国家标准》二级学科设置。对符合学科标准的，一般以学会命名；对未达到学科标准的，则以研究会命名。

第二，联合性社会团体，由相同或不同领域的法人组织或个人为了共同的兴趣、爱好、利益进行横向交流而自愿组成的非营利性社会组织。联合性社会团体分为联谊类社会团体和联合类社会团体两种。联谊类社会团体根据相同人群的需求设置，一般以联谊会命名；联合类社会团体根据相同或不同领域法人组织的需求设置，参照《国民经济行业分类》门类标准设置，一般以联合会、促进会命名。

第三，行业性社会团体，是指由相同或相近领域的法人组织或个人组成，通过沟通本行业企业和从业者与政府的关系，协调同行业的利益，规范市场行

---

① 参考赵彦梅. 发挥社会组织作用 推进社会管理创新［J］. 世界华商经济年鉴·科技财经，2012（5）：41.

为，提供行业服务，反映会员需求，保护和增进全体成员合法权益的非营利性社会组织。行业性社会团体的名称参照《国民经济行业分类》中分类标准设置，一般以行业协会、同业公会命名。

第四，专业性社会团体，是指相同领域的法人组织和专业人士围绕专业技术和专业资金开展专业活动，提高专业能力，维护自身合法权益而组成的为经济社会服务的非营利性社会组织。专业性社会团体的名称参照《国民经济行业分类》小类标准设置，一般以协会命名。

按捐赠法规定，社会团体又可分为公益性社会团体和公益性非营利的事业单位，前者是指依法成立的，以发展公益事业为宗旨的基金会、慈善组织等社会团体；后者是指依法成立的、从事公益事业的，不以营利为目的的教育机构、科研机构、医疗卫生机构、社会公共文化机构、社会公共体育机构和社会福利机构等。

此外，根据主体与功能标准的不同，可以把社会团体分成产业部门、社会服务与社会福利、公共事务、信息与技术服务、卫生、体育、教育、文化艺术、新闻出版、科学技术、人文社会科学、环境能源、特殊性质企业行业组织、职业组织、地区组织、个人联谊和其他组织。

这里需要指出的是，"离岸社团"和"山寨社团"不纳入正规社团名单。前者是指海外注册、境内活动的组织。离岸社团名为社团、实为公司，利用境内外的管理差异和信息上的不对称，打法律的"擦边球"，游走在监管的"空白地带"。2016年4月、8月分别发布的《中华人民共和国境外非政府组织境内活动管理法》《关于改革社会组织管理制度促进社会组织健康有序发展的意见》是治理这一管理乱象的重要指导；后者是指内地居民利用境内外对社会组织登记管理制度的差异，在登记条件宽松的国家和地区进行注册，多数都冠以"中国""中华""全国"等国字头字样，与国内合法登记的全国性社团名称相近甚至相同。

2016年2月，民政部民间组织管理局主管的中国社会组织网"离岸社团""山寨社团"曝光台公布了首批名单后，社会反响强烈。2016年3月，民政部公布第二批"离岸社团""山寨社团"名单，截至2016年10月12日，民政部已经公布了十三批"离岸社团""山寨社团"名单，数量达到1287个。

新中国成立以来，政府对社团组织的管理大致分为三个历史阶段。①

第一阶段为新中国成立初期，这一阶段主要颁布了两部重要的中央政策法规，其共同的内容特征是严管严控，因此有学者认为，这两部法规的目的都指

---

① 罗景梅. 论我国社团管理制度的改革与完善［D］. 北京：中国社会科学院，2013：4-5.

向清理与改造旧社会遗留下来的各种社会团体，通过改造后重新登记的方式，严格控制社团个体的发展与社团整体数量的增长。而在20世纪六七十年代，由于"文化大革命"带来的十年动荡，社团制度环境被破坏到极致，社团组织的活动则陷入了停滞。据统计，1965年全国性的社会团体组织不到一百个，而这些社团组织的类别也相对单一，如妇联、共青团、工会等。

第二阶段是十一届三中全会以后，中国进入改革开放和现代化建设时期，中国的政治、经济、文化、社会都发生了重大的变化。市场经济必然要求开放、自由、竞争的环境氛围，而资源的自由合理流动与先进思想的冲击为社团组织的孕育提供了很好的养分，可以说在这种政治经济社会体制下，社团组织成长的宏观环境比较宽松。据资料统计，1989年全国性的社团组织猛增至1600个，地方性的社团就达到二十多万个，到了1997年，全国性的社会团体组织则有1848个。虽然在这一阶段，有相关的社团组织法规出台，并进行了细化，如《公益事业捐赠法》《民办教育促进法》《民办非登记单位登记管理暂行办法》等，但政府的态度仍然是"以管理为主线，以稳定为追求目标"。纵观有关社会组织管理的规章、条例、细则，政府仍然难以改变对社团组织"累赘、添乱"的固有印象，政府不仅没有适度放宽制度环境，反而制定更细更具体更严格的微观机制，如1992年全国免于登记的社团组织仅有八个，如共青团、妇联等，因此，这一阶段的法制特点主要是对社团组织进行控制性与抑制性管理，鼓励性条款罕见。从条例的内容来看，有关社团的立法主要是基于"政府的选择"，根据政府的执政需求而产生，社团从出生（成立）到死亡（注销）都完全由业务主管部门和民政部门来决定，政府垄断着民间组织这种资源，因而民间组织的发展受政府态度影响极大，使得民间组织的发展趋势基本成"水瓢模型"——政府出台鼓励政策时，民间组织的积极性高涨，社团组织数量剧增，而反之则剧减，类似于水瓢原理，将水瓢按下去就看不见了，而放开手却又浮出了水面。

第三阶段是从21世纪开始，虽然社团组织历经多次整顿、清理，但公民的民主意识依然存在，并且随着社会物质经济的发展和精神文化的传播，公民的权利意识愈发强大。同时，在构建和谐社会的新政策形势下，政府开始重新审视社团组织在社会管理中的角色定位，要求各地政府将社团组织的发展作为促进社会经济发展的大事来办。中央也要求各地政府重视社团组织的发展，并细化国家的相关政策（见表9-3），采取一系列有效的管理措施来推动社团组织的发展；另一方面，中央也允许地方政府创新性地探索并放宽社团组织的相关制度，逐步做到"自觉引导、主动应对"，由此，目前我国的社团组织进入了孕育和发展的关键过渡期。

表9-3 我国社会团体制度的法律规制进程

条例	条例主要内容
1950年《社会团体登记暂行办法》	确定社会团体的分级登记原则
1951年《社会团体登记暂行办法实施细则》	整顿、取缔"封建组织"和"反动组织"
1984年《关于严格控制全国性组织的通知》	从严控制
1989年《社会团体登记管理条例》	确定了双重管理体制
1996年《关于加强社会团体和民办非企业单位管理工作的通知》	确立社会团体和民办非企业单位管理的体制，提出管理的具体内容和措施
1998年修订《社会团体登记管理条例》	延续了分级双重管理体制和限制竞争原则，明确划分业务主管部门和民间组织管理机构的权限和职责，增加社会团体基本进入规制
2016年《社会团体登记管理条例》（修订草案征求意见稿）	降低准入门槛，支持鼓励城乡社区服务类社会团体发展；明确规定城乡社区服务类社会团体、行业协会商会类、科技类、公益慈善类四类社团可以直接登记；引导社会团体通过建立完善的内部治理机制，规范会员大会或者会员代表大会、理事会、监事（会）相关权利义务，健全内部监督制度，保障依法自治；明确规定了登记管理机关、社会团体的信息公开义务，鼓励社会公众对社会团体进行监督，以提高社会团体透明度，提升公信力

（二）成立条件

根据2016年1月13日国务院第119次常务会议通过并于同年2月6日施行的《社会团体登记管理条例》（修订草案征求意见稿）（国务院令第666号）①第12条规定，成立社会团体必须具备以下七个条件：

1. 有50个以上的个人会员或者30个以上的单位会员；个人会员、单位会

---

① 关于公开征求《社会团体登记管理条例》（修订草案征求意见稿）意见的通知［EB/OL］. 中华人民共和国民政部网站，2016-08-01.

员混合组成的，会员总数不得少于 50 个

根据条例第 2 条第 1 款的规定，这里的"个人"应当指中国公民。中国法律没有禁止外国公民或者无国籍人在中国结社，但是需要根据其他法律规定。目前，关于外国人和外国团体结社的主要法律规定是 1989 年 6 月 14 日国务院发布的《外国商会管理暂行规定》。但是外国人或者外国团体如果想在中国组成商会以外的其他社会团体，则在目前还难以合法进行；这里所说的"单位"，根据条例第 2 条第 2 款的规定，包括国家机关以外的组织。从该条的文字意思以及我国对于"单位"概念的一般使用来看，并不要求具备法人资格，所以，像合伙企业这样的无法人资格的企业，也可以成为单位会员，但是法人的分支机构能否成为单位会员，还有待解释；如果社会团体的会员人数因为会员死亡、退会等原因而低于这个法定人数时，是不是导致社会团体的解散，条例并没有规定，从法人的一般原理来看，似乎应当导致社会团体的解散。

2. 全国性的社会团体有 10 个以上的发起人，地方性的社会团体和跨行政区域的社会团体有 5 个以上的发起人

1998 年 10 月 25 日施行的条例没有这一条，2016 年修订案加上去的，强调中国公民、法人均可以申请成立社会团体，但发起人数量有下限规定，且国家机关和具有行政管理职能的事业单位不宜作为发起人，也不能成为会员。

3. 有规范的名称、章程和相应的组织机构

关于"规范的名称"。修订案第 13 条第 2 款规定：社会团体的名称应当与其业务范围、会员分布、活动地域相一致，准确反映其特征；第 13 条第 3 款规定：社会团体的名称冠以"中国""全国""中华""国际""世界"等字样的，应当按照国家有关规定经过批准，地方性的社会团体的名称不得冠以"中国""全国""中华""国际""世界"等字样。

当然，这个规定还是相当笼统，行政机关在决定名称是否"规范"方面有相当大的自由裁量权，举例说明——行政机关对于社会团体名称的审查：民政部社团管理司在《关于〈琼崖地下学联联谊会〉申请登记有关问题的复函》（1990 年 1 月 25 日）中，针对海南省民政厅的《关于琼崖地下学联联谊会申请登记有关问题的请示》，答复道，"在革命斗争年代，党的秘密外围组织是党联系群众的桥梁和纽带，为中国革命的解放事业做出了贡献。但随着全国的解放，这些党的秘密外围组织已经完成了历史使命而自动宣告解散。现已时隔四十年，我们认为不宜再以过去的秘密外围组织为名组成新的社团"。

关于"章程"。修订案第 15 条规定"社会团体的章程应当包括下列事项"：①名称、住所。②宗旨、党建要求、业务范围和活动地域。③会员资格及其权

利、义务。④民主的组织管理制度。⑤组织机构的产生程序、议事规则。⑥负责人的条件和产生、罢免的程序。⑦财产管理和使用的原则。⑧章程的修改程序。⑨终止程序和终止后财产的处理。⑩应当由章程规定的其他事项。

关于"组织机构"。修订案第30条规定：社会团体的组织机构包括会员大会或者会员代表大会、理事会、监事或者监事会。第31条规定：会员大会或者会员代表大会是社会团体的权力机构，行使制定、修改章程和会费标准，制定、修改负责人、理事和监事选举办法，审议批准理事会的工作报告和财务报告，决定社会团体的终止事宜，以及章程规定的其他职权。第32条第1款规定：理事会是会员大会或者会员代表大会的执行机构，行使章程规定的职权，对会员大会或者会员代表大会负责。第2款规定：社会团体可以根据需要设立常务理事会。第33条规定：会员大会或者会员代表大会、理事会、常务理事会应当对所议事项的决定做成会议记录。会议记录应当由社会团体保存，并向社会通报。第34条规定：社会团体设监事，监事有3名以上的，可以设监事会。监事或者监事会行使检查社会团体财务，对理事、常务理事执行职务的行为进行监督，以及章程规定的其他职权。

4. 有固定的住所

要求社会团体必须有固定的办公场所，以便开展活动和接受管理。不论是自己享有所有权的房屋，还是租赁或者借用的房屋，都可以作为这里要求的"固定住所"。

5. 有符合条件的负责人，有与其业务活动相适应的专职工作人员

修订案第19条规定：社会团体的法定代表人，由章程规定的负责人担任；社会团体的法定代表人，不得同时担任其他社会团体的法定代表人。

关于"专职工作人员"，官方的解释是："社会团体根据其业务活动的需要及规模、经费、财产状况，应配备相应数量、专业知识结构、工作经验的专职工作人员，以保障其业务活动的正常开展。社团专职工作人员主要是指专门从事社团工作，由社团以自有资金解决其工资、保险和福利待遇，没有其他正式工作的人员。"这一项规定要求社团必须有专职的工作人员，不可以全部为兼职。

6. 有必要的财产

全国性的社会团体有10万元以上活动资金，地方性的社会团体和跨行政区域的社会团体有3万元以上活动资金。

一般来说，合法的资产和经费来源主要是会员缴纳的会费、捐赠、政府资助、开展有偿服务的收入、举办的经济实体所上交的利润等。当然，作为一项

成立条件，它在申请程序中的体现仅仅是须在章程中写明，而且只要从文字上看是合法的，就应当认为符合要求，至于以后有非法取得资产、经费的行为，则是行政机关进行监督管理的问题了。

7. 有独立承担民事责任的能力。

前款第一项规定的会员应当具有地域分布的广泛性，第二项规定的发起人应当在拟成立社会团体的活动地域、业务领域内具有社会认知的代表性，并应当成为该社会团体的会员。

关于此项规定，官方的解释是："它是对社团法人应具备的几个条件的概括，具备了前面几个条件，独立承担民事责任就有了基础。可以这样说，独立承担民事责任，是社团法人成立的核心条件，这个核心条件，又是以社团法人需要具备的其他条件为基础的。"从逻辑上说，一个组织只有在取得法人资格以后，才谈得上独立承担民事责任，在成立之前要求有独立承担民事责任的能力，显然有悖常理，该项规定有进一步修订的必要。

（三）成立流程

成立社会团体法人，须经过申请筹备和申请成立两个阶段，具体程序如下：

1. 筹备阶段，申请人应当提交以下材料

（1）筹备成立申请书（写明拟申请成立的社会团体的名称解释、背景、主要业务内容、成立理由、活动资金及其来源、发起人和发起单位自身情况介绍、拟发展会员及分布情况等，并由发起人签名并发起单位盖章）；

（2）业务主管单位同意筹备成立的文件（写明同意作为该社会团体的业务主管单位并承担相应职责，加盖国徽章）；

（3）章程草案（依照章程示范文本拟定）；

（4）住所使用权证明（三种形式之一：房产单位出具证明，或买卖合同复印件，或租赁合同复印件）；

（5）注册资金来源单位或个人的出资证明；

（6）拟任负责人名单，各负责人简历（加盖单位人事章，并注明在社会团体的拟任职务）及身份证复印件。

2. 申请成立

（1）发起人提交筹备成立申请文件；

（2）民政部审查同意的，向发起人发筹备成立批复；

（3）发起人在6个月的筹备期内，开展筹备活动，召开成立大会；

（4）发起人提交申请成立登记文件；

(5) 民政部审查同意的，向发起人发成立登记批复；

(6) 社会团体领取证书后，应当刻制印章、申请组织机构代码、办理税务登记、开立银行账户，并报登记管理机关备案。

(四) 我国社会团体的法律管理体系①

社会团体的法律管理体系主要包括国家正式颁布的有关社会团体方面的法律、法规、规章等一系列规范性文件，通过颁布这些规范性文件，可以明确社会团体的法人地位，对社会团体进行科学分类以及实行税收优惠等，从而赋予公民自组织更大的法律生存空间，保障公民的结社自由权。

我国社会团体的法律管理体系包括：

1. 法律：《公益事业捐赠法》

2. 法规：《社会团体登记管理条例》

3. 部门规章：《社会团体分支机构、代表机构登记办法》《社会团体设立专项基金管理机构暂行规定》《事业单位、社会团体、民办非企业单位所得税征收管理办法》《取缔非法民间组织暂行办法》等。

4. 地方法规及规章：各地关于辖区内社会团体管理的规范性文件

除此之外，围绕社团领导人、党建、专项基金管理、纳税范围、财务管理制度、登记收费标准、印章管理等问题，还有一系列的具体规章，这些法律规范中与社会团体有关的规定也属于社会团体的法律管理体系。

(五) 推进我国社团管理体制创新的重大意义②

1. 社会团体参与社会管理能缓和社会矛盾，减少不和谐因素

社会团体来源于群众、扎根于群众，具有广泛联系群众、紧密贴近群众、直接服务群众的特点和优势，是不同群体实现自己意愿、维护自身权益的利益共同体。与政府相比，能更直接、更全面地了解社会各阶层的不同需求，并能以不同形式对需求做出直接、有效的反应。让社会团体参与社会管理，有助于增进政府与民众之间的双向沟通和交流，增进政府与民众之间的理解和信任，使党和政府找准群众最迫切需要解决的问题，使民众对政策充分地了解、认可与支持；另一方面，充分发挥社会团体的协调作用，可以在政府与个人之间建

---

① 刘长春. 我国社团管理体制创新研究：以制度变迁为视角 [D]. 重庆：西南政法大学，2008：32-33.

② 张庆良，韩磊. 推进社团管理体制创新发挥社团社会管理作用 [C]. 海南省社科类社会组织工作创新研讨会论文集. 海口：海南省社科类社会组织工作创新研讨会，2011 (12)：128.

立一条"缓冲带",减少民众与政府的对立情绪,从而化解社会矛盾,减少社会冲突,增进社会和谐。

2. 社会团体参与社会管理能化解社会结构变迁所带来的管理难题

计划经济时代,政府以单位为基础对社会实行总体控制,建立了自上而下、金字塔式的管理结构。伴随单位体制变化、户籍制度改革、就业方式变化等因素,社会团体方式发生深刻变化,越来越多的"单位人"脱离于单位体制之外,转为"社会人"。在城市就业总人口中,过去"单位人"占95%以上,而现在这个比例下降到30%左右。大量社会成员从"单位人"到"社会人"的转变,给我国社会管理带来不少难题,其中最突出的问题是在政府和分散的"社会人"之间,原来单位组织解决社会事务的能力在弱化,而新的社区管理网络还没有完全建立起来,以至于在部分地区和某些环节出现了管理缺失的现象。政府往往要直接面对分散的个人,社会治理成本大大增加,社会事务自上而下的贯彻落实和社会问题自下而上的解决都受到一定阻碍,而社会团体的存在,有效弥补了社会管理的缺损,它特有的广泛性使社会管理渗透到社会的每个角落,更使管理贴近基层社会,让千千万万的"社会人"重新回归到组织的管理和约束之中。

3. 社会团体参与社会管理能弥补政府功能的不足

社会团体作为一种以公益性、互益性为活动方式,独立于党政体系、企事业之外的正式组织,具有一定的政治属性、群团属性、学术属性、社会属性、法律属性、统战属性、外交属性。在现行的社会机制上,许多社会和经济事务,如对外贸易交往、社会资源的整合配置、行业协调和行业自律等方面,政府机构的行政调控手段都难以发挥作用,而社会团体却有较大的空间,如一部分社会团体以社会弱势群体或边缘性社会群体为服务对象,能在增进社会福利、促进慈善事业方面发挥与政府协同共进的作用;又如,在国际贸易交往中,社会团体可以通过与外国非政府组织进行合作,开发引进和利用国外的知识、技术、资本、资源,促进我国的经济发展,维护本行业在国际贸易中的合法权益;政府还可以通过民间活动达到外交目的。另外,社会团体在推进行业协调和行业自律、维护社会稳定、服务弱势群体等方面,都能发挥积极的作用。

(4) 社会团体参与社会管理能有效强化社会服务

当前,社会事业发展相对不足,公共服务由政府一手包办的旧体制不断受到市场需求多元化、群众需求个性化的挑战,解决这些问题,不仅需要强化政府责任,也迫切要求鼓励社会力量扩大公共服务供给。社会团体具有组织引领、协调整合、示范带动和排忧解难的功能,最能发挥提供公共服务、增强社会活力、促进社会发展的作用。同时,社会团体所具有的宽容、互助、互惠、利他和公益志愿精神，使得社会团体成为社会成员在政府与企业之外，最能有效开展社会服务活动的群众性组织。通过社会团体，一部分"社会人"可以实现其本身应有的社会价值或更广泛的公益价值，增强自我管理的能力和社会责任感，减少对政府的依赖。

二、海南社会团体现状

海南建省以来，由于在政策环境、社会环境等方面给予的支持，社会团体有了长足的发展（见表9-4）。

表9-4 海南省2018年社会组织情况

序号	地区	总数（个）	社会团体（个）	民办非企业单位（个）	基金会（个）	年末职工数（人）	社会团体（个）	民办非企业单位（个）	基金会（个）
1	全省	7287	2915	4275	97	68486	31098	36919	469
2	海口市	1656	364	1292		15220	3208	12012	
3	三亚市	621	262	359		12250	8080	4170	
4	五指山市	89	60	29		255		255	
5	文昌市	202	84	118		464	146	318	
6	琼海市	264	105	159		3346	722	2624	
7	万宁市	305	143	162		2859	679	2180	
8	定安县	144	54	90		408	110	298	
9	屯昌县	108	40	68		5083	4536	547	
10	澄迈县	240	91	149		674	257	417	
11	临高县	167	63	104		1029	318	711	
12	儋州市	507	93	414		3740	362	3378	
13	东方市	304	53	251		2183	267	1916	
14	乐东县	72	31	41		317	142	175	
15	琼中县	71	34	37		371	102	269	
16	保亭县	110	86	24		814	449	365	
17	陵水县	144	53	91		1987	317	1670	
18	白沙县	70	18	52		724	74	650	

续表

序号	地区	总数（个）	社会团体（个）	民办非企业单位（个）	基金会（个）	年末职工数（人）	社会团体（个）	民办非企业单位（个）	基金会（个）
19	昌江县	99	49	50		3050	2450	600	
20	洋浦	46	24	22		507	240	267	

资料来源：海南省人民政府．海南省2019年统计年鉴．

2017年海南省人民政府办公厅印发了《关于改革社会组织管理制度促进社会组织健康有序发展的实施意见》（琼办发〔2017〕48号）文件，确定了"坚持党的领导、坚持改革创新、坚持放管服并重、坚持积极稳妥推进"的四大原则，提出到2020年的总体目标，即推动海南社会组织统一登记、各司其职、协调配合、分级负责、依法监管的社会组织管理体制建立健全；政社分开、权责明确、依法自治的社会组织制度基本建立；结构合理、功能完善、竞争有序、诚信自律、充满活力的社会组织发展格局基本形成。

社会团体是社会组织的重要组成部分，是我国宪法确定的社会组织之一。随着社会管理创新理念在社会政治生活中深入推进，社团组织的作用具有了跨时代的意义，社团在沟通社会、化解社会矛盾、辅助管理社会等方面的价值日益凸显。虽然国家对社团的管理总体上仍然采取从严从紧的态度，但是从中央和地方出台相关立法和政策的情况来看，我国政府对社团的管理已逐步呈现出"松绑"的态势，社团组织的发展也日趋活跃。2016年海南省社会组织、社会团体总数相比于2010年的2797个、1613个，分别增加了3496个、1080个，年均增长为17.85%和9.56%，可以说，经过30年的发展，海南社团组织已初步形成了以服务为主的经营和发展模式，在社会建设和治理中发挥了不可替代的积极作用，但是，也要充分认识到目前海南社团组织的发展同经济社会发展不匹配，与发展要求存在较大缺口等问题。

（一）无锡科技社团"CSD"（中央服务区）运营模式①——"政府+网络"运营模式

科技社团"CSD"（The Center Service District）运营模式，是一种兼具集中

---

① 选自周航．科技社团运营模式探讨：以无锡市科协为例［J］．现代商贸工业，2015，36（7）：81-82．

办公与分散管理的模式,首先将科技社团登记、审批、会议会展、交流等服务内容集中起来,在地域上集中建立一站式的中心服务区;其次,利用电子审批服务软件系统将分散在各处的下属各级社团进行集中,利用数据收集系统软件提高服务会员的效率,降低服务成本。

在国家政策对创新要求进一步提高、社会对社团服务需求越来越多、对服务质量越来越高的前提下,鉴于科技社团地点分布广泛、人力资源分布参差有别,以及有关的规章制度不够完善的现实条件等情况,无锡市政府创新社团运营模式,在科技社团中推行了CSD运营模式,亮点如下。

1. "一站式"办公模式,提高科技社团服务效率

"一站式"集中办公模式将科协服务部门办公场所集中安排,减少服务流程衔接中的时间耗费,从而提高科协服务办公效率。从其地理位置及周边环境来看,无锡市科协办公场所与市政府相接,办公周边会议场所便利,服务接待设施齐全,已经具备建立科技CSD的基础条件。

2. 开发电子审批服务系统,降低社团服务成本

由于无锡科技社团下属各级社团的服务对象分布不确定,导致分散程度较高。CSD系统将各项服务流程中的文件材料数据化,设计电子审批服务系统,授权各级领导在系统中的审批权限,集中处理文件,不仅降低了审批时间,更节约了服务成本,提高审批工作效率,虽然会带来会员活动成本增加,但幅度不明显。

3. 利用数据收集系统,实现最大化的过程监督

众所周知,科技社团的服务项目繁多,开展的活动多种多样,在各项服务过程中,很难以建立统一的服务监督标准和体系,而电子数据收集系统可以很好地解决这类问题。工作人员将办事流程阶段信息输入系统中,实现工作过程数据化,让服务对象能够实时跟踪服务进度,同时在服务完成后予以匿名评价,从而最大化地实现过程监督,为业绩考评收集基础数据。利用电子商务的数据收集系统,可以实现移动决策、移动监督考评、移动管理,最大化公开协会的服务流程,从而实现全民监督。

4. 监督管理的平衡观念实现最大化的监督

完善的监督责任体系得以有效执行的前提条件是权利与义务的实质落实到位。

科技社团相关的监督责任体主要有:

外部监督——政府、会员、群众。

内部监督——管理人员和基层服务人员。

监督平衡的观点认为,合理的设计监督人员的权力义务,可以实现最大化的监督效果。对于科技社团监督体系的平衡结构,如图9-1所示:

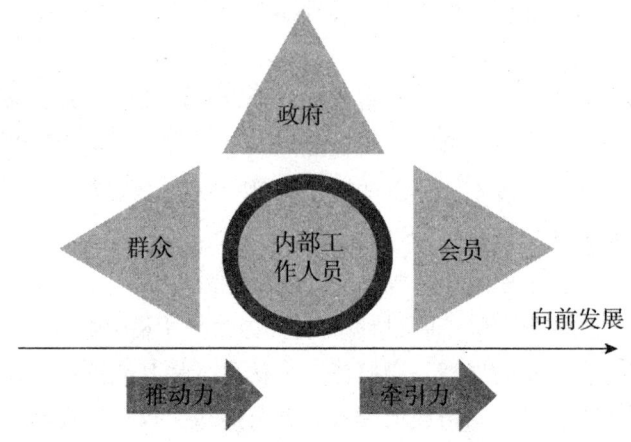

图 9-1　科技社团监督体系的平衡结构

如果将科技社团在国家经济发展道路上的发展以圆球来表示,那么政府是位于上方的监督者,主要从国家法律法规层面来监督;会员是位于发展方向上的监督者,会员的科技创新带动发展,会员对社团服务诉求带动社团发展,形成社团发展的"牵引力",且于服务执行中可以进行事中监督;群众是位于社团后方的监督者,他们在享受科技成果之际反馈的信息成为事后监督的重要内容,这些信息推动社团的服务质量向良性循环发展,形成社团发展的"推动力";社团自身运转内部形成的内部控制实现对自身内部的监督。

由此建立了科技社团的全方位监督结构,在这个结构中,最大化地监督了科技社团的各项运作,且外部监督的效果优于内部监督。值得一提的是,在这个动态平衡监督过程中,唯一可能存在的监督不全的运动切点,也随着滚动的发展过程曝光在其他外部监督内。

(二)深圳NGO参与社区治理实践——"社工+义工"联动参与模式

深圳是国内最早成立义工团体的城市。1990年4月,深圳市义工联合会在深圳市民政局注册成立,现在已发展壮大为社会各阶层广泛参与、影响力巨大、服务社会各个领域的群众性社会团体。截至2016年12月,全市共有11000个,具有法人资格的社会组织超过2200家,实名注册志愿者130万名,其中党员志愿者22万多人,占志愿者人数的17%;在校学生志愿者19.5万人,占志愿者人数的15%;自由职业者志愿者32.5万人,占志愿者人数的25%。

自2006年"社工+义工"联动参与社区治理模式试点运作以来,取得了一定的效果。2007至2008年年间,深圳的15家民间社工机构面向全国范围招募了近1000名社工,按照每70名吸毒人员、70名社会矫正人员、70名问题青少年分别配一名社工等原则,在教育、司法、民政、残联四大领域开展社工服务试点。同时,在相关的试点单位中,共有10000多名义工接受社工指导和引领,积极配合社工开展各项服务,有效地增进了社会公共服务的质量。社工机构和义工机构作为NGO,以其简朴、活力、效率与弹性,与政府、社区、居民合作互动,进一步整合和开发社区资源,在社区治理方面发挥了显著的作用。

从目前深圳的实际情况来看,已经初步形成了"社工+义工"联动参与城市治理模式的运作机制:政府起主导作用,开发社工岗位,购买社工服务,扶持义工组织。民政局主管社工机构:提供社工服务的机构,其准入条件为民办非营利组织,必须在民政部门登记获得合法的地位。社工机构招募和培训社工——社工作为掌握专业知识和技能的职业助人者,针对个人及社会问题提供系统有效的工作方法、职业化和专业化的服务;团委主管义工联,义工联招募和培训义工,配合社工服务试点,承担大量非专业性的工作,为社工的服务尤其是在开展社区活动时提供人力资源的补充。

深圳NGO参与社区治理的重要实践之一是两工联动,而社工组织作为其中重要的一极,在社区治理中发挥着重要作用。深圳社工机构的运作流程就是政府开发社区社工岗位,政府通过向社工机构购买社工岗位,社工机构招聘的社工直接提供社区服务,即政府向机构购买社工服务岗位,机构聘请社工,社工为服务对象提供服务。

为推动深圳社会工作,深圳市出台了"1+7"文件,对社会工作的开展做了详细的规定,为社工机构参与社区治理提供了良好的政策支持,尤其《深圳市发挥民间组织在社会工作中作用的实施方案(试行)》可以说是社工机构参与社区治理的纲领性文件,该文件主要从以下方面对社工机构参与社会工作做出了明确的规定:一是确定了深圳NGO在社会工作中的地位和功能,即大力扶持培育民间组织。通过民间组织的建设推动政府职能的转变,政府从社会福利和社会服务的生产者向购买者转变,建立以"公办福利机构为基础,民间社会工作服务机构为主体"的社会服务运行模式。社工机构则是社工发挥作用的主要平台,社工机构主要行使社工培训、行业规范和服务、维护社工权益以及市社会工作主管部门委托的事项等职责,并接受市社会工作主管部门的指导、协调、监督和服务。二是确定了深圳社工机构参与社区治理的管理体制。社工机构是具有独立性的民间组织,在管理体制方面,原则上凡业务交叉或难以找到业务主管单位的社会公益性民间组织,由市或区社会工作主管部门担任其业务主管单位；专业性强的社会公益性民间组织的业务主管单位可以由相关政府部门和人民团体担任，面向社区提供服务的公益性组织的业务主管单位也可由街道办事处担任。为保证社工机构的独立性，业务主管单位不得选派公职人员到社会公益性民间组织任职，不得与社会公益性民间组织有财产权方面的直接关联，在职能、组织机构、人财物方面做到完全分离，将业务主管单位的职责法定化、规范化，确保社会公益性民间组织的自主性，充分调动社会力量兴办社会公益性民间组织的积极性。三是制定和完善加快民间组织发展的政策措施：①建立政府向民间组织购买社会工作服务的制度。政府要将社会工作需要购买的服务经费列入年度财政预算，由社会工作主管部门按照项目以合约的方式，向社会公益性民间组织购买服务。②建设"民间组织孵化基地"，打造政府扶持、发展、服务民间组织的平台，优先满足社会公益性民间组织进驻，降低其日常运行成本，为其履行职责提供优良的服务。③设立扶持民间组织专项资金。市福利彩票公益金每年安排一定的数额，重点给予社会公益性民间组织资金扶持。④落实公益慈善捐赠税收优惠政策，促进社会捐赠资金投向社会公益性民间组织。财政、税务部门要按照国家的相关规定，落实慈善事业发展的税收优惠政策，依法实行慈善捐赠支出税前抵扣。四是强化对社工机构的监督管理：①社会工作主管部门、业务主管单位和民间组织登记管理机关要依法加强经常性的管理和监督工作，严肃查处社会公益性民间组织违背宗旨、超范围活动等违法行为。②促进自律管理。指导民间组织建立健全以章程为核心的各项规章制度，健全会员（代表）大会或理事会、监事会制度，进一步完善法人治理结构。建立对民间组织的评估体系，建立公开、公正、公平的民间组织评估指标，引入香港社工组织和资深社工加强对社会公益性民间组织的指导、培训和督导、评价，形成客观合理的第三方评估体制。建设诚信数据库和诚信记录公共查阅平台，并建立与之配套的信息披露机制、失信惩罚制度，并将运行状况评估结果作为政府购买服务、项目招标条件的主要依据，促进社会公益性民间组织良性竞争，以及社工人才与社会公益性民间组织的良性互动。①

三、海南社会团体组织发展思路

为了适应海南服务型政府和市场经济进一步发展要求，随着城乡社区建设的展开，以及事业单位改革的开始，以社会团体为代表的民间组织作为公共治

---

① 董秀．深圳非政府组织（NGO）参与社区治理模式研究：以深圳社工组织为例［D］．武汉：武汉大学，2010：46，48-51．

理结构的一部分受到越来越广泛的重视,这个阶段的社团组织既需要大力扶持、发展和培育,更需要体制创新、规范管理,建立配套可行的管理体制,使之走上适合海南省情的法制化、规范化的发展道路。

(一)积极推进管理体制改革,优化外部机制,为社会团体参与社会治理提供机会和搭建平台

现行社团管理制度和政策法规的改革焦点就是广为诟病的严格的"双重负责"体制,虽然在不断地进行改革和创新,但这种管理体制的总体模式并没有发生变化,有所突破的只是社团管理体制的具体实现形式,而且进行制度创新的主体一般都是地方政府,并且都是选择对社会团体中贴近市场的行业协会的管理体制进行变革创新,所以在当前大的体制环境中,无论是上海市"三元管理体制"(社团局主管登记和监督管理、业务主管单位负责主管行业业务、行业协会发展署负责主管协会业务,三个机构对行业协会负责)还是深圳市"新二元管理体制"(民政部门主管登记和监督管理、行业协会服务署为业务主管,由工商类行业协会统一协调)抑或是广东的"准一元化管理模式"(民政部门主管登记和监督管理直接对应行业协会,后者同时设立一个业务指导单位),以及温州市、鞍山市的"社团管社团"模式(民政部门主管登记和监督管理,不直接管理特定类别的行业协会,而是通过受委托社团如工商联、工经联等进行管理)都只是在政府部门之间权力的重新配置,其共同的目的都是为了削弱主管部门与社会团体的纵向联系,但并没有取消或减少政府对行业协会的管理权力,因此改革现行社团管理体制、建立良好的外部机制、推动社会团体切实参与社会治理就成为我省社会团体组织建设和发展的关键环节。

1. 改革双重管理体制,实行"政社分离""管办分离"

所谓"政社分离""管办分离",就是促进实现社会各类角色的合理分化,让政府不再担当"千手观音"的全能职责,按照社会事务管理的规律,积极完善社会团体的培育和发展机制,努力建立与社会发展相配套的发达的社团体系,还原社会团体的应有社会地位,其社会意义在于既可以理顺政府与社团的关系,彰显社团的民间性、民主性、独立性和自治性,改变社团行政化倾向,也可以妥善处理国家和社团的利益,维护社团合法权益,优化社团外部发展环境,同时可以加强党风廉政建设,纠正社团借助党政机关领导或权力部门名义谋求不正当效益的风气,克服党政机关及其公务人员以各种名义从社团获取不正当利益的弊端,杜绝不正之风的产生,促进行风政风好转。

参考其他地区的做法和经验,将目前普遍性的业务主管单位最大限度地与社团组织剥离,可参照中共中央办公厅、国务院办公厅印发《行业协会商会与

行政机关脱钩总体方案》(中办发〔2015〕39号),除部分业务性强的行业保留业务主管单位以外,其他社会团体可以直接到民政部门登记,变原来的业务主管单位为业务指导单位,今后大部分行政部门只行使行业指导职责,原则上不再作为社会组织业务主管单位,同时,除少部分有特殊职能的部门外,大部分行政部门原则上不再接受新的社会组织设立申请,授权非政府组织等作为业务主管单位,对社会组织进行分类管理。

如北京市认定首批10家市级枢纽型社会组织后表示,今后成立社会组织将不用再找行政部门;2004年6月,深圳市成立了市政府直管的"行业协会服务署",作为市政府培育、监管、规范、服务行业协会的专门工作部门,负责行业协会民间化的组织、协调和制定相关政策;对申请筹备行业协会出具意见;协助做好行业协会的监管等,这样,行业协会的登记管理工作仍统一由民政部门负责,行业协会的业务主管单位则不再是有关行业领域的政府经济职能部门,而由行业协会服务署统一充当各行业协会的业务主管部门。

2. 实行分类管理,不同类别适用不同的管理强度

目前对社会团体实行统一注册登记、明确挂靠单位的严格管理模式,主要出于社会安全的考虑,而忽视了社团本身及社会自身的发展。有鉴于此,必须改革现有的社团分级管理模式,实行分类管理,可以考虑将社团分为学术性、联合性、行业性、专业性类型,或公益性和公益性非营利类型,分别采取控制型、中间型、放任型管理的方式。对于一些身份较为敏感的社团,可以考虑采取较高强度的管理体制外,其他类型社团可以实行社会管理方式。

3. 统一监管机构,改革现行社团登记许可制度

双重管理体制的另一弊端是监管主体的职能混乱或缺失。对于社会团体的监管一般都是多主体、多方面、多角度的,因为无论在哪个国家,如果社团组织要继续生存与发展,就必须与多个日常监管的政府部门打交道,如登记、税收、违法行为处理等政府机关。有学者将管理模式分为统一管理模式和目的事业管理模式,也有学者将管理模式分为"单一监管制模式、多元监管制模式、无监管制模式、定期与经常性监管模式"。统一管理模式与单一监管制模式表现出来的共同特点是:由一个或几个政府部门对法人登记、年度报告、审计事务等进行监管,并对所有的社团组织进行集中管理与服务。如美国,由州税务局对具有公司形式的社团的免税资格进行审定,再报州务办公室批准;英国由慈善委员会统一管理慈善组织,由于慈善委员会具有一定的独立性,慈善委员会可以将慈善组织设立年度报表等制度纳入自己的管理范围;在新加坡,所有社团的登记与管理都由新加坡社团注册局统一负责。目的事业管理模式则与多元

监管制模式相类似，管理主体是多头的甚至是不确定的（如公众监督），但它们的主要特点是根据非营利组织的类别由对应的政府部门进行管理，如日本，公益法人经业务主管部门批准后，即可到其所在地的法务局进行登记。①

借鉴深圳在社团组织登记制度方面的创新——深圳市的工商经济类、公益慈善类社团组织由深圳民政部门直接登记，而其他大部分社团组织的登记仍然实行双重管理制度（这种情况下的登记就类似于公司法上的形式审查备案），而随着深圳建设的需要，这类直接登记的社团组织将逐渐扩大到文化、科技、环保等方面，并达到全部社团组织总数的50%左右。建议海南成立独立的民间组织监管委员会，统一行使对民间组织的备案、登记和监管职能，同时，政府部门或行业协会可以对专业性民间组织如民办学校、医院进行资质认证和业务指导。

针对不同性质、规模的社团，实行包括备案注册—登记认可—公益认定的三级社会团体准入制度。首先，为所有的社会团体搭建一个进行普遍备案的注册平台，以此来获取社会团体的基本信息，并赋予社会团体以最基本的合法形式。其次，对满足特定条件的社会团体实行强制性的登记许可制度，所谓特定条件包括：限定的活动领域、限定的资金规模、限定的会员人数、限定的活动地域等，对于满足这些限定条件的社会团体搭建一个进行特定社会团体登记和认可的制度平台，由国家授权的监管机关按照相关法规进行受理、分类、登记并予以认可。最后，对于从事特定公共服务或政策鼓励的社会公益活动的社会团体，在上述登记许可制度之上，实行更加严格的公益法人认定制度，在给予财政和税收等方面最大限度优惠待遇的同时，进行更为严格和规范的行政监管及社会监督，如此，一方面最大限度地拓宽社会团体的准入范围，以零门槛的设定解决社会团体合法性的问题，另一方面又非常鲜明地表明政府的政策导向，为公益性社团的发展创造更好的制度环境。

（二）在大的法律背景下创新社团管理政策法规，完善地方社团管理的法律制度

基于海南社团组织本身情况的特点与复杂性，以及对于其存在价值及社会定位的认同程度、容忍程度、经济社会发展要求、地方文化传统、民族习俗等因素，在我国有关社团管理法律制度还处于刚刚建立并不断修改完善的时期，海南必须根据自身的定位和社会治理现代化的方向要求，改革和创新社团组织管理的政策法规，为海南社团组织的发展创建法制平台。

---

① 罗景梅. 论我国社团管理制度的改革与完善 [D]. 北京：中国社会科学院，2013.

1. 提高社团立法的位阶

从全国范围来看，现有社团法律的立法起点和层次都比较低，其主要的法律渊源是国务院的几个行政法规，其中最重要的是《社会团体登记管理条例》，但是其内容太过简略，在事务操作中实际发挥作用的是作为社会团体登记管理机关的民政部发布的行政法规和其他规范性文件，以及地方政府发布的地方性法规和其他规范性文件，到目前为止也没有一部关于规范民间组织实体的法律，没有一部调整公民结社的法律，对于民间组织和政府部门来说，许多重要问题仍处于无法可依的状况，因此，改革和完善社团管理体制首要的是制定民间组织基本法，使公民结社权和社团管理做到真正有法可依，类似日本《促进特定非营利活动法》等，尽快制定《中华人民共和国民间组织法》，其内容应当能够涵盖除政府、企业之外的所有民间组织，包括社会团体、民办非企业单位、基金会以及未登记团体等在内，为包括海南在内的地方社团组织的发展奠定法律基础。[1]

2. 加快配套法律制度的建设

加快配套法律制度的建设，以法律形式确认地方政府社团管理体制创新实践的成果，为社团发展提供一个良好的法律氛围。

首先，在执行中央有关民间组织基本法的基础之上，针对海南自身情况修改和完善现行的《社会团体登记管理条例》。2014 年海南省民政厅下发了《关于对四类社会组织实行直接登记的通知》，决定在全省范围内进一步简化社会组织登记管理程序，除法律、行政法规规定需要前置审批的外，对行业协会商会类、科技类、公益慈善类、城乡社区服务类等四类社会组织实行直接登记制，即从文件颁发之日起，申请成立行业协会商会类、科技类、公益慈善类和城乡社区服务类等社会组织，可由发起人直接向各级民政部门申请登记，民政部门受理申请后，直接在"登记管理机关审批意见"栏中签署意见，做出准予登记或不予登记的决定。

其次，针对以行业协会为代表的经济团体以及其他类型的社会团体，制定相关管理的专项法规体系。根据国务院办公厅《关于成立行业协会商会与行政机关脱钩联合工作组的通知》（国办发〔2015〕53 号）文件精神，海南省人民政府出台了《关于成立深化行业协会商会与行政机关脱钩试点联合工作组的通知》（琼府办〔2016〕270 号）文件，成立海南省深化行业协会商会与行政机关

---

[1] 刘长春. 我国社团管理体制创新研究：以制度变迁为视角 [D]. 重庆：西南政法大学，2008.

脱钩试点联合工作组（以下简称省联合工作组），指导和督促海南进一步深化行业协会商会与行政机关脱钩试点工作，统筹协调解决深化行业协会商会与行政机关脱钩试点工作中的重点与难点问题。

再次，因地制宜地制定一些适合本地方社会团体管理的法规、规章、办法等，建立、健全有关社团组织内部管理运行机制和社团行业自治的法律法规，规范社团在组织管理、财务和税务、收支管理等方面建立有效的制度，着力推进制度化建设，完善行政执法程序规定，加大执法查处力度，从源头上引导广大社会团体在法制规范下服务社会。

（三）促进多元发展，积极培育现代社团组织

社团是公民自由结社的产物，是社会历史进程中人们的选择结果，社团的多元化发展不仅是现代化市场经济体制中竞争原则的要求，也是社会选择的必要趋势。通过引进市场竞争原则，促进社团组织的多元化发展，平等参与社会资源的分配，始终树立优胜劣汰的危机观，从而使社团组织在与政府的合作中，在提供社会服务中，不断提高自身的技术能力、服务能力、解决问题的能力，这不仅符合我国社团组织发展的规律，也顺应了全球社团组织的潮流。

以行业协会为例，大部分的行业协会完全在地方政府的指挥下对行业进行管理，沦为了政府的附庸职能部门，是公认的"二政府"：一方面是因为政府没有放权让行业协会"去行政化"，另一方面更重要的原因是，行业协会外部与内部没有形成竞争机制。在"一业一会"的背景下，行业协会理所当然具有垄断的地位，由此带来的不良影响是行业缺乏竞争力、缺乏内外部监督、行业内部管理混乱、行业协会管理人员腐败等，而如果引入优胜劣汰的市场竞争机制，也即"一业多会"的竞争模式，那么在相对宽松的登记制度下，将吸收和集中优质的行业组织资源，形成竞争态势，不断督促各行业协会提升服务质量，同时也将能够优化升级行业协会的内部管理，形成隐性的二次竞争，催促各行业协会提高自身的管理水平与运营能力。在这一方面，广东为促进行业协会的独立发展，率先出台了《关于进一步培育发展和规范管理社会组织的方案》，随即在各市逐步落实，如广州、湛江等都相继出了相关的规定，这些创新经验可以为海南所借鉴，为促进海南社团组织多元化改革寻找突破口。[①]

---

① 罗景梅. 论我国社团管理制度的改革与完善［D］. 北京：中国社会科学院，2013：19.

(四) 完善相关的经费与保障制度

1. 税收优惠的完善

以公益性社团组织为例。虽然我国在1999年颁布了《公益事业捐赠法》、2008年新修订《企业所得税法》与《个人所得税法》规定了对公益性组织捐赠的税收优惠政策，但能够享受税收优惠的社团组织比例偏低，其原因在于限制竞争原则导致的社团组织缺乏多元性，以及国家财政与税收部门对社团的资格认定采取不统一的标准，因此捐赠对象范围选择少，很大程度上削弱了社会公众向公益性组织捐赠的积极性。对此，有学者提出"变审批制为审核制"，放宽资格的准入，审核制要求不再是先由相关政府部门批准登记，再由财税部门审批这样三重严把关，而是一步到位，只需获得批准登记即可；也有学者认为可以借鉴德国的做法，即社会组织只要符合组织章程中税收优惠的条件即可。

最大限度地让社团组织享受免税资格，这种做法虽然合乎常理，但就目前情况来看可能还不完全具备执行条件，因此不能操之过急，需要阶段性的过渡，最终达到逐步放开社团组织免税资格的目的，这方面可以借鉴深圳的经验，即按批次逐步扩大公益性捐赠税前扣除资格。

2. 财政资助

一般认为，社团组织在一定意义上承载和分担了政府的部分公共职能，政府对其资助是社会公共财政的自然延伸，也是理所当然的。政府的传统财政支持模式主要倾向于直接拨款，但随着行政实践创新与发展，政府亦可以采取政府采购、政府外包服务等方式作为财政支持的手段。以英国为例，政府资助分为拨款和公共服务提供合同两种，而直接拨款方式逐渐转变向公共服务合同是大的趋势，而且从世界范围来看，直接拨款的方式逐渐被多数发达国家淘汰，而主要替之以合同形式给予财政支持。政府购买服务的主要特点是在公共服务领域引入市场竞争机制，政府购买服务是近现代以来国家行政改革与完善的一种制度创新模式，是新时期我国政府提供的新型公共服务方式。

进入21世纪以来，政府购买公共服务形式已经成为潮流。上海打浦桥社区文化服务中心的做法给我们提供了一个很好的参照平台——购买服务方为打浦桥街道办事处，提供服务方是民办非企业单位——华爱社区服务管理中心。政府通过具有竞争性的双向选择程序选择了华爱，由华爱负责打浦桥街道的社区文化事业建设，华爱在对社区管理的过程中有独立的决策权，运行过程中的资金来源由街道办事处全额支付，营运所得再运用于社区活动。由于这种社团组织在设置文化项目方面更能满足居民个性化要求，最终的结果是降低了运营成本，提高了文化服务的效益。而华爱得到的财政支持则是政府提供的发展资源与平台，华爱可以通过这些资源与平台使自己逐渐成为独立与专业化的组织。

当然，政府购买服务方式毕竟是一个新事物，发展还不成熟，存在的问题也比较多，如缺乏规制公共服务购买的相应法律制度（如购买程序公开、购买资金信息公开等），参与竞争提供公共服务的社团主体少，监督评估机制简单或缺乏相应的监督评估机制等。因此，为了寻求这方面的突破，首先应当出台相应的法律法规如《政府采购法》或政府采购实施细则并完善与之相配套的法律实施细则，将采购范围、程序、费用、评估监管机制引入；其次是引入多元的社团竞争主体，能够让政府主动地选择提供公共服务的主体；最后是强化政府作为合同方的公共责任意识，提高政府对公共服务合同的管理能力，提高合同风险意识，必要时以公开听证的方式听取民众对公共服务条款的建议。①

四、海南社会团体组织发展的突破口和着力点

（一）更新思想观念，紧跟时代发展

社会团体管理创新，当前最核心、最本质的问题就是解决观念认识问题。长期以来形成的"管制即管理""全能政府＝高效管理""社会组织＝行政机构的延伸"，以及重社会安全而忽视公民发展需要等固有观念和片面认识可谓根深蒂固，严重影响了我省社会团体组织的发展，极大地阻碍社团管理体制机制的改革创新。因此，必须紧跟形势、开放思想、更新观念，重视社会团体组织在海南社会发展的重要性，为各类社团组织的发展保驾护航。

（二）加强自身建设，提高社会团体参与社会管理的能力

加强社会团体自身建设是社会团体能否有效发挥社会管理职能的重要基础。社会团体参与社会管理，必须增强社会团体的社会责任意识和法制观念，加强自律机制和诚信机制的建设，强化自我约束，树立良好社会公信力，提高自身服务社会、服务公众的能力。具体来说：一是要大力培养社会团体独立意识和公益精神。独立意识、公益精神是一个社会团体有效参与社会管理的基石，不能因为社会团体需要从政府、经济组织和民间捐助者那里获得资助和支持而变为支持者的附庸。二是要增强民主意识，实行民主决策。建立、健全规范的内部管理机制，树立民主决策的意识，不能一个人说了算，服务工作必须向公众征求意见，尊重民意。三是要继续大力推进政社分开，以行业协会为重点，从

---

① 罗景梅. 论我国社团管理制度的改革与完善［D］. 北京：中国社会科学院，2013.

入口把关，到职能、机构、人员、财务等方面进行进一步的引导和规范，特别是与政府部门、企事业单位的脱钩，解决党政领导干部在社会团体兼职等问题，推动社会团体真正成为自我管理、自我服务、自我发展的社会法人主体。四是要加强社会团体服务工作的规范性，包括服务的程序、服务的结果和服务的公开、公示的办法，能够做到让人民群众满意，这就要求社会团体在服务群众的细节上要个性化、专业化。同时，要加强对社会团体活动的依法监管，形成社会团体自我发展、自我管理、自我教育、自我约束的运行机制，保证社会团体全面提高服务社会的能力。五是要培育社会团体参与社会治理的文化氛围。社会团体参与社会治理意识的培育、参与社会治理能力的提高、参与社会治理精神的形成，需要相应的文化滋润和文化支撑，党和政府应着眼于培育社会团体参与社会治理的文化氛围，通过文化熏陶，培育社会团体的公民意识、参与意识、社会责任意识，改变社会团体对社会的冷漠、埋怨心态，让参与社会治理成为社会团体的生活习惯甚至生活方式。

（三）加大培育力度，扩大社会团体参与社会管理的规模

加大培育社会团体的力度，让社会团体在成长与成熟中承担更多的社会服务功能，这是创新社会管理最富成效的选择之一。当前和今后一个时期，应根据经济社会发展的实际情况和条件，大力发展法制健全、管理规范、分类管理、独立法人的民间组织。

第一，要加快行业协会、异地商会改革发展步伐，大力扶持异地商会发展，优化行业协会布局，允许一业多会，公平竞争。

第二，要大力发展公益慈善类社会团体，加大对公益性社会团体和基金会的扶持力度；支持和引导公益慈善组织在社区建设"安老扶弱、助残养孤、扶危济困、救助赈灾"等服务项目。

第三，要有重点地推进民办非企业单位有序发展，重点做好教育科技、文化体育、医疗卫生、福利事业、生态环保、服务社区的民办非企业单位的规划、培育和发展，形成"民办社会事业和公办社会事业相互促进、共同发展"的格局。

第四，要积极发展城乡基层社会团体，大力扶持城市社区社会团体，支持和鼓励社区居民成立形式多样的慈善组织、群众性文体组织、科普组织和为老年人、残疾人、困难群众提供生活服务的组织；大力培育农村专业经济协会，探索农村社区社会团体发展的有效方式，充分发挥其在推进村民自治，参与村务管理、建设社会主义新农村中的积极作用。

(四) 完善社会团体的重点工作领域

第一，实现知识经验共享，提高业界整体水平。从现实情况来看，在任何行业和领域的专业工作者之间，都会不同程度地存在沟通上的距离，而社会团体作为桥梁和纽带，却能发挥学术和经验交流平台的作用，围绕业界发展的热点难点问题，积极开展相关的学术交流、经验交流。例如，专题研讨会、经验介绍会、成果展示会和相互间的参观学习等，使广大会员统一思想、提高认识、启迪思路、寻找对策，不断丰富和完善知识体系。

第二，开展决策咨询活动，当好政府智囊团。社会团体聚集了大量跨部门、跨行业的社会专业人士，他们对不同行业和领域发展有着深刻的认识和独到的见解，可以发挥主渠道的优势，组织广大会员围绕行业和领域发展的难点、热点问题，为重大工程项目承担决策论证、专业咨询、项目论证评估等工作，并向政府主管部门提出决策咨询建议，当好政府决策的智囊团。

第三，组织相关培训，推动人才培养工作。社会团体要根据地区、行业和领域人才紧缺的情况，组织相关培训。例如，针对某行业人才紧缺的情况，社会团体可以与相关职能部门共同组织开展职业技术培训。另外，还可以开展职业资格认证、人才测评、职业道德教育等，从不同层面推动人才培养工作。

第四，加强对外交流合作，努力"借梯登高"。社会团体在对外民间交流与合作中，应该充分发挥牵头作用，积极拓展对外交流渠道，建立与相关社会团体稳定良好的合作关系，加强与省内、国内，甚至国外先进地区或机构的交流与合作。通过走出去、请进来的方式，组织相关考察团赴先进地区考察学习、举办跨区域专业研讨会等，学习借鉴先进经验，提高社会团体的知名度。①

第三节 民办非企业单位和基金会

一、海南民办非企业单位

自 1996 年中共中央办公厅、国务院办公厅《关于加强社会团体和民办非企业单位管理工作的通知》（中办发〔1996〕22 号）第一次提出"民办非企业单

---

① 张庆良，韩磊. 推进社团管理体制创新发挥社团社会管理作用[C]. 海南省社科类社会组织工作创新研讨会论文集. 海口：海南省社科类社会组织工作创新研讨会，2011 (12)：128.

位"这一概念以来，民办非企业单位在我国获得了较快的发展。根据《民办非企业单位登记管理暂行条例》（国务院〔1998〕251号）第二条规定："民办非企业单位"是指企业事业单位、社会团体和其他社会力量以及公民个人利用非国有资产举办的，从事非营利性社会服务活动的社会组织，具有产权为社会所有、经营收入不能分红两项重要特征。

按照民办非企业单位所属行业划分，可分教育类的民办学校、幼儿园、托儿所、培训中心等；卫生类的民办医院，门诊部、康复、保健、卫生、疗养所等；文化事业类的民办文化馆、美术馆、艺术研究院等；科技体育类的民办科研院所、体育中心、体育俱乐部等；劳动、民政类的民办敬老院，托老所，福利院、职业介绍所等。

民办非企业单位不同于社会团体，他们的主要区别有以下几点：

一是社会团体可以举办民办非企业单位，而民办非企业单位不能举办社会团体。

二是社会团体可以设立分支机构，而民办非企业单位则不得设立分支机构。

三是社会团体是由公民自愿组成的会员制组织，而民办非企业单位是企业事业单位、社会团体和其他社会力量以及公民个人利用非国有资产举办的，从事非营利性社会服务活动的社会组织。

民办非企业单位是一种非营利性的组织，其主要的活动不是以营利为主，更多的是为社会服务，有如下几个特点：一是民办非企业单位具有组织性的特点，它是一定的组织机构，是依据一定的法律程序注册成立的法人；二是民办非企业单位具有民间性的特点，该组织在结构上相对于政府是独立的；三是民办非企业单位具有非营利性的特点，单位的拥有者并不是一味地追求商业利益，单位即使营利，营利的成果也不能在企业的成员中进行分配；四是民办非企业单位具有自治性的特点，非营利性的单位可以不受外部的控制和内部管理的制约；五是民办非企业单位具有自愿性的特点，组织机构举办活动时，大多数的成员都是自愿参加的，活动的顺利展开大多依赖成员的自愿参与；六是民办非企业单位具有公益性的特点，旨在为社会提供服务，为人民谋求福利。

（一）海南民办非企业单位现状

从2010年以来，海南民办非企业单位发展快速、势头强劲，领先社会组织中社团和基金会的发展。从下表可以看出，2018年相比2010年，民办非企业单位的数量增加了3119个、职工人数增加了18603人，年均分别增长了29.98%和23.96%，远高于同期海南GDP发展速度。

表 9-5　海南省近几年民办非企业单位、基金会发展情况

序号	年份（年）	民办非企业单位		基金会	
		数量（个）	职工数（人）	数量（个）	职工数（人）
1	2010	1156	11697	28	134
2	2011	1319	15408	31	140
3	2012	1657	16857	39	165
4	2013	1958	17430	50	197
5	2014	2457	23721	56	280
6	2015	2850	26869	62	385
7	2016	3520	30300	80	501
8	2017	3992	35934	89	509
9	2018	4275	36919	97	469

资料来源：历年海南经济统计年鉴

2010年8月1日，作为行业商（协）会和民办非企业单位业务对口主管单位的海南省商务厅颁发了《社会团体和民办非企业单位业务管理暂行办法（试行）》，以规范相关管理工作，提高办事效率。2015年海南省民政厅《关于开展社会团体、民办非企业单位和基金会年度报告审核的通告》规定，凡是2014年6月1日前在我省各级民政部门登记注册的社会团体和民办非企业单位，凡是2014年12月31日前登记设立的基金会，请将年度报告相关材料于2015年5月31日前报送到所登记的民政部门，简化管理程序，提高了社会组织的积极性。

国家"十二五"规划纲要首次专章阐述社会组织，明确了"统一登记、各司其职、协调配合、分级负责、依法监管"的社会组织管理体制，特别是近年来，随着市场经济的深入转型发展，以及社会结构日益多元化和政府职能转变的大趋势，为民间组织提供了广阔的发展空间，海南民办非企业单位发展迅猛，在构建和谐海南中发挥了积极作用，但其自身发展也出现了一些问题，具体如下：

第一，产权界定和权利义务不清晰。按照规定，民办非企业单位不得以营利为目的，体现为不得分红和注销后财产不得收回，在产权关系表现为民办非企业单位的产权具有独立性。但按照《民办非企业单位登记管理暂行条例》中第12条的规定，民办非企业单位有法人、合伙和个体三种形式。就民事法律关

系而言，法人型的民办非企业单位以其产权承担有限法律责任，而合伙和个体形式的民办非企业单位则是以合伙人和承办者的个体产权承担无限法律责任，因此，合伙和个体形式的民办非企业单位在产权的权利和义务发生了割裂，产权的获益与责任严重不对等。

第二，管理体制不够顺畅。民办非企业单位在行政管理体制上，实行"归口登记、双重负责、分级管理"的双重管理体制，一方面虽然规范了政府对民办非企业单位的管理格局，加强了政府对民办非企业单位的监督、管理和限制，但同时也造成了事实上的民办非企业单位成立时的"双门槛"和活动中的"双审查"；另一方面，造成民办非企业单位对行政机构依赖性强的困局。大部分的民办非企业单位以政府资金为主要收入，其中政府提供的财政拨款和补贴为其主要资金来源，其余收入来源依次为会费收入、经营性收入、企业赞助和项目经费，总体上资金规模较小，收入结构单一。

第三，监管力量配备不足。民办非企业单位自身建设和发展也存在不少问题，例如法人治理结构不完善、财务制度不规范、透明度不高、社会信用度不够等，这些问题的解决除了依靠民办非企业单位自身努力外，还需要登记管理机关和相关职能部门加强管理和引导。但是，由于人员编制不足，经费保障缺乏，各级登记管理机关往往疲于登记、年检等日常事务，重审批、轻管理，重形式管理、轻引导培育。

第四，法律保障不够完备。现有法律法规缺乏关于民办非企业单位法律地位的基本规范，对民办非企业单位民事关系调整极为薄弱。例如我国的《民法通则》将法人分为企业法人、机关法人、事业单位法人和社会团体法人四大类，民办非企业单位的法律地位未能在国家民事基本法律中得到确立。

由于法律法规不够完善，以及复杂烦琐的登记手续，使得许多民办非企业单位不愿登记甚至逃避登记，而按照《社会团体登记管理条例》第3条第2款规定属于"非法民间组织"。有数据显示，从全国范围看，按照《民办非企业单位登记管理暂行条例》和《取缔非法民间组织暂行办法》规定的"非法民办非企业单位"占到民办非企业单位总数的84%，因此，这些游走在法律框架外的"非法民办非企业单位"不同程度地存在着管理体制、组织结构、财务制度、决策程序、监督机制、激励机制的不健全和财务混乱、人员老化、经费短缺的乱象，几乎都在从事营利性活动，有些业务主管还利用民办非企业单位来谋取自己的非法利益。

第五，内部管理不够规范、内部制度不健全，尚未实现自我完善。调查发现，部分民办非企业单位，尤其是成立时间较短的，在不同程度上都存在着内部组织建设不规范的问题。一些民办非企业单位并没有设立相关的权力机构、执行机构及监督机构,有的甚至没有专职人员。有的单位虽已建立起各种规章制度,但只是一种形式,并未真正实施并发挥其作用;有的单位财务管理混乱,白条收费,导致部分税源流失,有的利用个人账户管理单位资金;有些民办非企业单位虽有章程,但不能独立实施、有效落实,自我治理只能停留在口号上。

第六,扶持政策不够有力。一是资金来源单一,物力、财力偏弱。据调查,90%以上的民办非企业单位认为阻碍其发展最严重的问题是缺少资金,绝大部分民办非企业单位的收入来源是服务收入,极少涉及政府拨款和社会捐助。由于资金的缺乏,导致民办非企业单位从业者的待遇较低,民办非企业单位无力为职工提供相关养老、医疗保险等。二是对民办非企业单位的扶持力度还不够有力,政府职能转移、购买服务的财政预算制度还没有真正建立,购买服务的事项范围还比较有限,很多地方还局限在试点探索阶段,对民办非企业单位的税收优惠和扶持很有限。

第七,民办非企业单位遵纪守法意识不强。目前,民办非企业单位有法不依、无法可依现象仍然存在,非法民办非企业单位和民办非企业单位违法行为时有发生。少数民办非企业单位随意超出章程规定的业务范围,从事违法活动;个别民办非企业单位未经登记,擅自开展活动,特别是还有一些民办的学校、幼儿园、医院、体育俱乐部等,至今未到民政部门登记,疏于管理,存在着严重的信用危机和安全隐患。

(二)海南民办非企业单位的发展

1. 三大关键点

(1)从行政许可到行政确认

目前对于民办非企业单位等社会组织还是实行双重许可的管理体制,民办非企业单位一定要经过业务主管单位的审批,只有审批通过方可实施登记;业务主管的审查登记需要依据相应的行政许可法的规定,民政机关的登记可以采用有关社会团体的登记制度和办法。实际上,业务主管的登记从本质上来说,它是一项行政确认而不是一种行政许可,有些登记内容如工商企业登记以及社会团体登记等,只是表面上符合了一定的登记机关的要求,但是从本质上来说,并不是对民事责任的确定,只是从某种程度上赋予了它们一定的民事权利。民办非企业单位的登记是保证单位合法的前提条件,只有实行登记,法律才会予以保护,因此,业务主管单位的审查登记只需进行形式上的审查即可。

(2) 从管制到培育

中国大部分的民办非企业单位依赖的大都是事业单位和政府的全额拨款，使得民办非企业单位与政府产生了紧密的合作关系。对于一些非营利性的民办非企业单位，政府采取的是控制和监管的态度，一方面要加大扶持力度，另一方面要充分发挥政府在社会工作处理上的积极作用，除了行政许可之外还有行政监管和行政处罚等，政府还经常以通知的形式"下命令"给民办非企业单位。十六届六中全会后对民办非企业单位的管理由管制措施发展到了培育方式，承认民办非企业单位在社会政治、经济、科技、文化，以及卫生事业上的重要性，为民办非企业单位提供了良好的发展平台。因此，政府对于民办非企业单位的政策应以指导性为主，一方面对其实施保护，另一方面不断加强扶持力度，实现民办非企业单位与政府服务同步发展。①

(3) 从相对人到合作伙伴

要积极探索民办非企业单位的管制问题，可以考虑以授权形式赋予它们一定的管理权力，以此促进民办非企业单位等社会组织承担更多的社会事务工作，另一方面政府将有更多精力履行自己的职能，更好地为社会提供服务。从近几年的发展来看，政府与新社会组织的合作取得了良好的发展效果，政府发挥了自己的社会保障功能，形成了与社会良性互动的局面。

据有关调查显示，民办非企业单位等社会组织多以老年人、残疾人和青少年为主，政府部门经过积极的引导，让社会形成了关爱弱势群体和关心公益事业的热潮，民间也渐渐形成养老和照顾残疾人的组织机构，为社区的发展提供优质的服务。

2. 几点思路

(1) 改革双重管理体制。民办非企业单位必须找到业务主管单位，经审查同意后才能注册登记，由此导致大量社会组织因为找不到业务主管单位而"注册无门"沦落成为"非法组织"，阻碍了民办非企业单位的发展。在立法时，对设立民办非企业单位，除了法律、行政法规规定或者国务院决定设立民办非企业单位须经前置批准的，或者民办非企业单位的业务范围有属于法律、行政法规或者国务院规定在登记前须经批准的项目，须经政府有关部门批准外，举办者可直接到相应的登记管理机关注册登记。

(2) 进一步健全民办非企业单位制度，完善配套法规。一是健全完善民办

---

① 参考姜寒笑.民办非企业单位的发展"瓶颈"及突破：以台州市为例[D].上海：复旦大学，2013：16-24.

非企业单位法律法规体系，简化登记程序，使民办非企业单位的登记和管理步入法制化、规范化的良性轨道；二是健全权责明确、协调运转、有效制衡的法人治理结构，明确理（董）事会、监事会和管理层的职责，完善议事、选举、机构、财务、人事等各项制度；三是考虑出台地方性民办非企业单位减免税的优惠政策，修订有关民办非企业单位的配套政策法规，以调动和增强举办民办非企业单位的积极性和吸引力；四是省市级社会组织管理机关常年聘请法律专业人员加强此项工作，制定地方性的法律法规以及为全国的工作提出意见和建议，逐步建立相对比较完整的法律体系，并能够随着社会的发展变化而不断调整和完善；五是制定专职人员的人事管理制度、职称评定和社会保障制度，加强民办非企业单位人才队伍建设，推进从业人员的专业化、职业化，完善内部激励和约束机制。

（3）明确资产属性，加强政府对资产的监管。民办非企业单位是我国计划经济体制已被打破、社会主义市场经济体制尚不完善、民间非营利组织的财务规则尚未建立的环境中蓬勃发展起来的非营利性社会组织，其资产管理的不规范性是难以避免的。资产管理首先是一项基础建设，只有在建章立法、监督管理的各个环节建立有利于民办非企业单位健康发展的资产管理规则，才能有效地指导、监督民办非企业单位占有和使用经济资源的合法性和规范性，因此要深化对开办资金的监督，在年度检查中加强财务审计，以及规范法定代表人的离任审计。

（4）加大扶持力度。制定财政扶持政策，政府通过购买服务、设立专项资金等方式对民办非企业单位进行资助、奖励、补贴；政府可以出租，转让划拨闲置的国有资产等措施对民办非企业单位予以扶持；国家鼓励金融机构发放政策性贷款，支持民办公益事业的发展；政府应当按照公益事业用地及建设的有关规定，对新建、扩建民办非企业单位用地给予优惠，为民办非企业单位的健康发展创造良好的外部环境。

（5）加强规范化建设力度，不断完善自律机制。通过大力加强民办非企业单位规范化建设，督促其建立健全以章程为核心的各项规章制度，促进自身全面建设，规范发展。民办非企业单位依法开展活动，必须完善其章程，以章程为依据，健全组织机构，同时，还要在理事会或董事会之外设立监事会，对组织的年度计划、年度财务审计报告和平时的经济活动进行批准、监督；加强诚信建设，诚信建设的好坏是民办非企业单位遵纪守法的必要反映，也是自律工作的自然延伸；实施评估制度，确定评估依据和标准，定期进行评估，以适应社会和工作的变化，增强应变能力，提高服务质量和工作绩效。

二、海南基金会组织

根据2016年《基金会管理条例（修订草案征求意见稿）》第二条规定："基金会"是指利用自然人、法人或者其他组织捐赠的财产，以开展公益慈善活动为目的，按照本条例的规定成立的非营利性法人，其公益性主要表现在它不为特定的自然人、法人和其他组织获利，强调的是社会公众的广泛受益。

基金会的分类：①"同学基金会——中华文化基金"按照资金的使用方式将其划分为资金主要用于资助其他组织运作公益项目的资助型基金会、自筹资金运作公益项目的运作型基金会和二者兼有的混合型基金会；②按照资金捐赠者的来源，可以分为私人基金会（来源于个人）、企业基金会（以企业资产为基础）、社区基金会（服务于社区建设与改善，基金来源多样）和政府基金会（由政府资助或创办）；③我国《基金会管理条例》中按是否具有面向社会公众筹款的资格将基金会分为公募基金会和非公募基金会，两者的本质区别是，前者属于公共筹款型的基金会（Fund-Rising oriented），主要依靠从社会募集的资金从事公益项目；后者属于独立基金型（Endowment）的基金会，依靠自有资金的运作增值和发起人及亲友的捐赠从事公益活动。

基金会的作用。基金会的活动领域包括以下三类：慈善，除慈善以外的其他公益领域（如教育、科学、文化、艺术）和社会创新，三者之间是层层递进、不断深入的关系。在这些领域中，基金会通过运作项目、开展活动起到以下作用：①对政府的补充。在政府现有资源不足以全面满足社会需求的情况下，基金会面向社会募集资金，将其投入社会各领域的公益项目，运用自身资源扩大公共服务的范围，实现对现有公共服务体系的补充。②再分配。基金会可以在以效率、公平为标准的社会资源分配完成后，进行"第三次分配"，使资源配置结果更加合理。不同于某些机构、项目全部依靠国家财政拨款，基金会资金的重要来源是社会各界的捐款，通过这种运作模式，起到了对社会资源和财富的再分配作用。③价值倡导。基金会在开展活动时会传播自己的价值观念，启发受众的思考和进步，倡导高尚、先进的价值理念。④改善环境。各种出于公益目的的活动，不管是环境保护还是发展教育事业、扶持弱势群体，都能够起到改善社会环境，促进和谐发展的作用。

与社会团体、民办非企业单位等比较，海南基金会总数增长较快，但2018年从业人数略有下降。从下表中可以看出，2018年基金会数量达到97个，为2010年的3.46倍，年均增速为27.31%；2018年基金会职工人数为2010年的3.50倍，年均增速为27.86%，两项指标的增长速度远高于同期海南省GDP的发展速度。

表 9-6 海南省近几年基金会发展情况

序号	年份（年）	总数（个）	年末职工数（人）
1	2010	28	134
2	2011	31	140
3	2012	39	165
4	2013	50	197
5	2014	56	280
6	2015	62	385
7	2016	80	501
8	2017	89	509
9	2018	97	469

资料来源：海南省历年经济统计年鉴

但是，海南基金会与社会团体、民办非企业单位等面临相同的发展问题，影响了海南基金会组织的深入发展，具体如下：

第一，发展定位较低，法律地位不够。

1988年人民银行把基金会定位于非营利金融机构，对基金会实行三重管理，遵从金融管理条例，由人民银行非金融司具体负责。1989年的《基金会管理办法》将基金会定位于社团法人，遵从社团管理条例。2007年10月，党的十七大报告在"加快推进以改善民生为重点的社会建设"中指出"要以社会保险、社会救助、社会福利为基础，以基本养老、基本医疗、最低生活保障制度为重点，以慈善事业、商业保险为补充，加快完善社会保障体系"，指出了现阶段我国慈善事业以及基金会发展在社会福利和服务体制中的补充定位，即以志愿原则为基础的慈善事业不能取代以权责关系为核心的社会事业发展的基本制度，解决养老、医疗、救灾救济、残疾人福利等事业必须依赖于以国家责任为核心的养老制度、医疗制度、救灾救济制度以及残疾人福利等制度，以基金会为龙头的慈善事业处于拾遗补缺的地位，基金会和非营利组织在文化、教育等其他社会事业发展中的地位和作用同样如此。

目前我国对基金会的登记管理最新依据是2016年《基金会管理条例（修订草案征求意见稿）》第二条规定："所称基金会是指利用自然人、法人或者其他组织捐赠的财产，以开展公益慈善活动为目的，按照本条例的规定成立的非营利性法人"；第十三条规定"基金会章程必须明确基金会的公益慈善性质，不得规定使特定自然人、法人或者其他组织受益的内容"，明确了基金会的公益慈善属性。2017年《民法总则》最新规定：非营利法人是指为公益目的或者其他非营利目的成立，不向出资人、设立人或者会员分配所取得利润的法人，为非营利法人。非营利法人包括事业单位、社会团体、基金会、社会服务机构等，明确了基金会的法律地位，但显然是作为一种补充定位，而如何定位基金会在非营利部门中的位置也是一个模糊的问题。

第二，严格的双重管理体制和严重的行政依赖性。2016年《基金会管理条例（修订草案征求意见稿）》第六条第一款、第二款规定："国务院民政部门和县级以上地方各级人民政府民政部门是本行政区域内的基金会登记管理机关（以下简称登记管理机关）""国务院有关部门和县级以上地方各级人民政府有关部门、国务院或者县级以上地方各级人民政府授权的组织，是基金会的业务主管单位"，即基金会必须接受登记管理机关和业务主管单位的双重领导。具体来说，在登记环节上，登记管理机关负责基金会、基金会分支机构、基金会代表机构、境外基金会代表机构的最终审批登记，业务主管单位负责基金会及其分支机构、代表机构、境外基金会代表机构的初审；在管理环节上，登记管理机关负责对基金会、境外基金会代表机构实施年度检查，对基金会、境外基金会代表机构依照本条例及其章程开展活动的情况进行日常监督管理，对基金会、境外基金会代表机构违反本条例的问题依法进行处罚。业务主管单位负责指导、监督基金会、境外基金会代表机构依据法律和章程开展公益活动，负责基金会、境外基金会年度检查的初审，配合登记管理机关、其他执法部门查处基金会、境外基金会代表机构的违法行为。

双重管理体制是沿袭或照搬政府体制建立的，具有不同程度的官方特征，习惯于体制内的管理和思维方式。有些基金会的组织结构、运行机制，或是人员安排、待遇等，与政府部门有相当类似的地方，工作人员的录用考核走国家公务员系列，工资、福利甚至办公费用都由政府财政拨款解决。基金会的主要工作人员可以"脚踏两只船"，尽管在基金会上班，原主管部门保证了他们能享受公费医疗、退休金待遇，同时亦能维持原单位的身份和名望。更有甚者，有些主管部门把基金会作为安置下岗分流人员的场所，包括那些从实权岗位退下来的同志，利用他们的身份和影响为自己积聚"人气"。

第三,组织管理建设不规范,① 主要表现在:一是内部治理结构畸形。据调查,很多基金会的民主选举只是走走形式,理事会成员的结构单一,缺乏财务、法律、公关等专业人士;有的理事会成立时,为了更多、更有效募集资金,理事人数多多益善,理事会人员组成超过百人,涉及的单位众多,真正"理事"的却很少,理事长形同虚设,久而久之,本属于最高权力机构的理事会名存实亡,不少基金会仅有一两名单位在职工作人员兼职于基金会的工作,组织活动难以开展;二是财务违规和腐败现象凸显。不少基金会以基金保值增值为名开展与公益目标不符的活动,使组织严重偏离基本宗旨——有的直接或变相从事借贷、信托等营利性活动,或将捐助资金用于股权或实业投资,违背基金会的公益使命和捐助人的意愿;有的用捐赠基金为企业提供贷款抵押或质押担保,置公益基金于高风险状态;基金会的许多捐赠还来不清去不明,常常因为失控等原因出现腐败。事实上,我国基金会从决策机制上预防腐败还未提上日程,组织及个人的争名夺利,往往导致了一些腐败行为;三是基金管理缺乏透明度。基金会在实际运作中做不到信息公开——慈善款项的数量与走向的透明度不够,有的虽然在一定时间对慈善钱款加以公布,但大多只是简单的数量罗列,而对相关慈善款项到底流向了哪些地方、办了哪些具体的项目、其中的成本是多少、成本占慈善款的百分比又是多少,以及是否符合使用善款的原则等,这些问题组织内却缺乏完善的法规加以规范,有的基金会即使对外公布信息,但由于缺乏明确规定,完全可以按照自己的方式进行公布。

第四,基金会运作资金缺乏。基金会运作的资金缺乏主要体现在两个方面:一是筹资能力不足。多数基金会还没有形成稳定的善款筹集和增值渠道,劝募活动缺乏规范,多头募捐、重复募捐。目前基金会把募捐主要集中在企业身上,而忽视了个人和其他慈善组织的捐赠,这就造成了募捐范围狭窄、筹款效果不好;有些直接向主管部门伸手,也能或多或少得到政府的资金支持,但囿于财力和精力,一般仅限于"人头费",很少能够用来支持基金会开展符合宗旨的活动。二是保值增值状况不佳。大部分基金会一直以来以银行储蓄、股票、债券、银行存款与债券的组合等方式管理资金,但效果不良,状况堪忧,普遍存在着基金萎缩现象。银行储蓄虽然利息太低,但是和股票这类高风险的投资方式比起来,还是最安全稳妥的,所以很多基金会把钱存入银行"吃老本",难以应付不断增加的工作经费。基金会的基金难以保值增值,会导致基金管理不善,工作经费严重不足,基金实力不足难以吸引优秀人才,因此基金会的保值增值问

---

① 伍芳. 我国基金会面临的主要问题及对策 [J]. 社团管理研究, 2008 (2): 41-43.

题必须加以解决。

第五，基金会的公信力弱。基金会的公信力在很大程度上都比较弱，不能充分发挥中介机构作用。现在有公信力和影响力的基金会实际上都是借助于政府的影响，在大多数老百姓的眼里都是把它看成了政府的一个行政部门，因此可以说目前实际上很少或根本没有具有第三方民间公信力的慈善组织。同时，目前的基金会缺乏监督也是导致当前公信力差的一个主要原因。目前，我省尚未设置独立的专门机构或组织对基金会等进行监督，媒体监管也非常有限，公众同时也缺乏反映慈善问题的渠道。

针对以上这些问题，海南基金会组织要摆脱现有局面而真正发展起来，关键是要从改善政府和基金会组织的关系、完善社会监督机制及提高公益基金会内部的管理水平等方面入手，具体如下：

第一，改善政府与基金会组织间的关系。要改善政府与基金会组织间的关系，需要重新定位政府在基金会等慈善事业中的角色，改变其在慈善事业中的行政主导角色。可以从弱化基金会组织的行政管理人员的身份入手，明确基金会组织的法人地位以及基金会在公共产品中的提供者角色，同时改变政府与基金会组织的行政管理，改革严格的行政审批制度，取消现有的对基金会组织从注册登记到运作管理等各个方面进行程序性和实质性的行政管理，给予放权的同时，也加大对基金会违法行为的惩罚力度，使基金会真正成为代表第三方利益的团体。[①]

第二，进一步完善基金会相关法律规制。2004年党的十六届四中全会第一次将慈善事业写入了党的文件，为基金会的发展提供了政治合法性；2004年国务院《基金会管理条例》的出台，进一步强化了基金会的行政合法性；2016年《基金会管理条例（修订草案征求意见稿）》进一步加强了规范性管理。但从全国范围来看，目前基金会的法律合法性欠缺，因为对基金会的法人性质、地位、功能、发展政策等关键因素还没有做出任何法律层次上的规定，从而在一定程度上影响了社会公益和基金会的发展。

海南除了遵照执行中央关于基金会组织的相关政策措施外，可以从进一步完善法律体系和制度环境入手，从下列三方面加强地方性法规制定与推行：一是明确基金会法人性质和地位。对非营利组织的分类应当以公益性和互益性作为基本标准，公益性组织可以进一步分为以人合为基础的社团、以资合为基础

---

① 朱昱萌. 我国基金会发展存在问题与对策研究［J］. 长春教育学院学报，2013（7）：55-56.

的基金会以及其他福利和服务机构；二是进一步完善基金会的登记管理体制。根据海南基金会组织发展的实际情况，改革原有登记管理模式，取消慈善机构必须有主管单位的规定，简化登记程序，降低准入门槛，剥离行政职能，还基金会组织真正非营利性独立法人地位；三是制定专门以慈善机构为主题的地方性慈善法，明确慈善机构等基金会组织的法人地位、机构的性质、使命及其管理、运行规则，促使基金会等慈善事业可以获得独立的发展；四是对基金会相关产权的规定。善款收入的产权性质决定基金会对善款是否具有占有、使用、收益和处置等方面的权力，也相应影响善款支出、使用和增值的途径与效率；强化处罚机制，重点防治企业、个人或者社会团体借慈善之名行避税之实，同时，基金会等慈善机构的自律与参加慈善活动者的自律，需要有严格的违法违纪处罚机制。

第三，健全基金会的内部管理制度。一是完善基金会的财务规制和投资活动的规制。应允许基金会对募捐所得做适当的成本提成，规范募捐资助程序，防止成员假公济私。在基金会投资活动的规制上，按照合法、安全、有效的原则，实现基金的保值增值；二是建立基金会行业认证制度。目前海南尚未建立基金会的行业互律组织，导致了对基金会的监督不足和公信力降低。可以参照美国成立"基金会联合会"行使基金会专业认证的职能，如果条件不具备，则应尽快出台法律规定基金会行业认证制度的实施细则，以便基金会遵照执行。

第四，建立配套的社会支持体系。一是加强培训、项目咨询和金融服务。可以仿照欧美国家、新加坡等建立完善的基金会发展支持体系，包括员工培训、项目咨询以及金融服务等，为基金会提供技术支持；二是建立业界信息交流、自律平台。可以仿照国内在1998年成立的NPO信息咨询中心（China NPO Network，CNPON），建立海南地方性的包括基金会在内的社会组织信息咨询中心，成为海南社会组织的支持性和自律倡导性组织；三是实施政府购买服务计划。政府购买服务是对非营利部门发展的最大支持，如欧洲基金会的主要收入来源是政府拨款，用于履行政府的社会服务计划。新公共管理学理论发轫以来，强调政府、市场和非营利部门合作的善治思想，成为政府购买非营利机构服务的主要理论依据。目前，在养老、保健、教育、社区服务等众多领域，海南基金会都发挥着重要的作用，政府可以通过购买基金会及其他非营利机构服务的方式最终达到整合资源和实现服务型政府的最终目的。

第五，建立基金会发展的监测和评估体系。一是改变过去重审批、轻监督的做法，加强对基金会的监督管理力度。政府对基金会的监督管理，不是随意干预操纵其日常管理活动，而应是用激励取代约束，把公益事业大胆地交给基金会去做，同时加强评估与监督工作。政府对公募与非公募基金会的监督应有所区别——由于前者面向社会募捐，财产来自人民群众，对它的监督应该全面一些，应严格监督财产来源以及具体业务活动，后者不公开开展募捐活动，财产来源与公众联系不是十分密切，对它的监督可以适当简化，只要以监督其公益性、财产运作、有无危害国家社会的行为为重点，其他方面可以适当放宽；二是进一步强化和完善民间非营利组织会计制度。基金会等非营利组织与政府和企业的财务制度有着许多不同之处，如利润计算、报表项目、评价标准等，因而必须制定一套专门针对非营利组织的财务制度和审计制度，才能使评估和监督有准则、有依据，为此，财政部制定了《民间非营利组织会计制度》（财会〔2004〕7号），并于2005年1月1日开始实行，因此，必须完善该会计制度的结构、内容和程序规则，适时地向捐赠者和公众公布资金使用和管理情况，建立财务审计制度，提高资金使用和管理的透明度，这样才能提高机构的公信度，才能吸引更多的资源；三是建立多层次的评估体系。海南在2014年实行了基金会年检制度和民间非营利组织评估制度，2015年对基金会实施等级评估等，这是一个良好的开端，但是，评估是十分复杂的工程，在很多情况下，无论基金会工作的过程还是效果，都难以找到合适的指标将其全面、准确、真实地揭示出来，所以，对基金会的相关评估应当是多层次的，应逐步建立以基金会事业评估、机构评估和项目评估为内容，采取自我评估、独立评估、行业评估不同方式，对基金会发展进行相关的过程评估或效果评估的评估体系；四是媒体、公众和民间评估组织要起到协调和配合监督的作用。要发挥好新闻舆论"无冕之王"的作用，制定相关法规鼓励媒体参与社会监督；法律要明确规定公众监督和投诉的具体途径，可以充分利用群众喜闻乐见的方式如互联网、报纸、广播电视等，搭建信息平台，为公众监督打开方便之门；科研院所、高校、会计师事务所可以成立专门的民间评估中心，定期公布对基金会的评估结果，弥补公众在专业知识和技术手段上的不足。

主要参考文献

一、著作

[1] 马克思恩格斯选集：第2卷[M].北京：人民出版社，1966：87.

[2] 毛泽东.毛泽东选集：第4卷[M].2版.北京：人民出版社，1991：1480.

[3] 中共中央马克思恩格斯列宁斯大林著作编译局.马克思恩格斯选集（第4卷）[M].北京：人民出版社，1995：170.

[4] The UN Commissionon Global Governance. Our Global Neighborhood.[M]. Oxfordand New. York：OxfordUniversityPress，1995.

[5] 罗西瑙.全球化的复杂性与矛盾[M]//王列，杨雪冬.全球化与世界.北京：中央编译出版社，1998.

[6] 斯托克.作为理论的治理：五个论点[M]//俞可平.治理与善治.北京：社会科学文献出版社，2000.

[7] 殷昭举.创新社会治理机制[M].广州：广东人民出版社，2011：21-22.

[8] 孟德斯鸠.论法的精神（上卷）[M].许明龙，译.北京：商务印书馆，2012：101.

[9] 海南省统计局，国家统计局海南调查总队.海南统计年鉴2018[M].北京：中国统计出版社，2018：4.

二、期刊

[1] 张辛.浅谈中国古代管理思想的继承与发展[J].管理世界，2013（10）：107-108.

[2] 许耀桐，刘祺.当代中国国家治理体系分析[J].理论探索，2014

(1)：10-14, 19.

［3］尹洁. 国内外社会治理经验教训及对我国社会治理模式的启示［J］. 中共合肥市委党校学报, 2014（3）：37-40.

［4］彭婧. 新西兰政府构建购买公共服务模式的经验与启示［J］. 经济社会体制比较, 2015（2）：134-142.

［5］张晓明. 美国国家治理体系和治理能力现代化的过程、做法及启示［J］. 当代世界与社会主义, 2015（2）：13-17.

［6］蔡清伟. 建国以来中国共产党农村社会治理思想的历史演进［J］. 西南交通大学学报（社会科学版）, 2015, 16（4）：101-107.

［7］张明霞, 范鑫涛. 经典马克思主义的"国家—社会"关系理论要义［J］. 人文杂志, 2015（5）：22-25.

［8］张庆良, 韩磊. 推进社团管理体制创新 发挥社团社会管理作用［J］. 中国建设信息, 2015（9）.

［9］乔瑞华. 马克思主义公平观及其实践意义［J］. 高校马克思主义理论研究, 2016（3）：38-42.

［10］张治国. 创新海南三亚社会治理的对策建议［J］. 社会治理, 2016（4）：99-104.

［11］赵菊敏. 供给侧改革中的政府再转型：迈向现代性公共政府［J］. 广西社会科学, 2016（9）：133-137.

［12］黄辉祥, 刘宁. 农村社会组织：生长逻辑、治理功能和发展路径［J］. 江汉论坛, 2016（11）：61-66.

［13］尹峻, 陈永正. 中国共产党农村社会治理模式的历史分析：以1949—1985年福建为例［J］. 中共福建省委党校学报, 2019（2）：68-77.

［14］斯托克, 华夏风. 作为理论的治理：五个论点［J］. 国际社会科学杂志, 2019（3）：23-32.

［15］习近平. 决胜全面建成小康社会夺取新时代中国特色社会主义伟大胜利：在中国共产党第十九次全国代表大会上的报告［J］. 理论学习, 2017（12）：4-25.

三、学位论文

［1］曾绍东. 南京国民政府地方自治研究：以赣南（1939—1949）为中心的考察［D］. 重庆：西南政法大学, 2011：47-49.

［2］肖振猛. 中国社会管理理论与实践研究［D］. 武汉：武汉理工大学,

2013：60.

[3] 马晓雯. 民国时期宗族传统与乡村自治的冲突与妥协 [D]. 济南：山东师范大学，2014：9-10.

[4] 姚思. 政府购买公共服务法律制度之完善 [D]. 长沙：湖南师范大学. 2015：29-30.

[5] 石锋. 新中国初期毛泽东的社会管理思想研究 [D]. 扬州：扬州大学，2017：25-26.

[6] 张骁虎. 20世纪以来美国社会治理中联邦政府角色的演变 [D]. 长春：吉林大学，2017：31.

四、其它

[1] 罗保铭. 五管齐下破解十大难题———关于加强和创新社会管理的调查与思考 [N]. 光明日报，2012-02-07（15）.

[2] 马庆钰，单苗苗. 准确理解共建共治共享的内涵 [N/OL]. 学习时报网站，2017-11-08.

[3] 马黎勇. 国家与社会理论 [DB/OL]. 新浪爱问共享资料，2019（07）.

后 记

本课题自2015年立项以来，课题组成员、课题联系人、学生助理等，历时三年多时间，对海南省政法委、司法厅、民政厅，三亚市人大、民政局，儋州市等单位，以及浙江宁波市、湖南长沙市、湖北武汉市、广东深圳市等地进行了问卷调研、电话采访、面对面访谈、异地代查等调查活动，调查工作量巨大，调查活动总体上具有较高的典型性和可信度。

本课题组成员李德芳、杨素稳、夏代云、张朔人具有丰富的研究经验，研究成果丰硕，他们在百忙中给予课题以大力支持。李德芳教授从课题结构、内容安排等宏观方面进行了指导，在此特表衷心感谢！著作撰写过程中得到了迟学芳、秦子忠、王一闳三位博士的全力支持，三人分别承担了第五到第七章的前期写作，此外，在调查过程、著作检阅和定稿过程中也得到了薛梅、王欣、杨希凯、封启华等同学的支持，在此一并表示感谢！

本课题研究内容是海南全面深化改革的重要内容之一，对于提升海南社会建设和发展水平、促进海南社会现代化具有特别重要的意义，今后我们将持续关注新时期海南自由贸易试验区建设，特别是社会治理方面的问题，以期进一步推动海南社会治理的现代化。

感谢海南大学马克思主义学院为本书的出版所提供的资助！

贺尧夫
2019年6月